大恐慌下の中国

市場・国家・世界経済

Tomoko Shiroyama
城山智子 ──【著】

名古屋大学出版会

大恐慌下の中国

目　　次

序　章　近代中国の経済システムと世界経済 ………………………… 1

 1. 銀本位制と中国——国際通貨システムの影響　6
 2. 共有された期待と金融恐慌　8
 3. 市場，国家，通貨システム　10
 4. 中国と世界経済の連関——危機を越えて　16
 5. 本書の構成　17

第 I 部　インフレと自由放任(レッセフェール)の時代
―1931 年以前の経済動向―

第 1 章　銀本位制 ……………………………………………………… 21
——国際通貨システムにおける中国

 1. 前近代の銀流通と中華帝国の通貨システム　22
 2. 20 世紀初頭中国の通貨制度　30
 3. 通貨としての銀，商品としての銀　40
 4. 銀取引と銀行——平価と為替レートとの関係　42
 5. 国際銀価変動とその影響　45
 小　結　50

第 2 章　工業化へ ……………………………………………………… 53
——揚子江下流デルタの繊維産業

 1. 綿紡績業——国内市場向け産業　57
 2. 生糸製糸業——輸出産業　66
 小　結　75

第 3 章　企業借款 ……………………………………………………… 77
——製造業の資金調達問題

 1. 創業資金の調達——企業家の第一関門　78
 2. 銀行貸付とその条件　85
 3. 借款と企業経営　97
 小　結　104

第 II 部　大恐慌の時代，1931-35 年
―政治経済の変容―

第 4 章　農村恐慌 ……………………………………………… 109
1. 揚子江下流域小農経済のダイナミズム　110
2. 農産物価格の下落　123
3. 農村金融の崩壊　127
4. 都市の問題としての農村崩壊　132

　小　　結　136

第 5 章　製造業の経営破綻 …………………………………… 139
1. 生糸製糸業の危機　140
2. 綿紡績業の危機　149

　小　　結　161

第 6 章　上海金融恐慌 1934-35 年 …………………………… 163
1. 都市繁栄の幻想――1929 年 10 月-31 年 8 月　164
2. 遅すぎた不良債権処理――1931 年 9 月-34 年 6 月　170
3. 上海金融恐慌――1934 年 7 月-35 年 11 月　176

　小　　結　188

第 III 部　統治とその限界
―南京国民政府経済政策の再検討―

第 7 章　危機への対応 ………………………………………… 193
――1935 年 11 月　幣制改革
1. 幣制改革の外交的経緯　194
2. 1935 年 11 月 4 日　幣制改革　200

　小　　結　208

第 8 章　景気回復と財政規律 ……………………………………… 211
1. 物価動向　212
2. 為替レートの安定と対外貿易の展開　214
3. 華僑送金と外国投資　220
4. 財政規律をめぐる問題　228
小　結　231

第 9 章　経済復興の模索 ………………………………………… 233
　　　　――政策の目的・手段・効果
1. 製糸業の復興　234
2. 綿紡績業の復興　239
3. 農村金融の再建　249
小　結　256

終　章　大恐慌は何をもたらしたのか ………………………… 259
　　　　――現代中国への展望
1. 銀本位制と中国の工業化　259
2. 通貨制度の政治経済　263
3. 中国の国家と世界経済　266

注　277
参考文献　311
付　表　327
あとがき　335
図表一覧　339
索　引　341

凡　例

重　量
1 ピクル又は 1 担＝60.48 キロ

面　積
1 畝＝0.0666 ヘクタール

太　さ
1 番手（綿糸）＝単位重量 1 ポンド（453.6 グラム）当たりの長さが 768 メートル
　　　（糸の太さが細くなると番手数が増加）

1 デニール（生糸）＝単位長さ 9,000 メートル当たりの重さが 1 グラム
　　　（糸の太さが太くなるとデニール数が増加）

貨幣単位
100 元＝71.2 上海両

100 上海両＝140.4 元

100 海関両＝155.8 元

序　章

近代中国の経済システムと世界経済

　1929年10月24日（木曜日），ニューヨーク証券取引所では株価の大暴落をみた。後に，「暗黒の木曜日」と呼ばれることになるこの事件は，未曾有の経済危機となる大恐慌の始まりを告げるものであった。

　世界経済は，既にそれ以前から，いくつかの危険な兆候を見せていた。農産物市場では，第一次世界大戦中の供給不足を充足するためにヨーロッパ以外での生産が増大したが，戦後，ヨーロッパでの生産が回復すると，価格の低落と在庫の増加が顕著に見られた[1]。不況に対応する過程で，中南米の第一次産品生産国は，アメリカからの資金の借入に大きく依存するようになっていた。また，アメリカからの貸付は，ヨーロッパ経済が戦災から復興するに際しても，枢要な機能を果たしていた。ドイツが戦勝国に対して支払った賠償金は，各国が発行した戦時公債の償還を通じてアメリカに流入した後，再び，アメリカから中央ヨーロッパ諸国への貸付を通じて還流していたのである。しかし，1928年に入ると，連邦準備銀行は，ニューヨーク証券取引所における投機的なブームが，健全な投資を妨げているとして，金利を引き上げた。国内の金利引き上げに伴って，アメリカの対外貸付は減少し，同年夏以降，アメリカから資金供与を受けていた各国政府は財政・金融の更なる引き締めを行う必要に迫られていた[2]。

こうした状況下に起こったニューヨーク株式市場の大暴落は，世界経済を急速に危機的状況に陥れ，あらゆる地域でその影響を逃れるのは殆ど不可能であるかのようであった。証券取引所での大暴落は，投資家に巨額の損失を与えたのみならず，ニューヨーク市場を中心として機能してきた金融システムの流動性を大きく損なった。金融ネットワークを通じて世界的にデフレーションが伝播するのに伴い，各国市場の購買力は大きく低下し，世界貿易は顕著に縮小した。アメリカを始めとする先進工業国が，保護主義によって事態に対応しようとしたことが，結果的には，第一次産品生産国にも圧力を掛けることになった[3]。1930年に入っても，商品価格の低落は続き，また新規融資を受けることは不可能であった。それらの国々の中で，金・外貨準備を使い果たしたものは，市場が付けるどのような価格でも在庫を整理しなければならず，デフレーションは螺旋状に進行することとなる[4]。

1929年以降の資産価値の減少と商品価格の低落は，担保物件の価値の下落を通じて流動性の危機を一層深刻化するとともに，貸し手である金融機関の経営を悪化させた。1930年後半から，アメリカでは，中小規模の銀行の倒産が相次いだ。一方，ヨーロッパでは1931年以降，メガ・バンクが相次いで経営破綻に陥ると，金融危機から通貨危機，財政危機への連鎖が進行し，各国経済により深刻な影響を及ぼした[5]。例えばオーストリアのクレディト・アンシュタルトは，国内の企業の60パーセントに貸付を行っていた巨大銀行であった。1931年5月，同行が，債務超過に陥っていることが明らかになると，預金者はクレディト・アンシュタルトへの信認を失い，5月末時点で流出した預金は2億シリングに上った。このうち，国内の銀行に預け替えられたのは4分の1に過ぎず，残りは国外に流出した。シリングからの逃避が始まり，通貨危機の可能性が生じるに及んで，オーストリア政府は国際的な支援を要請した。しかし，イングランド銀行や，後には国際決済銀行（BIS）の主導のもとに行われた融資は，どれも額が不十分であり，急速に展開する銀行破綻に歯止めをかけることができなかった。オーストリアでの金融危機は，隣国のドイツにも波及した。ドイツからの資本逃避は，不安定な国内情勢を反映して，大恐慌以前から始まっていたが，不況が訪れ，更にクレディト・アンシュタルト

が危機を迎えると，銀行からの預金流出は一段と激しくなった。流出した預金と資本は外貨に置き換えられたので，ドイツ中央銀行は，1931年5月から6月にかけて巨額の準備金を失った。BISの取りまとめで，イングランド銀行，フランス銀行，ニューヨーク連邦準備銀行による1億ドルの融資がまとまり，6月20日，アメリカのハーバート・フーバー大統領は，ドイツの賠償金と連合国の対米債務返済について，1年間のモラトリアムを宣言した[6]。

1931年の中央ヨーロッパの金融危機は，世界的に伝播した。特に，中東と中南米諸国では，外国銀行が金融システムで主要な役割を果たしていたために，ヨーロッパと北米の危機の影響を強く受けた。トルコでは，1931年7月，ドイツ銀行の支店で取付が起こり，バンク・トルコ・ポラ・コマース・エ・インダストリが破綻した。エジプトでは，ドイツ・オリエント銀行のカイロ支店とアレキサンドリア支店が閉鎖された。メキシコでは，1931年7月，大手銀行のクレディット・エスパニョール・デ・メヒコの破綻で外国人投資家の信認が失われ，中央銀行で取付が起こり，さらにアルゼンチンでもパニックが発生した[7]。

こうした世界各地での金融不安は，翻って，世界の金融中心地，ロンドンとニューヨークに脅威を与えていった。特に，複数の株式非公開銀行や証券会社が，大規模な金融危機の発生地である中央ヨーロッパに深く関与しており，また，オーストリア・ハンガリー・ドイツの個人や機関との間で巨額の為替先物取引を行っていたロンドンのシティでは，危機が波及する可能性が頻繁に言及されるようになっていた[8]。加えて，1925年の金本位制復帰以来，イングランド銀行にとって金準備の流出が大きな懸案事項となっていた。従来，イギリスは，貿易収支の赤字を，貿易外収支の黒字によって相殺してきた。外国からの利子・配当，旅行者からの収入，そして外国人と契約された運輸，保険，金融サービスからの受取を確保することが，国際収支を均衡させる不可欠の要件であったのである。しかし，1930年以降，世界貿易の落ち込みに伴って，運輸と保険からのイギリスの受取も減少し，利子の低下と企業業績の悪化によって，金利・配当，外国投資からの収益も大きく減少した。そして，1931年には，ラテンアメリカの債務不履行と，中央ヨーロッパ諸国の金利支払いの禁止

が，金利・配当からの収入の減少に追い打ちをかけた。なんらかの他の収入項目によって補われない限り，貿易外収支の収入の減少は，外貨準備を失うことを意味する。債権国イギリスにとって，南米・中欧の債務危機は，自国の通貨危機と密接に関係していたのである。こうして，イングランド銀行が金輸出入点以内にポンド・レートを維持するのは難しくなった[9]。1931年，金融危機に対応すべく中央ヨーロッパ諸国が為替管理を実行すると，その他の弱い金本位制通貨，特にポンド・スターリングの兌換性に関する疑念が高まった。同年7月13日，ドイツのダナート銀行が破綻すると，イングランド銀行は金準備を輸出によって失い始め，2日後には，スターリングの為替レートはドルとフランに対して大幅に下落した。7月18日までに，イングランド銀行は，1千万ポンドの準備を失い，月末までに更に5,600万ポンドの金が流出した。1929年以降，一次産品価格の下落に呼応して，中南米諸国などは既に金本位制を停止し，通貨を切り下げていた。しかし，1931年9月21日にイギリスが，第一次世界大戦前の金本位制の中心通貨であり，戦間期にはドルと並んでアンカーのひとつであったポンド・スターリングの金兌換を停止したことは，国際通貨システムの大きな転換を意味した[10]。以後，大恐慌は，各国が通貨・金融政策を変更し，それぞれに経済復興を模索する中で，新たな局面を迎える。

　大恐慌の広がりとその影響の深刻さは，20世紀初頭における世界経済の密接な連鎖と表裏の関係にあった。それでは，世界的経済危機は中国にどのような影響を与え，そして中国はそれらにどのように対応したのであろうか。これまで，中国経済史研究は，これらの問いに十分に答えてはこなかった[11]。1911年の辛亥革命による，中華帝国最後の王朝である清朝の終焉から，中華民国の成立，日中戦争と太平洋戦争，国共内戦，中華人民共和国の建国に伴う体制変革へと，過去100年あまりの中国は，政治体制の変化，外交上の対立，そして軍事衝突に相次いで直面してきた。こうした一連の政治変動が中心となって，現在の中国近現代に関する認識が大きく形作られているために，世界的な不況は，重要な事件として意識されてこなかったとも考えられる。しかし，以下で本書が明らかにするように，中国経済も大恐慌の影響を大きく受け，通貨・金融システムの抜本的な改革を行う必要に迫られた。不況への対応の過程で，政

府と市場との関係は大きく変化しており，そのことは現在に至るまで影響を与えるような重要な意義を持つと考えられる。そうした意味で，1929年大恐慌は，中国政治・経済のひとつの画期となっている。

大恐慌は，なぜ，どのように中国経済に影響を及ぼしたのか。これらの問題を検討することは，アヘン戦争敗戦による5港の開港以降，中国経済が世界経済にどのように組み込まれていったのか，に考察を加えることとも重なる[12]。そこでは，中国が，金本位制を基軸とする戦前の国際通貨システムの中で，殆ど唯一銀本位制を採っていたことを，決定的に重要な制度的背景として指摘することができる。中国では，銀貨や銀錠が，通貨システムの基軸として流通したが，国内での銀産出量は少なく，殆ど国外からの供給に頼っていた。大恐慌期，国際的に取引される商品である銀の価格の騰落は，中国の通貨・金融システムを大きく揺るがした。各国経済への大恐慌の影響を測る際には，工業生産の落ち込みや，失業率の上昇など，様々な指標が用いられるが，1931年以降の現銀の国外流出と物価の下落からは，中国経済が深刻なデフレーションに陥っていったことを看取することができる[13]。農産物価格の下落に伴い農村経済が深刻な危機に陥ると同時に，都市部の企業の収益も激減した。更に，それまでの貸付が不良債権化するのに伴って，金融機関も相次いで経営難に直面すると，中国経済は一層深刻な不況に陥っていった。

1934年半ばからの国際銀価の高騰は，市場での中国元切り下げへの不安を煽り，資本逃避と通貨危機を招いた。通貨危機と金融危機の連鎖という，未曾有の事態に対応すべく，政府は，通貨・金融システムにおけるそれまでの「自由放任(レッセフェール)」から積極的な介入へと大きく方向転換することとなった。1935年11月，中華民国国民政府は幣制改革を行い，数百年に亘って続いてきた金属本位制から管理通貨制に移行した。中国史上初めて，政府に通貨の発行権が集中されたことは，重要な意義を持つ。同時に，市場における通貨への信認を確保するという命題を負ったことは，政府の経済政策形成と執行全体に，大きな影響を及ぼした。大恐慌への対応を図る過程で，政府と市場との関係も変容を遂げることとなったのである。

注目されるのは，管理通貨制に移行した後も，国民政府は外国為替の管理や

貿易の統制を行わなかったことである。こうした中国の政策は，他国と比較して非常に興味深いものである。『グローバリゼーションの終焉——大恐慌からの教訓』の中で，アメリカの歴史学者，ハロルド・ジェームズは，1920 年代末から 1930 年代初にかけての経済危機は，グローバル経済の最初の試練のひとつであったと論じている[14]。金融危機が世界的に広がると，緊密な連関を伴うグローバル経済に対する市民の反感が強まり，各国政府は保護主義的な経済政策を採るよう圧力を受けるようになった。結果として，世界的に国際貿易，資本やサービス・労働力の移動は，大きく妨げられることとなった。中国も，国際金融ネットワークの脆弱性や各国の保護主義の影響と，無縁ではなかった。しかし，不況からの回復を模索するにあたって，政府は世界経済より密接に関係する方針を選択しており，通貨・金融政策及び財政政策は，それに沿って立案・施行されていた。

　本書は，中国経済と世界経済との連鎖との関連から，国内における政府と市場との関係の変容に考察を加えていく。特定の政権による統治や統制の確立や，極東における列強の対立，といった従来の政治・外交史からのアプローチではなく，経済動向が政治過程に及ぼす影響に着目することによって，政治体制の変動によって特徴づけられてきた近現代中国の展開を，再考することともなろう。

1. 銀本位制と中国——国際通貨システムの影響

　中国が銀本位制を採っていたことは，大恐慌が中国経済に影響を与える過程での重要な与件であった。19 世紀末から 1931 年まで，第一次世界大戦期とそれに続く 1920 年代初頭を除いて，金本位制が世界各国の通貨システムを結びつける紐帯として機能した。各国の通貨は一定量の金に兌換可能であるとされ，その結果，通貨間は一定の固定為替レートで結びつくこととなる。殆ど唯一，銀を通貨システムの基礎としていた中国は，国際通貨システムの中で特異な位置にあった[15]。中国の外では，銀は国際商品であり，その価格は中国経済

には直接関係のない様々な要因によって左右された。また，中国では外国為替取引，すなわち，銀本位制に基づく中国通貨と，金本位制に基づく諸外国の通貨との取引に，何ら制限がなかった。これらの条件の下では，中国の金融市場は国際銀市場と密接に繋がると同時に，中国の対外為替レートは，国際銀価の変動の影響を受ける。

国際通貨システムの中で，中国が特異な存在であったことは，大恐慌の最初の2年余りの1929年から1931年の状況からも明らかである。当時，世界各地が深刻なデフレーションに苦しんでいたが，銀本位制を採る中国だけは，銀価が金本位制の通貨建てで大きく下落したために，大きな物価の下落を見ずにいた。しかし，深刻な不況からの脱却を目指す過程で，各国は通貨の価値を一定量の金に結びつけ，紙幣と金との兌換を保証していた金本位制を離れ，自国の通貨を切り下げた。1931年9月にイギリスが金本位を離脱しポンドを切り下げたのに続いて，その植民地であるインドと海峡植民地も離脱，そして同年12月には日本も金兌換を停止した。そして，1933年3月にはアメリカも金本位制を停止した。所謂「金の足かせ（Golden Fetters）」と呼ばれる，金本位制を採ることに伴う，金融財政政策上の制限から自由になることで，各国政府は，景気回復に向けて積極的な経済政策を展開し始めた[16]。各国の通貨システムを結びつけていた金本位制の終焉は，銀本位制を採っていた中国にも大きな影響を与えた。各国の通貨切り下げと景気拡大政策によって世界的に銀価が上昇すると，中国元の為替レートも引き上げられた。結果として，輸出が停滞する一方，華僑送金や海外からの投資は減少したため，貿易収支の赤字は貿易外収支の黒字で相殺されず，1932年以降，国外へ現銀の流出が始まり，同時に，国内の物価も下落した。1934年6月19日にアメリカが公布した銀買い上げ法によって，中国経済の不況は一層深刻化した。通貨準備の内訳が銀1対金3の割合に達するまでか，または，銀の市場価格が1オンス当たり1ドル29セントに達するまで，政府が銀を買い上げるとする法令は，アメリカ国内の銀産出地域の要請を受け，不況対策の一環として銀の値段を引き上げることを目的としていた。しかし，アメリカ政府は銀の大部分を市場で買い付けたため，国際市場の銀価格は高騰し，銀本位制下にあった中国の通貨・金融システムに大きな

打撃を与えた。アメリカの法令公布直後から，大量の銀が中国から流出し始めた。当時の中国における金融センターであった上海は，現銀の枯渇と信用の収縮に陥り，他国家・他地域経済が景気回復を遂げつつある中で，中国経済は逆に深刻な不況に陥っていった。

2. 共有された期待と金融恐慌

　1931年を境とする対照的な動向は，中国経済が国際銀価の上昇に対して脆弱であったことを示している。本書で検討される重要な課題のひとつは，なぜ，こうした国内通貨システムと国際銀流通の不乖離に伴うリスクが，1934年の金融危機まで広く認識されることがなかったのか，である。
　ここで，1931年に始まる国際銀価の上昇に先立って，国際銀価が長期に亘って低落傾向にあったことが注目される。19世紀中葉から，世界各国が相次いで銀に代わって金を通貨システムの基礎とするようになると，貨幣鋳造用の銀への需要が世界的に減少する一方，銀の産出量は一定ないしは増加したので，国際銀価は徐々に下落していった。この銀価の漸落が原因のひとつとなって，中国の物価は19世紀末から1931年まで上昇傾向にあった。1931年までの銀価の下落と緩やかな物価上昇は，農家が家計を維持するにも，製造業を営む都市の企業家が経営戦略を立てる際にも，金融機関が融資の条件を設定するときにも，重要な条件として組み込まれていた。ところが，数十年に亘ってそうした状況が続いた後に，突然，銀価と物価動向の反転に対応するのは，既存の組織や取引システムにとって大きな試練であった。
　17世紀初頭の三十年戦争に起因する通貨危機から，1997年のアジア金融危機まで，歴史上の事例を例示して，チャールズ・キンドルバーガーは，投機→通貨供給量の増加，特に，銀行信用の拡大→価格上昇の終焉→流動性の危機から恐慌へ，と，金融危機が深化するプロセスを分析している[17]。投機の対象は，輸出入商品，国内外の土地，建物，株式や証券，外国為替など多様であり，なぜ，その商品に投資が集中するのか，という理由も，戦争や終戦，新市

場の登場，技術革新など，多岐に亘る。そうした中で，投機ブーム，そして後には恐慌を誘発するきっかけとして，共通して指摘されるのは，通貨供給量の増加，特に銀行による信用拡大である。ブームが進むに連れて，価格が上昇し，利益獲得の機会が増えると，企業や個人は新たな投資を行っていく。しかし，価格は最終的には上昇しなくなる。資金繰りが不可能になった企業の倒産，不正な手段により経営難を脱しようとした者の詐欺や約束不履行の発覚などは，投資家に，それ以上市場が拡大することがないと知らしめ，投資家はこの時点で，資産を現金化することによって流動性を確保しようとする。こうした投資家の行動の結果として，資産価値と商品価格が下落すると，パニックの悪循環が促進される。価格の下落は，融資の担保物件価格の下落に繋がるため，銀行は貸付の返済を要求する一方，新規の融資を引き締める。こうした銀行の方針に対応して，企業は商品を売り急ぐことになり，一層の価格下落を招く。企業が倒産するならば，銀行融資も焦げ付くことになり，金融機関も経営危機を免れられない。こうした状況は，預金者の不安を煽り，預金の引き出しが相次ぐため，銀行はより一層大きな圧力を受けることになる。

　19世紀末から20世紀初頭の中国では，価格の上昇は投機によって急激に進んだのではなく，国際銀価上昇の影響を受けて漸増した。一方，銀行による信用の拡大が，後には恐慌を招く契機となった点で，1930年代初頭の中国経済は他地域・他時代の金融恐慌と共通のパターンを示している。20世紀初頭の企業の資金調達の方法と銀行からの融資の条件が，1930年代に不況が深化する背景となっていた。

　中国における近代工業化が，19世紀末から進行したことは，先行研究で明らかにされているが，それが，銀価の下落と物価の上昇期と重なることは，企業の資金調達のあり方との関係から，注目される。本書では当時の工業中心地の揚子江下流域の綿紡績業と製糸業を取り上げる。これら繊維産業経営の顕著な特徴は，銀行融資への依存である。金融機関のこれらの企業に対する融資では，担保物件の価値が極めて重要であった。20世紀初頭の物価上昇期には，企業家も銀行家も，担保物件の価値が突然大きく下落することを予想してはいなかった。しかし，こうした予想は，国際銀価の下落と物価の緩やかな上昇が

1931年に終わりを告げると，裏切られることになった。製糸業のような輸出向け産業は，中国元の為替レートが低いときに享受していた有利な条件を失い，一方，綿紡績業に代表される国内市場向け産業は，農村が深刻な不況に陥ると需要の減少に直面することとなった。企業の収益率が悪化し，また金融機関が担保物件に基づく融資の安全性に危惧を覚えるにつれて，企業が銀行から融資を受けることは殆ど不可能になっていった。銀行の側も貸付を引き締めたが，既存の担保物件の価値の下落から生ずる差損を回避することはできなかった。特に，1934年6月以降，大量の現銀が中国から流失し始めた後に，不動産市場が暴落し，不動産抵当を引き受けていた多くの金融機関は，大きな打撃を受けた。現銀の流出と物価下落との負の連鎖は，大恐慌以前に形成されていた貸借関係によって，経済全体により大きな影響を及ぼしたのである。

　このように，大恐慌の中国への影響は，極めて深刻であったばかりでなく，予想外かつ未曾有のものであった。1935年初頭までには，銀本位制を離れることが，不況から脱する唯一の途であることは明らかになりつつあった。しかし，それは，市場と政府との関係の抜本的な変化を意味し，大きな困難が予想された。

3. 市場，国家，通貨システム

　1935年11月4日，国際銀価の変動の影響から中国経済を切り離すため，国民政府は幣制改革を断行した。政府系銀行3行が発行する紙幣を法幣とすること，中国元は銀ではなく，イギリス・ポンドかアメリカ・ドルと一定のレートで兌換されることが宣言された。同時に，市中に出回っていた銀は政府に引き渡され，政府系銀行が発行する紙幣のみが流通するとされた。改革は，速やかに効果を現した。中国元が銀との関係を離れて，外国通貨に対して切り下げられると，対外輸出は回復を始め，物価の下落も反転した。以後，中国経済は景気回復の軌道に乗り，1937年に日中戦争が勃発するまでは好況が続く。

　銀本位制から管理通貨制への移行によって，中国史上初めて，政府が通貨供

給をコントロールするようになった。従前に比べて，政府が通貨・金融システムの中で果たす役割が格段に大きくなったことは明らかである。それでは，恐慌からの復興過程で，政府は経済統制を行い，また，経済発展に向けて主導的な役割を果たすようになっていったのであろうか。

経済における南京国民政府の役割とその政策の有効性については，いくつもの研究がなされ，また論争が行われている。そこでは，政府の民間企業に対するコントロールの強さと弱さや，産業政策の効果と限界に関する，いくつかの対立する見解が提示されてきた。ロイド・イーストマンの南京国民政府に関する先駆的な研究は，社会的支持基盤が狭小で，かつ軍事力に頼った統治を行ったことを指摘して，社会の要求からは乖離した自律政権モデル（Autonomy Model）であると同政権を性格付けた[18]。イーストマンの議論を，上海の企業家と南京国民政府との関係に適用したのが，パークス・コーブルの研究である。コーブルは，「南京政府の商工業への介入は，1935年から37年の間に大きく増加した」と述べ，恐慌下で企業が経営不振に陥ったのを利用して，政府が介入を強めたとの見解を示している[19]。恐慌からの回復過程を，政府の企業家に対する統制強化の画期として特徴づけている点が，注目される。

1980年代以降，政府の企業家に対する一方的な統制を強調するイーストマン＝コーブルの見解は，政府による上海商人団体の再編の分析を通じて，南京国民政府を権威主義的コーポラティズムであると性格づけ，政府と商人との双方向の関係性を指摘した，ジョセフ・フュースミスの研究などによって批判されるようになる[20]。そうした中で，関税率の引き上げに関する企業の請願への政府の対応と保護関税の工業化への効果を分析した久保亨や，全国経済会議（1928年）への企業家の参加の意義を検討した川井悟を始めとする，日本人研究者による一連の経済政策史研究は，民間企業の要望に対する南京国民政府の積極的な政策的対応を指摘し，政府と企業との関係に関するそれまでの議論に大きな見直しを迫るものであった[21]。

一方，経済政策史及び企業史の研究が進展するに伴って，政府の企業に対する積極的な対応や経済発展への志向を肯定的に評価するとしても，産業政策全体の効果は限定的であったことが明らかにされている。ティム・ライトは，大

恐慌期の政府の企業に対する対応を，輸出入関税，国内課税，金融市場と流動性，経済統制，という４つの部門について検証し，不況に苦しむ企業への救済として，減税や資金援助といった方法による直接的な政府援助は限定的であり，また，過当競争や生産過剰を調整し価格の低落を避ける目的での経済統制も，同時期のトルコや日本に比べて弱いものであったと指摘する[22]。ライトの見解は，綿紡績企業と政府との関係を分析し，企業家による救済の要請に政府は十分に応えなかったとしたリチャード・ブッシュの事例研究と重なり合うものである[23]。また，1980 年代以降の日本人研究者による民国期の工業史研究を概観して，金丸裕一は，国民政府の経済発展への志向は明らかであるが，脆弱な財政基盤が政策執行を大きく制約していたことを注視するべきであるとしている。同様に，農業史研究のサーベイを行った弁納才一は，南京国民政府時期の農業政策は，合理的志向を持っていたが，その成果には限界があり，研究者の間で評価が分かれているとしている[24]。

　それでは，なぜ，南京国民政府の経済政策の効果は限定的であり，また，その経済統制は他国に比べても緩いものであったのであろうか。先行研究は，国内における財政的・政治的要因から，これらの問題を説明してきた。金丸は，財政基盤の弱さから，政府が積極的な産業振興政策を推進することは難しかったとした[25]。ティム・ライトは，輸出入関税と国内の流通税に財源の多くを負っている南京国民政府にとって，企業家の要請に応えて，過度に高率の関税を掛けて貿易自体を阻害することや，国内で大幅な減税を行うことは不可能であったことを指摘する。また，そうした財政的な限界とも関係して，国内の統治に必要な行政組織の整備は不十分であり，流通税に代わって所得税等の直接税を徴税することは不可能であったし，また，効果的に経済統制を行う能力を欠いていたとする[26]。ウィリアム・カービーは，1921 年に発表された孫文の『実業計画』が，港湾整備，鉄道・道路建設，採鉱業などの大規模な計画を掲げていることからも，国民政府がその設立の当初から，政府主導の経済発展という理念を有していたことを指摘した上で，実際には，政府は主導的な役割を果たせなかったとする。その原因のひとつとしては，国民政府の一党独裁による国家体制の下では，経済発展戦略をめぐる見解の相違は，複数政党による政

策論争ではなく，党内での派閥（faction, clique）間の権力闘争へと繋がっていくことが指摘される[27]。そこでは，各行政機関では優秀な技術官僚が個別の経済問題の解決に当たるとしても，経済発展に関する一貫したヴィジョンが提示されず，また行政機関の間での調整が行われないため，結局，政府は有効な指導力を発揮できないという，ジュリア・ストラウスが「弱体な政体における強力な組織」と形容した状態が出現することとなる[28]。

　こうした，南京国民政府の企業への対応とその成果に関する研究成果を踏まえた上で，再び，1935年幣制改革の成功という最初の問題に立ちかえるならば，経済政策の強さと弱さのパラドクスに気づかされる。すなわち，政府が財政的に脆弱で，弱体な行政組織しか持たず，また政治的に分裂しているならば，国民はなぜ，そのような政府が発行した紙幣を受け入れたのであろうか。別の角度から述べれば，財政規模に限界があり，また有効な産業政策を実行できなくとも，なぜ，政府は，最も重要で，かつ広域に亘る経済政策であった通貨制度の改革には成功したのであろうか。個別の政策を並列的に取り上げて，南京国民政府は実現可能な限りにおいて，経済発展に寄与しようと試みた，との評価を加えることは，経済行政全体のダイナミズムを明らかにすることには繋がらない。政府の政策の目的と優先順位はどのようなものであったか，どのような政策手段が選択されたのか，そして，その結果として政府の「実現可能な」経済発展戦略はどのように規定されたのか。本書は，通貨政策の立案と実行に焦点を当てながら，南京国民政府の経済行政をめぐる強さと弱さのパラドクスの解明を試みる。

　伝統的に，中国国家の通貨システムへの介入は部分的なものであった[29]。中華帝国では，銀の鋳造は民間の鋳造業者が行い，また，通貨供給は市場を通じて行われた。中国が輸出した茶や生糸などの特産品の対価として流入した外国銀貨は，銀塊とともに流通しており，通貨の単位は国内各地で異なった。政府は，日常の小売りや地域内取引で多く用いられていた銅銭の流通量を調節し，銀と銅との相対価格を安定させることで，銀の流通量の急激な変化が庶民の生活に大きな影響を及ぼすのを防いでいた。

　各国民国家が独自の通貨を発行する，という状況を前提とするならば，中国

の通貨システムとそこでの国家の役割は，極めて特異に映るであろう。しかし，ベンジャミン・コーエンが『通貨の地理学』の中で指摘しているように，19世紀までは，特定の政治的境界内，あるいは境界間で，複数の通貨が流通しているのはよく見られる現象であった[30]。国家が国境内での通貨供給を独占しようとすることは稀であり，貨幣の使用者が通貨の主要な機能，すなわち，交換の手段，計算単位，価値の保存の3つに関して，どの通貨を使うかを選択した。

　コーエンは，これらの目的のために選択されるには，通貨への信認，つまり，一般市民の通貨の支払い及び会計単位としての有効性に対する信頼が不可欠であったと述べている。こうした信頼が形成されるのには，国家による認可から市場の慣習まで，様々な要因があり得た。複数の貨幣が使用者の信頼をめぐって競い合っているという前近代の通貨システムは，19世紀半ばから変化する。国家は領域内での通貨の発行と管理を統制し始め，通貨の管理は国家形成の重要な一部となっていった。国民国家として，中央集権的な統一的経済・政治体制を建設しようと模索するなかで，政府は国内の通貨体制を統合・統一化しようとする。金属塊から紙幣まで，あらゆる種類の貨幣は，一定の相対価値を規定され，一律に金属本位制のもとで統一された。通貨供給の権限は，政府によって認証された中央銀行に一元化された。更に，多くの国ではそれまで法幣として機能していたものでも，外国通貨の流通が禁止された。同時に，納税その他国家への義務・支払いは，必ず国内通貨で行うこととされた。19世紀の終わりに向けて，西欧では，各貨幣の流通範囲は，政治的統治領域と大きく重なるようになっていった。

　中国では，銀の市場での自由な取引に基づく中華帝国の通貨システムが，1911年の辛亥革命を越えて，中華民国にも引き継がれた。金本位通貨建ての外債に大きく依存していた当時の中華民国政府は，銀本位制に基づく中国通貨の対金本位通貨交換レートの下落による債務負担の増加に苦しんだため，対外為替レートの安定化を目指して何度も幣制改革を企画した[31]。しかし，改革は1935年11月まで実際に行われることはなかった。1910年代，20年代の政治的混乱のもとでは，銀本位制は，政治権力の通貨システムへの介入に対する一

種の防波堤の役割を果たしていた。軍閥や地方政府が財政赤字を補填するために通貨システムを操作しようとするならば，市民は銀の裏づけが十分ではない通貨の受取を拒否することによって，そうした行為を牽制した。貨幣を選好する権利を保持することは，市場の参加者が国家の権力乱用を制御する主要な手段となっていた。

　1931年以降，国際銀価が突然上昇し，世界的な不況の影響が中国経済に及んだとき，中国には現銀の流出を中断させ，通貨供給量の増加や信用の拡大を促す「最後の貸し手」にあたる中央銀行は存在しなかった。伝統的な通貨・金融制度に関する市場の自律を，それ以上維持できないことは明らかであったが，政府による紙幣の無規律な発行への危惧も，一般に根強く共有されていた。

　こうした歴史的経緯は，1935年11月に新通貨制度が施行されるに際して，大きな影響を及ぼした。中国の一般市民は，銀本位制通貨から法幣への移行を受け入れたが，注意深く中国元の為替レートの推移を見守ることを怠らなかった。もしも，中国通貨の価値の下落を少しでも感知するならば，中国元はすぐに市場で売却された。そして，国民政府の官僚は，政府が健全な通貨管理を行うかどうか，国民が疑念を抱いていることを知っており，中国元の兌換性と為替レートの安定性を維持することが，新通貨に対する信認を獲得する上で，極めて重要であると認識していた。こうして，通貨をめぐって市場と政府とは対峙することとなった。

　問題は，通貨の兌換性と為替レートの安定性を維持するためには，政府が経済政策全般を調整しなければならなかったことである。特に，無制限に紙幣を増刷したり，公債を発行することは，通貨の価値を維持するためには回避されなければならなかった。こうした財政政策への拘束は，経済政策全般にも大きな影響を及ぼした。財政の規律によって，政府は幣制改革に成功したが，同時に，財政拡張を制限されている条件の下では，産業振興や農業改革といった分野での政策手段は限られていた。国民政府の経済政策の強さと弱点は，外的な要因によって偶然に生じたものではなく，政策形成担当者は，明確な優先順位を持っていたのであり，彼らの政策に対する評価は，そうした政策目的に照ら

してなされるべきであろう。政策形成担当者の共通認識は，幣制改革を優先させることであり，そのためには，経済政策形成の自律は犠牲にされることとなった。

4. 中国と世界経済の連関——危機を越えて

　財政・金融政策の自律に比して，為替レートの安定性と通貨の兌換性を維持することを選んだ国民政府の選択は，世界各国の政府が自国の経済を閉ざしつつあった時期にあって，注目される[32]。本書では，中国政府の決定が，20世紀初頭の中国経済と世界経済との密接な連関を反映していることを明らかにしていく。幣制改革が失敗した場合に予想される為替レートや通貨制度の混乱は，当時の中国経済にとって不可欠であった，貿易や資金移動，労働力移動等を阻害したであろう。そうした混乱がどれほど危機的なものであるかを十分に認識した上で，国民政府の官僚は政策形成を行っていた。

　自国経済が世界経済と密接に結びついているときに，どのように経済政策形成の自律性を保てばよいのか。1930年代の国民政府は，国境を越えた経済統合が加速しつつある現代世界で各国政府が経験しているのと同じような問題に，直面していたということができる。類似した問題が生じるのは，偶然ではない。大恐慌による危機に対応するために，各国政府は国際貿易や資本移動，労働力移動を制限し，それまでの世界経済における自由貿易体制は自給自足的な国民経済を中心とする体制へと変化を遂げた。大恐慌の衝撃から回復するには，長い年月を要し，1960年代からようやく始まる経済統合は，1990年代に至るまで徐々に進行していった。その過程で，国民国家の独占的優越性は，国境を越えた取引，特に通貨・金融システムの越境性によって，挑戦を受けるようになった。

　1997年，越境する金融取引をめぐる緊張関係がアジアにおいて大きく高まり，大恐慌から数十年たって，新たな金融危機がタイ，マレーシア，インドネシア，韓国，そして日本を襲った。研究者たちは，短期の外国資本が大量に流

れ込んだ結果，アジア諸国の国内金融市場が不安定化したことを，危機の主要な原因として挙げた[33]。中国は，1979年以来，改革開放政策を掲げてきたが，国内金融市場を完全には開放していなかったため，1997年の危機の影響は比較的軽微であった。危機を乗り越えた後，中国経済は，世界経済との関係を深めながら発展し続け，特に，外国貿易と直接投資は重要な部門となっている。そして，2002年以降，貿易収支の黒字が大幅に伸び，多額の外貨準備が蓄積されるようになると，中国元の為替レートが過小評価されているとの批判が，世界的に高まった。中国政府は為替政策の形成に際して，外国人投資家や世界各地の政府から圧力を受けるようになりつつある。同時に，外国為替レートに対する中国政府の対応は，国内の通貨・金融政策や経済発展戦略全般にも重要な意味を持っている[34]。

中国経済の長い歴史の中で，世界経済との関係は政府の経済政策形成の裁量権に影響を与え，最終的には，国内経済社会の統制をも左右してきた。世界経済の影響の下で，歴代の政府官僚たちは，必然的に過去の政権担当者たちの選択を前提とし，またそこから学びながら，政策運営を行ってきた。こうした歴史的展開に着目し，本書は，国家，市場，世界経済の相互関係が端的に試されることとなった，大恐慌を取り上げる。

5. 本書の構成

本書は，中国をグローバル経済史の中に位置づけることと，近代中国における市場・国家間関係に考察を加えること，という相互に関連した2つの課題に応えていく。本書の第Ⅰ部は，大恐慌が中国に影響を及ぼす背景となる1931年以前の時期に関する分析に当てられる。1931年以降の中国経済の深刻な不況は，工業化の径路や，既存の制度・組織に起因していた。第1章は，中国と世界経済を結ぶ鍵である，銀本位制について説明する。第2章で，19世紀末以降の揚子江下流域における綿紡績業と生糸製糸業の発展について概観した後，第3章では，中国の文書館で新たに公開された企業内文書や契約書，銀行

帳簿などを用いて，企業の資金調達と銀行融資の重要性について明らかにする。

第II部は，国際銀価の変動と，その中国経済への影響に焦点を当てて，大恐慌の影響について検討する。第4章は農村恐慌（農村崩壊）について，第5章は第2，3章で取り上げた都市部の機械制繊維産業の不況に考察を加える。農業，工業に関する分析を踏まえて，第6章は金融セクターを取り上げ，国外の銀価の変動の衝撃が，上海金融市場における信用不安を介して連鎖的に国内の不況を深化させていったことを明らかにする。

第III部は，世界的な不況に対応する過程で実行された，国民政府の経済政策の効果とその限界について議論する。第7章は経済危機の政治的影響を，幣制改革をめぐる列強（イギリス，アメリカ，日本）との交渉や，国内金融機関への政府の対応等に着目して検討する。第8章は，幣制改革の効果と，国民政府の経済発展戦略を検証し，同時に，幣制改革の枢要な要件である財政均衡が，軍事費が引き続き拡大する状況下では極めて困難であったこと，ゆえに，財政拡張ができる余地は限られていたことを指摘する。第8章で見られた，国民政府の政策の優先順位を踏まえて，第9章は，国民政府の経済政策の効用と限界について，揚子江下流域の繊維産業と農村金融を事例として考察を加える。

終章では，本書で得られた知見をまとめるとともに，その含意を比較史的な観点から考えてみたい。経済危機の原因を探究する中で，20世紀初頭中国における工業化と信用拡大の過程を明らかにすることによって，中国における国家と市場との関係の歴史的展開に，新たな視点を提示することを目指す。

第 I 部　インフレと自由放任(レッセフェール)の時代

―1931 年以前の経済動向―

第 1 章

銀本位制

——国際通貨システムにおける中国——

　大恐慌期の国際銀価の騰落は，迅速に深刻な影響を中国経済に及ぼした。なぜ，中国経済は国際銀市場の変動に対して，極めて脆弱だったのであろうか。その原因を理解するためには，国際銀市場と中国の通貨システムとの関係を理解するとともに，国内各地を結ぶ金融ネットワークについて検討する必要がある。国内外に関するそれぞれの要因のうち，後者については，後続の各章で分析が加えられる。本章では，前者の銀本位制のメカニズムと国際銀価格変動のインパクトを取り上げる。

　銀は数世紀に亘って，中華帝国の通貨システムの基礎を成していた。しかし，中国の領域内で，通貨への需要を満たすだけの銀が産出されたわけではない。本章では，まず，海外から銀の供給を受けながら機能していた，中華帝国の銀本位制について概観する。そこでは，同時に，国家が統治する領域内で中央銀行が発券した銀行券が唯一の貨幣として流通する，というような，現代国民国家の通貨システムとは異なる，中華帝国政府の通貨システムへの関与のあり方についても検討される。19世紀半ば以降，世界各地で金が銀に代わって通貨システムの基礎となり，国際金本位制が形成されると，銀本位制を採り続けた中国は国際通貨システムの中で特異な存在となった。本章では，中華帝国の通貨システムとそこでの政府の介入・不介入が，中華民国以降にどのように

引き継がれたのかについて考察を加え，また，国際金本位制下での中国の銀本位制のメカニズムを明らかにする。最後に，そうした通貨システムの制度と実態に関する分析を踏まえて，19世紀半ば以降の国際銀価格の漸落が，中国の物価動向に与えた影響を検討する。

1. 前近代の銀流通と中華帝国の通貨システム

　伝統的に，銀は銅銭とともに中国の通貨システムの基礎を成してきた。既に，漢代より銀貨が使用されていたことが確認されているが，古代中国王朝は，銅や黄銅を原料として銅銭を鋳造し，財政政策も通貨政策も銅銭を単位として運営されていた。しかし，宋（979-1279年）以降，市場取引の拡大に伴って，銅銭のみを基礎とする通貨システムを維持することは困難になり始めた。南宋（1127-1279年）では，紙幣を発行し，通貨供給の流動性と税収の確保に努め，宋に続く元朝（1279-1368年）は，一切の硬貨の使用を禁止し，紙幣のみを貨幣とするという政策を行おうとした。しかし，元朝が，紙幣の銀への兌換を停止すると同時に，紙幣の価値は大きく下がり，実質的な購買力を失っていった。明朝（1368-1644年）も不換紙幣の発行を試みたが，逆に人々は銀を退蔵し，また，取引では銀が要求されるようになった。15世紀末には，不換紙幣の不成功は明らかであった[1]。

　銀の不足は，明朝の統治全般にかかわる，深刻な問題であった。明朝成立初期の徴税システムは穀物を始めとする現物徴収を基盤としていた。しかし，北方勢力に対抗するため軍隊を展開する中で，穀物を各地に輸送する代わりに高価値の銀を徴収して，それらを前線に送って物資を調達する方法を採るようになっていた[2]。このように，市場での交換手段としてのみならず，徴税手段としても銀への需要が高まっていったが，中国国内での銀生産は限られていた。

　一方，この頃，世界の銀供給は，16世紀の日本と中南米における銀の大量生産の開始をうけて，大きく増加していた。島根県の石見銀山は，当時の日本の銀生産の中心地であった。『銀山旧記』と呼ばれる由来記によれば，博多商

人の神屋寿禎が石見銀山を発見したのは，1526年のことである。当初，神屋は，石見で採掘した銀鉱石を船で博多を経由して朝鮮に運び，精錬していた。朝鮮半島では，灰吹法という銀と鉛の混合物を高熱で加熱して分離する方法が定着しており，作業の効率と銀の回収率が高かったためである。しかし，発見から7年後の1533年には，朝鮮から技術者を連れてきて，銀山現地で灰吹法による精製を行うことにより，輸送コストを削減すると同時に，銀生産量の飛躍的な増加を達成した[3]。

　日本の銀は，生糸，絹製品を中心に，陶器，書籍などの多様な輸入品の対価として中国に送られた。その流通の経路と担い手は多様であった。公式には，中国の明朝は1372年から1567年まで海禁政策を採り，外国との海上交易を禁止していた。しかし，1540年頃から，中国沿海部の浙江，福建，広東省の商人たちが，禁を破って，九州沿岸で中国の特産品と日本の銀との交易を行い始めた。この，中国と日本との間の密貿易には，既に，15世紀前半から香辛料を求めてアジア地域で活動していたポルトガル商人や，のちには，オランダ商人も参入した。厳格な貿易統制の下で，逆に，密輸の横行や倭寇による略奪など負の作用が大きくなったことから，1567年，明朝は海禁政策を緩和し，中国南部からベトナム・マラッカ方面に向かう西洋航路と，中国から台湾・フィリピンを経てブルネイ方面に向かう東洋航路について，対外交易を認めた。しかし，日本との交易は依然として厳禁されたままであったため，日本と中国との交易は，従来からの両国を直接結ぶ密貿易に加えて，フィリピン，台湾，ベトナムの港湾都市を迂回した貿易ルートを通じて行われた[4]。密貿易・間接貿易という性格もあって，日本から中国への銀輸出量を正確に算出することは難しいが，16世紀後半に，年間46.6トン余の銀を中国は輸入しており，その約60パーセントを日本産が占めたと推計されている[5]。17世紀に入ると，日本の銀鉱は枯渇し始めた。17世紀末までには，主要な輸出港であった長崎からの日本の銀輸出はほぼ途絶し，薩摩－琉球経由や対馬－朝鮮経由での輸出も18世紀半ばには終焉を迎えた[6]。

　南米の銀生産中心地であるペルーのポトシ銀山は，石見銀山とほぼ同時期の1545年に発見された。ポトシ銀山では，水銀アマルガム法という銀抽出法が

導入され，低品位の鉱石からも銀を抽出することが可能になり，生産コストの低減と産出量の増加を同時に達成した。16世紀後半から17世紀にかけて，ポトシ銀山は，世界の銀産出量の60パーセントを占めたとされている[7]。

　南米からの銀は，主に2つのルートを辿って，アジアへ輸出された。ひとつは，メキシコのアカプルコから，フィリピンのマニラ経由で中国へ到達する太平洋ルートであった。スペインが1571年に建設したマニラは，銀と生糸との間の交易を主要な産業とする都市であった。一方，福建省を中心とする中国の東南沿岸部の商人は，スペイン人が入植する以前から，フィリピンに拠点を築いていた。スペイン商人たちは，マニラで，ペルー産及びメキシコ産の銀を用いて中国商人から生糸や絹製品，陶器などを購入して帰還した。フィリピン・ルートを通って流入した銀は，17世紀には年間50トンに上った[8]。この値は，ポルトガルとオランダ東インド会社，イギリス東インド会社のアジア貿易額を総計したものにほぼ等しい，巨額なものである。もうひとつは，南米から，ヨーロッパを経由し，アフリカの喜望峰を回ってインド洋に入り，最終的には中国まで至る，喜望峰ルートである。16世紀に，このルートで交易を行っていたのは，ポルトガル商人であった。銀を搭載した船は，喜望峰経由でインドのゴアに到着すると，まず，ヨーロッパ産品や銀を積み下ろし，一方で，地中海や中東経由でインドに流れ込んだ銀を更に積み込んで，マラッカ，次いでマカオに向かう。そこで，銀と交換に，日本，インド，中東，そして西ヨーロッパ向けに売りさばく中国産品を買い付けるのである。17世紀に入ると，オランダ東インド会社，イギリス東インド会社などのヨーロッパの特許会社が，喜望峰ルートの主要なアクターとなる。1725年から1750年の間になると，イギリス，オランダ，フランス，デンマーク，スウェーデン，プロイセンが，アジア地域に持ち込んだ銀は，年間平均160トンに上った[9]。

　以上見たように，16世紀の半ばから，日本と中南米で生産された銀が，生糸，絹織物，陶器や茶といった産品の対価として，中国に大量に流れ込んだ[10]。安定した供給に支えられて，銀は，取引の手段としても，価値の保存の手段としても，貨幣システムの基軸となっていった。

　銀の流入が16世紀から18世紀の中国経済にどのような影響を与えたのかに

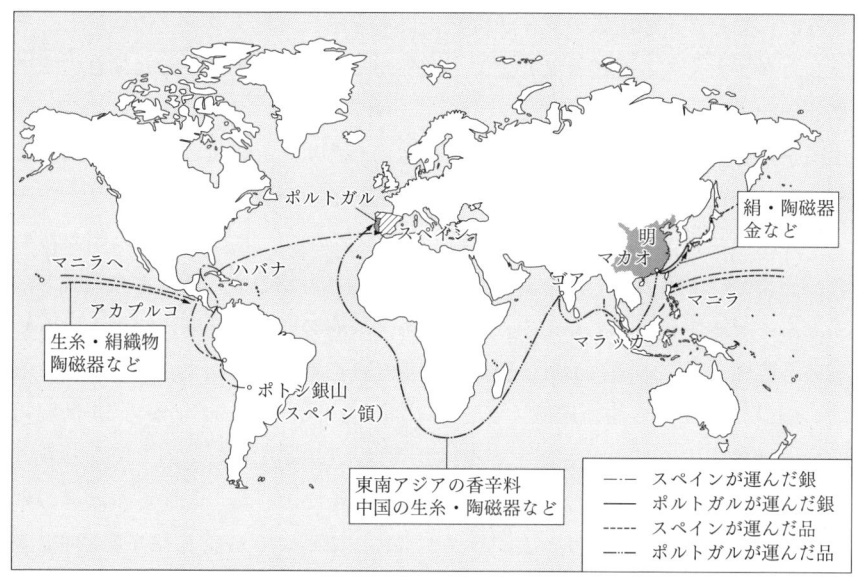

図 1-1　16 世紀後半スペイン・ポルトガルの交易
出典）石見銀山資料館編『資料で見る石見銀山の歴史』14 頁をもとに作成。

ついては，現在に至るまで多くの研究が積み重ねられ，議論が続いている。近年，アンドレ・グンダー・フランクは，中国が絹・陶磁器などの手工業生産において，高い生産性と低い生産費用による競争力を有したことから，諸外国に対して貿易黒字を有するに至り，「世界中の銀が，最終的に集まり落ちてくる〈排水溝〉となった」と述べ，銀の流入は，中国経済の発展の証左であるとされる[11]。さらに，岸本美緒が論ずるように，外国貿易から得られた銀が，支出・購買の連鎖を通じて，東南沿岸の港から，内陸部の末端の市場へと波及的かつ乗数的な効果を及ぼすならば，銀流入はさらなる経済発展を促したと考えられる[12]。また，ウィリアム・アトウェルは，対外貿易と，そこから得られる貨幣収入に過度に依存することは，経済を対外的に脆弱にしたと指摘している[13]。好景気期に得られる大きな利益を所与のものとして，輸出とその対価としての貴金属の流入に過度に依存するならば，輸出市場が縮小して中国に流入する銀が減少するとき，多くの人々は流動性と信用の危機にさらされることに

なるからである。銀流入のダイナミズムに焦点を当てたフランクの議論と，そうしたダイナミズムを踏まえた上で，国外からの銀流入が減少した場合のリスクを指摘したアトウェルの議論は，必ずしも対立するものではなく，両者は，中国が銀を通貨制度の基礎としていたにも拘わらず，その供給の殆どを海外に頼っていたことを，重要な特徴として示している。

　一方，デニス・フリンとアルトロ・ジラルデスは，世界規模での銀の移動と，そこでの中国の中心性を認めつつも，中国への銀の流入を，他の論者とは異なるモデルで分析している[14]。すなわち，政府の財政的要求，交換手段としての必要性，及び中国における民間の市場経済の発展によって，中国における銀の価値は，世界の他の地域より著しく高くなった。「1592年から17世紀初頭にかけて，広東での金と銀との交換比率は，1対5.5から1対7であったのに対して，スペインでは，1対12.5から1対14であった」とする全漢昇の推計にも依拠しながら，フリンとジラルデスは，ヨーロッパ商人を主要な仲介者とする，銀の生産地（南米と日本）と消費地（中国）との間の裁定取引によって，大量の銀が中国へと流れ込んだと論ずる。この裁定取引により，1640年頃には，中国と世界との銀の価値は同じ値に収斂する。それ以後も，中国への銀流入が続いた理由として彼らは，巨大な市場が，ある一定の価格で銀を購入し続けたので，商人は以前ほどの利益を上げられなくとも，中国に銀を売却し続けたとする[15]。中国をめぐる貿易関係と決済手段としての銀に着目する前掲の論者たちと，国際商品として銀を捉えるフリンとジラルデスの分析視角は異なっているが，理論的には裁定取引における中国からの銀流出が想定される点では，共通している[16]。

　そして，そうした国外との銀の流出入が，政府によってコントロールされることはなかった。銀流通への政府の不介入は，中華帝国の貨幣制度のもうひとつの特徴である。明朝に続く清朝（1644-1911年）では，海外との貿易は，政治的な交渉は行わないという合意の下で，江蘇，浙江，福建，広東の沿海部の定められた地点において売買を行い，かつ税を納めることを定めた，互市貿易システムによって管理されていた[17]。しかし，商品と銀の取引自体には制限は設けられず，清朝政府が，海外との間での銀の流出入量をコントロールするこ

とはなかった[18]。

　国内に流入した銀は，民間の業者（銀鑪）によって，馬蹄形の銀錠（銀両）に鋳造された。そして，銀錠が市場で流通する際には，銭荘や後には銭荘公会，あるいは各地の商会によって設立された専門の検査所（公估局）が純度の検査を行い，品質の保証として検印した[19]。このように，現物の銀両の製造と管理が政府によって一律に管理されることなく民間に任されていただけではなく，中国の通貨制度における銀セクターを特徴づけていたのは，虚銀両と呼ばれる秤量貨幣単位が，地域ごとに，あるいは業種ごとに異なっていたことである。両は重量の単位であるが，銀の秤量単位としての両は，単なる重量単位ではなく，原則として平（重量）・色（品位）・兌（除数）の3つの要素からなる。例えば，19世紀後半以降の上海での主要な銀両単位（上海両）は，九八規元というものであったが，実際に九八規元に対応する銀錠が鋳造され，流通していたわけではない。こうした計算単位としての銀両は地域によって異なり，また同じ地域の中でも複数の銀両が併存した。例えば，鎮江の標準的な銀両は，鎮平二七宝であったが，そこでも綱緞業者などは，鎮平二四宝という異なる単位を使用していた[20]。これらの様々な銀両は，どれも各地の市場や業者が自発的に設定したもので，何らかの公的機関の指示を受けたものではない。清朝も，自らの財政には，庫平両という計算単位を，また関税用には関平両など，いくつかの銀両を定めていたが，民間での銀両設定に対しては放任していたのである（巻末の付表1を参照）。

　清朝統治下では，政府による課税が銀建てであったのに加えて，18世紀末までには，高額取引と遠距離交易に際しては，ほぼ全国で銀が用いられるようになった。一方，日常の小口売買や一定の地域内での取引では，銅銭が使われ続けた。清朝政府は，銀流通への不介入とは対照的に，銅銭の流通は積極的に管理した[21]。銅銭は，北京にある中央政府が管轄する2ヶ所の鋳造所と，地方政府が管轄する20余りの鋳造所で作られ，兵士への俸給などからなる政府支出を通じて，市場に放出された[22]。清朝成立の3年後（1647年）に定められた公定レートでは，銅銭千文が銀1両にあたるとされていたが，実際には，銅銭と銀の交換レートは，それぞれの貨幣の需給によって市場で決まった[23]。こう

した銀銅比価の変動においては，銀セクターの供給量が海外との取引関係によって決定されたのに対して，清朝政府は銅セクターに対しては，一定の影響力を行使することができた。そして，一般民衆が，納税と長距離交易品の購入に際しては銀を必要とし，同時に，日常の売買や俸給の受領に際しては銅を使用するといったように，銀・銅両セクターにかかわっているという状況下では，銀と銅の交換レートの変動が一定範囲内であることは，社会経済の安定のために極めて重要であった[24]。

　中華帝国の通貨制度が円滑に機能するには，銀が海外から恒常的に供給されること，少なくとも急速に減少しないことが，重要であった。たとえ，銅セクターが緩衝機能を果たすとしても，急速な銀の減少に対応することは困難であり，流動性の危機と信用不安が予想された。実際には，中国産品への世界的な需要によって，中国の対外貿易は輸出超過であり，大量の銀が流入した。同時に，好況によって貨幣需要が拡大したため，中国国内の銀の価値が世界の他地域よりも高くなる傾向が長期に亘って続き，銀の流入が促された。しかし，銀の流出は，理論的には通貨システムの潜在的なリスクとして，存在していた。

　そして実際に，1808年から1856年まで，一転して，海外へ大量の銀が流出し，中国は深刻な危機に直面することとなった。どのような変化が，こうした事態を招いたのであろうか[25]。まず，それまで，茶を始めとする中国からの輸入を銀で決済していたイギリスが，銀に代わる手段としてインド産アヘンの輸出を増やしたことが挙げられる。もっとも，アヘンの輸入量が増えても，輸出がそれ以上に伸びていれば，銀が中国から流出することはなかったであろう。しかし，この時期，中国の主要産品である茶と生糸の輸出は不振であり，輸入超過を銀で決済する必要に迫られた。1810年代から1830年代にかけて，ラテンアメリカで独立運動が相次いだため，銀の供給が落ち込み，その価値が高騰したことも，中国からの銀流出の一因であった。更に，1830年代半ば以降，当時中国への外国銀貨の最大の供給国となっていたアメリカからの銀貨輸入が決済手段の変化に伴って急減した。1810年代には，イギリス東インド会社は中国への銀輸入を止めて，代わりにロンドンで支払われる送金手形で，広東貿易の資金を調達するようになっていたが，これに対しアメリカ商人は，スペイ

ンの中南米植民地との貿易収支が，それらの独立の前後を通じて大幅な黒字であったため，大量のメキシコ銀貨を中国に輸出し続けることができた。1792年には，アメリカは銀の鋳造所価格を一般的な世界価格より高く設定して，メキシコで鋳造されたペソの合衆国への流入を促した。メキシコ銀貨の十分な供給を受けて，1806年アメリカ政府は自国でのドル鋳造を停止し，カルロス・ドル銀貨を法定通貨とした。ただし輸入された銀の大部分は，アメリカから中国へ，貿易資金として再輸出されたのである。1805年から1834年の間の輸出額1億3千万ペソは，当時のメキシコの銀貨鋳造額の3分の1に上る。しかし，1834年に合衆国は貨幣政策を変更し，金を吸収するために銀価格を国際価格より低く設定した。アメリカ商人は，最早，中国との貿易のために安価に銀貨を手に入れられなくなり，代わりにイギリスに做って広東での決済に手形を用いるようになった。その結果，中国への銀供給は激減したのである[26]。

　銀の流出は，それ自体が市場に流通する貨幣供給量の減少を意味し，経済全体に深刻な影響を及ぼすが，当時の官僚や知識人たちがより大きな危機感を抱いたのは，銀の銅に対する比価の高騰であった。1808年から，銅銭と銀の交換レートは，1両＝1,000文の公定レートを超え，1808年から56年までを通じて，250パーセント上昇した。急激な銀の銅に対する価値の上昇によって，銅銭での売買から収入を得ている中小商人や，俸給生活者にとって，銀建てでの納税や債務の負担は必然的に大きく増加した。社会不安の広がりを恐れて，清朝政府は，銅銭の供給量を抑えたが，銀の相対的価値の上昇に歯止めを掛けることはできず，結局，銀流出の3つの原因のうち，外来アヘンの取締りに着手する。銀流出は社会経済に深刻な影響を及ぼしたが，清朝政府は銀の移動を制御することはできなかったのである。

　銀の流出とその結果としてのアヘン戦争は，よく知られた史実である。しかし，その後の銀の流出入の動向と，その中国経済への影響については，十分に検討されてはいない。以下に見るように，アヘン戦争が終結した19世紀半ば以降，ときを同じくして国際銀価は下落し始め，中国へは再び銀が流入した。こうした状況下で，中華帝国の銀本位制は，中華民国へとどのように引き継がれたのであろうか。大恐慌に先立つ，19世紀後半から20世紀初頭の，銀を基

礎とする中国の通貨制度のメカニズム，それへの政府関与のあり方，及び，国際銀価下落の影響についての知見を深めることは，中国経済史研究の空白を埋めるだけではなく，1930年代前半大恐慌期の画期性，すなわち，この時期の国際銀価上昇を機に，なぜ経済危機が起こったのか，そして，1935年幣制改革における政府介入はどのような意義をもったのか，を理解するためにも不可欠である。

2. 20世紀初頭中国の通貨制度

　アヘン戦争終結後の南京条約が結ばれた1842年から87年を経た1929年，プリンストン大学経済学部教授のエドウィン・ウォルター・ケメラーは，中国国民政府に招聘されて，通貨制度に関する調査を行った。ケメラーは，アメリカの財政の専門家で，20世紀前半，フィリピンを始めとする数十ヶ国の通貨・財政改革に参画し，マネー・ドクターとも称された。19世紀末からの国際銀価の下落に伴う銀建ての中国通貨の対外為替レートの低落は，欧米諸国や日本といった国々への金本位制通貨建ての政府債務の増加を招いており，清末以降，中国政府は度々，外国人顧問の助言を仰ぎながら，通貨制度改革・金本位制度への移行の可能性を模索してきた[27]。ケメラーの調査は，そうした一連の試みの内，最後のものとなる。結局，新通貨単位「孫」の導入と，金為替本位制への移行を提言したケメラーの改革案は，国際金本位制の終焉によって，実施されることはなかった。しかし，中国各地の銀行・銭業公会や，スタンダード石油，英米煙草など中国国内で事業を展開していた代表的な欧米会社への聞き取りを行うなど，全国的な規模で行われた調査の報告書は，大恐慌前夜，そして幣制改革を行う前の，中国の通貨制度の実態を伝える，貴重な記録となっている。ここでは，ケメラーの観察を手掛かりとして，19世紀末から20世紀初頭中国の通貨流通の状況を見ることとする。

　ケメラーは，中国の通貨システムをアメリカやヨーロッパ，ラテンアメリカの各国と比べ，極めて特異であるとし，改革の提言を盛り込んだ報告書の中

で，次のように述べている[28]。

> 厳格に言えば，フランス，イギリス，及び合衆国における通貨制度と同様の意義においては，中国の通貨制度なるものはない。中国には中央政府及び各省政府の鋳造した貨幣，及び中央銀行の発行した兌換券は確かに存在するが，中国どこでも完全に一様の通貨制度は存在せず，また現に存在するそれぞれの地域ごとの通貨制度は，全国に通用するものではないのである。

欧米諸国やアメリカ合衆国では，国境と国家・中央銀行が発行した通貨の流通範囲は一致していた。それに対して，中国でケメラーが驚きをもって見出したのは，発行の主体を異にする（中央・地方政府，民間の金融機関など）様々な形態の貨幣（硬貨，金属塊，紙幣）が，省あるいは都市ごとに流通しているという状況であった[29]。こうした状況は，中華帝国の通貨システムを引き継ぎながら，中華民国初期の政治的混乱や世界経済との関係の深化の下で生成されてきたと考えられる。

　銀セクターについて見ると，清代の主要な流通形態であった銀錠は，秤量単位である銀両制度とともに，多額の取引や長距離交易を中心に，存続していた。一方，紋銀あるいは馬蹄銀と呼ばれる実物の銀錠は，上海，漢口，天津の，華東，華中，華北それぞれの金融中心地以外には，広く流通してはいなかった。このような状況下で，特に上海では，実物の銀錠の流通でも，計算単位としての銀両でも，他の都市に比べて一層広く利用されていた。上海の，外国銀行，中国銀行の銀準備金の約半額は馬蹄銀であったし，卸売取引及びすべての種類の多額取引の大部分は銀両建てで決済されていた。

　銀セクターの中での，清代との大きな違いは，銀貨と補助銀貨（小洋）の全国的な流通であった。大洋とも呼ばれる銀元は，中国国内で最も広く流通していた硬貨である。黒龍江省，吉林省，遼寧省の東三省を除いて，銀貨は全国で使用されるようになった。しかし，中央政府による通貨発行権の独占という基準に照らして，「通貨制度なるものはない」とケメラーが指摘しているように，

図 1-2　中国における銀元の流通 1929 年

出典) National Government of the Republic of China, Commission of Financial Experts, *Project of Law for the Gradual Introduction of a Gold-Standard Currency System in China Together with a Report in Support Thereof*, Appendix E をもとに作成。

I	中国元と外国銀貨，主に香港ドル
II	中国元と外国銀貨，主にメキシコ・ドル
III	中国元と外国銀貨，主に香港ドルと日本銀貨
IV	中国元とごく少量の外国銀貨が割り引かれて流通
V	限定的な中国元とサイゴン・ドルの流通
VI	中国元のみ
VII	中国元はほとんど流通せず，補助銀貨が本位貨幣
VIII	実質的な銀元の流通はほとんどなし

　当時流通していた銀貨には，中国だけではなく外国で鋳造されたものも含み，また純度や重量を異にしていたのである（図1-2）。

　外国銀貨の流入は，中国の対外貿易と深く結びついており，その起源は，既述のように17世紀初頭，中国が特産品と引き換えに銀を獲得したときに遡る。

18世紀初頭から，イギリス東インド会社は，広東で中国茶を購入する対価として，大量の銀を持ち込んだ。このときの銀は，主にカルロス（スペイン）・ドル（本洋）であった。19世紀に入って，アメリカが茶を買い付けるときに用いられたのも，カルロス・ドルであった。しかし，以後，中国のアヘン輸入が増加すると，中国に流入したカルロス・ドルは，ボンベイへと再輸出されるようになった。

18世紀から19世紀にかけて，カルロス・ドルの利用は，広東，福建，江蘇，浙江，安徽に拡大し，揚子江デルタ地域の主要貨幣となった。しかし，1840年代初めに鋳造が中止され，カルロス・ドルの供給が滞ると，中国におけるカルロス・ドルの価値は，20-30パーセントも上昇し，貿易に深刻な影響を及ぼした。こうした危機下で，メキシコ産，及びその他の南米（ボリビア，チリ，ペルーなど）産の銀貨が中国に流入した。なかでも，メキシコ・ドル（英洋）は，カルロス・ドルに代わる地位を確立した。実際，カルロス・ドルもスペインの植民地であったメキシコで鋳造されてきた。1821年にメキシコが共和国として独立して以降，メキシコ・ドルは，1824年から金本位制に移行する1905年まで鋳造され続けた。純度が高く，規格も同一で信用度が高かったメキシコ・ドルは，広く流通した。1870年までに，南北米を始め，西インド諸島，太平洋の群島，日本，そしてアジアの各地で，メキシコ・ドルの使用が見られるようになった。なかでも，中国での流通は広範に及び，1920年代に入ってからも，東南部沿海地域や揚子江下流デルタで使用されていた。

その他，イギリスが半島植民地や香港で流通させることを目的に鋳造したイギリス（香港）・ドルや，日本が大阪造幣所で鋳造した銀貨，あるいは，フランス政府がインドシナ植民地で鋳造したサイゴン・ドルなど，様々な外国起源の銀貨が，貿易決済を通じてそれぞれ中国各地で流通していた。

外国硬貨が広く流通する一方，中国が銀貨を鋳造し始めたのは，19世紀に入ってからである。1830，40年代に福州や厦門で鋳造された銀貨は，広く流通することはなかったが，1889年，両江総督張之洞が広州に開いた鋳造所で造られた銀貨は，以後流通量を増やしていった。広州造幣廠で鋳造された銀貨には龍が刻印されていたので，龍洋と呼ばれた。他省も広東に倣って，同じデ

ザインの銀貨を鋳造し始めたが，それらの銀の含有量は，数パーセントずつ異なっていた。

　中華民国初期，1914年12月に発行された袁世凱元（硬幣）は，中国で鋳造された龍洋や，外国から輸入されたメキシコ・ドルやその他の銀貨を代替しながら，広く国内に流通していった。袁世凱元が外国銀貨に代わって市場で選好された理由としては，第一次世界大戦中に貿易が停滞するのに伴って，それまで対外貿易で多く利用されてきたメキシコ・ドルに対する需要が減少したこと，または，袁世凱元が外国銀貨より品位が劣ったために，外国銀貨が退蔵され市場から退出したこと，等が指摘されている。硬幣は，輸入された銀か，上海で鋳造された馬蹄銀から造られた。各省の造幣所は，鋳造から得られる利益と費用を勘案して，硬幣を鋳造するかを決定した。例えば，銀貨100元は，70.811上海両であると銀の含有量からは計算された。鋳造費，送料，利子，手数料などを加えると，100元あたり72両から73両掛かると考えられた。したがって，市場での元のレートが0.72両／元以下に下がるならば，造幣所は鋳造を行わなかった。1929年の時点では，袁世凱元と，それに続いて全国の造幣所で鋳造された孫文を表した孫逸仙元が全国的に流通した。こうした中国元の流通拡大は，それらの銀貨との兌換を保証した中国銀行・交通銀行・中央銀行紙幣の流通を促すこととなった。

　また，多くの省政府の造幣所は，10角（0.1元），20角（0.2元）の補助通貨，通称小洋を発行した。省政府及び中央政府は，小洋と大洋が法定の十進法に基づく平価で流通することを目指していたが，小洋銀貨の純度は一元大洋銀貨より劣っており，10角銀貨10枚や20角銀貨5枚の実物価値は1元の大洋銀貨1枚より低かった。やがて，全国的に市場では小洋を名目価値より割引して取引するようになり，大洋と小洋の交換レートは毎日市場で決められる比価となった。一方，広東・広西の両省では，1890年に大洋，小洋の鋳造が始められた当時，日常の取引に必要な銅銭が極度に不足していたことから，それに代わって小洋が好んで使われるようになった。それ以後も，両省では，価値の高い大洋よりも，小洋が選好され，小洋を本位とする特殊な通貨圏を形成した[30]。

銀貨の流通と並んで，19世紀末との大きな違いは，紙幣流通が広がったことである。南京国民政府は，1928年11月，上海に中央銀行を設立した。中央銀行は，兌換券を発行したが，紙幣の発行権が中央銀行に限定されていたわけではなかった。清末以来，地方政府関係の銀行（地方銀行とその他の政府系銀行）や国内外の様々な金融機関や民間企業など（民間の金融機関，外国銀行，商店や商人・企業家など）多様な主体が，紙幣を発行していた。1914年に公布された国幣条例は，紙幣の発行には，発行額の60パーセントを現銀で準備する必要があると定めていたが，発行された紙幣のすべてが，この条件を満たしていたわけではなかった。特に，1910年代以降，地方政府が軍事費を賄う目的で，各地の省銀行を通じて乱発した紙幣は，現銀準備を欠くものが多く，それらは市場で大きく割り引かれて流通するか，ときとして受取拒否に遭った。

　一方，市場から高い信用を受けていたのは，中国銀行と交通銀行の兌換券であった。清末に開業したこの2行の株式は，民間の株主だけではなく中央政府によっても所有され，そうした意味で，半官半民の銀行であったと捉えられる。1929年の時点で，中央銀行の兌換券発行額が，2千万元であったのに対して，中国銀行と交通銀行の発行額が，それぞれ1億7,200万元，5,800万元に達していることからも，長期に亘って全国的に事業を展開し，また紙幣を発行してきた両行への信用の高さが窺われる。

　また，外国銀行が発行した紙幣も，開港場を中心に広く流通した[31]。19世紀半ばから世界的に展開したイギリス系植民地銀行は，イギリス植民地のみならず，アジア，アフリカ，南アメリカの各地で，現地通貨建ての紙幣を発行した。中国における紙幣の発行もこうした海外事業の一環であった。フランス，オランダなどの銀行も同様に，海外の支店で紙幣を発行したが，イギリス財務省の海外での発券に対する規制は，他国より厳しかったとされる。準備金の積立や，発行額の制限を含む本国政府の規制は，結果的に，イギリス系銀行が発行する紙幣に対する，現地の信用を高めることとなった。20世紀に入ると，それまで，南アメリカでは預金の受入でも通貨の発行でも主導的な地位にあったイギリス系銀行は，各国の中央銀行に通貨発行権を明け渡すようになっていった。同時に，オーストラリア，カナダ，アフリカの植民地や，日本やタイ

といったアジア諸国でも，イギリス系銀行は通貨発行権を失っていった。こうして，1910年代には，イギリス系銀行による現地通貨建て紙幣の発行は，中国の諸開港場に限られるようになった。上述の通り，当時，中国は政治的混乱から，紙幣の乱発が行われ，信用度の高い紙幣に対する需要は大きかった。香港上海銀行のデータは，1910年代から1920年代半ばまで，同行の中国における発行額が大きく増加したことを示している。中国の金融市場における貸付金利は高く，紙幣の発行は，利益の大きい事業であった。しかし，イギリス大蔵省は，銀行が現地の通貨・金融市場のリスクに過度にさらされることを懸念して，厳しい規制を課し続けた。結果的に，こうした方針は，発行された紙幣に対する信用を更に高めることとなった。1925年に起こった5・30事件（イギリスの警察官が，上海共同租界で非武装の市民に発砲した）とその後のイギリス製品・紙幣へのボイコットは，イギリス系銀行の紙幣発行額がその後減少していき，また，中国・交通・中央銀行を始めとする中国系銀行の紙幣が流通量を増していく契機となった。しかし，1929年の時点でも，外国銀行発行紙幣への信用は高く，開港場とその後背地で流通していた。

　以上のように，多様な紙幣が流通する重要な要件は，政治権力との関係や，発行主体の国籍ではなく，銀との兌換性であった。要件を満たさない紙幣は，市場で割り引かれ，あるいは拒否されることによって，通貨制度は全体としての秩序を保っていたのである。

　1916年の袁世凱政権下での紙幣兌換禁止令とそれへの天津金融界の対応は，通貨をめぐる政府と市場との緊張関係を明示する一例である。1915年末，袁世凱政府の財政難とそれに伴う政府系の中国・交通両銀行の経営不安が囁かれ始めた。中央政府は，地方政府に公的機関では銀ではなく両行の紙幣のみを受領するように命じるなど，噂の鎮静化に努めたが，逆に市場の不安は高まるばかりであった。実際に，中国銀行と交通銀行の銀準備は枯渇しつつあり，財政目的で大量に発行されていた紙幣の兌換要求に応えることは難しくなっていた。1916年5月11日，交通銀行の天津支店が，同支店が発行した紙幣のみ兌換に応じると発表すると，中国・交通両銀行には，多額の兌換要求が寄せられ始めた。唯一の対応策として，翌日，中央政府は，中国銀行と交通銀行発行紙

幣の兌換停止を命じた。上海や，南京，漢口などの中国銀行の支店の中には，地域エリートや地方政府と協働し，兌換禁止令に抗して，銀との兌換に応じ続けるものもあった。地理的に首都北京に近い天津では，抗議行動を採ることは不可能であり，中国・交通両銀行の天津支店は，紙幣の兌換を停止した。しかし，天津の金融業及び商工業界は，紙幣の兌換停止が，通貨システム全体の崩壊を招き，地域の経済全体に深刻な影響を及ぼすことを懸念した。そこで，5月14日，直隷全省紳商金融臨時委員会を組織して200万元を積み立て，1人当たり一定額に限り両行が発行した紙幣の兌換に応じることで，紙幣への信認の保持に努めたのである。積立金は，殺到する市民からの兌換要求に応えるには，十分ではないと考えられたが，中国銀行の上海，南京，漢口各支店による抵抗と，北京・天津における不換紙幣の流通不能という事態に遭って，中央政府が兌換禁止令を取り下げたため，資金の枯渇に至ることなく危機を脱することができた[32]。

一方，銀と並んで通貨システムの基礎を成してきた銅銭は，特に第一次世界大戦後，銅価が下落し，袁世凱元及び紙幣の流通が拡大する中で，流通量を減少させていったと考えられる。しかし，1929年の時点でもなお，小口の小売取引の大部分は銅貨建てで行われ，また銅貨が取引に用いられるとされ，満洲を除くほぼすべての地域に広く流通していた。これらの，清末から民国初期にかけて中央政府及び各省の鋳造所で作られた銅銭の品位と形状は，依然として多岐に亘っており，また，それらの銀元に対する価値も場所により異なり，日々変化する状況にあった。

多様な発行主体による，銀貨，銀錠，紙幣，銅貨が併存するという状況は，中央銀行が紙幣を発行し，通貨供給量をコントロールしているシステムとは大きく異なる。それでは，中国の通貨システムは単なるカオス（混沌）であったのであろうか。この問いに関して，ケメラーが到達した答えは，「否」であり，以下のような示唆に富む見解を示している[33]。

〔取引の媒介という角度に加えて，〕中国の現在の通貨を観察する第二の角度は，価値の標準である。中国では現在多くの異なった貨幣，すなわち，

銀，銅，及び様々な紙幣が流通している。しかし，中国は通常銀本位国に類別され，この類別は恐らく正しい。なぜならば，中国国民の卸売取引の大部分，多額の小売取引の大部分，及び政府並びに個人の債務は，多く銀を基礎としてなされているからである。

　中国の通貨システムの基礎は銀である，というケメラーの見解は，同時代の政府官僚や内外の銀行家たちにも共有されていた[34]。1930 年代初頭に国内での銀利用について調査をした際，実業部の下で組織された銀価物価調査委員会は，価格表示と債務支払いに際して，銀貨と銅銭とのいずれに相対的重要性があるかに特に注目していた。22 省 118 地点での調査のうち，95 パーセントの地点で，農民は債務を弁済する際に，銀貨を必要としていたのに対して，銅銭は 7 パーセントに過ぎなかった。121 地点のうち 79 パーセントで，農民は銀建てで価格表示して商品を売却しており，銅建てが主であったのは 19 パーセントであった。一方，商品の購入に関しては，124 地点のうち 80 パーセントが銀建て，29 パーセントが銅建てであった（合計が 100 パーセントを越えているのは，各地に複数の調査員がおり，ときに調査員間で異なった通貨を報告してきたためである）。多くの地点で，銅銭は小額取引を中心に用いられていた。農民が売却する量は，購入する量よりも通常多かったので，売却金額は銀建て，購入金額は銅建てであったとも捉えられる。全体として，価格の表示においても，債務の支払いにおいても，銀の重要性が高かったと言うことができよう。例えば，銅銭が主要な売買媒介手段として流通していた湖北でも，債務の返済には銀が要求された。

　すなわち，銀は貨幣の価値体系の基礎であるばかりでなく，国内の通貨供給量は，形状は銀貨であっても，紙幣であっても，あるいは預金であっても，銀の供給と直接的に関係していた。そこでは，取引の媒介手段は多様であっても，それらが銀にリンクすることによって，すなわち，どれだけの銀に換算されうるか，ということを示すことによって，その価値を明らかにし，また相互に関連していた。

　そして，19 世紀末から 20 世紀初頭の中国を生きた同時代人たちは，こうし

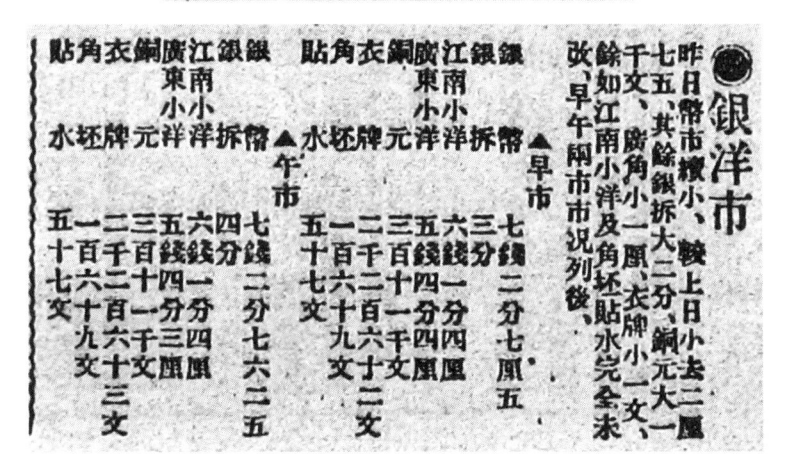

図 1-3 『申報』金融欄 1911 年 12 月 31 日と 1925 年 5 月 30 日

た通貨システムの「ゲームの法則」を理解し，共有していたと考えられる。例えば，当時の最も重要な日刊紙のひとつであった『申報』には，毎日，金融欄が掲載された（図 1-3）。

例えば，1911 年 12 月 31 日（旧暦 11 月 12 日）について見ると，前日（旧暦

11月11日）には，広東省造幣局で鋳造された龍洋と呼ばれる銀貨1元が，上海両1両に換算して，7銭9分5厘半の相場であったことをこの欄は伝えている。同様に，英洋すなわちメキシコ・ドルは7銭9分7厘半，カルロス・ドル（本洋）は9銭，広東の補助貨幣である小洋5枚が，6銭9分5厘7半に当たる。その後，袁世凱元の流通量が増えると，龍洋やメキシコ・ドル，カルロス・ドルの相場は掲載されなくなり，1919年6月11日以降は袁世凱元が新聞の金融欄上では唯一の銀貨となった。1925年5月30日の『申報』は，銀貨1元が上海両1両に対して，午前の相場では7銭2分7厘半，午後の相場では7銭2分7厘625であることを伝えている。これらの異なる硬貨の間では，それぞれの実質的価値（重量と銀の品位）だけではなく，それぞれの信用度や各地での特定の種類の銀貨に対する選好，そして，需給関係によって，相対的な価値が変化した。『申報』の金融欄からは，様々な貨幣の相対的な価値を把握しながら，取引を行う当時の市場の参加者のあり方を窺うことができる。

3. 通貨としての銀，商品としての銀

　数百年来，主にアメリカ大陸で生産され，アジアで消費された銀は，ヨーロッパ商人を含む世界各地の多様な商人集団によって，取引されてきた。20世紀初頭には，価格の変動を共有する国際商品としての銀市場が確立しており，そこでの2大銀取引市場はロンドンとニューヨークであった（図1-4)[35]。
　2つの市場はそれぞれ性格を異にする。ロンドンは，世界的な金融センターとして卓越した地位を占めていたことに加えて，銀の売買の出合いが多いこと，取引機構が整備されていることから，最も重要な銀取引の中心であった。ロンドン銀市場は，既に17世紀初頭から，東インド会社の対アジア貿易決済に必要な貴金属を調達する場として発達してきた。1671年には，最初の銀ブローカーであるモーゼス・モカッタが後にモカッタ・アンド・ゴールズミッドとなる会社をロンドンで設立した。1707年にはモカッタはイングランド銀行に銀口座を開き，同行の唯一の銀ブローカーとなり，続いて，1721年には同

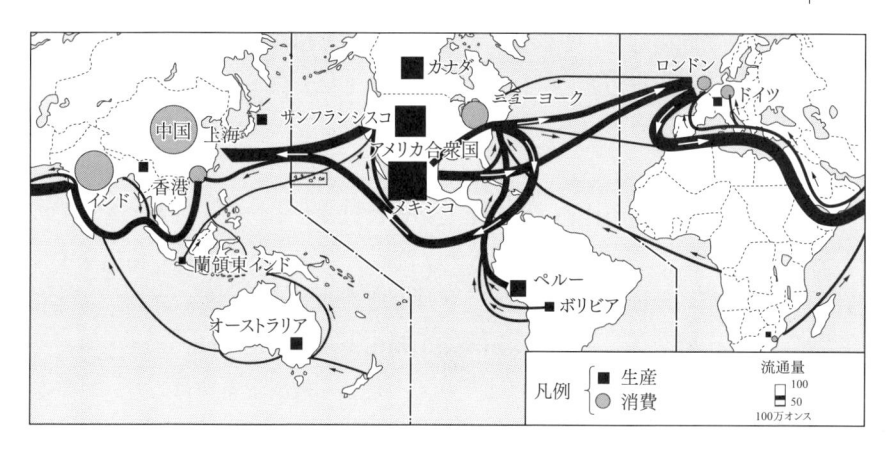

図 1-4 銀の生産・消費・流通の概念図 1930 年
出典）Bratter, *The Silver Market* をもとに作成。

様の地位を東インド会社に対しても獲得した。19世紀に入り，ロンドン市場に流入する銀及び金の量が増加するのに伴って，1840年イングランド銀行はモカッタの独占を取り下げ，他の貴金属ブローカーの参入を許可した。その結果，1855年，4社の貴金属ブローカー，モカッタ・アンド・ゴールズミッド，シャープス・アンド・ウィルキンス（1825年設立），ピクスレー・アンド・ハガード（1852年設立，のちにピクスレー・アンド・アベル），サミュエル・モンタギュー（1853年設立）の4社をブローカーとして，ロンドン銀市場が設立された。ロンドンでは，すべての取引は，この4社のブローカーを通じて行われた。1897年以降，4社は條銀の相場をたてるために毎日定時（平日は午後2時，土曜日は午前11時45分）に会合し，売り買いの注文の差額を勘案して，公定価格を発表した。これを，銀の値付け（silver fixing）という[36]。そこでは，直物と2ヶ月先物の2つの相場がたてられた。直物相場は7日以内を意味し，先物相場は公式には契約締結日から起算して2ヶ月先であったが，非公式には，2ヶ月以内に，特定の価格で受渡しをする取決をすることもできた。このように，ロンドン市場の銀相場が実際に売買される相場であるということは，上海の銀行にとって重要であった。上海の外国為替銀行は，為替の売買に対して，必ず，売りに対しては買いの，買いに対しては売りの取引を求めて，為替相場

変動のリスクを回避した。上海市場に適当な売買の出合いがない場合には，海外の市場に出合いを求めることになる。このように，銀を為替のリスクを回避するために売り買いする場合，先物相場が立ち，また，確実に売買できるロンドン市場を利用した。

　ロンドンが，銀売買の仲介に特化していたのに対して，ニューヨークは，世界の総生産量の約83パーセントを占める南北アメリカからの銀の輸出を主に行っていた。第一次世界大戦以前は，アメリカの銀もロンドンへ送られることが多かった。大戦中に，イギリスが現銀の輸出を禁止した際に，ニューヨークで直接，銀が買い付けられるようになり，大戦後も取引量を伸ばした。こうしたことから，ニューヨークで銀の先物市場が創設されたのも，1931年になってからのことであった。また，取引の形式もロンドンとは異なり，精錬業者との間の相対取引であった。したがって，ニューヨークの公式相場とは，実際の取引の結果ではなく，大手の業者が発表する取引の目安に過ぎなかった。

　一方，銀への需要は，中国とインドで全世界の80パーセント前後を占めた。中国では上海が，インドではボンベイが，銀と為替の取引の中心であった。国際銀取引の重要な特徴のひとつは，中国では銀は通貨であったが，他の国では単なる一商品に過ぎなかったことである。銀建ての中国通貨と為替との取引を行う上海市場も，国際銀市場の一部を成す。

　以下，ロンドンと上海との銀取引から，この点をより詳細に見ることとする。

4．銀取引と銀行——平価と為替レートとの関係

　金本位制下では，為替相場が現送費用を越えて変動すると金塊の輸送が行われたように，銀本位制下の中国でも銀行は輸送に要する諸費用を含めて採算が合うならば，現銀を輸入した[37]。金本位制を採る2ヶ国の間では，両国の硬貨の金の含有量に応じて，為替平価は固定されている。金本位制をとる2ヶ国の間では，固定相場制であるということである。自国通貨の他国通貨に対する市場における実際の価値が輸送費を越えて変動するときは，地金を送受して裁定

し，結果として市場における為替レートは平価に近づくことになる。銀を通貨として使用していた中国と，他の金本位制下の国々との間には，そのような固定した平価は存在せず，ロンドン・ニューヨーク銀市場での銀価に応じて，その価格における両・元とポンドまたはドルとの平価が算出される。そこでは，同じ量の銀に対する通貨の比率として平価が決定される。銀本位制を採る中国では，銀に対する通貨の比率は一定なのに対して，金本位制を採る国においては，銀の通貨に対する比率は変動する。つまり，銀本位制である中国と金本位制をとる国との間では，変動相場制であるということである。

　例えば，上海両は理論上，純度 1.000 の銀，518.512 グレインを含む。ロンドンで取引される銀は，純度 0.925 の銀，480 グレインを基準としているので，その比率は，1.168 である（518.512÷[480×0.925]）。この 1.168 という値は，理論的定数，と呼ばれる。すなわち，上海両は，1 スタンダード・オンス（純度 0.925）の銀を 1.168 倍含むので，その価値は，1.168 倍である，ということになる。

　実際には，ロンドンで扱われる條銀は，純度 0.998（価格は純度 0.925 の銀を基準とするが）であった。また，上海に到着してから，馬蹄銀に鋳造されなければならなかった。鋳造業者は，慣例として，100 広東両の重量の純度 0.925 の銀を鋳造して，110.90 上海両の銀を引き渡すとしていた。1 広東両の重量は，579.84 グレインであった。これらを勘案して算出される実際の定数は，1.175 である（[579.84×0.998×100]÷[480×0.925×110.90]）。この値と理論的公数の差に当たる 0.007 は，鋳造業者の費用であると考えられた。したがって，1.175 オンスの純度 0.925 の銀から，1 上海両を得ることができることになる。

　ロンドンの銀條の価格に 1.175 を乗ずることによって，平価が算出される。上海での為替レートが平価を上回るならば，ロンドンでの銀購入が促され，逆に，下回るならば，ロンドンで銀を売ることが有利となる。実際に，銀を輸出入するかを決断するには，諸経費（輸送費，保険など）や利子を考慮する必要がある。例えば，1.1 パーセントの経費に年利 4 パーセントの利子の 45 日分，すなわち，0.5 パーセントを加えた，1.6 パーセントを加えるとすると，0.016×1.175 は 0.019 となる。銀の輸入点を算出するための定数は，1.194

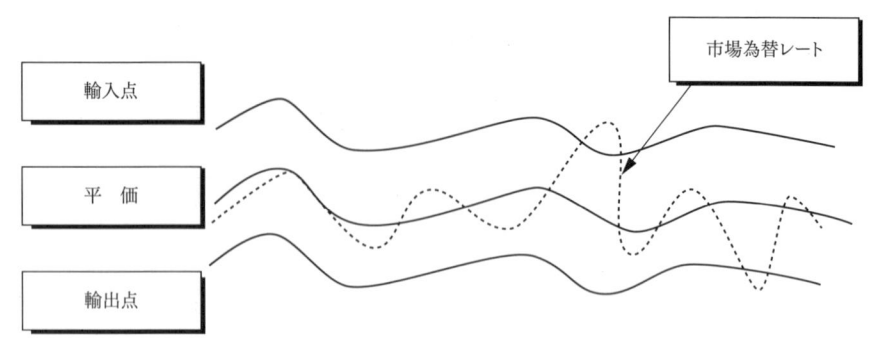

図 1-5　平価・市場為替レート・輸出入点の概念図

(1.175＋0.019) となる。

　仮に，ロンドンの直物の銀価格が 25 ペンスであったとするならば，銀の輸入点は，1.194 × 25 ペンス＝ 29.85 ペンスとなる。上海の，対ポンド・スターリング為替レートが，この値より高く，例えば，31 ペンスであったとするならば，銀行は，上海でまず元を 1,000 元先物で売却する（1,000×31 ペンス＝ 31,000 ペンス）。同じ量の銀をロンドンで購入し，上海に送ることで（1,000× 29.85＝29,850 ペンス），銀行は利益を上げることができる（31,000 ペンス － 29,850 ペンス＝1,150 ペンス）。このように，輸入点と輸出点が，銀取引の基本であった。実際の為替レートは通常，この 2 点の間で変動していた。もしも，為替レートが輸出入点を越えるときは，上の例のような裁定取引が行われて，再び為替レートは平価に近づくことになる（図 1-5）。

　上海では，対外貿易に関する為替の決済を扱うのと同時に，主に外国銀行が銀の輸出入も行った。また，イギリス系の香港上海銀行が，毎日，中国の公式レートを発表していた[38]。しかし，実際の取引では，香港上海銀行が発表した値に従う必要はなかった。レートが高すぎたり，低すぎたりした場合，他行は香港上海銀行に買い向い，香港上海銀行は，損失を避けるためには，レートを変更せざるを得なかった。一見すると，外国銀行が上海外国為替市場を支配しているように見えても，上海市場は多数の参加者を擁しており，特定の銀行やグループが恣意的に動かせるものではなかった。規模の大きさは，上海が主要

な銀と金本位制通貨との市場として機能する基礎となっていた。

5. 国際銀価変動とその影響

19世紀半ば以降，金本位制への移行に伴って，各国の銀地金への需要が減少すると同時に，廃貨となった銀は市場に放出される一方，銀は，銅や鉛，金などの他の貴金属の副産物として産出されたので，需要の減少に応じて供給が調整されることがなかった[39]。累積的な供給過剰によって，19世紀後半から1931年までの間，イギリスを始めとする国々で戦時物資として銀輸出が禁止された第一次世界大戦中を除いて，銀価は漸落し，それに伴って中国通貨の対金本位制通貨に対する為替レートも下がっていった（図1-6）[40]。

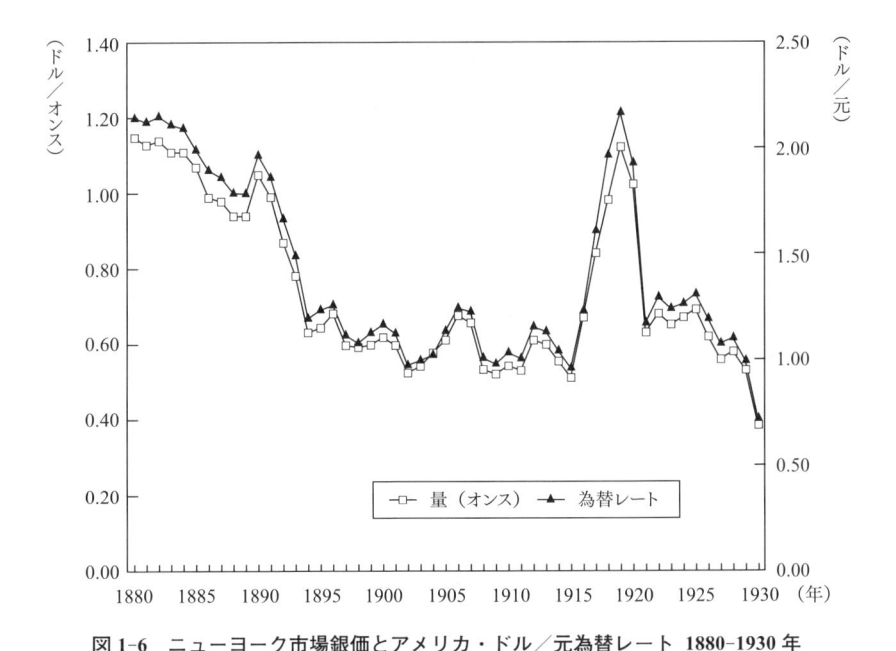

図 1-6 ニューヨーク市場銀価とアメリカ・ドル／元為替レート 1880-1930年

出典）銀価は Committee for the Study of Silver Values and Commodity Prices, *Silver and Prices in China*, pp. 6-7. 為替レートは，Hsiao, *China's Foreign Trade Statistics, 1864-1949*, pp. 190-1.

中国の銀貿易のパラドクス——銀流入の背景

　1890年から1930年までの間に，中国は15年の銀の純輸出（1890-92, 1901-08, 1914-17年）と，26年の純輸入（1893-1900, 1909-13, 1918-30）を記録した。同じ時期に，1891-92, 1894-95, 97年を除いて，中国の商品貿易も入超を記録している。貿易収支の入超と銀の入超が同時に起こっていることは，通常，入超は金銀の輸出によって相殺されていたことから考えると奇妙であった。量的にも額としても限られた中国からの金の輸出だけでは，事態を説明することはできなかった（図1-7）。

　1930年，『中国の対外投資』を出版するに当たって，ミシガン大学教授，太平洋問題研究所研究員の経済学者C. F. レーマーは大きな驚きを表明している。経済学者であるレーマーにとって，中国の国際収支は理解に苦しむものであった。レーマーは次のように述べている[41]。

　　中国は国外からの輸入品に対して，どのように支払いをしているのであろうか。確かに，中国と西欧とは異なっている。しかし，中国が，毎年，支

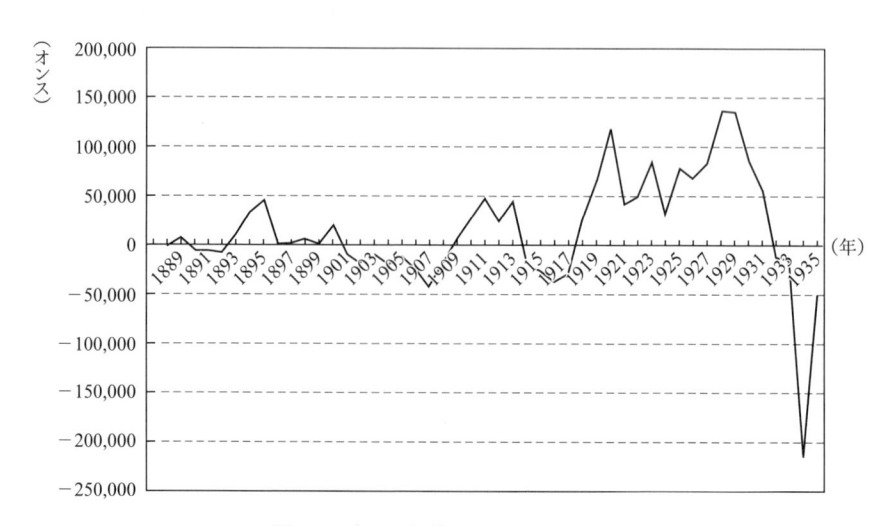

図1-7　中国の銀輸出入　1888-1935年

出典）Hsiao, *China's Foreign Trade Statistics, 1864-1949*, pp. 128-9.

払いをしないで入超を続けるほど，異なっていることはあり得ない。

レーマーが直面したこの中国国際収支のパラドクスは，実は，既に20年余り前に，中国海関の統計局長を務めたH. B. モースによっても指摘されていた。モースは，日清戦争後に，入超が急増したという事態について，次のように述べている[42]。

> 日本との戦争に至るまで，中国は実質的には対外債務残高はなかった。日清戦争の結果，中国は5,000万ポンド（4億海関両）の負債を負うことになり，1900-01年の義和団の乱に際して支払うべき債務は更に拡大した。これら両項の債務の年間支払額は4,500万海関両に上っている。この国家債務増加の必然的帰結は，この負債をカバーするために商品輸出を強制的にでも促進することにあるべきであるが，しかし逆説に満ちたこの国では，増加したのは何と輸入であって，現在では輸出の殆ど3倍になっている。

「中国はどのようにして海外から輸入する商品に支払いをしているのか」という問いに対して，レーマーは，華僑送金と外国借款及びその他の投資といった貿易外収支が極めて重要であると結論付けた。それぞれの項目の金額の推計は異なるものの，レーマーの見解は，モースを始めとする同時代の官僚や企業家の理解とも重なっていた。中国の国際収支の中で，例えば1903年には，華僑送金は，貿易入超額の168％，1909年には98％を占めた。恐らく，辛亥革命の混乱を懸念して送金が減った等の影響で，1912年，13年には，39％，47％であったが，1928年には，105％を記録している（付表2を参照）[43]。

華僑や外国政府が直接中国に銀を送るわけではなく，上記の平価と為替レートの法則が，中国の銀貿易の原則であった。ロンドンやニューヨークの銀価と，上海の為替レート（銀価）との差が，中国の銀の流出入を促す。それでは，華僑送金や外国借款はどのように平価や為替レートに影響を及ぼしたのであろうか。単純化するならば，華僑送金や外国投資は上海金融市場で中国通貨

に対する需要を増加させ，他国の通貨に対する為替レートを上昇させる。為替レートが銀の輸入点を越えたとき，中国に銀を輸入することから利益を上げることが可能になるのである。

　送金や投資は，為替レートが低いときに行われる傾向があるとも指摘されていた。在華外国企業は，中国で上げた利益を金建ての通貨に換金することから生じる為替差損を避けるために，中国国内に再投資して運用した[44]。また，華僑送金は，送り手から見ると銀建ての投資であり，海外の華僑は，銀遣い圏である故郷で換金したときできるだけ多く受け取れるレートで送金しようとした。中国と同じく銀通貨圏の香港では，華僑送金は，香港ドルが対米ドル相場0.50ドル以下のときになされ，それ以上のときは資金を海外に保留する，と言われた。香港ドル建てでの額が，為替レートが下落しているときの方が高いためである。また，世界恐慌の影響で国際銀価が暴落した1930年には，多くのアメリカの華僑が，10年以上に亘って貯蓄した財産を一斉に送金しているとも伝えられた[45]。

　銀本位制を採る中国の通貨の価値は，国際銀価に追随する。しかし，上海金融市場の為替レートの変化は，国際銀価の下落よりも遅れがちであった。日露戦争（1904-05年）の時期を除いて，1880年から1931年の間，ニューヨーク市場の銀価は，上海為替市場の対ドル為替レートから換算した銀価よりも高かった。この間，輸入点を越えた年は，23年に上る。各年のデータは，市場での取引を直接反映したものではないが，19世紀末から1930年代までの中国への銀流入の背景を窺うことができる。

物価への影響

　輸入された銀塊の殆どは，民間の鋳造業者によって銀両に改鋳されるか，各地の造幣所で銀貨に鋳造されて，貨幣として流通した[46]。銀の輸入増加は，通貨供給量の増加と直接に結びついていた。

　この時期の物価動向は，徐々にかつ継続的に上昇している。1913年から1931年の間に，上海の卸売物価は62.7パーセント，華北では82.4パーセント，広州では74.2パーセント上昇した。年間の上昇率は，それぞれ，3パーセ

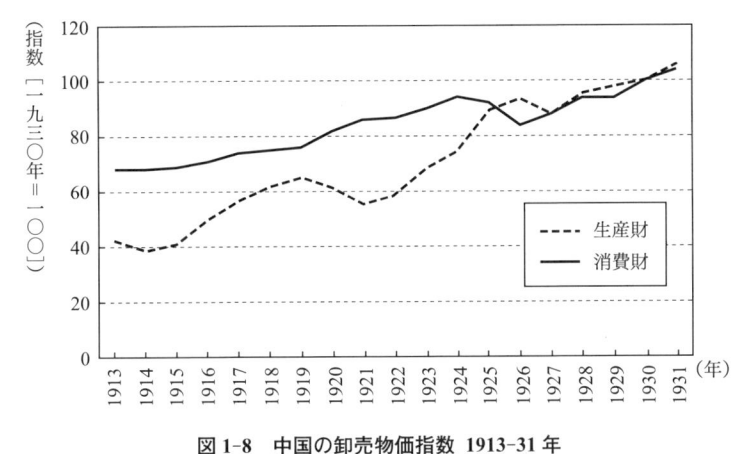

図 1-8 中国の卸売物価指数 1913-31 年
出典）王玉茹「近代中国の都市に於ける卸売り物価変動と経済成長」。

ント，3.4 パーセント，3.2 パーセントになる。近年，王玉茹が天津，上海，広州の卸売物価のオリジナル・データを用いて行った推計も，1913 年から 31 年にかけての物価の上昇傾向を示している（図 1-8）[47]。

物価動向には多くの要因が働いていたとしても，銀流入は主要な要因のひとつであった[48]。また，銀供給の増加は，信用供与の拡大も促したという点で，更に重要な意味を持つ。一般市民は徐々に紙幣の利用に慣れつつあったが，紙幣は，十分な銀の準備がなければ額面どおりには受け取られなかった。

特に，1929 年から 1931 年にかけての物価の上昇は顕著であった。1926 年を基準としたとき，上海の卸売物価指数は，1929 年の 104.5 から，1930 年の 114.8 へと 10.3 パーセント，さらに 1931 年には 126.7 へと 11.9 パーセント上昇した。上海の物価動向は，同じく 1926 年を基準として，1929 年（111.08）から 1930 年（115.85）に 4.8 パーセント，1930 年から 1931 年（122.55）には 6.7 パーセントの上昇を示した華北や，1929 年（96.7）から 1930 年（101.4）に 4.7 パーセント，更に 1931 年（112.6）にかけて 11.2 パーセントの上昇をみた広州の動向と同じ傾向を示している[49]。これらの物価の大幅な上昇は，1929 年大恐慌のために国際銀価が大きく下落した際，大量の現銀が中国に流入するのに伴ってもたらされたのであった（前掲図 1-7 を参照）。国際銀価の下落と，

それに伴う中国通貨の金本位制通貨に対する為替レートの低落が，大きな影響を及ぼしたことは，上海の輸入物価指数（1926年＝100）が，1929年（107.7）から1930年（126.7）へと19.0パーセント，更に1931年（150.2）には23.5パーセントと，3年間で42.5パーセントも上昇したのに対して，輸出物価指数が1929年（105.2）から1930年（108.3）には3.1パーセント上昇したものの，1931年（107.5）には0.8パーセント下がり，同期間を通じての上昇率が2.3パーセントに留まっていることからも窺われる[50]。

　以上見てきたように，20世紀初頭，中国経済はマイルドなインフレーションを基調としており，そして，1929年から31年にかけては，11パーセント（華北）から22パーセント（上海）余りの大幅な物価上昇をみた。本書の第II部で詳述するように，こうした長期に亘る物価漸増の時期を経て，更に急激な上昇を経験した直後に，一転して物価下落に対応するのは，農家にとっても，都市の企業家にとっても，大きな困難を伴うことであった。

小　結

　中国は，伝統的に海外からの銀供給を所与のものとして，銀を通貨システムの基軸としていた。そこでは，政府の国内外の銀流通に対する介入は殆どなく，貿易動向と市場の選好に任せる一方，銀と並ぶ重要な通貨である銅銭と銀との交換比率をコントロールすることを通じて，銀の流通量の変動に対応した。1911年の辛亥革命後も，中華民国は，市場主導の通貨システムの重要な部分を引き継いだ。20世紀初頭，金本位制が主軸をなす国際通貨システムの中で，中国は殆ど唯一，銀本位制を採っていた。銀への需要が減少する一方供給は増え続けたので，国際銀価は19世紀末以降下落したが，中国は，こうした国際銀価の動きをコントロールすることはできなかった。銀は国際的に取引される商品のひとつであり，中国とは関係のない需給要因によって価格が変動した。同時に，銀の取引を扱っていたのは，民間の金融業者であり，利益が上がる限り，国内外に銀を売買した。しかし，結果としての銀の流出入は，中国

の金融市場と物価動向に大きな影響を与えたのである。銀価の下落と通貨供給の増加は，中国の企業や一般民衆の経済活動を規定したにも拘わらず，銀価や銀の輸出入量を制御できなかったという意味で，中国は国際銀価の変動に対して，脆弱であったと言うことができる。国際銀価の変動は，中国経済にとって，潜在的なリスクであった。

第2章

工業化へ

―揚子江下流デルタの繊維産業―

　国際市場における銀価の漸落は，19世紀半ばから1931年までの間，銀本位制を採る中国経済にとって，重要な与件であった。そこでは特に，中国の近代工業化が，この時期に進んだことが注目される。

　1860年代半ばに，官営の軍需産業を中心に始まった工業化は，民間企業家の参入を得て，日清戦争後の1890年代半ばから本格化した。トマス・ロウスキは，1912年から1936年までの間の，中国の年間工業成長率，9.4パーセントは，日本（6.6パーセント），イギリス（4.4パーセント），ロシア／ソビエト連邦（7.9パーセント）よりも高かったと推計している。しかし，ロウスキも認めているように，工業化が経済全体に対してどの程度の影響を及ぼしたのかに関しては，より詳細な検討が必要である[1]。国内総生産に占める割合は，農業が60パーセントであったのに対して，工業は2.2パーセントに過ぎなかった。また，工業部門及びサービス部門は，上海を始めとするいくつかの揚子江下流域の都市に集中していた。ドゥビン・マの最近の推計によれば，江蘇省と浙江省にまたがる揚子江下流地域は，人口では全国の12パーセントを占めたに過ぎなかったにも拘わらず，生産部門でのシェアは，農業生産では15パーセント，手工業生産では20パーセント，近代工業生産では57パーセントに及んだ。更に，金融業で65パーセントを占め，水道や電力，ガスなどの近代公共事業の

45 パーセントも同地域に集中していた。結果として，上海だけでも，国内の工業生産の 40 パーセントを占めて，1895 年から 1936 年までの間には，年間 9.6 パーセントの高い成長率を記録した[2]。また，江蘇省は，中国全体（満洲を除く）の工業生産の 13 パーセントを産出し，上海と満洲に次いで全国第 3 位を占め，なかでも，上海－南京間を結ぶ鉄道上に位置する無錫や武進などの揚子江南岸の諸都市が，江蘇省の工業生産の 79 パーセントを産出した。一方，南通は，揚子江の北岸に位置したが，江蘇省の綿紡績の 36 パーセント，製粉の 8.9 パーセントを産出し，重要な工業都市の一角を占めた[3]。総じて，1933 年の揚子江下流地域の単位当たりの GDP は，全国平均をほぼ 60 パーセント，日本統治下の朝鮮及び満洲を 40-50 パーセント上回った[4]。

　これらのデータを前にして，当時の中国経済をめぐる国際・国内条件を考えるとき，どのようにして工業化を遂げることができたのか，が改めて問われることとなる。例えば，周知のごとく，19 世紀半ばの開港以降，中国は関税自主権を有しなかった。20 世紀に入り，1928 年の中米関税条約，中英関税条約から，1930 年の日中関税協定を経て，ようやく中国は関税自主権を回復するのである。以後，自国で生産できる産品を中心とする輸入品に対する課税は，不況下での需要の落ち込みとも相まって，外国製品の輸入を大幅に減少させ，経営難に苦しむ国内製造業が復興を模索するのに大きく役立ったと考えられる[5]。しかし，それらの企業の多くが，1930 年代以前に既に数十年に亘って操業を続けてきていたことに鑑みれば，問題は，保護関税が存在しない条件の下で，どのように工業化が進んだのかであろう。また，近年の経済史研究は，公的権力による所有権の保護を中心とした制度的要件の，経済発展における重要性を指摘している[6]。しかし，20 世紀初頭の中国国内は，各地での軍閥政権の割拠や内戦によって政治的に不安定であり，そうした制度的安定を得ることは難しかった。政治的混乱期に，なぜ，どのように経済発展が達成されたのであろうか。これらの問いを念頭において，本章及び次章では，20 世紀初頭の銀価の下落と物価の上昇を背景とする，揚子江下流域の工業化の動向を検討する。

　前掲のドゥビン・マの研究からも明らかなように，工業の特定地域への集中

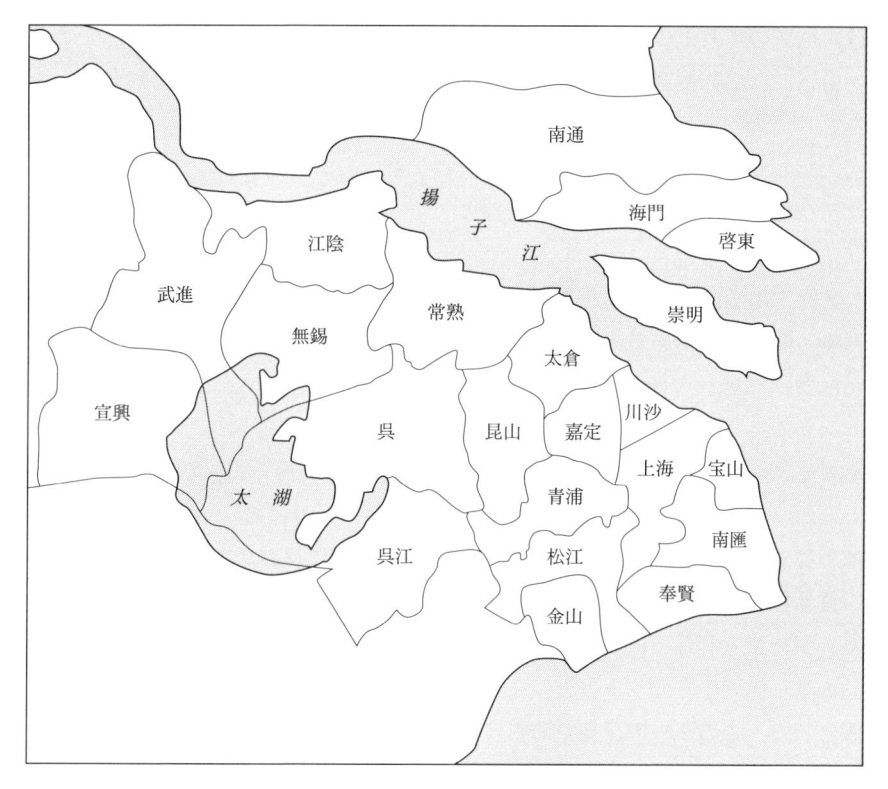

図 2-1　揚子江下流デルタ

と，中国国内における要素賦存の多様性に照らせば，中国全土よりも地域を分析の単位とすることにより，より具体的に工業化の展開に考察を加えられよう。そうしたことから，本書では，揚子江下流地域を取り上げるが，域内の近代工業部門の中でも，特に綿紡績業と製糸業に着目するのはいくつかの理由がある。

　まず，第一に，鉱工業を中心として進行した満洲・華北や内陸部の工業化に対して，揚子江下流域の工業化は軽工業を中心とし，特に繊維産業は最も重要であった。例えば，1933 年に，江蘇省内の主要な 27 産業の生産額のうち，綿紡績業は 43.87 パーセント（8,662 万 9,000 元），製糸業は 9.37 パーセント（1,851 万 4,000 元）を占め，それぞれ，第 1 位，第 3 位であった[7]。繊維産業

は，地域の工業化のエンジンであったと言える。

　第二に，綿紡績業も製糸業もともに，他のアジア諸国との激しい競争にさらされていた。近年のアジア経済史研究は，19世紀半ばの開港が，西欧諸国の商人たちに門戸を開いたというばかりでなく，アジア諸地域の経済をより緊密に結びつける契機となったことを論じている[8]。そこでは自由貿易自体は，西欧諸国から外的に強いられたものであったとしても，西欧商人ばかりでなくアジア商人の活動範囲が大きく開かれ，域内貿易の拡大が促されたことが指摘される。例えば，杉原薫の推計によれば，1883年から1913年までの間，アジアから西欧諸国への輸出成長率は年間3.8パーセント，輸入成長率は，4.2パーセントであり，ほぼ同時期の世界貿易の成長率と等しい。更に，アジア域内貿易の成長率はそれを上回り，年間5.5パーセントを記録した。1913年，アジアから西欧への輸出額は2億1,506万ポンドであったのに対し，アジア域内貿易は1億6,730万ポンドと，その78パーセント余りに及んだとされる。

　貿易拡大に伴う，価格や品質面での国際競争は熾烈であり，中国の綿紡績業，製糸業も例外ではなかった。インドと日本の綿糸は，中国国内市場で国産品と激しい競争を繰り広げた。一方，中国産の生糸は，日本製品と欧米市場で競合した。この2つの産業に着目することにより，アジア域内全体の動向との関係から中国の工業化に考察を加えることができよう。そこでは，国際銀価の下落に伴う中国通貨の対外為替レートの切り下げが，輸出入産業に与えた影響が，重要な問題点のひとつとなる。

　第三に，揚子江下流デルタの綿紡績業と製糸業は，後背地の農村と密接に結びついていた。都市部の繊維工場は，原料供給の大半を，域内の農村に依存していた[9]。1933年の統計によれば，上海及び，無錫，武進，太倉，南通などの江蘇省内の綿紡績工場が使用する綿花の60パーセントは，上海，宝山，川沙，南匯，松江，金山，青浦，太倉，嘉定，南通，海門，啓東，崇明などの域内の綿花生産地帯から供給されていた[10]。上海や無錫の製糸工場は，太湖北岸を主要な原料供給地とし，1910年から1926年の間，江蘇・浙江両省の養蚕地区が上海市場に売却した繭の半分以上は，無錫，常州，江陰が供給した[11]。

　こうした都市部と農村部との密接な連関から，伝統的な農村経済が，都市部

の工業化にどのような影響を与えたのかが,問題となる。先行研究は,歴史的に江南と呼ばれてきた揚子江下流デルタの農村経済が,明清時代には高度に商業化していたことを明らかにしている[12]。域内の農家の多くは,農業生産と並んで様々な副業に従事し,現金収入を得ていた。なかでも,綿織物と絹織物は,最も重要な手工業であり,農業生産と手工業生産が連関しながら展開していた。綿花生産地の農家は,綿花生産,綿紡績,織布のすべてを家内で行い,また,養蚕地帯の農家は,製糸と絹織物生産に携わった。当時,国内で最も経済的に発展した揚子江下流デルタは,特に前近代のヨーロッパとの比較で,近年,学界で注目を集めている。歴史的に江南と呼ばれる揚子江下流デルタについて,ケネス・ポメランツは,高度に商業化した揚子江下流デルタ地域を分析した上で,同地域の生活水準は,西ヨーロッパの経済先進地域に匹敵すると結論づけている[13]。ロイ・ビン・ウォンも,揚子江下流デルタの事例に基づいて,商品作物生産やプロト工業化の展開での中国とヨーロッパとの類似性を指摘した[14]。また,ボチョン・リ（Li Bozhong 李伯重）の著作は,農業と伝統的手工業における技術と生産性の向上を示すことによって,明清時代（14世紀から19世紀）における同地域の経済的停滞という定説に異議を唱えている[15]。これらの議論は,中国とヨーロッパ経済の18世紀末までの展開を比較することを主眼としているため,19世紀半ば以降に関しては十分に検討してはいない。それでは,商品作物生産,手工業生産からなる農村経済は,19世紀後半に始まる都市部の工業化にどのような影響を与えたのであろうか。以下,先行研究の議論を踏まえたうえで,この問題を検討することとする。

1. 綿紡績業──国内市場向け産業

インド綿糸の輸入と農村綿紡織業の変容

　歴史的に,揚子江下流域の農村は,すでに元代（1279-1368年）から綿花を栽培してきた。その後に開始された綿糸・綿布の手工業生産の展開は,明代（1368-1644年）に遡る。紡織の工程は各農家の家庭内で行われ,生産された綿

製品は，満洲と中国全土に向けて売却された。明から清への移行期に当たる17世紀半ばには，江南の地域経済は高度に商業化され，農民は，綿花生産と手工業に特化する一方，揚子江上流から米を購入するようになる[16]。農家は通常，生産した綿花から織布に必要な分だけ糸を紡いで，残りの綿花は売却していた。労力を要する手紡の過程をできるだけ省いて，綿花の生産と織布に集中したほうが，農家にとっては利益が大きかった。換言すれば，自家生産の綿糸の供給量が限定されていることが，揚子江下流デルタの伝統的綿業のボトルネックとなっていた。

　このような生産の状況下にある中国の綿糸・綿布市場に向けて，アヘン戦争後，1842年の5港開港以降，在華イギリス商人は，機械製イギリス綿布や綿糸の輸入を増やそうとした。しかし，中国市場に参入するのは，当初考えられたほど容易ではなかった。機械生産によって生産コストが抑えられ，かつ製品の規格も整ったイギリス製の綿製品が，中国市場で苦戦した主要な原因のひとつは，その品質が一般の中国人の需要に適合しなかったことにある。薄手のイギリス製綿布は，より暖かくて頑丈な厚手布を必要とした中国農民には受け入れられなかったのである。一部の都市富裕層は奢侈品としてイギリス製布を購入したが，綿布市場の主要な購入主体である農民は土布と呼ばれる国産手織綿布を使用し続けた。同様に，従来の国産の手紡綿糸は太く，12支以下のものが多かったのに対して，イギリス綿糸は，20支以上の細いものが多く，手織布の生産には適していなかった[17]。

　しかし，1870年代に入ると，イギリス製ではなく，インド産の機械製綿糸が，大量に中国に輸入され始めた。これには以下のような要因が作用している。1860年代，アメリカ綿花の供給が南北戦争のために落ち込むと，イギリス綿紡織業界は大きな打撃を受けた。これに対し，供給の落ち込みによる世界的な綿花価格の高騰を受けて，イギリス政府は植民地であるインドからの綿花輸入を奨励した。このためインドの綿花生産は急激に増加し，また，そこから得られた利益が綿紡績工場に投資されることとなった。アヘン貿易を通じて中国への輸出ルートを既に形成していた在地の商人たちは，インド綿糸の中国への輸出に進出していったのである[18]。

イギリス綿紡績業とは異なり、インド綿糸は、巨大な需要を中国市場に見出すことができた[19]。太くて頑丈なインドの機械製綿糸は、中国農民に広く受け入れられ、また、価格も国産綿糸と競争するのに十分なほど廉価であった。中国のインド綿糸の輸入は急速に増加し、1898年にはそれまで中印貿易の最も重要な商品であったアヘンの貿易額（357万ポンド）を上回っている（417万ポンド）[20]。

インド綿糸は、まず、広東、福建、広西、貴州、雲南といった華南から西南部の各省に販路を広げた[21]。それまで、揚子江下流デルタから綿布を購入していた地域が、廉価なインド綿糸を購入して、織布を始めたのである。同様に、東北部の省では、従来、乾燥した気候のために手紡糸が切れてしまうため、布を織ることが難しかったが、インド綿糸の導入によって織布が始まった。インド綿糸を縦糸に、土糸を横糸に使った手織布は、新土布と呼ばれた。一方、主要な綿花生産地であった揚子江下流域の農民は、インド綿糸の利用に積極的ではなかった。手紡ぎは効率的ではなかったが、農民は、インド綿糸の購入のために現金を使うのを嫌ったのである。しかし、国内の他地域に綿布を売るためには、生産費は抑えなければならない。そのために、1885年から1894年までの間には、同地域でも、非効率な手紡からインド綿糸の購入への移行が進んだが、農民は、市場向けの織布と自家用の綿花生産を止めることはなかった[22]。このように、インド綿糸は、中国における綿製品の生産と消費の構造を大きく変えたのである。

中国綿紡績業の始まりと発展――1895-1904年

中国の機械制綿紡績業は、急速に輸入を伸ばしたインド綿糸への対抗策として、政府が開始した輸入代替工業化政策に端を発する。最初の中国系紡績工場として、官督商弁の経営形態を採る上海機器織布局が創設されたのは、1890年であった。中国の綿紡績業が本格的に発展し始めるのは、1895年以降になる。日清戦争後に締結された下関条約は、日本及びその他の外国商人が、中国国内で製造業を始めることを認めた。戦後の愛国心の高まりと、政府の奨励を受けて、中国商人たちは製造業を立ち上げ始めたが、綿紡績はその中でも主要

部門のひとつであった。1896年から1899年の間に，8つの綿紡績工場が設立され，1895年に17万4,564錘であった生産規模は，1899年には33万6,722錘へと倍増に近く増加し，揚子江下流域の都市はその中心となっていった（表2-1)[23]。

揚子江下流域の綿紡績業の発展には，域内の農村からの綿花供給が大きく寄与した。都市の工場は，通州地域（南通，海門，啓東，崇明），太倉－嘉定地域と上海近郊（上海，宝山，川沙，南匯，松江，金山，青浦，奉賢）から綿花を購入した。丈夫で繊維が揃った通州地域産の綿花は，通州綿と呼ばれ，上海綿花市場で最も高質であるとされ，質の劣る上海地域の綿花は，それよりも低い価格で取引された。質の違いに拘らず，3つの地域が生産する綿花はすべて，太糸の生産に適した短繊維の綿花であった[24]。インド綿糸と国内市場におけるシェアを競うためには，中国系綿紡績企業は後背地の農村から短繊維綿花の十分な供給を受ける必要があった。

表 2-1　綿紡績工場数 1890-1931年

年	上　海	江　蘇	その他
1890-1895	6	0	1
1896-1913	10	6	8
1914-1919	11	9	9
1920	21	18	23
1921	23	22	28
1922	24	24	28
1923	n.a.	n.a.	n.a.
1924	26	21	29
1925	22	19	28
1926	n.a.	n.a.	n.a.
1927	24	19	30
1928	24	19	30
1929	24	19	30
1930	28	19	35
1931	28	21	35

出典：嚴中平：《中國棉紡織史稿》327-40頁；上海市棉紡織工業同業公會籌備會 編：《中國棉紡統計史料》1頁.

森時彦が指摘しているように，中国国内市場における中国，インド，日本綿糸の競争において，伝統的な手紡糸を代替する形で開拓された太糸に対する需要が無制限ではなかったことに注意する必要がある[25]。アヘン戦争前の 1840年の手紡糸の生産量は，610 万担と推計される。この中から，農民は，290 万担（47.5 パーセント）を自家用綿布の生産に宛て，残りの 320 万担（52.5 パーセント）の綿糸で，市場向けの布を織る[26]。農民は，自家用綿布のために綿糸を購入することを嫌ったが，市場向けには，機械製綿糸を導入することによって，より質の高い綿布をより多く生産することができた。したがって，従来の市場向け綿布用の 320 万担が，機械製綿糸への潜在的な需要と考えるならば，1899 年には，国産と輸入品を合わせた量（371 万 4 千担）は既にそれを上回っていたのである。

限られた太糸への需要をめぐって輸入品との競争にさらされ，操業当初の10 年間（1895-1904 年），中国系綿紡績工場の経営は厳しかった。当時，中国内地の末端の市場では，輸入綿糸の売買は銅銭建てで決済されており，銅銭の銀貨に対する相対価格の上昇に伴って，銀建て価格で輸入された外国製綿糸の中国国内市場における価格も引き下げられた。輸入品に対抗するために，中国の綿紡績工場は，綿布取引商人を介して綿糸を農民に頒布し，農民が手織布を売却した代金の中から支払いを受けるという「放紗収布」という前貸し制度などを通じて販路を開拓し，かろうじて操業を続けていた[27]。

1904 年に，銅銭の銀に対する相対価格が大幅に下落したことは，中国の紡績工場には有利な条件であった。この年には，それまでの 10 年間で 7 倍以上も輸入量を伸ばしていたインド綿糸が減少に転じる一方，中国綿糸は国内市場におけるシェアを伸ばしていった[28]。1899 年から 1919 年までの間の機械製綿糸の市場規模は 400 万担前後であり続け，また中国，インド，日本綿糸が，限られた農村の太糸への需要をめぐって競い合うという構図に基本的な変化はなかったが，その中でも，中国綿糸の割合が増加していることが分かる（図2-2）。

生産費の 80 パーセント余りは，原材料費であったことから，綿花の価格は企業の利益率を決する要素であった。綿花の価格は年ごとに大きく変動した。

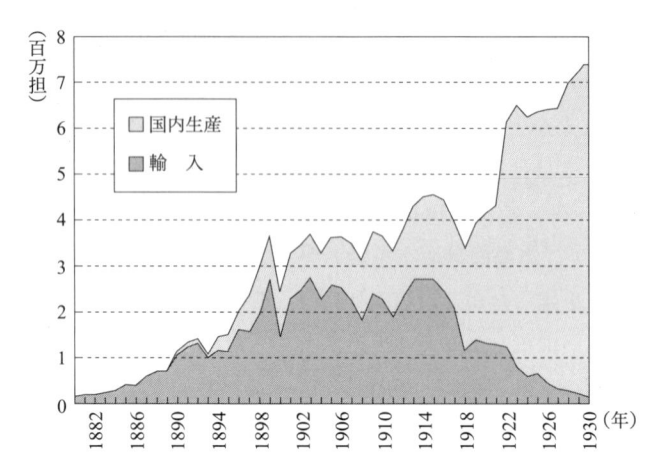

図 2-2　中国市場における国産綿糸・外国産綿糸のシェア 1880-1930 年

出典）趙岡・陳鍾毅：《中國棉業史》294-6 頁；丁昶賢："中國近代機器棉紡工業設備，資本，產量，產值的統計和估量", 87-9 頁；Hsiao, *China's Foreign Trade Statistics, 1864-1949*, p. 96.

更に，中国綿花市場は，アメリカ，インド，エジプトを含む国際綿花市場とも関係していた。太糸を主力商品としていた中国綿紡績業は，国産綿花の不足分を補うためにインド綿糸を輸入したが，細糸向きのアメリカ長繊維綿花は殆ど購入しなかった[29]。しかし，アメリカ綿花の価格変動は，日本の国際綿花市場における動向を通じて，中国綿花市場にも影響を与えた。日本は綿製品生産国であったが，国内綿花の生産は十分ではなく，輸入に頼っていた。アメリカ産綿花の価格が高いときには，日本の綿紡績工場及び取引商人は，大量の中国綿花を購入し，その価格を押し上げた。このような過程を通じて，中国綿花の価格は常にアメリカ綿花の価格動向に反応していたのである[30]。

このように，19 世紀の終わりまでには，中国，インド，日本の綿業の間に密接な連鎖が形成されていた。これら 3 国の綿紡績業は，インド及び中国の綿花を利用して太糸を生産し，中国国内市場でのシェアを争ったのである。

第一次世界大戦と中国綿紡績業の「黄金時代」

第一次世界大戦とその戦後，中国綿紡績工場は，好況を享受することができ

た。要因のひとつは，国際状況が中国の産業発展に有利であったことである。第一次世界大戦が始まると，国際銀価は上昇し，銀建ての中国通貨の対外為替レートを引き上げた。理論的には，中国国内での輸入品価格は下落するはずであったが，主に工業製品からなる中国への輸入品については，西欧諸国での戦時需要による価格の高騰によって，為替レートの上昇に伴う影響を受けることなく，中国国内での価格も上昇した。中国国内での綿糸の価格も，日本とインド両国からの輸入品価格の上昇によって下支えされることとなった。

　五四運動も，中国綿紡績工場が国内市場におけるシェアを伸ばす要因となった。「抵制日貨」といった日本製品に反対するスローガンの下で，20支以下の太糸市場では，日本製品はほぼ姿を消した[31]。同時にナショナリズムの高揚に伴って，国内では綿紡績業の生産規模が大きく増加した。1914年から1922年の間には，49の工場が設立され，そのうち39は1920年から1922年に開業した。中国系紡績業の生産規模は，1913年の48万4,192錠から1922年の175万498錠へと，68パーセント余りも拡大した[32]。

　綿紡績業の利益は，綿糸の売り上げと，綿花を主とする原材料費との差額に当たる。1918-19年の綿花が豊作であったことは，1919-21年が綿紡績業の「黄金時代」となった重要な要因のひとつである。通常，日本綿紡績業による購入は，中国の輸出綿花の80パーセントあまりを占めたが，戦時中の国際銀価の高騰による中国通貨の対円為替レートでの上昇と，インド綿花の豊作による価格の低落のために，この時期，日本は主にインド綿花を購入し，中国綿花の輸出は25パーセントあまりも落ち込んだ。綿花は国内市場に大量に流れ込み，価格は下落した。1919年には，綿糸の価格は41.5両／梱に上ったが，逆に綿花の価格は2.75両／担に下がった。こうした，「紗貴花賎」(綿糸が高く綿花が安い) 状況の下で，中国綿紡績工場は，50.55両／担の利益を享受した。

　1913年から1922年までの好況期に，20支以上の細糸市場では，日本製の輸入綿糸を駆逐することはできなかったが，中国綿紡績業は，国内の太糸市場を確保することに成功した。1913年に3分の1あまりだったシェアは，戦後には70パーセント，1921年には90パーセントに達したのである。

新式織布市場の拡大と日本からの挑戦

　上に見た「黄金時代」を通じて中国綿糸の生産量は，1913年の140万担から1922年の500万担へと増加し，農村市場の需要に相当すると考えられる400万担をはるかに上回った。しかも，実際には，太糸市場は以前より縮小していたと考えられる。なぜなら，第一次世界大戦後，機械織布が農村部でも盛んになり，都市部での織布とも併せて，伝統的な国産「土布」に替わり始めていたからである[33]。機械織に必要な綿糸は細糸で，通常20支以上か，36から42支になることもあった。この機械織布は，改良土布と呼ばれ，薄くて幅広であったが，従来の手織土布よりも耐久性があった[34]。

　日本の紡績業が，新たに創出された改良土布の需要に応えていったことは，この時期の日中間の為替レートの変動とも関連して注目される。既に見たように，インド綿紡績業と同様に，日本綿紡績業も，当初，太糸を中国市場に輸出していた。生産費用の高騰から，日本製の太糸が中国市場から駆逐されると，日本企業は中国向け輸出を20支以上の細糸に切り替えた。1916年までは，日本の中国向け輸出綿糸の平均支数は16以下であったが，1917年には20以上となり，1919年には26，1924年には29.5に上がった。しかし，日本円の対中国通貨為替レートの上昇から，輸出は更に難しくなった。日本からの細糸の輸出は，1925年には殆ど停滞した。こうした状況に対応して，日本企業は，中国国内に工場を設立し，為替レートの影響を避けるとともに，中国国内の安い労働力の利用に努めるようになった。1920年代初頭，中国の日本紡績工場，すなわち「在華紡」の数は急速に増加した。1924年の終わりには，35の紡績工場が106万2,288紡錘の設備を有して稼動し，その数は1919年の3.7倍に当たった。1930年の終わりまでには，在華紡の数は39，生産設備は159万3,000紡錘に上り，それらの多く（26工場，110万9,316紡錘）は，上海にあった[35]。在華紡は機械織用の細糸に生産を特化していた。1920年には16.8支であった生産綿糸の平均支数は，1931年には27.1支まで細くなっている。中国産の短繊維綿花は，細糸の生産には向かなかったので，在華紡はアメリカから長繊維綿花を輸入した。在華紡の細糸市場における優位から判断するならば，中国のアメリカからの綿花輸入には，在華紡の需要が多く含まれると考えられる。在

華紡は織布も同時に行い，1924年から1930年までの6年間に，織布用の生産設備を倍増させた。こうして在華紡が生産した布は，主として中国北部に販路を開拓することに成功した。紡績と織布を組み合わせることによって，在華紡は中国市場における競争力を増していったのである。

一方，揚子江下流デルタの中国綿紡績工場は，19世紀後半から地元の綿花を利用して農村向けの太糸を生産してきた。1920年代半ば，農村手織布業からの需要は頭打ちであったが，逆に，機械織向けの需要は増えつつあった。更に，内陸部の紡績工場が，綿花生産地帯と消費地である農村の双方に近いという利点を生かして，太糸の生産に進出した[36]。こうした市場の変化に対応し，在華紡に倣って，申新，永安といった主要な中国系企業は，細糸に生産転換することを試みた。しかし，そのためには，新規に機械を買い替え，また，長繊維綿花を調達する必要があった。当時，揚子江下流デルタの綿花生産は増加する域内の需要に応えられなかっただけでなく，短繊維であり，細糸の生産に適してはいなかった。細糸市場への参入を目指すならば，華中かアメリカからの綿花購入を考えなければならなかったが，多くの中国系企業は，それに伴う生産コストの増加に耐えることはできなかった。1930年代初頭になっても，上海と揚子江下流域の都市に位置する工場は，原料の60パーセントを域内の農村から購入しており，したがって，太糸を生産し続けていた。

20世紀初頭，揚子江下流デルタの綿紡績業は，近隣の綿花生産地から短繊維の綿花の供給を受けて，国内農村市場向けの太糸を生産し，発展を遂げた。インド及び日本綿糸との競争に打ち勝って，中国綿紡績業は国内でのシェアを伸ばしていった。しかし，1920年代後半に，太糸への需要が停滞すると，中国綿紡績工場は，新たに拡大しつつある細糸市場向けに，生産を転換する必要に迫られたが，そうした新たな需要に応えたのは，在華紡であった。やがて，太糸の主要な購入者である農村が，大恐慌下の不況にさらされるようになると，中国綿紡績業は，在華紡以上に大きな影響を受けることになる。

2. 生糸製糸業——輸出産業

19世紀揚子江下流デルタの製糸業——新生産地の興隆と輸出問題

　揚子江下流デルタが中国の主要な生糸生産地のひとつとなったのは，16世紀のことである。以後19世紀の半ばまで，太湖の南岸に位置する諸県は，桑と生糸生産の中心地であった。浙江省の湖州で生産される生糸は最高級品とされ，国内外の市場で高い値段で取引された。明末清初には，養蚕と製糸は江南の農村経済と商業化の中心となった。域内の農民の多くは稲作と並んで，桑の生産及び製糸に携わるようになっていった[37]。

　1850年代に，フランスで蚕病のために養蚕が大打撃を受け，更に，この伝染病がヨーロッパ各地から中東まで広がったため，ヨーロッパの養蚕業は壊滅的な状態となった。在来の中国製糸業は，ヨーロッパでの生産の落ち込みによって生じた新たな需要に応えていった。1851年に上海から輸出された生糸は1万4,486担であったが，2年後にはその倍以上の3万3,034担に，そして1854年には，3倍を超える4万4,430担に増加した。

　1860年代初頭，太平天国の乱によって養蚕地帯及び製糸業は荒廃した。その結果，戦乱後，伝統的な太湖南岸の養蚕地帯に加えて，北岸の無錫や武進といった県で，新たに養蚕業・製糸業への参入が起こり，域内の両産業の様相は一変する。無錫は太平天国の乱以前には殆ど製糸を行っていなかったが，1880年までには2,000担の生糸を生産し，その40パーセントを上海向けの移出に振り向け，残りを絹織物生産に当てるに至った。もっとも，これらの新たな参入が起こった地域で生産された生糸は，太糸と呼ばれ，伝統的な生糸よりも品質で劣るとされた[38]。

　1870年代以降，生糸の国際市場では重要な変化が起こった。需要側では，ヨーロッパの製糸業が1850年代の疫病による生産の落ち込みから十分に回復しきれなかったため，特にフランス織布業において域外で生産される生糸の需要が増加した。同時期，アメリカでも絹織物業が発展し，ヨーロッパ諸国に比較しても需要が増加した。1895年と1904年における両者の生糸消費量を比較

するならば，アメリカの生糸消費量が 426 万 1,000 キロから 728 万 5,000 キロへと 1.7 倍に増加しているのに対して，ヨーロッパでは，1,105 万 1,000 キロから 1,304 万 5,000 キロへの 1.2 倍の増加に留まった。絹織物業の伝統があるフランスやイタリア等とは異なり，国内に養蚕・製糸業が根付かなかったアメリカにおける新興の絹織物業は，原料生糸の大部分を外国から輸入したため，以後も世界製糸市場に大きな影響を与えることとなる。

中国製糸業にとって，新規需要の増加は，輸出を伸ばす機会であったが，実際には必ずしも大幅な増加には至らなかった。ひとつには，中国国内の絹織物業が，太平天国の乱後に復興したため，国内での需要が増加したことがあった。また，開港後の日本が新たに国際生糸市場での競争相手として立ち現れた。1870 年代以降，日本は順調に輸出を伸ばし，特に，輸出金額の上昇は，同時期の中国の生糸輸出額の停滞とは対照的であった。中国産の生糸は，光沢があり伸びがよいなどの優れた点もあったが，品質が不均一で，また糸の切断が多いという問題があった。このことは，中国産糸を使う場合，織布工程での加工により多くの労働力を必要とすることを意味する。こうした中国産生糸の難点は，他に中国に対抗する供給源がない限り問題にならなかったが，同じアジアの安価な日本製生糸が台頭するにつれて顕在化し，その価格は下落した[39]。

輸出不振を打開するには，生糸の品質を向上させ，また価格面でも競争力を高める必要があった。最初にそうした可能性を模索し始めたのは，外国向けの生糸輸出に大きな利害を有する在華外国商人たちであった。

器械製糸業の始まりとその課題

国外市場向けの高品質の生糸を生産する試みとして，器械製糸工場の設立が始められた。1862 年，ジャーディン・マセソン商会は，最初の工場を上海に開設した。ヨーロッパ式のこの工場は，糸車 100 リールで操業を開始し，1863 年には 100 リールを追加した。イタリアで製糸工場を運営していたイギリス人が経営を担当し，エンジン，ボイラー，糸車は香港製で，更にフランス人が中国人女工の訓練に当たった。

工場の製品はフランスに輸出されて好評を博し，高値で取引された。しかし，操業を継続的に行うのに十分な繭を確保することが難しく，まもなく経営難に陥った。それには，技術的，及び政治的な問題の双方が関係していた。すなわち，技術的には，新鮮な繭は劣化が早かったので，大量に長期に保存することが難しく，農村で購入したら，できるだけ早く紡ぐことが求められる一方，繭の収穫期が終わると工場は停止せざるを得なかった。他方，政治的には，中国官僚や商人たちが，外国工場による繭購入によって，自らの農民に対する購入価格の交渉力が弱められると考え反対した。こうした問題を解決することができずに，ジャーディン・マセソンの工場は，1870年に停業を余儀なくされた[40]。ジャーディン・マセソンの工場の閉鎖以降でも，数軒の製糸工場が開設されたものの，いずれも短期間で閉鎖に追い込まれている。

このような状況をのりこえ，上海で最初に成功した製糸工場は，アメリカのラッセル商会が出資した，旗昌（Kee Chong）製糸工場であった。1878年に僅か50リールで操業を始めたこの工場は，1880年には150リールを加え，宝昌と改名後の1891年には850リールを有するに至った。英米公使による外交交渉の末，外国製糸工場の操業が認められると，アメリカ公使の清朝政府への働きかけを得て，その他数軒の工場も成功を収めた。1882年，ジャーディン・マセソン商会は2軒目の，後に怡和（Ewo）と呼ばれることになる製糸工場を，200リールの規模で開業し，これ以外にも1894年までに，4軒の製糸工場が上海に設立されている[41]。これらの工場設立を支えた外国系製糸工場への出資が，外国資本のみに止まらないことも，清朝政府が工場への規制を緩めた一因であった。例えば，怡和の資本の40パーセントは外国人，60パーセントは中国人からであり，瑞綸製糸工場はドイツと中国の合弁会社であった[42]。

湖州の生糸商人，黄佐卿によって最初の全面的に中国資本の製糸工場が上海に設立されたのは，1882年である。その後，綿紡績業の事例でも確認したような，日清戦争後の政府による工業振興奨励策とナショナリズムの高揚にも影響されて，1894年には10軒に過ぎなかった製糸工場は，1898年には29軒にまで増加した。同時に，1870年代から引き続き，産繭地の側からの様々な妨害に遭って，原料繭の買付難に苦しんでいた外国資本が製糸業から撤退してい

くのに伴って，中国人が次第に工場の所有権を取得していき，ジャーディン・マセソンの怡和を除くすべての工場が，中国資本となった。

しかし，1906年頃までは，都市部の製糸業の発展はいくつかの要因によって阻まれていたと考えられる。第一は，資金問題であった。当時，イタリア・フランス人の技師や教婦によってもたらされた繰糸技術は，ヨーロッパ式の大枠直繰方式であり，それに対応して大型で堅固な鉄骨製器械が必要とされた。多くの製糸工場は，大規模な設備の設置や外国からの機械の輸入のために多額の資金を準備しなければならなかった[43]。1891年に江蘇・浙江の製糸地帯を視察した日本人は，生産する生糸の売却の目途が十分に立たない段階で，このように大規模な設備を導入するのは，危険が多く，また，非生産的であると述べている[44]。

繭の確保も問題であった。1890年代から1900年代初めにかけて，製糸工場の経営者たちは，ジャーディン・マセソン商会が初期に直面したのと同じ問題，すなわち，どのように高品質の繭を十分な量確保するか，を解決する必要に迫られた。揚子江下流地域は主要な製糸業地域であったが，都市の機械制工場への繭の供給は限られていた。伝統的な養蚕地である太湖南岸では，農民たちは繭の多くを自家製製糸のために取り置いたからである。伝統的な農村製糸業が，都市部の製糸工場と，繭の購入をめぐって競合していたとも捉えられよう。これに対して，無錫や武進，江陰といった太湖北岸の新興養蚕地帯は，上海の製糸工場に繭を供給した。前述のように1850年代になって初めて養蚕を行い始めた同地の農民たちは，伝統的な太湖南岸のような高品質の生糸を生産し高値で売りさばくことができないことを理解し，桑栽培と養蚕に特化していったのである。無錫は，水路によって上海と結ばれていたことから，次第に繭生産の中心地となっていった[45]。こうして日清戦争後の工場設立ブーム時には，これらの新興養蚕地域で繭の増産が図られたが，それでも需要の伸びはそれを上回り，数年のうちに繭の価格は2倍以上に高騰したのである。

器械製糸業の発展——租廠制と繭行

資本と繭の供給という2つの問題が，以下に見るように20世紀始め頃に解

表 2-2　製糸工場と糸車数（1 年平均数），上海と無錫 1890-1930 年

年	上海		無錫	
	製糸工場	糸　車	製糸工場	糸　車
1890-1895	9.3	2,516	0	0
1896-1900	24.0	7,315	0	0
1901-1905	22.6	7,819	0.4	38
1906-1910	38.0	10,568	2.6	492
1911-1915	53.6	13,954	6.4	1,805
1916-1920	65.2	17,958	10.4	3,157
1921-1925	67.4	17,418	18.0	5,632
1926-1930	99.2	23,158	36.2	10,734

出典）徐新吾 編：《中國近代繰絲工業史》611-3 頁．

　決すると，都市の器械製糸工業は急速に発展し始めた。工場の数も，生産規模も，1906 年以降，顕著に増加した（表2-2）。

　まず，租廠制と呼ばれる工場の貸出制度によって，製糸工業経営に必要な資金額が引き下げられた。そこでは，工場の所有と経営が分離され，産業主と呼ばれる製糸工場の所有者は，工場を建てて内部の機械設備を整えた上で，経営者（営業主）に貸し出し，借り手である経営者は，操業によって得た売り上げから賃料を支払った。製糸業は好不況の変動が大きかったので，工場所有者は，自身が操業するよりも，定期的に賃貸収入を得ることを好んだと考えられる。経営者側にとってのメリットは，事業のリスクを負うとしても，限られた資金で開業することができた点にある。租廠制は日清戦争後の不況によって，製糸工場の所有者の何人かが，工場を貸し出さなければならなくなった際，偶然に始まった制度であった。工場の所有者は，生糸商人や外国商社の買弁などの専門知識を持った者に限らず，銭荘や他業種の有力商人なども，製糸工場を設立して貸し出した。上海で始まった租廠制は，無錫にも広がり，第一次世界大戦前夜には，上海の製糸工場 55 軒のうち 80 パーセントに当たる 44 軒が，無錫の 15 軒の 66 パーセントに当たる 10 軒が貸し出されたものであった[46]。

　一方，繭の問題については，十分な繭を確保するために，繭行が農村に設立された。繭行は，農民から繭を購入し，それを釜で乾燥させた上で，上海での

製糸のために積み出した。繭行の営業には政府からの許可証が必要で，そのために徐々に域内で独占が成立していった。多くの繭行は地元の富裕層や名士が所有していたが，それは，繭行の設立には，通常2万-3万元が必要とされ，大規模なものになると6万-7万元が掛かったことにもよっている。初期には，製糸工場の構内に繭行が開設されることもあったが，徐々に両者は分離していき，1930年に製糸工場に所有されていたのは全体の10パーセント（1,318軒）に過ぎなかった。製糸工場は，繭行に繭の購入代金を払わなくてはならなかったが，地元の名士に頼ることによって，安定した供給を受けることができたのである。

前掲表2-2が示すとおり，工場数でも繰糸車数でも生産規模が拡大していることからも分かるように，資本と繭の供給の問題の解決を経て，とりわけ第一次世界大戦終結以降，上海とその他の揚子江下流域の都市の製糸業は，1930年頃まで発展を続けた。この時期に無錫は，上海に次ぐ製糸業の中心地となった。その先駆けとなったのが，上海で買弁をしていた周舜卿で，1904年，故郷の東沢鎮に無錫で初めての製糸工場を設立している。1909年には，同じく上海の買弁の薛南溟が，錦記製糸工場を開設した[47]。これら2つの企業に続いて，1904年から1919年の間に，11工場，3,620リールの設備が稼動するようになった。第一次世界大戦後には，さらに生産規模の拡大が加速する。1919年から1922年の間に，8工場，2,600リールが設立された後，その後6年で18工場，3,964リールを加え，工場数37軒，繰糸車1万166台となった[48]。

多くの工場は，不況期には操業を停止したものの，全般的な生産規模の増加は製糸業の経営が上向きであったことを示している。1922年には，上海にある67軒の製糸工場のうち，64軒が2パーセントから15パーセントの利益率で収益を上げたとされる[49]。1925年から26年が，多くの企業にとっては最盛期であった。上海のいくつかの製糸工場は，流動資本の100パーセントにものぼる利益を上げた[50]。

しかし，以下に見るように，揚子江下流域の器械製糸業の発展は，輸出先市場と原料供給地との両方との関係において，なお不安定な要素を抱えていた。

日本製糸業との競争と原料繭問題

　生産規模の拡大は，生糸の輸出増と軌を一にしていた。1894 年，器械製生糸の輸出量が初めて手紡ぎ生糸とは別に記録された時点で，前者は生糸輸出量全体の 7 パーセントに過ぎなかった。しかし，器械製生糸の割合は急速に増加し，第一次世界大戦直前には，55 パーセントに上り，1920 年代前半には 60 パーセントとなった[51]。

　中国の在来手紡糸は，従来，フランスを始めとするヨーロッパ諸国を主要な輸出仕向け地としてきたが，19 世紀中葉以降に興った器械製糸業にとってもヨーロッパ市場は重要な市場となった。とりわけ，中国産生糸の輸出先の中では，フランスが最も大きな割合を占めた。同時に，フランスの輸入生糸市場でも，中国産品が最大のシェアを占めていた（表 2-3，表 2-4）。

　中国産器械製生糸がフランス市場での需要を伸ばした要因として，高級織物を含む多様な製品を生産する，フランス絹織物業の需要に応えたことが挙げられる。外国産器械を購入するには多額の初期投資が必要であったが，いったん

表 2-3　中国製生糸の輸出仕向け地　1905-25 年

（単位：担）

年度	インド	イギリス	フランス	イタリア	アメリカ	その他	合計
1905	5,009	1,097	15,533	9,588	11,385	37,723	80,335
1910	9,067	1,036	24,799	9,631	14,405	51,246	110,184
1915	13,811	2,906	27,591	103	26,817	37,865	109,093
1920	12,160	1,640	16,985	263	12,523	36,954	82,530
1925	10,212	2,177	48,155	806	41,711	28,741	131,802

出典）東亜研究所『支那蚕糸業研究』395-6 頁。

表 2-4　フランス輸入生糸市場における各国シェア　1910-25 年

（単位：キロ）

年度	日本	中国	イタリア	その他	合計
1910	1,935,100	3,614,300	978,000	1,667,900	8,195,300
1915	1,359,300	2,518,800	574,100	310,700	4,762,900
1920	930,200	2,414,200	870,900	467,800	4,683,100
1925	523,600	3,417,900	1,888,000	341,900	6,171,400

出典）東亜研究所『支那蚕糸業研究』406-7 頁。

導入された器械は，以後，租廠制が広がる中で，長年に亘って貸し出された。

　フランス向け製品の中でも，個々の工場が産出する生糸は，繊度においても最も細いもの（10デニール）から太いもの（21デニール）までを含み，また，品質でも上海在住の外国輸出商によってAの上からCの下まで10等級に分類されていたことからも分かるように，最高級品から下級品まで多岐に亘った。フランスでは，伝統的に小規模な織物工場が多様な製品を生産してきたことから，必要とされる生糸も多種多様であり，手間をかけて加工すれば価格に比して品質のよい中国産器械製生糸は，需要を伸ばした。こうした細分化されたフランス側の需要と中国側の製糸業を結んでいたのは，上海を拠点とする30余りの外国商社であった。海外から，特定の工場の銘柄と格付けを指定した注文が入ると，外国商社は中国人仲介業者を通して値段の交渉を行い，取引が成立するならば商館に持ち込まれたサンプルを検査し，糸の繊度の切断数，及び含水量を確認した。もしも，それらが契約の条件に適合しない場合は，代用品の提出か値下げを要求した。検査の手続きが終了し，売買契約が成立すれば，商品の授受を行い，荷物を積み込む汽船の出帆当日の期日を記入した手形を振り出して支払った。

　第一次世界大戦期に急増したヨーロッパ市場の需要は，中国製糸業の発展を促し，前述のように無錫を始めとして，上海以外にも製糸工場が設立されるようになっていった。既述のように，フランス絹織物業は多様な製品を生産するために多種類の生糸を購入したが，その中でも高級手織絹織物業は，品質の優秀な細糸を必要としており，無錫産繭から生産されたものは，特に適していた[52]。しかし，中国製糸業をめぐる環境は，第一次世界大戦後，変化しつつあった。フランスを始めとするヨーロッパ市場の需要が停滞するのに伴って，中国製糸業は新たにアメリカ市場に参入する必要に迫られた。アメリカは，19世紀末から主要な生糸消費国となり，20世紀初頭には，国際市場の60パーセントあまりを占める，最も重要な消費地となった。上海からアメリカへの生糸輸出は，1900年には全体の15.7パーセントであったが，1910年には25パーセント，1925年には44パーセントに上昇している。しかし，当時アメリカ市場で大きなシェアを獲得していたのは，日本製生糸であった。1920年代に，

表 2-5　ニューヨーク輸入生糸市場における国別シェア
(単位：上段・重量ポンド，下段・ドル)

年　度	日　本	中　国	イタリア	フランス	その他	総　計
1904-05	8,304,023	3,143,146	4,571,817	795,999	997,148	17,817,133
	28,851,892	8,849,068	16,630,016	2,553,216	2,858,781	59,542,897
1909-10	11,957,504	4,084,415	3,523,924	599,136	208,348	20,363,327
	40,103,780	9,675,898	13,268,689	1,612,148	764,269	65,424,784
1914-15	18,217,083	5,077,169	2,610,570	49,843	56,260	26,030,925
	58,804,325	11,433,400	9,899,554	170,841	223,665	80,531,785
1920-21	33,360,560	10,773,000	2,863,583	3,534	1,445	47,127,122
	328,056,955	81,715,543	27,090,582	342,575	733,829	437,939,485
1924-25	46,855,276	8,757,498	2,064,281	209,729	1,230,864	59,137,646
	284,633,328	284,633,328	46,263,777	13,085,829	1,240,829	7,890,639

出典）東亜研究所『支那蚕糸業研究』404-5 頁。

　中国生糸のアメリカ市場における割合は 10 から 20 パーセントであったのに対して，日本生糸は，70 から 85 パーセントを占めた。そのため，国際市場における生糸価格には，それぞれ需要と供給の 6 割以上を占めるニューヨークと横浜の相場が，決定的な重要性を有していた（表 2-5）。

　動力織機を用いた大規模工場を主力とするアメリカ市場は，ヨーロッパ市場とは異なり，均質で丈夫な生糸を必要としていた。日本製糸業は，原料である繭の改良や，再繰の導入といった製糸工程の改革によって，アメリカ市場の需要に対応し，繊度 14 デニールの上品・中品からなる靴下原料糸を中心に，大きく輸出を伸ばしていった。一方，アメリカ市場に輸出された中国製生糸は，主に繊度 21 デニールの中品以下の中下級品であり，広幅織物原料として使用された[53]。中国製糸業が，日本製糸業との競争を制して，アメリカ市場でのシェアを拡大するためには，一定品質の製品をより安価に提供しなければならなかった。1918 年の生糸 1 担当たりの生産費を比較すると，上海では 190 両（約 420 円）であったのに対し，日本では平均 396 円，最高価格 500 円，最低価格 313 円であった。蚕の飼料である桑の価格は中国の方が低く，また，労賃も日本の 40 パーセント余りであったにも拘わらず，上海の生産費が高くなる原因としては，設備・技術の格差や燃料費の高騰が考えられた。これらの問題

に対応するには，多くの工場で，新式の器械への買い替えが必要であったが，租廠制の下で，工場を借り受けている零細な経営者には資金の余裕がなく，また，工場の所有者は，賃貸収入が得られる限り新規の投資を行う動機が働かないため，設備の改善は進みにくかった。更に，繭の品質が，第一次世界大戦後，目に見えて悪化した。戦時中の需要の増加に伴う繭価格の上昇を受けて，無錫，武進，宜興などの生産地の農民は，桑の供給量を超えて蚕を育てようとした。結果として生産量は増えたが，病毒の蔓延などに見られるように，質の低下は明らかであった。原料繭の質の向上は，中国製糸業の根幹にかかわる重要な問題であったが，都市部の工場と農村の養蚕農家との間は，繭行を始めとする商人を介した売買取引の連鎖によって結ばれていたのであり，そこでは，品質の管理・改良を推進する組織を欠いていた。1920年代後半には，品質向上のため，工場での糸繰りの反復や，輸出生糸の品質検査などの施策が採られるようになったが，工場設備や農村での養蚕に問題が生じている状況下では，目立った成果を上げるには至らなかった。こうした生糸の品質にかかわる問題は，大恐慌のもとで，欧米市場での需要が減少し，更に，日本円の切り下げ後，日本生糸との競争が激化すると，中国製糸業にとってより深刻な障害となっていく。

小　結

19世紀後半以降，揚子江下流域の綿紡績業と製糸業は発展し始めた。後背地の農村が，主要な原料の供給地となっていたことは，都市での両繊維産業の発展の径路に大きな影響を与えた。原料の種類と品質に対応して，両産業は特定の商品を特定の市場に向けて生産した（国内農村向け太糸，ヨーロッパ向け生糸）。1920年代に，拡大しつつある新規市場への対応を求められたとき，地元の農村への過度の依存は，変革の障害となった。都市の工場と後背地の農家は，商品作物の取引の連鎖によって結びつけられていたのであり，そこでは，原料の品質の管理や向上を主導するシステムを欠いていたのである。

発展の当初から，綿紡績業は，国内市場でインド綿糸及び日本綿糸と，製糸業はヨーロッパ及びアメリカ市場で日本生糸と対峙し，ともに外国との激しい競争にさらされていた。1920年代の日本綿糸の輸入の減少と在華紡の増加に見られるように，銀の金本位通貨建てでの価格下落に伴う為替レートの切り下げは，外国との競争に重要な影響を及ぼした。

国際競争の激化と原料供給の柔軟性の欠如は，綿紡績業，製糸業にとって潜在的なリスクであったが，両産業ともに，中国工業化の主軸として発展を遂げた。次章では，この発展の過程を，企業家の起業と経営の戦略に着目して，より詳細に検討する。

第3章

企業借款

―製造業の資金調達問題―

　19世紀末以降，綿紡績業と生糸製糸業は，工場数や生産規模，生産量等のあらゆる指標で，大きな伸びを示した。20世紀前半までには，上海と揚子江下流域のいくつかの都市が，軽工業を中心とする工業都市となった。19世紀半ばには，機械制製造業が存在しなかったことを考えあわせれば，数十年の間に，急速な発展を遂げたと言えよう。それでは，中国社会においてまったく新規な「ベンチャー」事業たる機械制製造業を立ち上げるに際して，企業家はどのように資金を調達したのであろうか。本章は，前章で見た綿紡績と生糸製糸の企業について，資金調達と事業経営のあり方に考察を加える。

　伝統的な中国社会は，友人や知己のサークルを超えて，長期資金を調達する仕組みを欠いていた。本章では，伝統的な資金調達方法のあり方と，大規模な設備投資を必要とする近代工業を起業する上での問題を，明らかにする。そうした問題を乗り越えるために，20世紀初頭以降，銀行からの対企業融資が，重要な役割を果たすようになった。1980年代以降の経済史研究は，経済発展における所有権の保護と公権力による法の執行の重要性を指摘している。しかし，20世紀初頭，清朝の終焉から中華民国の建国初期の時期の中国では，中央あるいは地方政府が，安定した制度を提供することは望めなかった。対企業借款をめぐる，銀行と企業との間の契約の締結と履行は，公権力が不在，ある

いは弱体な条件の下で，民間の主体が，取引制度を形成・運営する事例を提示している。本章では，最後に，企業への貸付の条件の具体的な分析を踏まえて，銀価低落と物価漸増という状況の下での，企業経営のあり方が検討される。

1． 創業資金の調達──企業家の第一関門

合　股

　中国の伝統的な資金調達の方法として，合股がある。合股とは，血縁や地縁などで結ばれた数人以上の知己が，資金を出し合い，等額に分割された株（股）を一定額ずつ持ち合う形で，一定年限の間，事業を営む法人格を持たない組合組織とされる。出資者は，合股の債務に対して，持ち株の比率に応じて連帯無限責任を負った上で，利益を分配していた[1]。事業の期限を限り，更に，期間中には利益のほとんどを出資者に還元し，内部留保を残さないという合股の在り方は，企業の継続を妨げ，商業よりも多額の資金を必要とする製造業には適さない，と指摘されてきた[2]。儒教的な倫理観が，企業の組織に影響を与えてきたとの議論もなされている。伝統中国では，明文化された法制度よりも，儒教の儀礼や倫理が社会的規範を規定してきた。そこでは，人々は，宗族を始めとする血縁関係を核として結びついており，個人としての責任よりも，そうした血縁組織の中での位置づけがより強く認識されることになる。知己や親戚からなる少人数のグループが商業を行うような場合には，こうした社会関係によって信用を担保された組織は，有効に機能する。また，近年の経営史研究や産業組織論が指摘しているように，経済発展の態様に応じて，企業の組織形態は多様であり，例えば細かな需要の変化に迅速に応えていく必要のある最新のIT産業などでは，特定の技術に集中した小規模企業間のネットワークが，有効に機能している。こうした経済発展モデルの変化とそれに伴う組織形態の変容によって，これまで，アルフレッド・チャンドラーらによって議論されてきた，小規模な家族・知人のネットワークから大規模企業の垂直的な統

合と統治へ，という単線的な発展のモデルは見直しを迫られ，家族企業やネットワーク型取引が再評価されている[3]。しかし，19世紀半ばという時点にあって，工業化・近代化を模索し，鉱山開発や鉄道建設などのより大規模な資本を必要とする事業に着手しようとしたとき，中国社会では，少数の知人からなるサークルを超えてどのように資金を調達するかという問題が浮上するようになったことも看過できない[4]。マデリン・ゼリンは，四川省自貢の塩田経営に関する研究において，多数の宗族や知己のグループが，特定の仲介者を通じて結びつくことによって，多額の資金を調達し，大規模な製塩業を運営していた事例を明らかにしている。伝統的な組織形態も，資本集約的な事業に対応可能ではあったことを示す事例である[5]。また，合股による特定の事業が成功すると，それを核として他の事業を展開することによって，大きな企業連合体を形成していく，連号と呼ばれる組織形態も明らかにされている[6]。しかし，最初の起業の時点で，親戚や知己といった既知の社会関係を利用した資金調達の規模の限界と，投資資金の回転の速さという慣習を乗り越えて，機械や工場用地購入のための多額の資金をどのように調達するかは，新規に機械制製造業に参入しようとする企業家にとって，解決しなければならない第一の課題となっていた。

株式募集

　一般的に，資金調達の手段は，株式市場を介した直接金融と金融機関を通じた間接金融とに大別される。まず，20世紀初頭の中国では，直接金融という選択肢は限られていたことが指摘できる。上海在住の外国商人は1891年に上海証券組合を設立し，1903年には，上海証券取引所と改名した。中国系銭荘も，この組織に参入したが，そこで取引されたのは，欧米企業の株式・債券や，東南アジアのゴム製造業者の株式，中国政府の公債であった。1910年に梁啓超が欧米式の証券会社の設立を提議していることにも見られるように，中国の企業家たちも，証券市場への知見を深めていった。1914年には，交易所法が施行され，同年，股票公会も設立された。その後，1920年には，上海証券物品交易所が設立され，股票公会も，上海華商証券交易所に改組された。し

かし，これらの証券取引所で取引されたのは民間企業の証券ではなく政府の公債であり続けた[7]。

　なぜ，当時の中国では株式市場が発達しなかったのか，という問題について，合股に関する詳細な調査研究を行った根岸佶は，「既存の合股は株式会社に改造せられ，新に合股を設立せんとするものも亦株式会社を設立するようになったが，彼等の多くは連帯責任を免れて，有限責任を負うこととなっただけであって，其の他実質において合股に選ぶ所がない。其株主なるものは親戚，朋友，同郷者数人乃至十数人より成り，広く公衆から資本を募集することが出来ぬ。その株券なるものも亦取引所で売買せられることなく，所謂資本の証券化できないものだ。然るに彼等の上に株式会社法適応せらるるため，不便不利少なからぬものがある。……一々登記し，毎年決算期に貸借対照表を広告し，株主や債権者に帳簿を閲覧せしむることは其秘密を暴露する虞もある」と述べ，不特定多数の投資者に対して情報を開示して，投資を募るという概念自体が，中国経済になじまなかったとの見解を示した[8]。実際，1949年の中華人民共和国成立時には，約130万社の企業が存在したが，その中で株式会社などの会社組織を採り，法律にしたがって登記した企業は1パーセント以下の1.1万社に過ぎず，その他は法人格を有しない個人企業か合股企業だったとされる[9]。企業の情報開示に対する慎重な姿勢は，政府に対する対応にも当てはまった。清末から人民共和国にかけての会社法（公司法）の変遷を検討したウィリアム・カービーは，法制度の整備にも拘わらず，企業家が株式の公開を好まなかったのは，外部者の事業への関与を警戒したからだけではなく，情報の開示によって政府から恣意的な徴税や上納金を求められるリスクを回避しようとしたためである，と論じている[10]。根岸の分析でも触れられているように，株式市場がなくとも株式会社は存在した。株式の流動性を欠くなかで，その目的は資金調達ではなく，有限責任の適用といった，合股の下では享受できない法的保護にあったと言えよう[11]。株式会社制度の下で，経営の合理化や，会社法の適用を受けて，後述する官利・紅利などの配当をめぐる問題の処理が進められる事例もあった[12]。しかし，資金調達，特に起業資金を集める手段として，株式募集は十分に機能してはいなかった。

一般に，企業家が紡績工場の起業を計画する際，まず，知人に投資を募った上で，更にどれだけの金額が必要かを計算した。綿紡績業が始まった当初，外部の投資家を見つけるのは困難であった。中国最初の紡績工場であった上海機器織布局の支配人は，「人々の信頼を得るのが難しい」と述べている[13]。資金を提供するには，投資家は紡績工場の信頼性を確信しなければならなかった。土地や官職，質屋など，他にも様々な投資先がある中で，機械制紡績業のような新規産業に投資を募るのは難しかったのである。

　投資家を引き付けるために，企業家は投資に対して高率の配当を約束しなければならなかった。すべての株主は官利と呼ばれる一定額の配当を約束され，配当率は株式募集の当初から，会社の約款に記載された。例えば，1872年に，中国最初の株式会社である招商局は，株主に8月1日の株主総会で，投資の10パーセントにあたる官利を受け取るように呼びかけている。1956年に中華人民共和国政府が企業を国営化するまでは，官利の支給は多くの株式会社で広く行われていた[14]。

　会社が更に利益を上げるなら，株主はその一部を紅利として得る権利を有していた。紅利の利率は，企業によっても時期によっても異なったが，一般に，1870-80年は10パーセント，1900年代は8パーセント，1920，30年代は6パーセントであった。例えば，上海機器織布局では，9.6パーセントとされ，その結果利益の40パーセントが紅利として計上された。更に，企業は一定期間内に元本を償還しなければならなかった。1万両以下では3年以内，2万-5万両は5年以内，5万両以上は7年以内とされる。

　官利と紅利ともに，合股の下でも，出資者（股東）に対して支払われていた。合股制が株式会社にも大きな影響を及ぼしていたことが分かる。官利制度の下では，株主は債権者と同じであり，株式は社債に等しかった。紡績会社の経営者が様々なリスクにさらされていたのに対して，投資家は一定の利益を必ず確保することができた。このように「安全」と「利益」の両方を同時に保障することが現実には困難であったことは，明らかである。

　起業資金調達の難しさは，揚子江北岸の南通に大生紡績公司を設立するに際しての，張謇の事例からも明らかである[15]。張謇は，1853年，南通の近隣，

海門県で生まれた。1894年の暮れから，その年，科挙の最終試験である殿試に最高位の状元で合格した張謇は，父の死去によって故郷の南通で喪に服していた。そこへ，翌1895年に洋務派の高官張之洞が両江総督として赴任してきた。科挙に失敗していた時代から，張謇は張之洞を始めとする洋務派の官僚たちとは交流があった。張之洞は，まず張謇に，日本の攻撃に備えて南通と海門に団練（民間の自衛団）を組織するように要請した。そして，1895年に日清戦争が敗戦に終わり，下関条約が結ばれ，その中で外国人の中国国内での工場設立と製造業従事の許可が約されると，張之洞は，「蘇州，鎮江，通州の在籍京官におのおのの所在の地方において，商人を招いて機廠を設立し，土貨を製造して外人を抵制する計をなすように」との要請を行った。張謇は張之洞の工場設立の要請に対して，「通州は産棉最も盛んでしかも良質である」として，紡績工場の設立を引き受けた。

　張謇が紡績工場（大生紗廠）を設立するに際しては，株式の発行が試みられた。「株券は外国公司（会社）の例に倣って，100両を1株とし，合計6千株を集める」として，上海と南通の理事がそれぞれ資金集めを請け負ったのである。しかし，この方式が実際にはなかなか上手くいかなかったことが，その後の経緯から窺われる。まず，11月には，それぞれの分担金が大幅に減らされている。その代わり，政府からの機械の供与の申し出がなされた（官商合弁）。そして，1897年には，上海でも南通でも資金調達が芳しく進まないのを受けて，政府に資金供与を求めることになったが，政府の介入を嫌った上海の理事が手を引いてしまう。結局，張謇は，著名な実業家であり政府官僚でもあった盛宣懐の協力を仰ぐことになった。そこでは，両工場の経営形態は，商人の警戒心や不安を取り除き，資本参加を促進するために，「官」ではなく紳（郷紳，在官していない科挙合格者。張謇もその1人）が監督責任をとるという一項が入れられた。それでも，資金調達は順調には進まず，1899年の開業前夜までの予定額25万両のうち，調達できたのは17万両に止まった。結局，張謇は，年率14.4パーセントという高利にもかかわらず，銀行から融資を受けることになった。

　投資を募るのは徐々に容易になっていったものの，1914年から1922年にか

けても紡績工場は銀行から融資を受け続けた。その理由のひとつは，官利と紅利の負担にあったと考えられる。工場の経営者は難しい選択を迫られていた。融資を受けて経営が好転すれば，投資家からの資金調達も容易になるが，経営がいったん悪化すると，投資家はすぐに資金を引き揚げて政府公債を始めとする他の投資先に振り向けた。

　大中華紡績公司は，こうした事例のひとつである。1920年に聶雲台は，新工場設立のために株式を募集し，1ヶ月で90万両を集めた。そのときの投資家には，綿花商人や綿製品商人といった業界関係者だけではなく，銀行家や官僚，軍人まで含まれていた。彼らは，明らかに，会社の紅利を目的としていたのである。綿紡績ブームに乗って，大中華は繰り返し株式を募集し，生産規模を拡大した。しかし，1922年に紡績業界が不況に陥ると，投資家はすばやく資金を引き揚げた。1年余り後の株主総会では，払込資本は当初の予定の300万両の60パーセント以下の172万両に過ぎなかった。この払込資本は，ほぼ固定資本の価値と同じに過ぎない。聶雲台は，銀行団から，年利13.2パーセントで融資を受けて，流動資金を確保せざるを得なかった。結局，大中華は債務超過に陥り，永安紡績公司に159万両と，1922年の評価額300万両をはるかに下回る額で売却された[16]。

　投資家の信頼を維持するために，紡績工場の経営者たちは，安定的に現金配当を提供しなければならなかった[17]。しかし，紡績業自体が不安定であった以上，固定的な配当は大きな負担であった。ここに，銀行融資が重要な選択肢として認識されることとなる。

租廠制

　製糸工場も，開業するに当たっては，土地と輸入機器の購入のための十分な資金を確保するという問題に直面していた。例えば，300リールの工場を設立するには，技師や工場の用地のために12万6,000両，更に1リールごとに260両の動力費用と160両の流動資金が必要であった。租廠制が導入されて初めて，工場経営者は多額の開業資金の負担から解放され，また，製糸業も発展し始めた。

租廠制は上海で始まり無錫に広がった。第一次世界大戦までには，上海の製糸工場の 80 から 90 パーセントが貸し出され，無錫では，1920 年から 1928 年の間に開設された 23 の工場の殆どが租廠制によって経営された。租廠制の下では，工場用地を購入し設備を装備する所有者と，工場を借り受けて運営する経営者が分かれている。貸出期間は，通常，6 月から次年の 5 月までの 1 年単位であった[18]。

　所有者と経営者の双方が，租廠制に利点を見出していた。所有者にとっては，工場用地を購入し，建物を建設し，機械を据え付ける，というのは比較的安定した投資であった。生糸市況が良い年には，所有者は，15 パーセントの利率での利益を見込むことができた[19]。こうしたことから，銭荘や商人などが，製糸工場に投資した。経営者にとっての利点は，最低限の資金で事業を経営できたことである。1 リールの糸車あたりの賃貸料は，100-150 両であったので，3 万 -4 万両あれば中規模の製糸工場を借り受けることができた。これは，工場用地や設備投資から工場を立ち上げる場合の費用の，ほぼ 4 分の 1 に留まる費用である[20]。

　多くの製糸工場は，零細であった。経営者の 90 パーセント近くは，3 万両以下の流動資金しか持たなかった。このことは，製糸業経営の特徴を考える上で重要である。揚子江上下流域では，繭は，春の 1 ヶ月に集中して出回った。無錫では，春繭が 80 パーセントを占めたとされる。したがって，製糸工場は 1 年間に必要な分の繭の大半を，6 月に現金で購入しなければならなかった。乾燥繭の導入以降は，購入時期の季節的集中度は弱まったが，5 月から 6 月にかけて，製糸工場は少なくともその先 3, 4 ヶ月分の繭を確保しなければならなかった[21]。例えば，300 台の糸車を有する中規模の製糸工場では，3 ヶ月の稼動期間に 3,000 担の鮮繭が必要とされ，購入には 15 万元（10 万 6,725 両）が掛かった。これは，上述の 3 万両という中規模工場の流動資金の 3 倍以上に当たる。手持ち資金で賄いきれない分は，金融機関からの融資に頼ることになった[22]。租廠制は，初期投資をその後の運営資金から切り離したが，所有者にとっても経営者にとっても，資金調達の難しさは，先に見た綿紡績工場と同じであった。

2. 銀行貸付とその条件

　株式市場も株式を公開する動機も欠く，という状況の下では，資金調達における もうひとつの選択肢である，銀行貸付の機能が注目される。既に述べたように，企業は情報開示に対して慎重であり，その財務に関する情報も多くはない。一例として，1932年から1939年にかけて行われた100社に対する調査によれば，資金源の内訳は業種ごとに表3-1のようであった。

　平均で払込資本が6割近くを占めるが，借款も26パーセント余りに上っている。特に商業・サービス業や，その他の製造業に比べて，綿紡績業では大きな割合を占めていたことが注目される。これは，当時の主要産業であった綿紡績に携わる企業が，金融機関からの信用の供与を受けやすかったためとされる[23]。

　先行研究も，繊維企業経営の顕著な特徴として，銀行融資に大きく依存していたことを挙げ，また批判してきた。例えば，嚴中平は，中国綿紡績業に関する古典的研究の中で，中国綿紡績業の発展が妨げられたのは，外国綿糸の輸入と在華紡の活動によるものだとしながらも，中国綿紡績企業自身の借款への過剰な依存は，問題であったと述べている[24]。カン・チャオも，中国の紡績工場にとって，利子支払いの負担は，他国のより経営の健全な企業との競争を難しくすると同時に，ときには企業を破産に追い込んだとする[25]。

　また，1930年から31年に行った調査をもとに，劉大鈞は，上海の産業のなかで，製糸業は最も財務的に脆弱であると述べている[26]。多くの工場は，所有

表3-1　100社の資金源に関する調査　1939年

（単位：%）

	企業数（社）	払込資本	借　款	預　金
綿紡績業	36	50.48	36.66	12.86
その他製造業	37	69.47	13.38	17.15
商業・サービス業	27	63.90	21.53	14.57
平　均	100	59.49	26.06	14.45

出典）陳真：《中国近代工業化資料》第4輯，68-9頁.

権と使用権を分離した上で貸し出され，零細な経営者は，通常，銭荘からの融資に流動資金を依存している。経営者は投機的な取引からの利益を追求しがちであり，技術革新を行う動機は希薄である。こうした劉の議論は，その後の研究にも引き継がれ，租廠制の下での零細な経営と借款への依存は，製糸業の発展に負の作用を及ぼしたとされてきた[27]。

確かに，借款には利子を始めとする負担が伴ったが，それでも繊維企業は金融機関からの融資を受けながら，実際に発展を遂げることができた[28]。更に注目されるのは，借款契約は，貸し手と借り手との間の相互の合意の上に成立していることである。繊維企業は，どのようにして銀行から信用を取り付けたのであろうか。一方，金融機関は，どのように，新規業種の企業への融資に伴うリスクを引き下げようとしたのか。借款契約の条項はどのようなものであり，いかにしてその施行が担保されたのか。こうした企業経営に関する一連の問いを検討することが可能になったのは，中国国内の文書館に所蔵された，企業文書の閲覧が可能になった1990年代以降のことである。以下，本章では，企業の帳簿や営業記録，契約文書を分析し，起業に際して必要な長期貸付と，その後の経営に必要な流動資金のための短期貸付の条件を明らかにする。更に，申新紡績公司と久成製糸工場との事例から，借款の機能を当時の金融市況とも関連付けながら検討する。

金融機関から融資を受けるためには，繊維企業は自らの債務の弁済能力を証明しなければならなかった。担保物件を差し出すことは，貸借契約を成立させる最も重要な条件であった。金融機関からの貸付には，長期と短期の2種類があった。申新紡績公司と中国銀行，上海商業儲蓄銀行，永豊銭荘からなる銀行団との契約は，長期貸付の一例である[29]。

長期貸付

申新と銀行団との契約は，債権者の確定から始まる。すなわち，銀行団側には，その経営者だけではなく，法律で定められた代理人，株主とその相続人，株主の代理人も含まれる。一方，債務者である紡績会社側も，株主とその後継者，代理人を含む。

契約では，3つの金融機関がそれぞれ50万両ずつ融資すると言明されている。工場用地，建物，機械，そして売却前の在庫が，それに対する担保である。20条に及ぶ契約の中では，所有権，元利の償還，契約違反に対する罰則について定められている。

まず，所有権については以下の通りである。契約を交わした後，債権者に担保物件の所有権は移る。契約に署名する前に，債務者は地券を債権者に渡し，機械と在庫の所有権の移転も確認する（第1条）[30]。債権者が要求する場合は，地券の移動を上海法院に登記する（第12条）。契約期間は，1933年11月11日から1年間で，期限終了前に債務者は債権者の許可なく担保を二重抵当にいれてはならない（第14条）。債務者は債権者の同意なく機械を買い足してはならず（第15条），また，期間中に申新第五工場に追加されるあらゆる資産は，抵当の一部とされる（第2条）。抵当物件はすべて債権者のものとなるので，債務者は操業を続けるためには，債権者から機器を借り受ける必要がある（第5条）。

元利の償還についても取り決めがなされている。契約の発効時に，全額が融資されたのち（第3条），債権者は債務者の財務状況を毎月監査する権利を有する（第11条）。利率は毎月8.75両／1,000両で，支払いは四半期ごとになされる。もし，債務者が利子の支払いを怠った場合は，未払い額は元本に繰り入れられる。利子の上積みをするという条件で，債権者は債務者が2週間を限度に支払いを遅らせることを許可する。もし，期間内に償還しないときは，債権者は契約書に記載された権限を行使する（第4条）。

もし，債務者が，契約終了時に元本を返済しない，期日を2週間以上越えて，利子その他の必要費用を支払わない，破産する，契約の何らかの条項に違反する，のいずれかの事態となった場合は，債権者は債務者に通知することなく，法院に担保物件の貸出，売却，競売を要請することができる（第16条）。

もし，債務者が破産するならば，担保物件は貸し出され，その賃貸料に対して債務者は申し立てをすることはできない（第17条）。債務者は，担保品を売却あるいは競売にかけて得た収益から，元本に加えて，その他の費用を差し引くことができる。しかし，収益が融資額を返済するのに満たない場合は，債務

者はその差額を弁済しなければならない（第18条）。もし，債権者が担保物件を売却しないと決めたならば，債務者は元本を即時返済しなければならない。債務者は債権者に担保物件の売却や競売を促すことはできない（第19条）。元利が満額返済されたなら，債権者は担保物件を返却する。もし，債務者が元利の一部でも返済を怠っているなら，債権者は担保物件の返却を拒否することができる（第20条）。

契約のその他の条項の多くは，費用の支払いについて述べている。債務者は，保険料，管理費，税金の支払いを行い（第8，9，10条），もしこれらの支払いを怠るならば，債権者はその費用を貸付金の元本に繰り込む。もし，債務者がその額を返済しないならば，債権者は契約者に明記された権利を行使する（第13条）。

契約書の最後では，作成された5部のうち，1部を法院に預けるほか，3部は債権者が，1部を債務者が持つとされている。

この申新紡績公司への貸付契約は，抵当にあたる。工場用地及び設備を抵当に入れることは，廠基押款と呼ばれる。後に見るように，申新紡績公司の無錫工場や，南通にあった大生紡績公司の工場が抵当に入れられていることからも，廠基押款は，揚子江下流域全域で見られたと考えられるが，特に上海では広く行われていた[31]。

不動産売買と金融市場

1935年当時の上海においては，人口の約45パーセント，工場の70から80パーセント，そして商店や銀行といったサービス業の過半が，面積のわずか6パーセントあまりを占めるに過ぎない租界地区（公共租界とフランス租界）に集中していたことを考え合わせれば，1842年の開港以降の上海の振興は，租界の発展過程と大きく重なっている[32]。1845年，中国政府の在上海地方官である道台と駐上海イギリス領事は第一次「土地章程」（Land Regulations）を結び，黄浦江以東，洋涇濱（現・延安東路）以北，李家荘（現・北京東路）以南の区域内での，中国人土地所有者の貸し手とイギリス人の借主の間での永代借地関係を規定した。第一次土地章程では明確に定められなかった租界の西の境

界は，翌年1864年にバリアー・ロード（現・河南中路）に確定された。以後，租界の区域は数回に亘って拡張されたが，第一次土地章程で定められた土地貸借形式は，フランス租界，及び，イギリス租界とアメリカ租界が合併した公共租界にも継承され，1943年の租界の撤収まで存続した。永代借地という形態をとったのは，第一次土地章程の締結当時には，原則として中国全土が皇帝の所有物であり，土地を外国人に売却することは許されないとされていたためである。

　上海の土地の租借形式はセツルメント形式と呼ばれ，外国政府が中国政府から一定面積の土地を一括して借り上げ，それを在華外国人に貸し付けるというコンセッション形式とは区別される。中国人の土地所有者と外国人の借地人の間の一対一の取引関係の上に成り立っていることが，セツルメント形式の特徴である。中国人から外国人への土地の永租の合意が成立すると，まず，中国・外国双方の官憲による測量が行われた。次いで，その1筆の土地は，領事館へ登記され，同時に中国側当局から地券が発行された。地券の正式名称は出租道契であったが，租界の成立当時は道台が発表したため，道契と称され，以後もこの通称で呼ばれた。租界の行政機関である工部局は，土地登記の報告に基づいて，土地所有者に地税を課税した。地税に加えて，土地所有者は，1畝当たり1,500文の年租を中国側に納める義務を負う。こうして外国人名義に書き換えられた土地は，治外法権を享受した。

　土地に課税する必要上，公共租界工部局とフランス租界公董局は土地所有者名簿と地籍図を作成した。それらによれば，1933年には，道契を発行された土地は，租界の総面積の約80パーセントに及んだ。しかし，外国人名義で登記された土地のすべてを実際に外国人が所有していたわけではなく，多くの中国人が外国人の名義を利用して土地を所有していた。真の所有者である中国人が地税を負担しつつも，名義上の所有者である外国人が納税したので，土地所有者名簿には，外国人の名が記載されたのである。

　既に19世紀半ばから，外国商社の買弁が，会社の資金を動かす担保として土地を会社に信託する例が見られた。そこでは，形式的に不動産の名義を書き換えるが，債務が発生しない限り不動産の権利は完全に買弁に残るとされた。

太平天国の乱以降，この信託制度は積極的に利用されるようになった。太平天国の乱を機に，上海内の中国人の居住区である華界では地券が散逸し，土地所有権が必ずしも明確ではなくなったが，租界での土地所有は正確な測量を伴った。また，外国人名義の土地所有は，治外法権の享受や，財産所有の守秘といった点からも有利であった。これらの理由から，中国人は外国人に手数料を払って名義のみを外国人に書き換えたり，外国人の所有する土地を，名義を書き換えずに購入したりした。外国系不動産業者や測量士は，業務の一環として，中国人に名義を貸し与えた。中国人による外国人名義での土地所有は，租界での不動産経営に組み込まれていたと言うことができる。プロの専門業者が提供する便益によって登記上の土地所有名義と実際の所有者が異なることから生ずる制度上の不安定さは，大きく解消されることとなったのである。

　このように，外国人から中国人への名義の貸与と土地所有権の移転は，中国人が外国人に土地を信託するという形式を採ったが，その信託証明書として発行されたのが，権柄単である。権柄単は，中国人と外国人との間の合意の証書であったが，租界内の慣行では地券の一種として通用した。先に見た道契と権柄単の両方を持つことで，中国人の租界内の土地に対する所有権は確認され，また，権柄単の名義を書き換えれば，中国人同士で土地を売買することもできた。こうして，租界の不動産は，上海金融市場で最も価値の高い資産と看做されるようになった。

　上海租界地区の土地と金融との関係について，最初に詳細な分析を加えたのは，1930年に行政当局たる工部局の委託を受けて，公共租界の調査を行った，リチャード・フィータムである。フィータムは『上海租界行政調査報告』の中に「土地保有と地価」という章を設け，以下のように述べている[33]。

> 海岸通りに沿った銀行会社及び倉庫の大建築は，租界において承認保護されている私有財産権の神聖なることを著しく象徴し，同時に，かくのごとき法律観念により喚起された信用の結果として上海が中心地となった広範なる通商的活動を具体的に証明するものである。……即ち，土地の安全保障こそ，上海を中国の大部分に対する金融の中心たらしめ，同時に外界か

ら投資に要する巨額の資金を誘致し，租界内に安心して保有することを得る土地財産の形成を以て，上海とその付近は無論，更に中国の遠隔地方に於ける取引その他に対する根拠地を提供し，これによって信用を働かすことを可能にするものである。

上海金融市場及び中国金融の代表的な研究者であった，楊蔭溥もフィータムと同じく，上海金融市場における不動産の重要性を指摘している[34]。楊は，上海不動産の特徴は，その安全性と流動性の2つにある，とした上で，前者については，租界の地券の測量が正確で，紛争が発生する可能性が比較的少ないだけではなく，租界の面積が限られているのに対して，土地への需要は増える一方なので，地価が大きく下落することが予想されないとしている。ゆえに，担保物件としても，利回りが優れている上に，仮に価格が多少下落しても，実際の価値が全部消滅するような可能性がないことから，極めて優良であると述べているのである。このことは，後者の流動性とも関係している。楊は，上海租界の地券が，その流動性において政府の公債に等しく，一般の有価証券を上回るものであると述べている。普通の会社の債券あるいは株式が流動性を欠いたのに対し，地券はすべて随時現金に換金できた。よって，上海の不動産は一般資本家の投資先として重視され，金融機関においても貸付及び投資の優良な対象と看做されるに至ったと指摘する。安全性については，既に見た，土地の正確な測量とその所有権の確実な保護は，外国人にも中国人にも等しく高く評価された。しかし，公共租界の安全だけが，中国人が不動産を求めた理由ではない。20世紀の初頭から，工場や商店が租界に集中するのに伴って，中国人居住者数が大幅に増加した。その結果，租界内の不動産賃貸料や地価は，1933年まで（辛亥革命と東南アジアの製ゴム会社関連株への投機の影響により下落した1911年を除いて）上昇した。安全で価値の高い租界の不動産は，外国人だけではなく中国人によっても，頻繁に取引された。当時，上海租界の地券は，外国銀行で容易に引き受けられることから，その流動性の高さをもって，他国における証券に等しいと言われた。1930年には，14の外国系及び中国系銀行が，1億2,128万3,631両の不動産を上海租界内に所有し，それらは，銀行の抵当物

件の半分を占めた。銀行の融資条件の影響を受けて，銭荘も不動産抵当を引き受けた（付表3-付表6を参照）。一般に，銀行は不動産価値の80パーセントを年利7から9パーセントで貸し付けた。金融機関や投資家は，上海租界の不動産の資産としての流動性・安全性を信じて，信用を供与していたのである[35]。このことは，上海の企業家が，不動産によって長期貸付を得ることができる，ということと表裏の関係にある。紡績業の発展は，特に上海においては，不動産売買と金融市場との密接な関係に裏付けられていたのである[36]。

短期貸付 ①──紡績工場

　企業家は，企業の立ち上げのための資金を調達すると，次には，原料買い付けのための短期流動資金を確保しなければならなかった。原料市場の季節性と，商人の投機によって，綿花と繭の価格は大きく変動した。本来，紡績工場や製糸工場が市況の変動に柔軟に対応するのに十分な流動資金を持つことが望ましかったが，そうした事例は稀であり，多くは短期の借入によって資金の不足を補っていた。

　綿花が市場に出回るのは，9月から10月であった。いくつかの工場は，生産地に買い付け人を派遣して，直接農家から買い付けを行った。大生や申新は収花処を太倉，常熟，南通といった主要な綿花生産地に設立して，買い付けに当たらせた[37]。これらの大規模工場は，盗難や交通事故といった綿花移送中のリスクを負担していたと言える。

　1910年から20年代にかけて，農村の治安が悪化するに伴って，工場は徐々に綿花を花行や花号と呼ばれる商人から購入するようになっていった。花行は上海地区の綿花を扱う小規模な商人であったのに対して，花号は，3万から4万両，ときには10万両にも上る資本を有する大規模な組織であった。そのため，花号が扱う綿花は揚子江下流域に留まらず，漢口，天津，安徽などにも供給された[38]。都市の綿紡績工場が増えるに伴って，工場が良質の綿花を獲得するのは難しくなっていったのである。

　日本の紡績工場も，買い付け人を農村市場に派遣したので，綿花獲得をめぐる競争は一層熾烈になった。こうした状況下では，中国系紡績工場は，市況の

変動に伴うリスクを農民や仲介商人に負わせることは難しかった。例えば，大生紡績工場は，9月から10月の出回り期の前に，支払見込みの30から40パーセントに当たる前金を，地元の花行に渡していた。もし，商人が大生に契約通りの量を引き渡すことができるならば，大生は市場価格で支払ったし，より多くの量を確保できるならば，更にボーナスを出した。一方，引き渡し量が契約を下回っても，商人は，未使用分の前金を返すように求められただけだった[39]。

十分な流動資金を欠いた多くの紡績工場は，厳しい競争と不安定な市場に対応するために，綿花を借入資金で購入し，綿糸の売却金で返済するというサイクルを繰り返した。このようにして，手元に現金がなくとも，綿花を獲得することができたのである。このシステムは，不安定なものであったので，ある日本人の綿紡績業者は，「循環金融法」と呼んだ[40]。しかし，この日本人が同時に指摘しているように，綿糸の売値が綿花購入の費用を上回っている限り，この資金調達法は機能した。

紡績工場は，新式の銀行や伝統的な銭荘から融資を受けた。申新紡績工場と恵豊銭荘とが1932年11月12日に結んだ契約を，一例として見てみよう[41]。この契約は，抵当物件が土地家屋といった不動産ではなく，工場が所有する綿花や綿糸，及び綿布といった動産であったことから，動産質権合同と呼ばれた。長期融資の契約とは異なり，契約の債権者は銀行の支配人に，債務者は工場の支配人・栄宗敬に限られた。契約書は，まず，債権者が動産を抵当として，債務者に最高50万両を貸し付けるとしている。それに続く12の条項は，抵当物件，利子，必要費用の支払い，その他について定めている。抵当物件は，市場価格の8割で評価された[42]。抵当物件の市場価格が下がるならば，債務者は現金か類似の物品で差額を補償することとされた。一方，市場価格が上がるならば，債務者は債権者に融資の増額を求めることができた（第2項）。更に，抵当物件の減価償却が終了した時点で，債務者は，差額を埋め合わせるとされた（第6項）。利子（月利）は，銭業同業公会が定めるものに，千両あたり3両を加えることとされ（第3項），金融危機の場合は，債権者は契約を終了することができるが，債務者は元本を返済しなければならなかった（第

12項)。債務者が元利の返済を怠るならば、債権者は抵当物件を売却することができた(第10項)。債務者は、倉庫の賃貸料や保険料などを含む、必要経費を殆ど負担しなければならなかった(第1, 4, 5, 9項)。契約書に含まれない事態が起こった場合は、債権者と債務者は、銭業同業公会の慣例に従うこととされた(第15項)。

　銀行は、貸付希望者を入念に審査し、確かな抵当物件を要求することによって信用性を確認した。こうした、金融機関の慎重な融資方針は、企業の側にとっては、資金調達を難しくするハードルであった。大生紡績公司の上海事務所所長を務めていた呉寄尖は、工場のために資金調達することの難しさを訴えている[43]。南通にあった大生紡績公司は、地元の綿花で綿糸を紡ぎ、それを付近の農家に売る、という経営方針ではあったが、1897年に、上海に事務所を設立することとなった。その後15年あまり、上海事務所は、諸雑貨の買い付けを行っていたが、1913年から、財務関係の業務を中心とするようになった。1921年12月、呉は、年末に期限を迎える債務の支払いのための資金を集めるのに苦闘していた。すでに、大生第八工場や、大生グループ内の他の企業のために借入を行っていたため、更に融資を受けるのは困難であった。呉は、南通の本部に、「上海の銀行家たちは、既に南通への信用を失っている」と訴えた。上海金融市場では資金過剰が伝えられていたにも拘わらず、上海商業儲蓄銀行総経理の陳光甫は、銀行は、大有精油工場の倒産や豊大や華亨といった企業の経営不振によって、融資により慎重になっていると述べて、大生への貸付を断った。銀行は、融資に同意するとしても、安全性の高い担保を要求した。呉は、南通の企業関係の証券を担保として融資を引き出そうと試みたが不成功に終わり、原材料か製品の在庫といった、より確実な物件を要求されただけであった。銀行が慎重な貸付方針を採る限り、紡績工場は、銀行の管理下にある倉庫に、綿花や綿糸を担保として納めることを求められたのである。このように企業は、過剰なリスクを負わねばならずまた不便でもあったが、他方でこのような短期貸付によって経営を続けられたことも、また事実であった。

短期貸付 ②──製糸工場

　短期貸付は，製糸工場にとっては更に重要であった。揚子江下流域では，繭の売り出しは 5 月から 6 月に集中していた。既述のように，無錫に関するある統計によれば，生産の 80 パーセントは春繭であり，夏から秋にかけて入手できる繭は少なかった。したがって，繭購入のための資金需要も春に集中した。更に，製糸工場は農民に現金で支払わなければならなかった。このように手持ちの資金を上回る経費を賄うためには，融資に頼らざるを得なかったのである。

　1917 年頃までは，外国系の貿易会社が製糸工場に繭買い付け資金の前貸しを行っており，この年のある推計では，揚子江下流域の繭購入費の 57.4 パーセントを占めたとされる[44]。外国人貿易商との取り決めは，生糸の輸出と密接に結びついていた。貿易会社は，製糸工場と，納品の数ヶ月前に売買契約を結び，そこで取り決められた量の生糸を生産するのに必要な量の繭を購入するための資金を提供した。

　外国系企業は貸付に厳しい条件を付けたので，製糸工場は，新式あるいは伝統的な中国系金融機関に融資を求めるようになった。1911 年から 15 年まで，江蘇銀行の支配人を務めた陳光甫（後，上海商業儲蓄銀行総経理）は，繭の乾燥や上海への輸送など，生糸の生産の各段階で資金の融資が必要とされていたと回想している[45]。銭荘は新式銀行より融資の条件が厳しくなかったことから，第一次世界大戦後から，主要な資金供給元となり，1920 年代前半には，繭購入に必要とされた費用の半分に当たる，1 億元の融資を行ったとされる。

　零細な製糸工場に対して，価格変動が大きい繭の購入のために短期貸付を行うのは，常にリスクを伴った。製糸業と銭荘との契約は，まず 3 ヶ月期限の融資で始められた。もしも，製糸工場の経営者の返済実績が良ければ，引き続き年利 6 パーセントで保証金なしの融資を受けることができた。それ以外は，保証人を立てた上で，融資額の 20 から 30 パーセントの保証金を現金で納めることが求められた。多くの場合，製糸工場は流動資金を保証金の支払いで使い果してしまい，労賃や燃料費，賃貸料といった項目のためには，別の貸付を求めなければならなかった。

もうひとつの借入の方法は，生糸の売却と関係づけられていた。製糸工場は，生産した生糸を担保として，銀行から融資を受けることができ，その場合，倉庫の領収書が，証書となった。生糸の外国貿易会社への売却が決定している場合は，生糸の価格の 70 から 80 パーセントが貸し付けられた。利子は，銀行の場合は月利 0.6 から 1.2 パーセント，生糸商人の場合は，1.15 から 1.75 パーセントであり，年利は，7.2 から 14.4 パーセントであった[46]。

　銀行は，製糸工場の財務状況を注意深く監視していた。農家は繭行に繭を持ち込み，現金で支払いを受けたが，銀行は行員を派遣して，製糸工場による支払を代行した。繭は乾燥の後に，上海に送られ，銀行が指定した倉庫に納められた。銀行自身が倉庫を経営することも多く，1920年代半ばには，銀行が所有する繭用の倉庫は，中国銀行の 6 ヶ所を始めとして，20 以上に上った。繭を倉庫から取り出すには銀行の許可が必要であり，このことは，借入金の返済が終わるまでは，繭を出すことができないことを意味した。製糸工場は，随時，繭の引き出し，生糸の生産，債務の返済というサイクルを繰り返しながら，経営を維持していた。

　このように，製糸工場の経営者たちは，必要な資金の 3 分の 1 にあたる額しか手元に持たなかったが，短期融資によって事業を継続することができた。綿紡績工場が綿花購入のために採った「循環金融法」と同じように，繭の購入もリスクを伴った。もしも，生糸の売却が負債の返済期日に間に合うように順調に進まなければ，製糸工場経営者は，生産に必要な費用を確保することができない。しかし，生糸の売却と繭の購入がうまく回転している限り，経営者は最低限度の資金で工場を運営することができたのである。

抵当物件と金融機関による信用拡大
　農産物や繊維製品といった担保物件は，金融機関が信用を拡大するのに不可欠であった。銭荘は，十分な自己資本を持たなかったので，原材料や製品を担保とし，それらを保管する倉庫の領収書を証書として，外国銀行や中国系新式銀行からの融資を受けていた[47]。代表的な外国銀行であった香港上海銀行の短期貸付の記録は，担保の重要性を明らかにしている。1911 年まで，同行は銭

荘に無担保の短期貸付（チョップ・ローン）を行っていたが，辛亥革命期に債務不履行が相次いだのを受けて，担保付融資を導入した。1923年から29年までの7年間に，香港上海銀行上海支店は，1,182件，7,220万両の貸付を銭荘に対して行ったが，融資の大半で，担保の提出が義務付けられていた。主要な物件は，農産物（繭，綿花，小麦）とそれらから作られた軽工業品（生糸，綿糸，小麦粉）であった。7年間の平均で，これらによって裏付けられた融資は，貸付件数の54.6パーセント，融資総額の52.6パーセントを占めた。なかでも，繭は担保物件のうちの64.8パーセント，担保付融資額の56.6パーセントを占める最も重要な品目であった[48]。銭荘は，香港上海銀行に倉庫の証明書を提出すると同時に，倉庫の保険料を支払った。

このように，農産物と軽工業製品は，上海の金融機関の間で，譲渡可能な証書として扱われ，融資に伴うリスクを抑えるために使われた。同時に，これらの物品は，外国銀行と中国の伝統的な銭荘，銭荘と製造業者，都市の工業セクターと農村部とを繋ぐ媒介として機能した。資金の提供元である外国銀行の融資条件は，取引のある中国系の金融機関，更に，中国系の企業や農家へも，波及的な影響を及ぼした。そこでは，安全な担保物件と看做された品目の価値の変動が，都市でも農村でも，金融市場の流動性の点で極めて大きな意味を持つことになる。

3. 借款と企業経営

経営を始めるに当たって，企業は，工場用地等を抵当に入れて銀行から長期の借入を行い，次いで，原材料や製品を担保として短期融資を受けて流動資金を確保した。自己資金や近親者・友人からの借入や，証券の発行によって，十分な資金を調達できないという条件のもとでは，こうした間接金融が，都市の繊維産業の発達を支えていた。

銀行融資が企業経営に不可欠であったならば，経営者はどのように資金繰りを維持していたのであろうか。申新紡績工場と久成製糸工場の事例に基づい

て，考察を加える．

申新紡績工場

　申新は，創業者の栄兄弟が，企業の経営権を全面的に掌握したいとしたため，株式会社ではなく，合名会社の形態をとった[49]。1916 年の操業開始時には，その 80 パーセント以上を銀行からの短期貸付が占める外部資本が，自己資本を上回っていた[50]。第一次世界大戦中と戦後の好況期（1917-20 年）に，申新は生産設備を拡大した。1917 年に恒昌源紡績工場を買い上げて，申新第二工場とし，翌年には，第一工場とともに設備を増加した。1921 年には，無錫に新しく第三工場を設立した。1916 年から 21 年までの間に，申新の生産能力は，1 万 2,960 錘から 13 万 4,907 錘へと 10 倍以上となった。生産設備の増加とともに，外部資本も増加していった。1916 年には，外部資本は 41 万 1,210 元，資産は 64 万 9,350 元であったが，それぞれ，1920 年には，261 万 9,720 元，589 万 770 元に，更に 1923 年には，1,166 万 5,200 元と 1,730 万 3,310 元に増加した[51]。申新は，外部資本なしには，拡大を果たせなかったと言えよう。

　1919 年に既に，経営者兄弟の 1 人である栄徳生は，新しく買い入れた申新第二工場は，機械の設置に費用が掛かったのみならず，綿花の買い入れ価格に比べて綿糸の売価が利益を十分に上げる程高くなかったので，利益を上げるに至っていないことに懸念を示している[52]。

　1921 年まで，申新は借入金によって拡大を続けたが，1922 年に戦後不況に直面すると，更に借入に大きく依存するようになっていった。外部からの借入の払込資本に対する割合も，資産に対する割合も，大きくなり続けた。

　申新の経営不振からの脱却戦略は，事業拡大の継続であった。1922 年に申新第四工場を漢口に設立すると，1925 年には上海の徳大紡績工場と武進の常州紡績工場を借り上げて，それぞれ，申新第五，第六工場とした。1925 年の 5・30 事件に伴う抗日ボイコットは，中国系紡績企業にとっては，国内市場における日本製品との競争を有利に進める条件であった。しかし，内戦の激化によって内陸部の治安が悪化するのに伴って，国内市場の需要は減少しつつあ

り，企業をめぐる経営環境は好転しなかった[53]。

　申新の事業がようやく好転するのは，1928年以降のことであった。同年5月3日に起きた済南事件に対する抗日ボイコットをひとつの契機として，中国の紡績会社は内陸市場に販路を広げた。北伐の終了によって，国内市場は徐々に復興し，銀行からの融資も容易になりつつあった。1929年，申新は上海の東方紡績工場を新たに買い入れ，第七工場とした。この工場は，1896年にドイツ企業が設立し，その後イギリス企業によって運営されていたものだった。5万錘の設備を有する工場を，申新は工場用地を含めて175万両で購入した。

　申新の支配人の1人が，このように古い工場を購入することに反対すると，創業者兄弟の1人である栄宗敬は「楊樹浦の右岸という工場の立地はとても良い」と言って反論した。栄宗敬は，明らかに，工場を担保に銀行の融資を受けることを計画しており，実際に，申新第七工場は，香港上海銀行の抵当に入れられた。1930年には，東方紡績工場の購入に続いて，申新第八工場が設立された。栄宗敬は，新しい工場を建てるよりも古い工場を買い入れた方が費用を抑えられる，また，合併は市場競争を緩和する，として，事業の拡大を主導した[54]。更に，事業拡大とともに，製品を細糸にシフトさせ，申新第六工場が生産する製品の番手数23.8，申新第七工場の製品は23.4と，他の工場の平均を上回った[55]。

　申新は明らかに銀行からの借入に大きく依存していたが，残された帳簿等からは，1916年から1930年の間に借入金がどのように使われたのか，全容を明らかにすることはできない。しかし，他社の記録や銀行の報告などを併せて参考にすることによって，申新の財務管理の概容を明らかにすることは可能である。

　銀行からの担保付融資は，1921年までは有利な資金調達法であったと考えられる。先に見た大生紡績公司の1898年から1926年までの記録は，資産価値に対する年間の利益率が，17.61パーセントであったことを示している[56]。銀行の貸付金利が9から12パーセントであったことを勘案すれば，大生が銀行融資を利用したのは合理的な判断であった。また，この大生の利益率は，1920年に申新第一工場が記録した21パーセントという率とも近似である。市場の

変動や利子率の変化といった様々なリスクは，債務者である企業家が担っていたので，借款は不況時には重荷であった。紡績工場は，1918年から1921年にかけて借入金で事業を拡大したが，1922年の戦後不況下で，欠損を出すようになった。好況時に借り入れた資金への利子負担のために，小規模な工場は外国系や中国系の大規模工場に合併されたり，閉鎖に追い込まれた。大生の記録は，資産に対する利益率が8パーセント以下に落ち込んだ1921年から，負債が大きな重荷となっていったことを示している。

　しかし，不況時にも，担保付貸付は完全に途絶することはなかった。担保物件の価値の動向が，借款をめぐる銀行と企業との関係を維持するために，極めて重要であった。例えば，申新の記録は，外部借入の額は企業の資産額を上回っていないことを示している。更に，総資産価格から負債総額を除いた，純資産価格は，常に払込資本よりも多かった。すなわち，もしも経営不振のために，企業が活動を停止しても，少なくとも負債を償還することは可能であったのである（表3-2）。

　長期融資の担保物件であった，上海租界の不動産は，1903年から1930年まで，継続的に上昇した（図3-1）。短期融資に関しては，綿花と綿糸の価格は，騰落を繰り返したものの，両方が継続して下落することはなかった（表3-3）。

　これらを売却することが可能である，ということが，債務不履行の予防手段となっていた。逆に，もしも，これらの資産や物品の価値が大きく下がり続けるならば，貸借のシステムは大きく揺らぐことになる。同様の状況は，製糸業の財務でも観察される。

久成製糸工場

　一般に製糸工場は小規模で，また短期間で閉鎖されることも多かったので，典型的な製糸工場経営の事例を見つけるのは難しい。莫觴清の久成製糸工場は，規模が大きく，典型的とは言い難いが，莫の事業拡大戦略は，租廠制と短期融資がいかに製糸産業の発展に寄与したのかを明らかに示している。

　莫は，蘇州の製糸工場の見習いとして業界に入った。1907年，莫とその友人たちは，上海に208リールの糸車を有する工場を借り上げ，久成製糸工場を

表 3-2　申新紡績公司貸借対照表 1920-29 年

(単位：千元)

類　目	1920	1921	1922	1923	1924	1925	1929
〈資　産〉							
固　定	4,862	9,650	11,645	13,086	13,115	15,230	19,776
流　動	1,015	2,021	3,392	3,712	3,636	7,557	16,114
その他	14	487	875	505	521	483	1,428
計(1)	5,891	12,158	15,912	17,303	17,272	23,270	37,318
〈資本と債務〉							
払込資本(2)	1,892	4,704	6,085	6,563	5,658	5,990	6,641
長期借款(3)		30	58	178	387		231
短期借款(4)	2,618	6,598	9,135	11,477	11,612	17,275	27,461
その他(5)	2			10		8	
計	4,512	11,332	15,278	18,228	17,657	23,273	34,333
〈負債の資産と債務への割合〉							
借款総額(6) (3+4+5)	2,620	6,628	9,193	11,665	11,999	17,283	27,692
借款/払込資本(6)/(2)	1.38	1.41	1.51	1.78	2.12	2.89	4.17
純資産(1)-(6)	3,271	5,530	6,719	5,638	5,273	5,987	9,626
借款総額/資産総額(6)/(1)	0.44	0.55	0.58	0.67	0.69	0.74	0.74

出典）上海社會科學院經濟研究所 編：《榮家企業史料》640 頁.

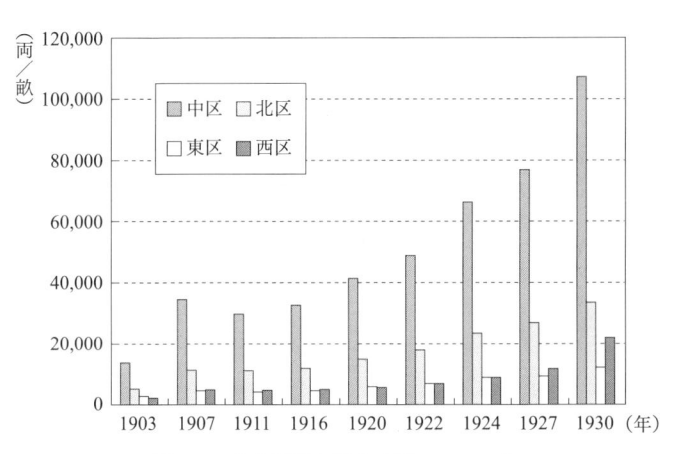

図 3-1　公共租界各区の地価 1903-30 年

出典）羅志如：《統計表中之上海》20 頁.

表 3-3　綿花・綿糸の価格指数 1921-29 年

(1926年＝100)

年	綿　花	綿　糸
1921	89.3	101.2
1922	105.8	97.2
1923	123.5	104.5
1924	131.2	115.9
1925	124.8	114.8
1926	100.0	100.0
1927	105.3	97.5
1928	115.7	109.6
1929	108.0	113.4

出典) Pearse, *The Cotton Industry of Japan and China*, p. 157.

始めた。幸いなことに，この年良質な繭の十分な供給があった一方で，生糸の価格も 860 両から 1,100 両に上昇した。莫と共同経営者たちは，初年から利益を上げることができたことを受けて，2 年目には，240 リールを有するより大きな工場を上海で借り上げた。1909 年，イタリア製糸業が地震で打撃を受け，中国製糸業への需要が増加した。有利な状況下で，莫らは再び利益を上げ，上海市内南部に工場用地を購入して，512 リールを擁する工場を設立し，更に，320 リールの工場を借り上げた。第一次世界大戦の前夜まで，久成は急速に発展した。新たに上海で借り上げた，それぞれ，244，240，280，280 リールを備える 4 つの工場を加えると，莫は，1,484 リールの設備と，3,700 人の従業員を擁し，年間 2,000 梱の生糸を生産するに至った。流動資金は，アメリカの貿易会社，美鷹洋行と日本の三井物産が提供した。莫は 1919 年まで美鷹洋行の買弁も務めている[57]。

　第一次世界大戦が勃発すると，中国製糸業はヨーロッパからの需要の減少に直面した。しかし，アメリカからの需要は，それを補うものであった。特に，莫は，アメリカ系貿易会社の買弁という有利な地位を生かし，アメリカ人を代理人として雇い入れ，アメリカ市場進出を進めた。大戦が終わる 1919 年までに，久成は，1907 年の 12 倍の生産規模である 7 工場 2,588 リールを擁するに至り，上海の代表的な製糸工場となっていた。生産規模の拡大と同時に，莫は

表 3-4 繭と生糸の価格指数 1921-30 年

(1927年=100)

年	繭	生 糸
1921	n.a.	91.2
1922	n.a.	120.5
1923	n.a.	133.6
1924	n.a.	102.2
1925	n.a.	109.2
1926	n.a.	108.7
1927	100.0	100.0
1928	90.9	106.9
1929	72.7	117.8
1930	105.5	113.8

出典）徐新吾 編：《中國近代繰絲工業史》183 頁；高景嶽・嚴學熙 編：《近代無錫蠶絲業資料選輯》26, 88-9 頁．

1922 年から織布も開始した。1923 年から 1928 年は，久成の黄金時代であった。特に 1928 年は，繭の質も良く，外国からの需要も多かった。久成は新たに設立した 2 工場と，借り上げた 1 工場を加えると，10 工場，2,856 リール，7,000 人の従業員が，年間 5,000 梱の生糸を生産する企業に成長を遂げた[58]。

久成のケースは，租廠制と短期融資とが，製糸業の発展に寄与するメカニズムを明らかにしている。とはいえ，製糸業の景況は基本的に不安定なものであった。流動資本に対する利益率は，年利 8 パーセントほどであったが，3 から 4 パーセントに落ち込むこともあった。第一次世界大戦期の困難な時期には，多くの製糸工場が銭荘や銀行に対して，債務不履行に陥っている[59]。そして戦後，需要の増加に伴って，製糸業の経営環境は再び好転した。1927 年には，無錫の 15 の工場は，資本に対して 60 パーセントから 153 パーセントにも上る利益を上げることができた[60]。好況に応じて，銭荘や新式銀行が相次いで無錫に支店を設け，製糸工場に争って融資を行ったので，貸付金利は低下した。もっともこのような状況下でも，銭荘の中には無担保融資を行うものもあったとはいえ，新式銀行は，安全性の高い貸付方針を堅持していた[61]。

というのも，金融機関にとって，製糸工場への融資は危険を伴ったからである。生糸市場が堅調なときは，貸付からの利益も多かったが，いったん不況に

なると，債務不履行によって生じた欠損を負担しなければならなかった。繭と生糸を担保として要求することは，融資の安全性を高めるために極めて重要であった。実際，繭と特に生糸の価格は，1930年まで上昇傾向にあったのである（表3-4）。

リスクを軽減するために，銭荘と新式銀行は担保を要求し，また，厳しく工場を監視した。交通銀行無錫支店が，現地の代表的な製糸工場であった乾牲に貸付を行った際，同行は，「工場主の富と名声」や「品質の高さ」を高く評価していたものの，決して，無担保で融資を行おうとはしなかった[62]。銀行の貸付は繭と生糸の価格の上昇を背景として行われたものであり，債務不履行の際には担保物件を償却できることが，予防措置となっていた。

小　結

19世紀末から20世紀前半の物価の漸増に伴って，中国の企業家たちは，インフレ傾向を所与として経営戦略をたてた。1931年，予期に反して物価動向が下落に転じたとき，既存の方針は大きな負担となって企業を圧迫した。特に，企業の資金調達のあり方は，1931年までの発展とその後の危機に，非常に重要な意味を持つ。

借入契約の煩瑣な諸条項や，利子負担にも拘わらず，綿紡績工場と生糸製糸工場は銀行融資に頼り続けた。借入を続けることで，最小限の資金で事業を続けることができたからである。「循環金融法」とも言われたこの方式は，リスクを伴ったが，同時に，資金負担を軽減することもできた。好況ならば，企業は元利を返済し，更に利益を上げることができた。不況下では，債務は企業経営にとって負担になりかねない一方，生き残りの重要な手段ともなった。1922年から1926年の紡績不況期にも，銀行は繊維企業に資金を提供し続けたのである。

重要な点は，金融機関の企業に対する信用は，担保物件の価値に基づいていたということである。担保の請求や厳重な監視を伴う契約は，中国で金銭の貸

借は人的関係によってなされる，という従来の見方を覆す[63]。張や栄兄弟の事例は，1911年以降，個人の名声だけでは，信用を得るのに十分ではなくなっていたことを示している[64]。中華民国初期の政治的混乱が深まる中で，農産物や工業製品，機械，租界の不動産といった担保品の重要性が高まっていった。不確実な経営環境の下では，債務者が将来元利を返済できるのかどうかは，自明ではない。そこで，確実な担保に裏付けられた融資契約は，政府による契約履行を保証する法制度の整備が不十分な条件下で，信用を拡大する制度として機能した。先に，企業にとって，合股といった知己のサークルを超えて資金調達することが，課題となっていたことを見た。融資条件における対人信用から対物信用へという変化は，同じ問題への金融機関からの対応とも捉えられる。20世紀初頭中国の金融センター上海金融市場では，国籍や組織形態を異にする多数の金融機関が，それぞれ中国内外の企業や個人を対象として事業を展開していた。そうした中で，相互に信用を拡大するには，安全かつ流動性のある担保物件が不可欠であった。

　第I部は，中国経済の最も重要な問題であった，国際銀流通と不可分に結びついた銀本位制に基づく通貨システムに焦点を当てて，大恐慌に至るまでの展開を見た。中華帝国の通貨システムは，1911年の辛亥革命以降も中華民国に引き継がれた。銀行が銀と外国為替の取引を仲介し，また，政府による為替管理も行われないという条件の下では，銀塊と銀貨は中国内外を自由に動き，国内では通貨として流通した。

　したがって，19世紀半ばに始まった国際銀価の下落は，中国経済に大きな影響を及ぼした。中国における銀の価値が，世界の他地域よりも高かったため，大量の銀が中国に流入し，結果として，通貨の流通量も増加し，物価も漸増傾向を示すこととなった。この長期間の銀価の漸落は，中国企業の経営戦略に大きな影響を与えた。特に，製造業者たちは，物価上昇時には信用拡大から恩恵を受けた。金融機関は，安全性の高い担保によって融資に伴うリスクを軽減できると信じていたのである。

　しかし，振り返って，金融機関の担保への信頼は，必ずしも十分に根拠のあ

るものではなかった。問題は，中国の外では，銀は一商品に過ぎず，国際市場におけるその価格は，中国に関係なく変動したことである。銀の価格が上がるならば，中国の物価は下落し，担保品に対する信用を揺るがすであろう。しかし，価格動向の反転を予測することはできなかった。物価上昇期に作られた制度や組織は，世界経済危機下でのデフレ圧力に対して，極めて脆弱であった。その最初の兆候は，次章で扱う農村部で現れた。

第 II 部　大恐慌の時代，1931-35 年
―政治経済の変容―

第4章

農村恐慌

　1930年，ヨーロッパ社会経済史の著名な研究者，R. H. トーニーは，太平洋問題研究所の招きを受け，中国経済とヨーロッパ経済を比較するために，中国を訪れた。中国農村の疲弊を目の当たりにして，トーニーは，「中国のいくつかの地域で農民が置かれている状況は，首まで水に浸かって立っている男に似ている。ほんの少しの波が来ても，男は溺れてしまうのだ」と述べた[1]。トーニーの描写は，自然災害や社会動乱の影響から逃れる術のない農民の弱さを，鋭く捉えている。旱魃，大雨，疫病など，様々な不測の事態によって，農民は1年分の収穫を瞬時に失う危機に常にさらされていた。しかし，本章で見るように，大恐慌が2年目に入った時点でトーニーが見聞した農村の危機は，通常とは異なっていた。「農村経済崩壊」は，1930年代初頭の農村を取り上げた新聞記事や雑誌評論で，頻繁に用いられた用語である。そこでは，農民が水害や旱魃といった天災や相次ぐ戦乱などの人災にさらされているだけではなく，1920年代後半に始まる農産物価格の継続的な下落の下で，従来，さまざまな危機に対応してきた農村の互助組織を含めて，既存の生産と流通のシステム自体が機能しなくなっていることが指摘されている[2]。

　大恐慌の下で，なぜ農民はそれまでの生き残りの手段に頼ることができなくなってしまったのか。農村の危機は，都市部にどのような影響を与えたのか。そして，都市の知識人は，この未曾有の危機への解決の糸口を，どこに求めた

のであろうか。第2章で取り上げた揚子江下流域の農村に焦点を当てて,これらの問題を検討する。

1. 揚子江下流域小農経済のダイナミズム

経済発展と消費水準をめぐる論争

揚子江下流域では,都市の繊維産業の発展とともに,農村の農業セクターは都市の工業セクターと密接に結びついていった。綿紡績業では,農村部は生産した綿花を紡績工場に売却した後,工場が生産した太糸を購入して綿布を織った。機械制綿紡績業は非効率な手紡ぎの工程を代替したものの,農村織布業は衰えなかった。逆に,機械紡の糸を使うことによって,農家は,手織綿布の生産量を伸ばし,華南や満洲,東南アジアにまで販路を広げた。

生糸製糸業では,太湖北岸が,上海の工場への主要な繭供給地となった。この地域の農民たちは,太湖南岸の農民たちが伝統的に農村製糸業に携わってきたのに対して,19世紀半ばの太平天国の乱以降に参入した新参者であった。多くの器械製糸工場が上海に設立された19世紀後半には,これらの農民たちは,養蚕に集中するようになった。第一次世界大戦後には,繭の生産地に近い無錫が,上海と並んで器械製糸業の中心地となった。

揚子江下流域の農村経済が,商品作物栽培や家内手工業によって,既に18世紀半ばまでには大きく市場経済に関与していたことは,つとに指摘されている。しかし,商業化の農家の家計への影響については,論争が続けられている。農村経済の停滞と農家の困窮化を論じる代表的な議論として,フィリップ・ホアンの「発展なき成長＝インヴォリューション」論が挙げられる[3]。ホアンによれば,16世紀以降,総生産は確実に増大したが,それは,人口増加に対する土地の制約と資源枯渇が進行する中で,農村の家族労働,特に,揚子江下流域では養蚕を中心として女子の家内労働を強化することで実現したものであり,労働日当たりの収穫逓減を伴うものであった。ホアンと同様に,19世紀末から20世紀初頭の,無錫の製糸業を分析したリンダ・ベルは,主に農

村の女子労働者によって行われた養蚕の1日当たりの収入は，男子労働者による穀物生産よりも低いことを指摘し，機会費用の低い女子労働力による商品作物生産が，限界生産性の低減を伴いながら続けられていたとする[4]。

一方，18世紀半ばのヨーロッパの中核地域（core regions）と揚子江下流域について，経済発展の程度と生活水準とを比較する中で，ケネス・ポメランツは，手工業製品の他地域への輸出と，域外からの第一次産品の調達を始めとする地域間分業や，労働集約的な技術の開発によって，揚子江下流域経済が高人口圧のもとでの土地供給制限という問題に対応してきたことを指摘し，商業化に伴う経済発展と所得の上昇の可能性を議論する[5]。ポメランツの見解は，18世紀以降，1930年代まで，資源の制約や伝統的な技術の存続という条件のもとで，マルサスの罠とスミス型成長とが交差する中国農村経済を検討する，ビン・ウォンの議論とも重なるものである[6]。しかし，ポメランツ及びウォンの議論の焦点は，西欧の中核地域が産業革命を経て工業化を遂げる以前の，両地域の比較にあり，また，西欧の近代工業化自体は，新大陸の統合による新たな資源の吸収という外在的な要因によって説明するので，19世紀以降の揚子江下流域の農村経済については，十分に検討してはいない。一方，デヴィッド・フォールは，揚子江下流域農村の主要商品作物の価格の動向を検討し，少なくとも1930年代初頭に大恐慌の影響を受けて農産物価格が継続的に下落し始めるまで，商品作物栽培は農家にとって有利であったと論じている[7]。同様に，ロレン・ブラントは，20世紀初頭の同地域における実質賃金の上昇と農作物の工業製品に対する相対的な価格の上昇を指摘し，農村の生活水準は向上しつつあったとしている[8]。

19世紀中葉から20世紀初頭にかけての揚子江下流域の農村経済に関して，対照的な評価がなされ，論争が続いている原因のひとつは，農民に帳簿をつける習慣がなかったこととも関係して，詳細な分析を加えうる農家家計のデータが十分に残されてはいないことがある。そうした中で，これまで利用されたことがない中央研究院社会科学研究所が1929年に江蘇省無錫県で行った調査に基づく，ジェームズ・クンの研究は，重要な貢献である[9]。

農民の家計と経営戦略――無錫，1929 年

　1929 年，中央研究院社会科学研究所は，無錫県の 1,207 戸を対象に，経済発展と生活水準に関する聞き取り調査をおこなった。この調査の中心となったのが，後に見る中国農村研究会の陳翰笙であった。陳ら 45 名からなる「無錫農村経済調査団」は，まず，人口，耕地，産量等に関して全県の概括調査を行った上で，次いで水田と畑地，商業区と工業区などの条件の異なる地区から，「普通村」9，「特殊村」13 を選び，それぞれの村につき合計 1,207 戸の農家の戸別調査を行った。同時に，「普通村」，「特殊村」およびその隣村の計 55 について概況調査を行い，さらに 8 つの鎮について商工業の調査をしたとされる[10]。その後，1958 年に，中国社会科学院は，同じ村の 800 戸あまりに対して，1936 年と 1948 年に遡って，1929 年と同じ質問項目への回答を求めた。こうして作成された農家家計調査は，当時，最も商業化が進んだ経済地域であった揚子江下流域について，1920 年代末から 1940 年代末に至るまでの変容を検討するデータを提供している点でも，また，他の農村調査とは異なり，村内の全戸を対象としているため，サンプルに偏りが少ないと考えられる点でも，極めて貴重な資料となっている。

　1 戸当たりの耕作面積の狭小さや小作率の高さといった，揚子江下流域農村の特徴が，1929 年の無錫農村調査からも確認される。1 畝以下の耕作面積しか持たない農家の割合は 60 パーセントに上り，1 から 2 畝のものも 19 パーセントを占める。同時に，62.6 パーセントの耕地は小作地であり，また，農家の 78.6 パーセントが土地の借り手であり，11 パーセントが貸し手であった。土地市場の流動性が極めて高いのに対して，村内の長期の農業労働者に対する需要と供給は限られていた。1929 年，賃労働者を雇い入れた農家は 7.4 パーセントで，年間 1 戸当たり平均 0.12 人に過ぎなかった。一方，雇用労働者を出した農家の割合は更に低く，2.9 パーセントであった。この村内における需給のギャップは，更に貧しい地域からの労働者が村内に流入していたこと，村内の農家は村外により利益率の高い雇用先を有していたこと，という 2 つの可能性を同時に示唆している。長期労働市場の停滞に対して，短期の季節労働市場は活発で，47.6 パーセントの農家が年間 41 日余り日雇い労働者を雇用していた。

短期労働市場でも，村内の需要（48パーセントの農戸）が供給（23パーセント）を上回っていることは，村外からの移入労働力の存在を窺わせる。

このように，村内の労働力への需要が短期に限られていたことは，村内の農家の80パーセントが養蚕に従事していたことと併せてフィリップ・ホアンのインヴォリューション論と整合的なように見える。狭小な耕地面積しか持たない農家で，家内労働力たる女子が副業として養蚕を行う一方，男子労働者への長期の雇用機会が限られているとするならば，全体として深刻な不完全就業状態に陥ると考えられるからである。しかし，実際には，1920年代末には，農家は農村以外でも都市のサービス業や工場といった様々な就業機会を捉えて，所得の増加を達成していた。農業以外の賃労働に家族から1人以上が従事している家計は，半分以上に上り，小規模な商業を営むものも11.1パーセントを占めた。そして，養蚕業を含む多様な副業へ従事することによって，農家はより多くの収入を獲得し，更に消費水準を高めていた。単位当たりの現金収入を，調査当時の価格指数を用いて米に換算し，稲作に従事した場合と比較するならば，地元での賃労働，家族経営の小規模商工業，出稼ぎ，養蚕はより多くの所得を獲得することに繋がっている。また，同じく単位当たりの消費水準の代替値として摂取カロリーを算出して比較するならば，出稼ぎと養蚕，家族経営の商工業は，稲作を上回っていた。養蚕と出稼ぎによって得られる収入は，村内で賃労働についたり，小規模商業を行うよりも更に多くの収入を得ることができた。前者に従事する家計の収入は，米に換算して，それぞれ513.5キロと785キロであったのに対し，後者は，493キロと378キロであった。従来のインヴォリューション論が，特に養蚕に従事することの経済的非合理性と家計へのマイナスの効果を強調しているのに対して，クンの推計は，農家経営のあり方とその効果に再検討を促している。

市場経済の農家家計へのインパクト

クンは，賃労働や商品作物栽培の家計への貢献を検討するに際して，現金収入を交換可能な米の量に換算し，また消費水準をカロリー摂取量から推計することによって，自給部門と市場向け生産部門の併存，という揚子江下流地域の

小農経済の重要な特徴に焦点を当てることに成功している。重要な商品農作物や手工業製品を生産・売却することによって、揚子江下流域の農民たちは、現金収入を獲得し、商品やサービスを購入した。そこでは、穀類を自給せず、商品売却による収入から、食料を始めとする生活必需品を購入していた、という側面が重要である。すなわち、商品作物生産や副業からの収入は必ずしも直接、農家の生活水準の上昇を意味するものではなく、市場を媒介とした交換の結果、自給生産に比べて、どれだけの対価が得られるかが問題となる。市場における交易条件の重要性は、ポメランツ、ウォン、フォール、ブラントらによる近年の研究の中でも指摘されているが、1939年から40年にかけて、南満洲鉄道株式会社（満鉄）が行った農村調査が、既に農民家計の生活水準の決定要因として分析を加えていることは注目される。

　1937年に、日本が華中に侵攻した際、満鉄上海事務所は、日本占領下の農村地域の調査を依頼された[11]。満鉄上海事務所の調査員は、域内の多様な農業生産形態を包括的に検討できるよう、注意深く調査地点を選択した。稲作地域である松江と常熟、稲作と養蚕とを組み合わせて行っていた無錫、綿花生産と綿織物手工業を主軸とする南通、そして稲作と綿花生産とを行っていた太倉と嘉定である。表4-1が示すように、綿花生産、手工業、養蚕は、満鉄上海事務所が調査した農村家計の、主要な現金収入源であった。

　無錫では、養蚕からの収入（82.62元）が現金収入の総額（167.3元）の49.39パーセントと、労賃（47.01元、28.10パーセント）や繭以外の農産物の売却益（13.05元、7.8パーセント）を、大きく上回る割合を占めた[12]。南通では、手織布の売却益（60.13元）が最も重要で、総額（195.48元）の30.70パーセントに上った。同時に、綿花の売却（16.94元）も、8.67パーセントを占めた。農民が栽培したすべての綿花を売却したならば、現金収入は増えたであろうが、実際には、27パーセントは手織綿布の縦糸を紡ぐために確保していた[13]。一方、嘉定では、17,200斤の総生産量の内、92.3パーセントに当たる15,890斤の綿花を売却し、家計の現金収入の20.9パーセント（40.81元）を得ていた。残りの現金収入は、竹製品や綿織物の生産や、1937年に日中戦争が勃発し、都市部への移動が危険になる前は、上海等の都市への季節労働などから得ていたと

表 4-1 農家の平均現金収入 1939-40 年

(単位:元/戸)

来源	無錫	南通	嘉定
農作物販売	95.67 (57.19%)	28.63 (14.64%)	78.11 (40.20%)
小作料		27.78 (14.28%)	
副業	12.65 (7.56%)	60.14 (30.75%)	74.79 (38.14%)
賃金	47.01 (28.10%)	41.14 (21.03%)	2.10 (1.07%)
貸付	7.00 (4.18%)	32.78 (16.76%)	35.64 (18.25%)
その他	5.07 (2.97%)	5.00 (2.54%)	4.57 (2.34%)
計	167.30 (100%)	195.48 (100%)	195.21 (100%)

出典)南満洲鉄道株式会社上海事務所調査室『江蘇省無錫県農村実態調査報告書』表 15,『江蘇省南通県農村実態調査報告書』表 15,『上海特別市嘉定区農村実態調査報告書』表 15。

表 4-2 農家の平均現金支出 1939-40 年

(単位:元/戸)

項目	無錫	南通	嘉定
生活費	132.71 (78.20%)	194.62 (70.86%)	126.70 (55.54%)
農業経費	29.96 (17.66%)	17.83 (6.49%)	52.80 (23.14%)
副業経費		35.95 (13.09%)	4.64 (2.09%)
税	2.13 (1.26%)	3.69 (1.34%)	0.25 (0.11%)
借入支払	2.89 (1.70%)	19.77 (7.20%)	0.22 (0.10%)
その他	2.00 (1.18%)	2.80 (1.02%)	43.57 (19.02%)
計	169.69 (100%)	274.66 (100%)	228.18 (100%)

出典)南満洲鉄道株式会社上海事務所調査室『江蘇省無錫県農村実態調査報告書』表 16,『江蘇省南通県農村実態調査報告書』表 16,『上海特別市嘉定区農村実態調査報告書』表 15。

される[14]。

現金収入から,農民は商品を購入し,農業生産の費用を払い,小作料や税金など様々な支出を賄っていた(表 4-2)。

特に,食費を中心とする生活費が大きな割合を占めたことは,極めて重要な特徴である。商品作物生産や手工業が「副業」と呼ばれたことからも明らかなように,農民は自家消費用の穀物生産をやめることはなかった。しかし,同時に,多くの農民は,穀物を市場で購入していた。無錫では,農家の平均支出の 169.7 元の内,生活費が 132.7 元(78.2 パーセント),更に,その内,食費が 79.5 元(50.7 パーセント)を占めた。

南通では，農民は大麦，小麦，豆を自家消費用に栽培していたが，その生産量は，6ヶ月分の必要量，あるいは，必要カロリー摂取量の35パーセントを満たすに過ぎなかった[15]。残りの6ヶ月分の穀物は購入しなければならず，食費は現金支出の半分以上を占めた。また，太倉では，生活費106.49元の内，66.82元（63.30パーセント）が，嘉定では126.7元の内，43.3元（34.2パーセント）が食費に費やされていた。このように，穀物を中心に，肉や魚，野菜といった農作物に加えて，塩や酒，醤油といった加工品を含む食料と，灯油，マッチ，衣服といった工業製品を，農民は購入しなければならなかった。このことは，農民が生きていくためには，現金収入が必ず必要であったことを意味する。例えば，1940年に江蘇省無錫県で農村調査を行った満鉄調査部の調査員は，「即ち生産力の低い上に耕作面積又狭少であるから，米穀の生産量も少なく全村にて米を販売し得る農戸は一戸もなく，どうにか自給し売る農戸が僅かに10％で残りの90％は多少なりと糧穀の購入を必要としている現状である……過剰労働力は近くの無錫市及び遠くは上海市迄出稼をなし，その送金と養蚕の兼営に依り得る収入を以て，どうにか農家経済収支のバランスを保ち，土地の喪失を防ぎ得ている」と分析している[16]。

　市場に出さない自家用生産と，そこから現金収入を得るための市場向け生産とが，江蘇省の特に揚子江下流域の農業経営の特徴であった。耕作地から得られる自給量にそれほどの変化がないとすれば，商品作物と購入品の間の相対価格が，農家の生活水準を決する重要な要因であったと考えられるのである。

現金収入の季節性と負債の機能

　農家の家計に関して，市場における交易条件の変動とともに，満鉄調査が重視したのは，農業生産の季節的サイクルの下での，現金収入と必要な支出とのミスマッチと，それに対処する手段としての負債の重要性であった。農家の収入と支出は必ずしも常にバランスがとれるとは限らなかった。満鉄調査員は，

　　その現銀収入の殆ど全部である養蚕収入及出稼よりの送金は，必ずしも安定したものではない。蚕は違作の場合には蚕種や桑葉代の収入さへも得ら

れず，又出稼人も予期しない事故，災難の為に送金の途が絶えるなど，応々その収入の目算がはづれ，其の他，家族の不幸や慶事等と共に負債の原因となることがある。

と述べている[17]。満鉄調査部が調査に入った村だけではなく，農家の多くは何らかの債務を負っていた。農民には，帳簿をつける習慣があったわけではなく，必ずしも正確なデータではないと考えられるが，戦前期のいくつかの調査によれば，少なくとも半数以上に上っている[18]。

それでは，農民はどのような理由で，現金を借り入れていたのであろうか。当時の調査報告や論文は，凶作，戦災，税負担の増加，債務の返済，婚礼や葬式などのための支出を挙げている（表 4-3）。

ジョン・ロッシング・バックは，1929 年から 1933 年にかけて 21 省 142 県で行った調査を総括して，

中国の農業金融は，大部分が食料か冠婚葬祭などの特別な行事をまかなうための消費目的のものである。生産目的のものは，肥料や道具，役畜，種子などを購入するための短期の信用供与に限られる。土地を購入するための長期の借入は稀である。また，農民は，抵当に入れた土地を請け出すために，借金をすることもある。非生産目的の借入の大部分は，収穫期までの食料を購入するために使われる。このような借入は，凶作の年の冬には特に有用である。しかし，もし，次の年も不作ならば，借金を返すことができなくなるか，次の年の冬の初めにも同様な債務を重ねることになるのである。

と述べている[19]。ここでは，日常生活にかかわる短期の借款と，冠婚葬祭のための特別な（不慮の）多額・長期の借入が指摘されている点が注目される。

まず，短期の借入，特に食料購入のための借金は，農家の家計維持のためには極めて重要であった。これは，単に農民の収入が支出を下回っていたばかりではなく，農村の家計の季節性によるものでもあった。無錫と同じく養蚕地帯

表 4-3 農家の負債の原因とその戸数（江蘇省，1935 年）

原　因	戸　数
不慮の事態	
自然災害	32,285 (25.1%)
戦　乱	2,035　(1.6%)
婚　礼	10,351　(8.0%)
疾病と葬式	23,199 (18.0%)
農業生産	
家畜と農具	763　(0.6%)
種子と肥料	215　(0.2%)
耕　地	7,027　(5.4%)
必要経費	
生活費	29,601 (23.0%)
税と小作料	223　(0.2%)
負債の返済	16,238 (12.6%)
農業差損の補償	1,186　(0.9%)
商業差損の補償	3,557　(2.8%)
貯　蓄	402　(0.3%)
その他	1,184　(0.9%)
不　明	557　(0.4%)
負債総戸数	128,823（100%）

出典）趙宗煦："江蘇省農業金融與地權異動之關係", 45972-3 頁．

であった武進では，農村の資金需要が最も高いのは，12 月と 1 月であった。田租の支払いや借金の返済のためである。また，3，4 月は蚕糸業を営む農家は桑を購入するために，6，7 月は，肥料を購入するためにそれぞれ借金をすることが多かった。また，この時期には，自家用の食料の不足から借入を行い，米を購入しなければならない場合もあった。一方，5 月・6 月は，繭や麦の出荷期であり，8 月は豆，そして 10 月・11 月には穀物の販売によって現金収入を得ることできた。こうした，農業の季節性に起因する収入と支出の時期的なズレを，農民は短期の現金借入によって調整しなければならなかった。そして，何らかの理由によって，当座の債務を返済できないときには，バックも

説明を加えているように，債務不履行，返済の延期，あるいは，借換えを行わざるを得ないことになる。上記の借金の用途の中にも旧債の返済が挙げられている。また，満鉄調査部員は，農家の家計における年度始繰越現銀の重要性に注目している[20]。

> 先ず農家には年度始繰越銀という概念が殆ど全くないと云ってよい……然し，それにも拘らず，我々は，選択20農家の内，13戸の農家からそれらしいものの額を聞き取ることに成功した。それには一つには，我々が絶えず，農家の収支バランスを睨みながら，借金もしないのにこの支出をカバーしうる現銀がどこから来るかと云ふような理詰の聞取法を忘れずに採用したからにもよる。

恒常的に債務が組み込まれた家計の維持は，まさに，水面に首まで浸かった男にも比せられる際どさであったであろう。債務に伴う利子負担や，債務の不履行に伴う，抵当物件の喪失のリスクなどのネガティブな影響も容易に想像できる。しかし，農民にとって枢要であったのは，何らかの手段で信用の供与を受けることができる，ということであったのも，見逃すことはできない。

金融センター上海の後背地であり，また，商工業の発達した経済先進地でもある江蘇省には，国内の他地域と比較しても，多数の金融機関が存在していた。1933年の時点で，正式な金融機関としては，中央銀行，中国銀行，交通銀行，江蘇銀行（省立）といった政府系銀行と民間銀行を併せて95行，銭荘と呼ばれる中国の伝統的な金融機関310戸が営業していた[21]。しかし，新式銀行と呼ばれる前者は，商工業企業に短期・長期の資金を，そして，銭荘は商人に短期の流動資金を提供することを主要な業務とし，1930年代半ばまで，農村への融資は殆ど皆無であった。農民の現金借入の需要に応えていたのは，親戚・友人，地主・富裕な商人，典当という質店などからなるインフォーマルな金融セクターであった。

1933年に全国22省で行われた調査によれば，江蘇省の50県で，農家の借金の来源は，富農（40.3パーセント）を中心に，典当（26.2パーセント），友人

(10.1パーセント），商人（8.3パーセント），合作社（2.5パーセント），その他（6.1パーセント）であった[22]。個人からの借入が大きな割合を占めていることがわかる。農民の借入のパターンについて，1935年に江蘇省呉江県開弦弓村で農村調査を行った著名な社会人類学者費孝通は次のように述べている[23]。

> 少額の現金は親戚や友人から短期間無利子で借りられる。この相互融通制度は主に一時的な不足の場合に見られ，貸し手は借り手が短期間に返済できると確信している。しかし，高額の現金が必要なときには，一個人から借りて短期間に返済することは難しい。会は集団的貯蓄と貸付の機構である。……村内で資金の貸与を受けることが難しい場合，彼らは村の外に借入先を探さなければならなくなる。町のプロの金貸しから借金をする場合，高率の利子を払わなければならない。更に，期日に弁済できない場合，農民は，債権者に土地を差し出さなければならないことが多い。

費孝通が指摘しているように，農民の借入のパターンは，村内から村外へ，同心円状に広がっており，外縁にいくに伴って，利子率が高くなり，貸借の条件も厳しくなっていった。

費孝通の分類を参照して，農村の金融機関・組織について概観しておく。

ⓐ会　費孝通も取り上げている「会」は日本の無尽や頼母子講に近いとされる農村の互助金融組織である。1940年に揚子江北岸の南通県での農村調査を行った満鉄調査員は，「合会は，支那到るところにあり，日本で言えば頼母子講であるが，実際この金融組織が支那の郷村で利用されている質的量的な意義は，日本などとは比較にならぬものである」と述べている。地域によって，十友会，七人会など名称は異なるが，融資源としても，また貯蓄の手段としても重要な機能を果たしていたことが指摘されている[24]。地域によって若干差異があるが，いちばん基本には，金融の必要に迫られた者が発起人となり，親戚・友人・知己を募って会を作る。会首は，会友からの会款を得て，当面の用途に役立てた後，以後，会合するたびに一部ずつ償還して終了する。会友の数は，普通は10人以下，会款の額も多額に上ることは少なく，また，年限も会の人

数と反比例するが，通常5年以下であった。会の発起人は，慣例として，利子の支払いを免除される場合が多かったが，その他の参加者は，会の始めに会款を受ける者が相対的に高い利子を払う。逆に，会の終わりに，会款を受け取るものは，会に払い込んだ資金の利子を受け取る形になる。会が一種の互助組織であり，融資と貯蓄の両方の機能を果たしていたとされる所以である[25]。例えば，会の運営方法のひとつである揺会では，1人が100元を調達するために会を起こそうとするとき，自身が会首（親）となり，知己10人を募って会友（購員）とし，合計11人で組織する。第一回には，各会友が10元ずつ拠出し，合計100元を会首に渡す（得会）。すなわち，会首は，無利子で必要な資金を借り入れることになるが，それに対しては通常謝礼の宴を催して，会友をもてなすこととされていた。第二回目には，会首は10元，その他の会友はそれぞれ9元を出して100元とし，会首を除く10人でサイコロを振って，その目数が最も多い者を得会者とする。そして第三回以下はこの例に做って集金と分配を行い，11回で満了する。その他の会の運営方法としては，第二回目以降の利子負担額の希望を各会友が申し出て，誰がその回に集めた資金を得るかを決める標会や，あらかじめ各会友の得会の順番と利子負担額を決めておく輪会などがあった。いずれの方法を採るとしても，会は長期の借入，及び，村外からの借入の債務不履行を防ぐ借換えを可能にしていたと考えられる（図4-1）。

　ⓑ 典 当　農村金融市場で，典当，すなわち，質屋は極めて重要な役割を果たしていた。1930年代は既に典当業が不振に陥っていた時期であるが，それでも江蘇省全体で，195軒，上海の典当を含めると700軒あまりの典当が営業を行っていた[26]。典当の第一の特徴は，服飾品，家財，農具，そして農産物などの動産を質受けしたことである。抵当物件に乏しい農民にとっては，信用供与を受ける重要な要因であったと考えられる。その評価額に対する貸付金は，銀は7割，金銀器8割を最高に，衣服等は5割，農具は4割などとなっており，利子は，2分から4分に上ったが，また，質流れの期限が，最長3年，通常12ヶ月，13ヶ月，18ヶ月，24ヶ月と長いという利点があった。このことは，農民は春に質入して，秋に受け出す，もしその秋に収穫がよくなければ，次の年の収穫期に受け出すといったような，柔軟な対応を可能にしていた[27]。

第10人	第9人	第8人	第7人	第6人	第5人	第4人	第3人	第2人	第1人	会首	
10元	10元	10元	10元	10元	10元	10元	10元	10元	10元	得会	1回
9元	9元	9元	9元	9元	9元	9元	9元	9元	得会	10元	2回
9元	9元	9元	9元	9元	9元	9元	9元	得会	9元	10元	3回
9元	9元	9元	9元	9元	9元	9元	得会	9元	9元	10元	4回
9元	9元	9元	9元	9元	9元	得会	9元	9元	9元	10元	5回
9元	9元	9元	9元	9元	得会	9元	9元	9元	9元	10元	6回
9元	9元	9元	9元	得会	9元	9元	9元	9元	9元	10元	7回
9元	9元	9元	得会	9元	9元	9元	9元	9元	9元	10元	8回
9元	9元	得会	9元	9元	9元	9元	9元	9元	9元	10元	9回
9元	得会	9元	9元	9元	9元	9元	9元	9元	9元	10元	10回
得会	9元	9元	9元	9元	9元	9元	9元	9元	9元	10元	11回

図 4-1　会の分配表

出典）天野元之助『中国農業経済論』（改訂復刻版，第 2 巻），300 頁。

ⓒ 抵押・典・絶売　親戚・知己，会・典当といった村内のチャンネルからの借入が不可能な場合，農民は村外に融資を求めることになる。借款の期間，利子は，時期や個々の事例により異なるが，1930 年代に行われた調査（47 県，報告件数 164 件）によれば，借入は 6ヶ月から 1 年未満の短期のものが多く（75.8 パーセント），一方 3 年以上に及ぶものはほとんどなかった（0.6 パーセント）。同じ調査によれば，利子率は，年利で 2 割から 3 割（48.7 パーセント），3 割から 4 割（25.2 パーセント）と高率な場合が多いことが報告されている。

　借款の条件としては，伝統的には，担保を取らない信用借款が多かったが，徐々に，抵当物件をとっての借款が多くなりつつあった。最も重要かつ多くの場合に抵当物件とされたのは，田地であり，借款の条件によって，抵押と典に分けられる。

　抵押は，出抵者は借款条項の中に自己の土地若干畝を指定するか，あるいは田単（地契）を貸主に提出して借款の担保とする。期限内は，その土地は依然として借主が耕作し，一方，貸主は利息を徴収する。もし，期限が来ても償還できない場合は，田地は没収される。

　典は，またの名を活売とも称され，出典期間内は，「売」と異なることなく，その土地の使用収益権は貸主に属する。典田の期限満了後には，原価で請け戻

すことができる。典田の期限は，3年から最長12年に及ぶとされた。

　抵押で提示される額は，地価の40パーセント，典では60パーセントあまりであると報告されている。したがって，農民は最初に土地を抵押に入れ，期限が来ても債務が返済できない場合は，典に切り替え，更に，請け戻す資金がない上に，更に現金の必要に迫られると，貸主に売価と典価の差にあたるような，若干の金額を請求して，絶売してしまう。こうした一連のステップは，農民が土地を失う過程として指摘されている[28]。旧債の返済が，借款の用途の重要な目的として挙げられているように，親戚・知己からの借入や会といった村内の貸し手は，土地を担保とした村外からの借入を返済する，借換えの機能を果たしていた。

　以上見てきたように，自給生産と市場向け商品生産や賃労働を組み合わせ，偶発的及び季節的な資金需要に負債によって対応してきた揚子江下流域の小農経済は，大恐慌下の農産物価格の継続的な下落から大きな圧力を受けることになる。

2. 農産物価格の下落

　第一次世界大戦の終結以降，ヨーロッパが戦前の水準に生産量を回復させようとする一方，他地域では，戦時中の供給不足を調整済みであったことから，農作物市場は1920年代半ばから既に下落傾向にあった。国際農産物価格と供給量の指数（1923-25年＝100）を見ると，価格は，1925年末から徐々に下がり，1929年10月には70ほどまで下落し，同時期に，農産物貯蔵量は，75パーセントの上昇を示した。その後，価格は加速度的に下落し，1930年3月には58，12月には38.9，そして1932年の年末までには24.4となった[29]。米や小麦，茶，生糸といった商品農作物価格の急激な下落は，アジアやアフリカ諸国の第一次産品生産国に大きな打撃となった。インドの茶生産者，ビルマの稲作農家，エジプトの綿花栽培農民と同じく，中国の農民も大恐慌の影響から逃れることはできなかった[30]。

農作物価格動向

　中国は農産物の輸出国でも輸入国でもあった。1910年から1920年代にかけて，原料と半加工品は輸出総額の70から75パーセントを占めていた[31]。食料品と原材料品の価格の急激な下落は，中国の農産物価格に必然的に影響を及ぼした[32]。更に，中国の輸出仕向け先でも，購買力が減少しつつあった。アメリカ合衆国は，中国産石油，銅，生糸，その他さまざまな動植物加工品の主要な輸出先であったが，世界恐慌の最も深刻な影響を受けた国のひとつであった。タイやフランス領インドシナ，フィリピン，オランダ領東インド，マラヤといった地域に居住する華僑向けの輸出も，これらの地域の不況に伴って激減した[33]。1931年に国際銀価が上昇し，結果として中国元対外為替レートも引き上げられると，中国の農業セクターは，世界恐慌の影響により直接的にさらされるようになる。為替レートの影響を受けて，外国市場で中国産品の現地通貨建ての価格が上がるならば，中国の生産者は，特に他国の同業者との競争にさらされている場合は，価格を引き下げる必要に迫られる。中国の農産物輸出価格指数は，1930年を頂点に，継続的かつ大幅な下落を始める。1930年から31年の間に7.6パーセント，以後，1年間に10.5パーセント（1932年），10.3パーセント（1933年），14.1パーセント（1934年）下落し，最低値を記録した1935年9月には，1930年より35.7パーセントも低かった[34]。

　中国の第一次産品は，輸入外国製品との競争が激化するのに伴って，国内市場でも苦戦を強いられることとなった。1929年から1931年にかけて，国際銀価が大幅に下落した時期，外国からの輸入原材料の価格はあまり上がらなかったことから，原材料輸入の減少も小幅であり，奢侈品の輸入が大きく落ち込んだのとは対照的であった[35]。さらに，1931年後半には，綿花や米，小麦といった農産物の国内市場で，諸外国での通貨の切り下げによって価格が下がった輸入品との競争が激化した。ビルマやタイ，フランス領インドシナといった稲作地帯では，貯蔵設備が十分にないこともあり，各年の収穫は次の年の前に消費しようとした。これらの国々からの余剰米の中国への輸出は，1931年の揚子江洪水により農作物生産が打撃を受けたときを除いて，中国の国内価格を引き下げたとされる[36]。

価格の下落は，主要農産物のすべてに及んだ。14 の省で行われた調査によれば，農民が小麦を売却して受け取る価格は，1931 年 1 月を 100 とすると，1932 年 1 月には 94，1933 年 1 月には 82，そして同年 10 月には 63 と，ほぼ 3 分の 2 まで下落した。地域間には格差があった。1931 年 8 月の揚子江の大洪水によって，安徽や河南，湖北，江蘇の小麦価格は上昇した。しかし，1933 年 10 月までには，全国的に価格水準は平準化し，また，下落傾向は明らかであった。

米価の動向も，より大きく洪水の影響を受けたものの，小麦と同様の傾向を示した。1931 年の洪水は，安徽，河南，湖北，四川，江蘇の稲作地帯を壊滅的な状況に陥れ，米価は，同年 8 月から 1 年あまり，高い水準が続いた。1932 年，輸入米の倍増と国内生産の回復によって，米の純供給量は 1931 年を 15.1 パーセント上回った。1933 年揚子江と淮河の洪水の影響で，河南と湖北，四川の米価は，他の農産物に比べて高水準であった。しかし，1933 年 10 月までには，影響は見られなくなり，農民が米の売却から得る価格は，1931 年の 59 パーセントに過ぎなかった[37]。

綿花の価格も下落したが，小麦や米に比べて小幅にとどまった。綿花の価格は，1931 年の洪水の後で上昇した後に，1933 年 10 月には，四川と湖北を除いて，1931 年の 20 パーセント減まで下落した[38]。

農産物価格の下落は，農民の現金収入の減少を意味する。農産物価格の下落が，銀価の上昇のみによって生じたもので，他の商品の価格も同じ割合で下がったならば，農民への影響は軽微であったであろう。しかし，実際には，農産物の他の商品に対する交易条件は悪化しており，特に，農業の商業化が進んだ揚子江下流域では顕著であった。

農村・都市間交易

農作物も工業製品も，ほとんどの商品を農民は近隣の都市から購入した。例えば，太倉の農民は，農産物を売却するのと同じ村にある 8 軒の商店から生活必需品を購入していた。更に，それらの商店は，より大きな村から，上海の卸売商が売却した商品を仕入れていた[39]。農村の家計の現金支出入は，農村と都

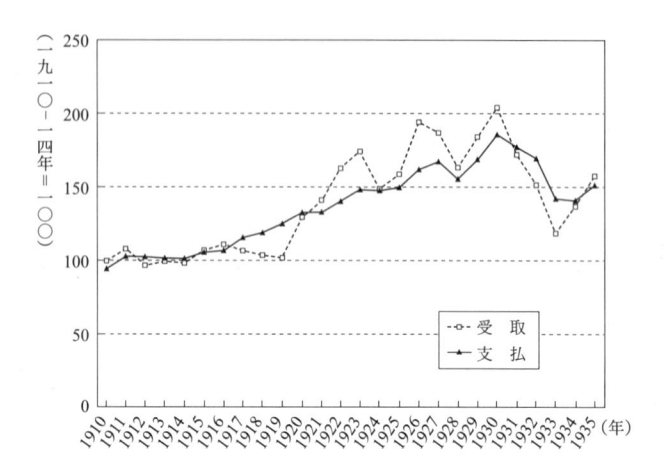

図 4-2　農民の受取価格（穀物及び繭）と支払価格（消費財）指数（武進，1910-35 年）

出典）Raeburn and Ko, "Prices Paid and Received by Farmers in Wuchin Kiangsu," Tables 1 and 3.

市との交易を反映していたと看做すことができる。1930 年代，40 年代に行われた農村調査は，農民の生活水準とその動向を決する上で重要なのは，農家の収入総額ではなく，彼らが売却する商品と，購入する農産物や工業製品の価格の比率であると指摘している[40]。繭や綿花，綿布といった商品の価格が，農民が購入しなければならない米や塩，油といった商品に対して相対的に下落するならば，農民の生活は大きく脅かされることになる。

大恐慌の影響が中国農村に及ぶと，農村の都市に対する交易条件は目に見えて悪化した。例えば，養蚕地域のひとつである武進では，輸入品価格の高騰によって商品価格が上昇した第一次世界大戦期を除いて，売却品の価格は購入品を上回っていた[41]。しかし，1931 年に，この傾向は一変した。穀物と繭という二大産品の価格は，購入品を大きく下回るようになった（図 4-2）。

武進や宜興といった養蚕地域では，繭の価格は 1920 年代後半から下落傾向にあったが，1931 年以降，価格の低落は加速し，繭の他商品に対する購買力は，1910-14 年を 100 とすると，1932 年には 69 まで下がった[42]。繭の売却益によって，食料を始めとする生活必需品を購入していたことから，相対価格の

下落が，農民の生活を大きく圧迫したことは明らかである。1934年までには，江蘇・浙江省の養蚕地域での繭の価格は，1930年の30パーセントあまりに過ぎなくなった。そして，その交換価値も，杭州（浙江）や蘇州（江蘇）では，1930年には1梱の優良品の繭は，5担の米と交換できたが，1934年には，それぞれ，3担（杭州），4担以下（蘇州）にまで下がった。また，無錫でも，同様に，1担当たりの繭の価値は，米7.35担から4.15担に下落した。米に換算した養蚕費用が，4.2887担であったことを勘案すれば，繭の売却から得られる利益はないに等しい[43]。

購入する穀物と売却する農産物との価格だけではなく，工業製品に対しても相対価格が下落したことにより，農村にとって一層厳しい状況となった[44]。1931年から33年にかけてその不均衡は，主に農産物価格の下落によって，一層拡大した。例えば，上海農村部の米生産者は，1929年には，1梱の綿糸を米17.4石，1件のグレーシャーティング（綿布）を0.78石，灯油1両を0.35石と交換できたが，1933年には，それぞれに対して，23.8石，1.11石，1.19石が必要となった。その増加率（より多くの米が必要とされる割合）は，37パーセント，43パーセント，240パーセントとなる。農産物一般の交換条件が下落する中で，唯一の例外は，綿花であった。1931年から33年にかけて，綿花の，灯油に対する相対価格は下落したものの，綿糸やグレーシャーティングに対しては，綿花生産者に有利な価格変動が見られる。

これらのデータからは，農産物価格の下落に伴って，農村の購買力は，1931年から32年にかけては30パーセント，1932年から33年にかけてさらに30パーセント，減少したことが窺われる。

3. 農村金融の崩壊

農村の都市に対する交易条件の悪化は，危険な兆候であった。農民が農産物の売却から得られる収入を上回る金額を都市部で生産される商品のみならず，納税や利子支払いのために払わなければならないならば，農村から都市に運ば

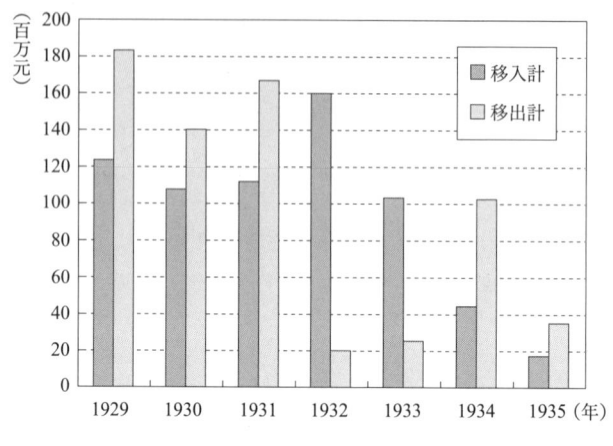

図 4-3　上海の現銀移出入 1929-35 年
出典）《中外商業金融彙報》第 2 巻第 12 号（1935 年 12 月），57-9 頁．
注）移出入データは，上海と開港場間及び上海－南京間，上海・杭州・寧波間鉄道の各駅と上海間の現銀移動に基づくものである．

れる銀は，その逆を上回ることになる。農産物価格の工業製品価格に対する相対的な下落は，農村の治安の悪化に伴う資金の都市部への移動とも相まって，都市部，特に上海に大量の銀を流出させることとなった。

1929 年から 1931 年にかけては，上海から農村への現銀の純流入が続いていたが，1932 年には，銀移動の方向は反転し，一度上海に流入した銀は，ほとんど農村に戻ることはなくなった（図 4-3）。

農村の治安の悪化は，一層の銀流出を促した。既に，1929 年の中国海関報告は，次のように述べている[45]。

> 重大な問題は，既に去年から見られた都市から農村への銀流入の停滞が，今年に入ってからは，〔さらに進んで〕都市部で顕著な銀の集積が見られるまでに至ったことである。その原因は，内陸部での治安の悪化や交通の遮断，不当な徴税の横行といった事態を嫌って，通常は銭荘によって，内地から輸出用農産物を買い付けるために持ち込まれる銀が，上海を始めとする沿海諸都市に留め置かれていることにある。1926 年，27 年，28 年に

は，外国から流入した銀の，それぞれ 70, 79, 60 パーセントが，沿海部から内陸へ送られたが，1929 年には 32 パーセントに過ぎないのである。

　結果として，現銀は都市に集積された。通常，現銀は 1 年周期で，都市と農村との間を流動した。当時の金融センターであった上海も，農村金融市場の季節変動と密接に連動していた[46]。例えば，利子率は，4 月から 6 月にかけて生糸，茶，小麦が出回る時期と，8 月から 10 月にかけて米と綿花が売り出される時期の 2 回，農産物の買い付け人が現金を必要とするために高騰した。残りの時期は，農民が都市から必要品を買い付けるのに伴って，銀は村の小売店から，中規模の村，都市の卸売り店，そして上海を始めとする都市へと，階層的な取引の連鎖を通じて還流した。しかし，農産物への需要が落ち込むと，上海金融市場は季節変動を示さなくなった。

　銀の流動は，信用の拡大と連動していた。上海を始めとする主要な金融センターは，通州，揚州，鎮江といったより規模の小さい市場の金融機関に貸付を行っていた。例えば，1927 年以前には，鎮江だけでも上海から 900 万両以上の資金を吸収し，内陸の漢口に至るまでの広域で，貸し付けていた。しかし，1928 年以降，上海の金融機関は徐々に鎮江に対する信用を引き締めた。1931 年の揚子江洪水の影響で，農村での債権の取立てが滞ると，鎮江の金融業者も上海の金融機関に対する債務不履行に陥り，信用を失っていった。このような，中小都市に対する信用の引き締めは，都市と農村との間の現銀所有の不均衡にも繋がった[47]。都市へと銀が流れ込む一方，農村は現金の不足と信用の収縮との両方に苦しむこととなった。富裕層が都市の金融機関に資産を置くことから，余剰資金が滞積される一方，農村部の金融機関は預金を集めることが難しくなっていった。そのため，上海では無利子の貸付（白借）さえ行われ始めたのに対して，農村での月利は 2 パーセントから 3 パーセントに上ったのである[48]。

　こうした状況は，農村のみならず，都市にとっても極めて不安定なものである。農村部からの銀流出が都市経済に与えた影響については，次章以下で取り上げる。ここでは，揚子江下流域の農村金融市場の崩壊について見る。

現銀の流出に伴い，農村金融市場は極めて緊迫した状態になった。低利かつ長期の資金調達を可能にしていた会は，農民全般が困窮化し，農村経済の先行きが不透明な中で，長期の会への入会を受け入れる新規会員を求めることができずに，成立困難となった。また，本来，友人・知人間での面子や相互扶助関係が，会を維持する基盤となってきたが，金融が逼迫するのに伴って，そうした地域社会の規範を維持することは困難となり，既存の会でも，詐欺や中途脱会者の続出によって，「倒会」に追い込まれるものが相次いだ[49]。

物価の下落は，衣服や家具，農具や農作物を担保として受け入れていた典当の経営も圧迫した。多くの典当は，担保品の評価額を引き下げることによって事態に対応しようと試み，ときには評価額は原価の 20 パーセント余りとされた。1931 年から 1934 年までの間に，江蘇省の 361 の典当の融資額は 4 千万元から 3,200 万元へと 20 パーセント減少した[50]。1934 年 7 月上海市当業公会が，18ヶ月の流質期限を 12ヶ月に短縮することを許可した事例にも見られるように，リスクを軽減するために，融資期限の短縮も試みられた[51]。しかし，こうした信用引き締めの施策によっても，物価下落に伴う損失を免れることは難しかった。典当は，債務者が担保品を質受けしてこそ利益を得られるのであり，債務不履行が行われるならば，担保品を売却しなければならなかった。1932 年から 1934 年までの間に，債務不履行の融資は 4 億 5 千万元から 5 億 1 千万元へ増加した。一方，デフレーションが進行する状況下では，担保品を原価で売ることは殆ど不可能であった。例えば，通常米の値段は収穫直後の秋には低く，夏には高かったので，典当は季節価格の差異から利益を上げることができた。しかし，1930 年代の初頭には，安価な輸入米の流入の影響もあって，1 年中米の価格は低いままであり，典当が請け出されなかった質草の米を売却しても，融資額と同じかそれ以下の額しか手に入れることができなかった[52]。

多くの典当は流動資本の減少に直面し，経営は更に困難となった。従来，典当は，富裕な商人や都市の銭荘から融資を受けたり，農村の富農から預金を受け付けたりして流動資本を確保してきた。通常，2,000 から 3,000 元の流動資本を得て，その 1.5 倍から 2 倍に当たる 3,000 から 4,000 元を貸し出していた。しかし，農村の資金が都市に移されると，預金を得るのは難しくなり，また銭

荘がより大きな都市での信用引き締めの影響を受け始めると融資も減少した。1935年，江蘇省典当改善委員会の調査によれば，農村の不況と治安の悪化に伴い，銀行や商人たちは農村金融への投資を嫌うようになっており，投資を行うとしても典当に13パーセントから14パーセントの利子を要求したとされる。典当は顧客に20パーセント余りの利子を要求することができたが，貸し付けられた流動資本への利子と必要経費を支払うと，純利益は数パーセントに過ぎなかった。こうした状況下，営業を停止するものや，倒産する典当が相次ぎ，「典当界の恐慌」と称される危機に至った[53]。

会や典当といった村内の機関から融資を受けられないならば，農民は村外に資金源を求めなければならない。なかでも，土地を担保とした借入は，農民にとっての最後の手段であったが，農村の地価の下落から，農民は信用の供与を受けられなくなっていった。1931年から1935年までの間に，農作物価格の下落によって農地への需要は減少し，その価格も低落した。実業部国立農業研究所の調査によれば，15の省で1933年の農地価格は1931年より下がっていた。一方，8つの省では価格は一定か上昇した。しかし，それらの8省のうち，南方の6省で通用していた補助通貨の減価が土地の名目価格を押し上げたこと，また1931年の内戦が河南省の地価を押し下げたことなどから，土地価格の上昇は，例外的と考えられた。土地価格が下落した15省では，灌漑地の平均地価は，1931年を100とすると1932年には90，1933年には81にまで下がった[54]。

よりミクロな，県レベルでのデータも，全国的な動向と同じ傾向を示している。山東省は，上海市場に小麦を移出していたが，1930年から1934年の間に小麦の市場価格は，40パーセント下落した。その影響を受けて，山東省南西部の13の県では，この間，小麦と土地の価格が50％（1県），60％（4省），75％（1県），80％（7省）と大幅に下落した[55]。

土地価格の下落と不動産市場の停滞は，揚子江下流域でも例外ではなかった。例えば，武進では，1930年以降，土地価格は継続的に下落した。1920年代には土地価格の上昇は，農産物価格を上回っており，また，1930年の価格は1920年の2.5倍に相当した。しかし，以後，1931年には8パーセント，

1932年には12パーセント，1933年には34パーセントの下落を記録した[56]。武進の隣県の宜興では，地価が1920年代に70から100元に上昇したのち，1930年から34年の間に50元へと50パーセントも下落した[57]。地価の下落によって，土地は融資の安全な担保物権とは看做されなくなった。無錫でも，1929年と1936年を比較すると，土地抵当が顕著に減少している[58]。

農産物価格の下落と都市への資金の流出によって，農村金融市場は深刻な資金不足となり，金融機関は経営危機に陥った。現金のみならず，借金を調達する手段を奪われた農民にとって，経済危機を乗り越えることは極めて困難であった。

4. 都市の問題としての農村崩壊

都市の知識人たちは，1930年代以前から，農村の問題に関心を寄せてきた。農業経済・農村社会に関しては，1920年代には革命闘争の指導を行ったコミンテルン関係者たちの間で，革命戦略の問題と関連づけて，農民運動や土地問題が論じられた。また，1927年から28年にかけては，「アジア的生産様式」概念の中国社会への適用の是非をめぐって論争が引き起こされた[59]。これらの論争が，政治的・理論的なものであったのに対し，1930年代の「農村崩壊」以降，農村の危機に対して，より広範な関心が寄せられ，また，政府と民間の実践的な対応策が模索されるようになる。

例えば，1933年末に結成された中国農村経済研究会は，以後，10年に亘って『中国農村』の刊行を継続し，当時の農村経済に関する言論のひとつの中心となった[60]。1920年代の論争の影響も受けて，『中国農村』の創刊後約1年余りは，「中国農村社会性質論戦」に焦点が当てられ，中国社会は半植民地・半封建社会であるのか，それともすでに資本主義社会であるのか，反帝反封建の民主革命は継続すべきかやめるべきかといった，革命理論やマルクス主義の理論的問題が議論された[61]。そうした政治的・実践的側面は，中国農村経済研究会の存在基盤であり，また重要な思想的背景を成していたが，同会は，より

広範, 多数の会員を擁しており, また, 理論的活動のみならず, 農村調査を行い農村経済の実態に関するデータを収集する研究組織でもあった。こうした中国農村経済研究会の活動は, 当時, 政治的立場を問わずに広がりつつあった, 農村問題の重要性への認識を背景としていると考えられる。実際に, 国民政府関係の諸機関（中央研究院社会科学研究所, 行政院農村復興委員会, 実業部農業実験所, 全国土地委員会, 北平社会調査所, 南京中央政治学校地政学院, 中央大学, 中山文化教育館等）, 諸大学（南開大学, 浙江大学, 広西省立師範学校, 南陽民衆師範学校, 嶺南大学, 交通大学, 金陵大学, 清華大学等）, 及び華洋義賑会や中華平民教育促進委員会等が, 1920年代から1937年の日中戦争開戦前夜まで, 精力的に農村調査をおこなった。三谷孝が指摘しているように, これらの調査は, 政治的・社会的立場を異にしつつ, 深刻な農村問題にいかに対処するのか, という現実的な強い関心に基づくものであり, またそこでは, 問題解決のための複数の処方箋が併存していたのであった。

そうした中で, 上海を中心とする産業界・金融業界も, 農村経済の危機に関心を寄せていることが注目される。中国農村経済研究会のメンバーでもあった中央研究院の経済学者, 千家駒は,

> 最近数ヶ月, 人々が農村経済の救済により関心を寄せるようになった。農村経済の危機は日々深刻化している。どのように農村崩壊を防ぐのか, どのように都市の遊資を農村に投資させるのか, 問題は早急に解決されなければならない。しかし, 私個人としては, 多くの学者や銀行家が, 以前は等閑視されていたこの問題に注意を払うようになったのは, 良いことだと思う。

と述べている[62]。

「中國農村衰落的原因和救濟方法」『申報月刊』第1巻第4号での座談会に見られるように, 当時の都市の知識人や政策担当者たちは, 農村金融システムの機能停止は, 農村崩壊状況の中でも, 最も憂慮するべき事態と考えた[63]。農村の疲弊は, 工業製品の市場の縮小, 移入労働者の増加など都市部にも深刻な影

響を及ぼすことが予想されたからである。しかし，既存の金融システムの中には，都市の資金を農村に還流させる機能は備わっていなかった。当時の中国の金融システムでは，中央銀行への預金の集中も行われてはいなかったのである。また，リスクが大きく，利益の少ない農村に融資を拡大する契機は，民間企業の中には見出すことはできなかった。上海商業儲蓄銀行総経理の陳光甫は，「私は農民を助けたいと思っている。長年の銀行業の経験から，私は，農村には，『現金の飢饉』という，多くの中国人には知られていない危機があることを知っている」としながらも，「もし，預金者が都市の銀行に資産を置きたいと考えるならば，銀行はそれに逆らうことはできない。信頼のおけない投資先からは，資金を即刻引き上げなければならない」と述べ，農村への投資の難しさを指摘している[64]。

　こうした現状への危機感を共有しつつも，その対処法としては「中央政府が各種の金融機関を通じて各種の産業の発達を援助し，また管理する」（中国銀行総経理，張公権）とするもの，「信用合作社を設立し，そこを通じて農民に低利の資金を供給する」（上海商業儲蓄銀行，陳光甫）とするもの，あるいは「農業金融機関を創設し，農業金融公債を発行してその基金として，大規模な農村への融資を行う」（経済学者，章乃器）とするものなど様々であった[65]。しかし，必ずしもそれまで全面的に政府の経済への介入に賛同してこなかった企業家，銀行家を含めて，この時期に，「政府」の存在がクローズアップされ，政治的判断によって，資金を農村部に還流させることが期待され始めたことは，大きな変化であった。

　行政院農村復興委員会は，そうした政府への期待を反映させた組織であった[66]。1933年4月11日，国民政府行政院会議において，行政院長汪精衛は，農村救済問題を提議し，そのための専門委員会を新設することとした。そこでは，(1)農村救済委員会を成立させ，行政院に属するものとする。行政院長が委員長を兼ね，各部の部長，各委員会の委員長を委員とする。その主要な職務は農村救済の設計にあり，その議決事項は行政院により執行される。(2)委員以外に，行政院長は商工界の若干の人士を委員に聘任する。(3)農村救済委員会の主要な計画事項は，①農業金融，②農業技術，③糧食の調整，④水利と

する，(4) 農村救済委員会の章程は政務処が起草する，の4項目の計画案が提示された。以後，行政院会議を経て，農村救済委員会から，農村復興委員会へと改称の上で設立された，委員会の開会式で，汪精衛は，その目的について以下のように述べた[67]。

　およそ工業が発達し都市が繁栄すれば，農民はつねに離村し，農村は日に日に破壊されるようになる。これはもとより社会経済上のひとつの解決しがたい問題である。しかし，わが国の農村衰退の原因はこれにとどまるものではない。通商以来，原料品を輸出し，完成品を輸入するのはまことに一大損失である。今日では，原料品さえ外国からの輸入に頼るようになり，中国の以前からの主要産物である米，麦，綿花等のごときも，現在大量に外国から輸入している。こうした競争と圧迫のため，中国の農村は日増しに衰落の道を辿っている。政治面でもまた農村を破壊する多くの原因がある。共産党の騒擾と日本の侵略は言うまでもなく，各地方では不正官吏の搾取，不良軍隊の騒擾を免れがたい。農民はどうして持ちこたえることができるだろうか。このため農村の崩壊は，いよいよ収拾することができなくなったのである。

　本章でも見た，都市経済と農村経済との関係の失調，外国製品との競争の激化と輸入の増加，といった問題との関係で，農村崩壊が捉えられていることが看取される。こうして設立された農村復興委員会には，設立大会でも言及された一般の委員として，張公権（中国銀行），銭永銘（上海四行儲蓄会），李銘（浙江実業銀行），陳光甫（上海商業儲蓄銀行），徐新六（浙江興業銀行），唐寿民（交通銀行），胡筆江（交通銀行），王志莘（上海信託儲蓄銀行），呉鼎昌（塩業銀行），周作民（金城銀行），孔祥熙（中央銀行），林康候（上海銀行公会）らの銀行家や，虞洽卿，劉鴻生，栄宗敬，王暁籟らの実業家が参加した。

　当初，農村復興委員会は，決議案の作成のみならず，実行もできる組織として構想されていた。しかし，十分な予算を確保できなかったこともあり，実際には，政府への建議・諮問機関に留まった[68]。そうした中で，上述の中国農村

経済研究会のメンバー等を中心とする農村調査が，委員会の中心的な活動となっていった。調査で中心的な役割を果たしたのは，国民政府中央研究院社会科学研究所社会学組主任研究員であり，中国農村経済研究会の第1期理事会首席を務めた，陳翰笙であった。陳は，既に1929年7月から9月にかけて，中央研究院社会科学研究所の下で，無錫での調査を行っていた[69]。その経験を生かして，陳は，農村復興委員会による，江蘇，浙江，河南，陝西（1933年7-8月），及び，広西，雲南，四川（1933年12月-34年2月）の調査を指導した。経済的な特質の異なる地域（江蘇省＝水稲区，浙江省＝蚕桑区，河南省＝葉タバコ区，陝西省＝棉産区，広西省・雲南省・四川省＝西南の鉱物・資源）を選んだ上で，概況調査と抽出調査を組み合わせた，調査の組織性と系統性は，当時行われた他の農村調査に比べて，優れたものであった。最初に概況調査を行い，それに基づいて経済的特徴の相違したいくつかの地区から代表村を選び，それぞれについて抽出的に個別調査が行われる。そこでは，任意の抽出に見られるような偶然性・恣意性の介入を避け，さらに通信調査を導入することによって客観的な分析が可能になるように配慮がなされていた[70]。

　農村復興委員会は，農村経済に関するデータを蓄積して基礎研究としての成果を上げ，いくつかの政策に関する諮問を行ったが，組織としての性格上，実際の政策執行にかかわることなく，委員長たる汪精衛の政府内での立場の変化の影響も受けて，1936年廃止された。このように，委員会自体は，金融界・産業界の農村崩壊に対する強い関心に，実践的に応えることはなかった。一方，以下に続く各章で見るように，大恐慌の下で顕在化した，農村と都市との経済関係はどのようにあるべきか，という問題に対しては，別の組織や機関で，政府と民間企業とが答えを模索し続けていた。

小　結

　1920年代末に始まった「農村崩壊」は，単発的な農作物の不作や天災による不況ではなく，農作物価格の継続的な下落と農村金融の流動性危機による，

既存の家計維持システムの機能不全であった。そうした意味で，「農村崩壊」は従来の危機とは異なっていた。1929年以前は，収穫期には，都市の資金が農作物の買い入れのために農村に流入し，農閑期には都市の商品を購入するために資金が都市へと還流するという1年を通してのサイクルが存在した。しかし，世界的な農業不況の影響を受けて，中国の農産物市場も大きく低落し，都市との交易条件が悪化すると，従来の都市と農村間での資金の動きは失われた。農村部の治安の悪化と相まって，都市への資金流出が加速する1931年頃から，農村は深刻な資金不足に陥り，農村金融は壊滅的な状況となった。季節的な現金の不足を金融機関からの借入によって補ってきた農家は，農地価格の下落により，土地を担保に提供しても資金の供与を得ることができず，家計の維持は深刻な困難に陥った。

　都市の知識人，経済学者，そして企業家たちは，農村経済の崩壊が中国経済全体に大きな影響を及ぼす危機であると認識していた。そして，既存の都市と農村との間の取引システムが，資金を農村に還流させる機能を欠く中で，政府が積極的に農村経済の危機に対応することを期待した。それでは，新たに寄せられるようになった積極的介入への期待に，政府はどの程度，どのように応えたのであろうか。経済復興を模索する中での農業政策の展開は，第9章で検討される。そこでは，政府の農村の危機への対応は，他の経済政策と密接に関係していたことが示される。政府の経済政策を検討するに先立ち，同じく政府が対応を迫られた，製造業及び金融市場の危機について，見ることとする。

第 5 章

製造業の経営破綻

　歴史上,世界各地で起きてきた経済恐慌の多くは,取引の参加者の予想に反して,売買されてきた対象物件の価格が突如として下落することを契機として始まり,それまで暗黙の了解として共有されてきた経営戦略や取引システムが機能不全に陥る過程を通じて深化していったことが指摘されている。1920年代末の中国の製造業者たちも,それ以後,数年に亘って続くことになる製品価格の下落を,予想してはいなかった。

　第2章で見たように,19世紀末から,揚子江下流の生糸製糸業と綿紡績業は,後背地の農村から原材料供給を受けて,特定の市場向けの製品を生産してきた。製糸業は,太湖北岸の養蚕地から繭を購入し,欧州向けの生糸を生産し,綿紡績業は短繊維綿糸から作る国内農村向けの太糸を主力製品としていた。国際銀価の下落に伴う対外為替レートの低落は,輸出産業たる製糸業にとっても,国内向け産業たる綿紡績業にとっても,他国製品との競争に有利な条件として機能した。しかし,大恐慌は,両産業が発展に際して所与としてきたこれらの条件が,必ずしも永続的に安定したものではないことを明らかにすることとなった。世界的な不況の影響により,国内外の市場からの需要は大きく落ち込んだ。また,1931年9月以降の国際銀価の上昇に伴う為替レートの上昇によって,企業の経営環境はより厳しくなったのである。特に,収益の悪化のみならず,担保物件の価値の下落に伴って,銀行からの貸付を受けること

が難しくなったため，操業を続けることさえ困難になっていった。大恐慌の下での予想外の外的な経営環境の悪化によって，繊維企業は，従来の農村，銀行，そして政府との関係を見直す必要に迫られた。そうした企業の選択は，取引関係にあった農村部の原料生産者や都市部の金融機関にどのような影響を及ぼし，また，政府との関係はどのように変化したのか。本章は，第2章と第3章で取り上げた揚子江下流域の製糸業と綿紡績業を事例として，中国製造業が経営破綻に陥っていくプロセス，そして不況からの脱却への試みとその反作用について考察を加える。

1. 生糸製糸業の危機

海外需要の減少と日本製糸業との競争

1929年に大恐慌が始まると，中国産生糸の2大市場であったアメリカとフランスへの輸出は，前年度に比べて，前者は2万3,202ピクルから4,769ピクルに80パーセント，後者は2万3,874ピクルから8,709ピクルへと64パーセント，大きく減少した[1]。更に，国際市場における生糸の供給過剰を受けて，日本の製糸工場が価格を引き下げたことで，中国製糸業の輸出は一層難しくなった。当時，アメリカが世界の生糸需要の8割余りを占め，また，日本からの輸出は，ニューヨーク市場の90パーセント近くを占める，という状況下では，日本生糸価格の下落を受けて，中国生糸の価格を引き下げざるを得ない。しかし，1930年後半，ニューヨークにおける日本生糸の価格は，中国生糸を下回り続けた。

銀価の下落による為替レートの切り下げによって，上海における生糸価格は，ニューヨーク市場での価格低落にも拘わらず，1930年9月までは，大きく下がることはなかった。1930年初頭には，高級器械制白生糸は，1ピクル当たり1,250両で売却され，同年4月にいったん1,280両に上がったのち，5月に1,230両に下がった。6月から8月にかけては1,300から1,350両で推移した後，その年の後半には，需要の落ち込みと日本の供給過剰が上海市場にも影響

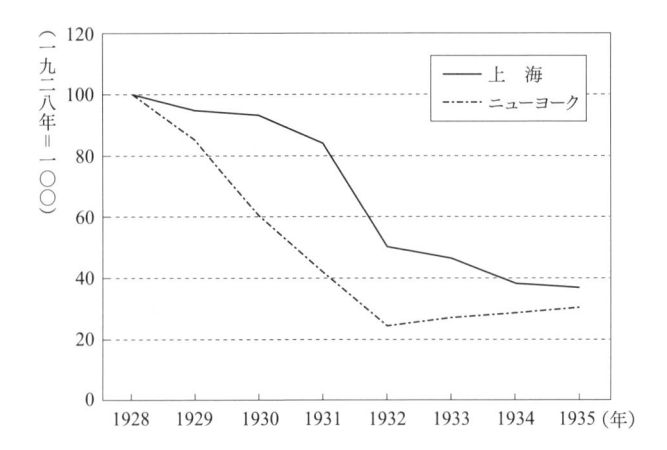

図 5-1 ニューヨーク市場（アメリカ・ドル）と上海市場（中国元）の中国製生糸価格指数 1928-35 年
出典）徐新吾 編：《中國近代繅絲工業史》表 4.3, 305 頁.

を及ぼし始め，10 月には，それ以前 3 年の年平均 1,230 両を下回る 1,160 両まで価格は下がった。その後，価格は 1,100 両と，生産コスト 1,150 両以下のレベルで推移した（図 5-1）[2]。

　欧米の不況が深刻化すると，工場の閉鎖や停業が相次ぎ，繊維に対する需要は一様に落ち込んだ。操業を続けた工場も，生糸から化学繊維に原材料を切り替えることによって，コストの切り下げを図った。市況の悪化に抗して，日本製糸業が在庫の整理を進めようとする中で，中国製糸業は一層厳しい競争にさらされることとなった。1931 年 9 月にニューヨーク市場での中国生糸の価格は，1 ポンド当たり 2.80 ドルから 3.10 ドルであったのに対して，日本生糸は，2.30 ドルから 2.45 ドルで取引された。11 月になると，前者は，2.65 ドルから 2.70 ドルに価格を引き下げたが，後者の価格も 2.25 ドルから 2.30 ドルと，両者の開きは変わらなかった[3]。

　この状況下で，金本位制通貨に対する銀本位制通貨である元の切り下げという有利な条件を失ったのは，中国製糸業にとって大きな打撃であった。1931 年 9 月に，イギリスが金本位制を離脱すると，中国通貨のポンド・スターリングに対する為替レートは急騰した。中国生糸のヨーロッパ市場における価格は

ポンド建てであったので，市場価格も引き上げられ，10 月に入ると，買い付けが落ち込み始めた[4]。1931 年 12 月に日本も金本位を停止すると，日本生糸の価格は大幅に下がり，中国製糸業は更に厳しい状況に追い込まれた。1931 年 12 月に，日本生糸の価格は 2.21 ドルであったが，1 月には 8 パーセント下がって 1.95 ドルに，4 月には 1.35 ドルとなった。当時，日本政府は，製糸業の統制に乗り出していた。1931 年には，繭の生産から輸出に至るまでの過程が組合化され，1932 年の製糸工場の営業許可証制化と並んで，価格と品質の管理が進められた。日本円の切り下げと政府の産業政策は，日本生糸の国際市場における展開を有利にしていった[5]。

中国製糸業は，日本生糸の価格切り下げに危機感を募らせた。1931 年に，上海市場における中国生糸の価格は 1 ピクル 700-800 両であったが，日本生糸は 600 両であった。この段階で，生産コストが 1,000 両であったことから，中国製糸業は既に 200 両の欠損を被っていた[6]。状況は，1932 年に入ってさらに深刻化する。1931 年 9 月の満洲事変（9・18 事変）は，中国各地で激しい排日運動を展開させた。上海は，日中貿易の中心地であり，また，市内の共同租界には約 2 万 5 千人の日本人が居住していたが，日貨ボイコットが広がる中で，中国の抗日運動の拠点となり，緊張が高まっていた。そうした中で 1932 年 1 月 28 日，日本人僧侶が襲撃された事件をきっかけ日中両軍の軍事衝突が発生した。以後，3 月 3 日に戦闘が停止されるまでに，中国側の被害は，判明しているだけでも死者 6,080 人，負傷者 2 千人，行方不明者 1 万 400 人に上った。特に，直接戦火を浴びた閘北地区の被害は大きく，同地区にあった 31 の工場のうち，15 はこの軍事衝突で破壊され，3 月の時点でも，再開した工場は 2 軒に留まった[7]。しかし，当時，たとえ軍事衝突がなくとも，中国製糸業は絶望的な状況にあった。攻撃された地域だけではなく，その他の地域でも，多くの小規模製糸工場が破産に追い込まれていたのである。

他方で日本の侵略は，予想外の影響を中国製糸業に及ぼしていた。日本の 1931 年の満洲侵略と翌年の上海への攻撃に抗議して，アメリカが日本製品に対するボイコットに訴えると，日本製糸業は顧客を惹きつけるために一層の価格引き下げを行った。1932 年 4 月には，ニューヨーク市場で，日本生糸のみ

ならず，中国生糸も最安値を更新し，同年後半には少し持ち直すものの，下落傾向を続けた[8]。1933年3月には，アメリカが金本位制を停止した。以後，アメリカ経済の復興に伴い，アメリカ生糸市場も，需要の増加と在庫整理の進行によって，回復を始めた。一方で，これによりアメリカ・ドルの切り下げが行われ，中国生糸の価格は上昇したものの，そのためにアメリカ市場への売り込みはより困難になったのである。

　1933年後半に，アメリカで繊維工場のストライキが多発すると，生糸に対する需要は落ち込んだ。更に，広幅織物の原料として主に中国製生糸と競合するレーヨンの価格が下がったことも，生糸市場に圧力をかけた[9]。こうした逆境にも拘わらず，1934年，日本製糸業は価格を1ピクル当たり1ドルまで下げることによって対米輸出を8.4パーセント伸ばした。また，ヨーロッパ向け輸出も，1931年の15,785ピクルから1934年の70,233ピクルへと大幅に増加した。一方，中国製糸工場は，生産コストを1931年の1ピクル当たり1,000元から1933年には475元まで引き下げたものの，それ以上は不可能であった。1934年，中国の生糸輸出は，1930年に比べて貿易額で88パーセント，貿易量で71パーセントの減少を示している[10]。1935年の半ばまでに，日本製糸業との厳しい競争と市場の縮小に直面して，中国製糸業は，深刻な不況に落ち込んでいったのである。

金融部門への危機の拡大

　製糸工場の経営者たちは，当初，生糸価格の下落が続くことを予想しておらず，在庫の整理を先送りした。上海では，1930年の春に，新たに9工場が設立され，製糸工場数と繰り釜数がそれまでの最高を記録し，無錫では，新たに13工場が開業した[11]。しかし，以後，生糸の価格が下がり続ける一方で，同年の繭の不作によって，繭の価格は上昇した。例えば，繭だけでも1ピクル当たり850両の費用が掛かり，それに労賃が200両，税金50両を加えると1,100両となり，欧米市場の取引価格を200から300両上回るという状況下では，製糸工場は欠損を覚悟で生糸を売り出そうとはしなかった。

　しかし，製糸業者が価格の反騰を待つ間に，工場の財務は悪化していった。

第3章で見たように,製糸工場は銀行からの融資を受けて流動資金を手当てしてきた。1931年初頭には,1ピクル当たりの生糸に対して,800両余りの融資を受けることができたが,生糸の価格が下落し,市況が悪化すると,銀行融資を獲得することは極めて難しくなった。自己資金では繭を買い付けることもできず,また,倉庫の繭を引き出すこともできないため,製糸工場は操業停止に追い込まれた。借入の返済期限に迫られた製糸業者は,政府に金融支援を要請した。

1931年2月5日,上海,無錫,鎮江蚕糸工業同業会は,800万元の生糸製糸業救済公債の発行を要請した[12]。当時,製糸工場は,負債を返済するために,1ピクル当たり300元の欠損を被りながら,在庫を売却していた。製糸工場は政府に,公債によって,300元のうち100元の支援を求めた。更に,銀行に,100元の債務の軽減を求め,残りの100元は企業で負担するとした。工場主たちは,公債は,中国の最も重要な輸出産業を破綻から救うのみならず,繭を供給している農家の救済にも繋がると指摘して,政府支援の必要性を訴えた[13]。

5月に,政府は総額800万元の公債を発行し,その内,600万元は生糸の輸出振興と製糸業の救済のために支出し,残りの200万元は養蚕業の改良に当てるとする法案を承認した。公債の年利は6パーセントとし,1ピクル当たり30元の生糸特別輸出税をその支払いに充てる,とされた[14]。江蘇省と浙江省内の,ほとんどすべての製糸工場が1リール当たり80元というレートで公債を受け取り,倉庫から繭を引き出した。政府の支援によって,確かに,多くの製糸工場がなんとか経営を維持したが,1931年末に向かって,経営環境は更に厳しくなっていった。政府公債発行直後の9月には,上海市内の107工場のうち66が操業していたが,10月末には26にまで減少した。政府は,江蘇,浙江の製糸業同業公会に文書で通達を出し,製糸業復興公債による支援を受けたにも拘わらず,停業しているとして批判した。しかし,同業公会が政府への回答の中で述べているように,政府支援は製糸業の不況を救うのには十分ではなかった。平均的な規模の,200リールを装備する工場が1万6,000元の政府支援を受けたとしても,月平均40ピクルの生糸生産からは,8,000元の欠損が生じ,更に,1,200元の輸出税負担も加わった。このような状況が続けば,工場

は1ヶ月も経たない内に破産に追い込まれてしまう[15]。無錫の49製糸工場の欠損は，700万元に達すると推計された。上海の106工場の欠損を加えると，全体で2億元以上となる。財務基盤の弱い工場は，既に廃業するか，欠損が増加するのを恐れて操業を停止した。1932年末までには，上海で開業している工場は僅かに20軒，無錫では49軒中18軒に過ぎなかった。

　上海の立地の良い工場の多くは，所有者によって取り壊された。製糸業の利益率が悪くなるにつれて，製糸工場の賃貸料も下落し，ときには，貸し出すことさえも困難となった。製糸工場の所有者にとっては，工場を取り壊して，家屋や事務所用の建築物を建てた方が，はるかに経済的であった。1930年には取り壊された工場は1軒しかなかったのに対して，1931年には7軒，1932年には更に6軒，1933年には9軒が，解体・改修された[16]。

　市場価格の下落に伴い，製糸工場の経営者が融資の担保として提供した生糸を引き出して売却しても利益が上がる可能性は少なくなった。実際には，生糸を売却することさえできず，債務不履行に陥る場合も多かった[17]。金融機関から，負債の元利の返済を厳しく求められると，製糸工場は一層苦しい状況に追い込まれた。たとえ，操業を再開したいと考えても，もはや，在庫を担保に銀行から融資を受けることはできなかったし，政府公債による支援だけでは，価格が高い時期に購入した繭を，倉庫から引き出すことは難しかった。

　製糸業の深刻な不況と，その金融業への影響の拡大を懸念した政府は，1932年5月，再び，金融支援を行うこととした[18]。同時に，製糸工場が在庫を整理し，また古い乾燥繭を処分するのを援助する委員会の設置も決められた。8月には，財務，実業の両部（省）が，江蘇，浙江の製糸業救済のための短期公債を発行することを提案した。江蘇，浙江両省は，6パーセントの年利で，4年を償還期限とする220万元の公債を発行する。中央政府は，統税からの収入によって，両省の公債発行に金融支援を行う。生糸や生糸製品の輸出業者は，1ピクル当たり100両の補助金を受け，製糸工場や生糸業者も同額の公債を支給される。同案は，9月に立法院の承認を受け，10月には公債が発行された。

　1933年5月までには，285万540元の公債が発行されたが，製糸業の経営は好転の兆しを見せなかった。上海生糸市場にはほとんど引き合いがなく，取引

の停滞が続いた。1933年11月末，1万1,115ピクルの生糸在庫の内，99.5パーセントは，銀行関係の倉庫に，未償還の債務の担保として，保管されていた[19]。ついに，製糸業の不況は，金融機関にも深刻な影響を及ぼし始めたのである。

例えば，交通銀行無錫支店では，厚生製糸工場に対して，3万両（4万1,958.01元）を，300ピクルの春繭を担保として，1931年6月に貸し付けた[20]。しかし，1931年の生糸市場の暴落によって，1932年1月には，厚生の利子支払いが滞るようになった。それでも，市況が好転した段階で処分する予定で，厚生は在庫を持ち続け，また，銀行も担保物件を競売に掛けはしなかったが，予想に反して，価格は一層下落した。結局，1933年，厚生への融資のうち，1万4,919.65両（2万866.64元）が未償還のまま残されたのに対して，銀行は担保物品を売却して，1万778.47両（1万5,074.78元）を得た。しかし，厚生の経営者が失踪してしまったので，残りの4,141.18両（5,791.86元）を取り戻す術はなかった。

厚生は特殊な事例ではない。交通銀行無錫支店は，1930年から31年にかけて11工場に貸し付けた総額のうち，23万6,356.6元が支払い遅延になっているとしている[21]。その中の乾牲製糸工場に対しての対応に見られるように，もしも経営の好転が見込めると考えるならば，銀行は追加融資を行って操業を維持させ，負債の完済を促したいと考えていた。しかし，多くの場合，製糸工場が負債の全額を返すのは難しかった。そうした事態に直面して，銀行は在庫の繭を使って生糸を生産し，債務の一部でも返済するように求めた。それでも，生糸の価格下落が続くうちは，銀行が生糸の売却によって得られる収益が，債務不履行によって生じた損失を十分補うことはなかった。銀行が，1931年及び1932年の製糸業復興公債などによる担保の積み増しを求めても，1934年にはそれらの債券は市場価値をほとんど失っており，債務の返済には役立たなかった。三泰や源益といった製糸工場に対して，銀行は訴訟を起こしたが，経営者も保証人も破産するか失踪してしまっており，債権の回収には至らなかったのである。

交通銀行無錫支店だけではなく，他の金融機関も，損失を最小限に抑えるべ

く，迅速な融資の回収に努めた。例えば，裕昌，慎昌，和鼎の3工場が破産した際，債権人たる，中国銀行，上海商業儲蓄銀行，福源銭荘，宝康潤銭荘は，訴訟を起こした[22]。1934年7月1日，裁判所は，債務者に，28万5,484.88元と月利0.8パーセントの利息を支払うように命じ，そして，もし，それを怠った場合は，生糸や公債，土地建物などを競売にかけることを許可した。しかし，交通銀行無錫支店の事例などからも，判決によっても，債権者が損失を免れることは難しかったと考えられる。

　金融機関は，管理下にある倉庫に生糸や繭を担保品として保管することによって，製糸工場への融資のリスクを軽減しようとしてきた。しかし，これらの物品の価格が下落し始めると，既存の金融システムは機能不全となった。政府公債の発行にも拘わらず，多くの製糸工場は債務不履行に陥り，倉庫には減価した担保品が残されることになった。

農村部への危機の拡大――1932年，無錫

　1931年と32年の2度に亘って，製糸工場は，政府に金融支援を求めた。その有力な論拠のひとつは，繭が市場に出回ったときに製糸工場に買い付け能力がなければ，繭生産農家を大きく圧迫するであろう，というものであった。しかし，実際には，製糸工場は，銀行への負債と日本製糸業との競争の下で，経営を大きく圧迫されており，コストの80パーセントを占める繭の価格を何とか引き下げざるを得ない状況にあった。したがって，政府からの支援にも拘わらず，製糸業の不況は，農村へも拡大することになり，農村の不況はまた，製糸業の回復を妨げることとなった。

　1932年に無錫の農村部で起きた一連の事件は，こうした負の連鎖を明示している。1930年と31年，蚕に悪性の伝染病が蔓延したために，蚕の飼料である桑の葉が供給過剰となった。通常，1ピクル当たり3から5元で取引されていたものが，その年に10分の1ほどまで取引価格が下落すると，農民たちは，桑生産を稲作に切り替えた[23]。江蘇省では，桑畑の30パーセント余りが水田にされたと推計され，無錫ではそれまでの3分の2に，武進では3分の1になった。1932年の春繭の生産は，前年度に比しても，悪化した。50パーセン

ト以上の蚕が病死したため，生産高は例年の40パーセントにも満たなかった。しかし，製糸工場と繭商人たちは，前2年度比で半額ほどの安値を提示しながら，買い付けを遅らせて，価格の引き下げを目論んだ。生産量の低下と価格の下落は，無錫の繭生産農家にとって決定的な打撃を与えることになる。出回り期始めの6月頃には，10軒の繭行しか開業しておらず，農民たちは，売れ残りを恐れて，安値で手持ちの繭を売り出さなければならなかった。優良種の繭の値段は25元以下には落ちなかったが，劣化種の価格は，1931年のほぼ半値に当たる10から20元の間で推移した[24]。1932年以降も繭価格は下落を続け，養蚕業の採算は悪化していった。

　農民の中には，食料暴動や略奪に訴える者も現れ始めた。1932年5月末には，繭生産の中心地である懷下，北下，南延，無錫といった地区の富農数名が，30から100人余りの集団に襲われて，米や現金，貴重品を奪われている[25]。7月に入るとさらに状況は悪化し，50余りの食料暴動が報告された。通常，農民たちは，主に春繭そして秋繭の売却から現金収入を得ていた[26]。しかし，1932年には，2年続きの不作に加えて，市場価格も非常に低水準に留まった。更に，穀物供給の不足を補う目的で栽培された，春小麦の収穫も予想を下回る量となったのである。こうした諸条件の下で生存を脅かされた農民のなかには，暴動に訴える者も現れるようになった。緊迫する事態に対応して，省政府は，委員会を設置し，その各県支部を通じて困窮した農民に米の配給を開始する。しかし，政府からの支援は，問題の根源である繭価格の継続的な下落を反転させるものではなかった。

　大恐慌は，都市の製糸業と農村の養蚕業の相互関係に内包された負の側面を顕在化させたと考えられる。日本製糸業との厳しい競争と生糸価格の下落に直面して，中国製糸業は，可能な限り低い価格で繭を確保するか，更なる損失を免れるために操業を停止するかの選択を迫られたが，ともに養蚕業への影響は避けられなかった。国際市場での競争力を向上させるために，中国製糸業が必要としたのは高品質の繭であった。生糸輸出税の引き下げや新しい機械を導入することも重要であったが，繭の改良こそが不可欠であると考えられた。実際に，糸繰りの過程で簡単に切れる繭の品質を問題視していた製糸業者や養蚕専

門家は，繭の劣化に危機感を募らせていた[27]。質の悪い繭を使用しては，国際市場で通用する「高品質の製品を低価格で」提供するという業界のスローガンを達成することは見込めない。しかし，農村での繭生産は，都市の企業家の影響下にはなかった。企業家たちは，政府が養蚕改良に乗り出すことを期待せざるを得なかったが，その実現までには，数年を要したのである。

2. 綿紡績業の危機

束の間の好況と危機の始まり

　中国綿紡績業は，1929年から30年にかけて好況を迎えた。日本の済南での軍事行動に抗議しての対日ボイコットは，中国製品に対する需要の増加に繋がり，中国綿紡績工場は国内でのシェアを伸ばした。また，国際銀価の下落によって，銀建て中国通貨の対外為替レートも切り下がると，中国綿糸への需要が増加する一方，金本位制諸国からの輸入は減少した。全般的な需要増に応えるために，多くの工場では設備を増強し，1928年よりも182万8,164錘多い422万3,956錘に達した[28]。

　さらに，原料調達に関しても中国綿紡績業にとって有利なことに，インド綿，アメリカ綿の価格が低く推移した。1929年10月の金融危機の後，アメリカでは卸売物価が下落し，綿糸価格も例外ではなかった。インド綿は，アメリカ綿が主軸をなす国際市場の動向に影響されるとともに，国内需要の減少によって価格が下落した。中国通貨の対外為替レートの下落は，価格下落の影響を弱める作用を持ったが，それでも中国綿紡績工場は輸入綿糸を利用することによって利益を上げることができた。短繊維のインド綿花は，国内産綿花と代替関係にあったし，長繊維のアメリカ綿花は，細糸の生産に適していた。

　綿紡績業の好況は，1931年夏頃まで続いたが，既に経営環境は厳しくなりつつあった。1930年，国民党軍と共産党軍とが湖南省と四川省で衝突すると，この地域向けの綿糸の売り上げは大きく落ち込んだ。それ以降も，軍事対立や自然災害，日本の侵略といった様々な要因で，農村の治安と経済は悪化してゆ

き，国内綿糸への需要も減少した。

1931年夏の揚子江の氾濫は，綿紡績業が本格的な危機に陥る端緒となった。同年7月，安徽省と河南省とが洪水に見舞われ，8月から9月にかけては，湖北省の沙市から河口に向けて1,500キロに至る地域が影響を受けた[29]。8月末に行政院に寄せられた報告によれば，洪水の影響は，17省1億人に及んだとされる。被災地からの需要の落ち込みによって，7月から8月にかけて，綿糸の市場価格は，1ピクル当たり10元，4パーセント余り下落した。

満洲が日本の侵略を受けたのは，この大洪水からようやく立ち直り始めた時期であった。1931年9月18日，関東軍が瀋陽郊外の中国軍営を占領した。この盧溝橋事件は，日本による中国の東三省占領の始まりであった。事件当初，中国系綿紡績工場は対日ボイコットにより有利な状況に置かれた。9月から10月にかけて，中国綿糸に対する需要は顕著な伸びを示し，価格も上昇した。結局，中国系紡績工場は，この突然の需要増加に応えることができず，10月末には在庫も底をついたほどであった[30]。

しかし，長期的には，中国系綿紡績業にとって失ったものの方が得たものよりもはるかに大きかった。1932年に，日本の傀儡国家である満洲国が建国されると，現地政権は中国産綿糸と中国産綿糸から織られた綿布に重税をかける一方，日本産の綿製品は免税とした。中国綿糸の価格は上昇し，日本産綿糸よりも7から8両高くなった結果，満洲市場は中国産綿糸・綿布に対して閉ざされたのと同然となった。この状況を反映して，上海綿糸綿布交易所では，東三省からの商人が姿を消している[31]。

満洲市場の喪失の影響は，綿糸だけにはとどまらなかった。満洲は，揚子江下流域の農家が生産してきた手織綿布（土布）の最も重要な市場であった。満洲事変以前には，例えば，南通地域（南通，海門，崇明）からは，年間20万匹（一匹＝四丈＝約9.6メートル）の土布が東三省向けに移出されていたが，1932年6月までには，ほとんど皆無となった。上海地域からの手織布も満洲市場からは姿を消し，手織布に感触が似ている日本製機械織布が代わって進出した[32]。綿布の販路が途絶したことは，織布に従事してきた農家にとっては大きな打撃であった。同時に，それらの織布農家に綿糸を供給してきた都市部の紡

績工場も，需要の落ち込みに直面することとなった。国内市場全体が縮小する中で，経営を維持していくのは容易ではなかった。

農村不況と市場の縮小

　1932年1月，日本軍が上海の閘北地区を攻撃し，中国系綿紡績工場も多数被害を受けた[33]。操業を停止した工場も多かったことから，2月中，綿花と綿糸の交易は中断された。数ヶ月たっても，いくつかの工場は，再開の目処さえ立たなかった。

　突然の製造停止の影響を受けて，3月には綿糸価格は暫時上昇したが，綿糸価格は4月に入ると再び下降し始めた。特に太糸への需要は不振であった。1931年，業界の不況が本格化する以前には，機械織布向け細糸への生産転換が試みられていたが，太糸は，揚子江下流デルタ地域の綿紡績工場の主力商品であり続けていた。中国系綿紡績工場の経営不振の大きな原因は，主要な売却先である農家の購買力減少であった。農村の家計の現金収入が減少するのに伴って，綿製品の購入も控えられるようになった。1931年末までには，農村経済の危機は深刻化し，1932年夏には，それが戦乱や自然災害といった原因による一過性のものではないことはもはや明らかであった。

　国民党軍と共産党軍の軍事対立は，農村の状況を悪化させた。1932年6月に蔣介石が第4次掃討作戦を開始すると，江西，湖南，湖北，福建の各省で両軍は戦闘を繰り返した。これらの地域は，すべて，揚子江下流の綿紡績業の重要な市場であった。現地住民の生計が脅かされ，交通手段も遮断されると，綿糸の売り上げは大きく減少した[34]。間接的な，しかし，更に重要な軍事衝突の影響は，農村地域の治安の悪化に伴う都市部，特に上海への資本逃避であった。現金が不足するようになると，農民にとって銀建てでの商品価格は，より割高になる。結果として，綿製品の売り上げは更に落ち込んだ。

　華商紗廠連合会が行った内陸部の村での調査は，農村の深刻な危機とその影響を指摘している[35]。多くの家庭は，家族が1枚の衣服を共有しなければならないほど，困窮していた。調査員は，農家の家計が向上しない限り，綿製品の売り上げの伸びは期待できないと述べ，揚子江下流域で生産される土布に対す

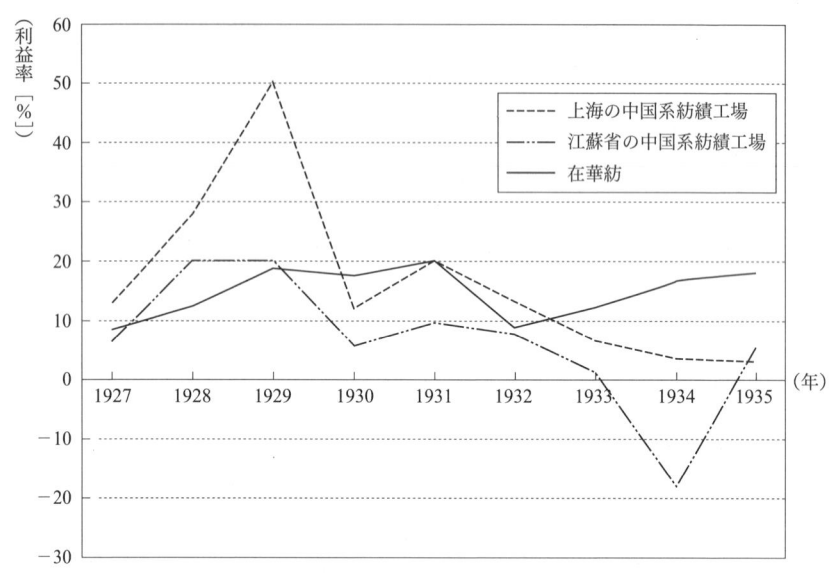

図 5-2 中国系紡績工場及び在華紡の利益率 1927–35 年

出典）久保亨『戦間期中国の綿業と企業経営』114 頁，表 5-7；髙村直助『近代日本綿業と中国』125 頁，表 8。
注）利益率は利益金に対する払込資本の割合として算出されている。

　る需要の顕著な減退が，売り上げの減少に直接繋がっていると分析している。通州地区（南通，啓東，海門）及び上海地区（上海，川沙，南匯)，嘉定，武進，常州で織られた綿布は，広東，広西，安徽，山東，そして東三省に売却され，一部は東南アジアにも輸出されていた。しかし，東三省市場は，満洲事変後，中国製品に対しては閉じられた。残された国内市場も，安徽と山東の農村は，農産物価格の下落という逆境の下で，1931 年の大洪水に見舞われ，広東と広西は，国共軍事対立の主戦場となるなど，需要の拡大は見込めなかった。東南アジアへの輸出は，ゴム・プランテーションの不振を始めとして地域経済全体が不況となり，中国製品の主要な顧客であった華僑の生計も苦境に陥ると減少した[36]。国内外の市場が縮小するという条件下で，手織布の売り上げの見通しは暗澹たるものであった。

　一方，輸入品であれ国内の日本系綿紡績工場によって生産されたものであれ，細糸を使った機械織綿布のシェアは，1920 年以降の国内市場で伸び続け

ていた。実際に，在華紡は，上海・江蘇地域の中国系紡績工場の経営不振とは対照的に，1932年には経営回復を遂げつつあった。不況から脱する手段のひとつは，明らかに，長繊維綿花から細糸を生産することであった。

綿花価格問題

中国は綿花の生産・輸出国であると同時に，輸入国でもあった。1929年から30年にかけての短い好況時には，中国の綿紡績工場は，1,200万ピクルの綿花を必要とした。その内，国内で供給することができたのは，700万ピクルに過ぎず，残りの500万ピクルは海外から輸入された。特に，細糸に生産をシフトさせるにあたっては，長繊維の綿花が必要とされたが，国内産長繊維綿花の供給は不十分であり，アメリカを中心とする輸入が不可欠であった。このように海外から大量の綿花を買い付けている限り，国内産綿花の価格も，国際市場価格に影響される。1929年から30年にかけては，安価な輸入綿花が国内価格を押し下げ，綿紡績工場にとっては有利であった。その後，国内綿花の価格は，1931年にいったん，1ピクル当たり54.28元まで上昇した後，1932年にはまた，45.84元へと16パーセント下がった。

しかし，綿花価格の下落にも拘わらず，綿糸生産から利益を上げることは難しかった。更に，1933年夏，アメリカ合衆国政府がアメリカ綿花価格の維持を決めると，同年後半には，アメリカ綿花だけではなくインド綿花やエジプト綿花の価格も大きく上昇した。1933年6月にアメリカとの間で締結された綿麦借款が，中国からのアメリカ綿への需要が伸びずに失敗に終わったのは，こうして国内綿花に比べて高く推移したアメリカ綿の価格動向を背景としている[37]。しかし，その後，国内綿花価格も国際価格とともに上昇し，1934年5月から6月にかけては，1ピクル当たり45元から47元と，同じく1ピクル当たりの綿糸価格の23パーセントから25パーセントの価格で推移した。同年末にかけては，綿花価格は32から37元に下がり，綿糸価格との比率も，19から21パーセントとなった[38]。しかし，綿紡績業者は，ほとんど採算割れの水準で操業を続けていた。

この，国際綿花価格に影響された混乱の最中の1934年7月，政府は綿花へ

の輸入税を引き上げる一方,綿製品の輸入税は引き下げた[39]。綿紡績工場の経営者たちは,政府の措置は,国内綿紡績業を破滅させるものだとして,猛烈に抗議したが,政府は決定を覆さなかった。綿紡績業者たちは,政府が綿製品への関税引き下げを要求する,日本の圧力に屈したのではないかとの疑念を表明し,また,新聞等のマスメディアも政府批判を展開した。綿花への関税引き上げに関しては,政府は,綿紡績業への負担増加であることは認めつつも,国内産の長繊維綿花の増産を促すものであると弁明した。政府は,既に,国内で綿花改良プロジェクトを開始しており,輸入関税の引き上げは,短繊維綿花を含めた国内での綿花生産の保護に繋がると考えられたのである[40]。後述するように,細糸に生産を転換させるにあたっては,綿紡績企業は,長期的には,政府による綿花改良計画の恩恵を受けることになる。しかし,当面,債務の負担が重くなると同時に在庫が増えていくという厳しい経営環境に,紡績企業は対応を迫られていった。

信用収縮から銀行による工場管理へ

　綿紡績業の経営状態は,1933年初頭から更に悪化した。同年1月の16支綿糸,1ピクル当たり200元という価格は,前年1932年1月よりも,32.9元(14パーセント)低かった。在庫が急速に増加していたことを勘案すれば,事態は極めて深刻であった。1933年4月には,中国系綿紡績工場と日系の在華紡を合わせた在庫量は,前月(3月)より8,138ピクル増えて,前年1932年4月に比して倍増した。価格の一層の下落は避けられず,4月には生産コストを下回った[41]。1ピクル当たりの20支綿糸の生産費は,綿花購買に159.75元,50元の雑費,8.58元の税を合わせて218.33元だったのに対して,その売値は,204元にしかならず,14.33元の赤字であった。

　多くの綿紡績工場の財務は,極めて不安定であった。従来,製糸工場と同様に,綿紡績工場も,製品や原材料の在庫を担保にして銀行から融資を受け,原材料を購入していた。綿糸や生糸の市場価格が下がると,工場が融資を受けるのは難しくなった。状況は,製糸業者と比べても,特に厳しいものであった。製糸業では,工場所有者と経営者が異なる場合が多かったのに対して,綿紡績

業では，所有者兼経営者が，操業時に借りた長期債務に利子を払い続けていたためである。更に，申新や永安といった大手企業は，1929年から30年にかけての好況時に，設備を拡大していた。短期債務の不履行に陥れば，操業を続けることは難しくなる。同時に，長期債務の利子支払いの遅延は，最終的には，所有権を脅かしかねない。大きな圧力の下で，工場主たちは，操業を続ける途を探った。例えば，申新の栄宗敬は，債権人に支払を1年猶予するよう求めた。しかし，債権を有する一部の銀行は，3ヶ月しか認めようとしなかった[42]。そのため銀行との交渉に行き詰まった工場経営者たちは，政府に仲介を求めようとした。

1933年3月31日，華商紗廠連合会委員会は，時短操業を行うことを決めた。4月10日に追って発表された詳細によれば，4月22日から5月20日まで，土日の操業を停止し，週当たりの操業時間を23パーセント削減するとの内容であった。操業しない日には，労働者に給与は支給されない。連合会は政府に対して，こうした措置を採らざるを得ないのは，(1) 日本の工場と東北地方及び揚子江上流地域で厳しい競争にさらされている，(2) 綿花価格と綿糸価格の動向から収益環境が悪化している，(3) 銀行から要求されている利子の負担が重い，等の理由を挙げた。労賃を下げることは，労働者の激しい反対に遭って難しいので，中国綿紡績業の崩壊を防ぐためには，時間短縮に訴えるしかない，と述べている[43]。

4月22日，30の紡績工場の内28軒が，時短操業に入った。揚子江下流域だけではなく，湖北，天津，青島の多くの工場も，操業時間を23パーセント削減した。翌23日の華商紗廠連合会年次総会で，大手紡績工場のひとつである恒豊の聶潞生は，時短操業は，「綿糸価格の維持のため」であると述べたが，同時に，「紡績業が直面している困難の深刻さを知らしめなければならない」ともしていることからも，紡績工場労働者が共産党の指導を受けて大規模な反政府行動を組織することを恐れる国民政府に圧力をかけようとしていたことが窺える[44]。綿紡績工場主たちは，政府が，銀行に対する交渉で後ろ盾になることを期待していたのである。

時短操業開始の前日に当たる4月21日，華商紗廠連合会会長の栄宗敬は，

中央銀行，及び上海の民間銀行による企業への低利融資，外国製綿製品への関税引き上げ，綿花輸入税の撤廃，統税の改革，の4項目から成る綿紡績業救済案を政府に提出していた[45]。

同日，上海市政府は綿紡績工場主を集めて，時短操業に関する聞き取りを行った。国民党の代表と実業部官僚も同席した。綿紡績工場主たちは，銀行の貸渋りが，深刻な流動性の危機を招いていると主張した。時短操業は，工場主の意に反するもので，銀行が綿糸の市場価格の維持を求めるので行っているのだとも述べた。国民党代表は，共産党の動きが活発な5月を避けて，時短操業の実施を遅らせるように求めたが，工場主たちは同意しなかった。工場主たちは，市政府が銀行の代表を集めて合意を得るように仲介するべきだと強く求めた。4月22日，新式銀行，銭荘，綿紡績業者たちは，上海市政府で会合をもった。銀行家たちは，融資契約の取決が，時短操業を促しているという議論を強く否定した上で，銀行は紡績企業に資金供給を続けていると指摘した。上海市政府は両者の対立を収拾することができず，案件は中央政府の判断に任されることとなった。

4月25日，華商紗廠連合会幹部は，実業部，財政部，鉄道部の官僚に対して，中央銀行及び民間銀行による低利融資の提供，税制改革，華中・華北間の物流網の改善の3点を求めた。企業の経営状態を考えれば，枢要な問題は，低利融資であった。しかし，銀行からの反応は否定的であった。中央銀行総裁に着任したばかりであった孔祥熙は，企業は銀行を頼る前に，経営改善に努めるべきだと述べている[46]。

こうして，示威行動としての時短操業は，失敗に終わった。銀行は，企業の貸付要求に応えることはなく，時短開始当初，一時的に急騰した後，綿糸価格は下落を続けた。目に見えた経営環境の好転がない中で，申し合わせを破って，完全操業に戻る工場も現れ始めた。結局，1ヶ月という期限が過ぎると，連合会は，操業時間については各工場の判断に任せるとした[47]。

綿紡績業の不況は，金融機関にとって大きな痛手であった。銀行は，紡績工場に巨額の融資を行っていた。例えば，上海商業儲蓄銀行の，製造業に対する融資の中で，綿紡績業向けは1931年には42.5パーセント，1932年には57.8

パーセント，1933 年には 65.4 パーセント，1934 年には 65.9 パーセントを占めた。同様に，中国銀行でも，綿紡績工場向けの融資は，1932 年に 62.8 パーセント，1933 年に 59.8 パーセント，1934 年には 62.9 パーセントに上った[48]。銀行は，貸借契約の履行を厳しく求めた。しかし，綿糸価格の下落が続く状況下では，綿紡績工場の多くは元利の支払いに遅れをきたし，ついには，債務不履行に陥った。

　銀行は，企業に再建の見込みがあるならば，管理下に置いて操業を続けさせた。必要であれば，新たな融資を行って流動資金を供給し，まずは利子支払いの継続を促した。溥益紡績工場は，その一例である[49]。1918 年に設立された同工場は，大生と同様，第一次世界大戦後の 1923 年に経営不振に陥った。金城，四行儲備会，中南といった銀行への債務は 1920 年代後半にかけて増大していき，1931 年 4 月 8 日に破産を宣言した。負債総額は，中南への 190 万両，金城への 80 万両，四行儲備会への 90 万両等を含めて，360 万両余りに上った。主要な債権者である金城と中南は，溥益に生産を続けさせることとした。新しい支配人と工場監督を派遣した上で，銀行は，溥益の工場用地と設備の 388 万両あまりを担保として，340 万両を年利 8 パーセントで貸し付けた。しかし，溥益の経営は好転せず，1932 年から 34 年にかけては，利益を計上することができなかった。そのため，1935 年 2 月，銀行団は，溥益を解散して，新たに興裕という工場を設立した。債権者たる銀行は，溥益の工場用地と機械の所有権を保持した上で，それを興裕に貸与するという形式を取り，また 45 万元の流動資金を融資した。興裕は，溥益の未償還の元利，356 万 5,903.5 元の返済を，年利 1.5 パーセントで行うこととされた。金城と中南は自行の職員を興裕工場に送り込みはしなかったが，1936 年 11 月，初代支配人が辞職したあと，誠孚信託に 1937 年 5 月から興裕の経営にも当たらせた。以後，工場は復興していった。

　より確実に，自己支出に先立って債務の支払いをさせるために，銀行から人員を派遣し，財務を監視することも行われた。例えば，南通の大生第一工場は，既に 1925 年に，銀行団の管理下に入っていた[50]。企業の財務基盤は，所有者である張謇が，紡績工場の利益を他の事業に注入していたこともあり，非

常に脆弱であった。更に，株主に対する官利の支払いも，企業に負担をかけ続けていた。そのため利益率の低下が続き，大生は第一次世界大戦後の不況を乗り切ることができなかった。1925年，中国銀行，交通銀行，金城銀行，上海商業儲蓄銀行，そして，永豊，永聚の両銭荘からなる銀行団が大生再生委員会を設立する。永豊銭荘と中国銀行を代表して，大中華紡績工場の整理にも携わった，李昇伯が提示した再建案によれば，収益の50パーセントを銀行団への債務返済に充て，残りの30パーセントを労働者のボーナスに，20パーセントをその他の既存の債務の返済に使う一方，株主への配当支払いは差し止めるとした。株主はこの決定に激しく抵抗したが，銀行団は，厳しく条件を付けた上で，大生に新規の融資を行うことに同意した。

　栄兄弟の申新紡績工場は，債権人からのより厳しい管理のもとに置かれることとなった例である[51]。銀行は自行員を派遣し，財務と経営を徹底的に管理した。申新は，銀行及び政府高官たちとの交渉を通じて，何とか事態を打開しようと努めている（表5-1）。

　1934年6月末までに，栄宗敬は500万元の様々な債務を返済しなければならなかった。16の銭荘に新規融資を拒否されて，栄は中国銀行と上海商業儲蓄銀行に借款を依頼した。銀行からの信用を取り付けるために，栄自身は総支配人の地位から退き，企業の製粉部門の責任者であった王禹卿を後任に充てるとともに，大生の再生にも携わった李昇伯に経営を任せた。これらの新経営陣の下で，弟の栄徳生は，申新の関連企業の債券を担保にして，中国銀行と上海商業儲蓄銀行から500万元の融資を受けることができた。しかし，280万元を払い込んだところで，李昇伯の支配人就任が遅れていることを理由に，残りの220万元の融資が差し止められた。申新は政府に会社再建のための公債を発行するように依頼した。工場の財務・資産状況の調査結果を政府が発表すると，綿紡績業者たちは激しく抗議した。政府の積算が，工場主のものをはるかに下回ったのは，政府が申新の債務返済能力を過小に評価した上で，政府の管理下に置こうとしているためではないか，と懸念されたのである。結局，申新の株主と同業者の反対，及び，財務部が300万元の債券発行を却下したために，申新は国有化されることはなかった。

表 5-1 申新紡績公司の抵当借款 1934 年 6 月 30 日

抵当物件	資産価値 (千元)	債権者	貸付金額 (千元)	利子率 (％／年)
申新第一・第八工場	9,537.69	上海商業儲蓄銀行 中国銀行 その他5行	5,400.00	8.5
申新第二工場	5,083.01	上海商業儲蓄銀行 中国銀行	2,012.00	8.25
申新第三工場	7,192.94	中国銀行	2,700.00	8.5
申新第四工場	2,571.84	中国銀行	820.79	8.5
申新第五工場	5,569.14	上海商業儲蓄銀行 中国銀行 その他5行	2,097.00	8.25
申新第六工場	5,109.52	集益銀行団	4,800.00	8.0-8.5
申新第七工場	4,719.71	香港上海銀行	2,000.00	8.0
申新第九工場	5,157.30	商業銀行 同和公司	3,866.71 200.00	7.5 n.a.

出典）上海社會科學院經濟研究所 編：《榮家企業史料》406 頁．

栄宗敬は，1934 年 7 月の終わりに，総支配人に復帰した。同時に，工場の経営は，債権者たる銀行の厳しい管理下に置かれることとなった。政府による国有化画策に引き続いて，8 月 15 日，申新第一，二，五，八工場の抵当を引き受けていた中国銀行と上海商業儲蓄銀行は，新たに 400 万元を流動資金として融資した。借款契約には，資金の使い道に関する厳しい条件が明記されていた。銀行から派遣された経理係と倉庫管理人への給与は申新が払う（第 1 条）。綿花の購入時には，銀行の許可を得る必要があるし（第 2 条），銀行が派遣した行員の印鑑か署名がなければ，小切手を振り出すこともできなかった（第 3 条）。負債の限度額は，申新第一と第八工場については 40 万元，第二と第五工場については 20 万元とされた。限度額を超えるならば，申新は即座に現金で差額を支払うよう求められ，申新が支払いを怠ると銀行は融資を停止した。銀行融資を受けている間も，申新は，政府からの金融支援を受けるよう努めることとされた（第 4, 5 条）。また，常に技術・経営革新を行うことを求められ，銀行が必要と認めれば，申新の資金で実行することができた（第 6 条）。製品

販売から得られる利益はすべて，申新全体の会計帳簿に記録され，申新の支配人と各工場の管理人たちの監視下に置かれた（第7条）。中国銀行と上海商業儲蓄銀行は，他の債権者よりもより直接的に工場の経営に関与しており，会計検査も行った。すべての工場が抵当に入っていることから，栄家は銀行の意見を聞かざるを得なかった。

　栄宗敬は銀行による経営への干渉に不満であったが，銀行から融資を受け続けるためには，企業の改革を進めなければならなかった。栄徳生とその息子の栄偉仁の下に改進委員会が設立され，事業と工場運営の合理化を進めることとなった。しかし，委員会の成果は限られており，設立後4ヶ月しか経たない1934年12月には，早くも銀行団が不満を表明した。上海商業儲蓄銀行の産業調査委員会は，倉庫と綿花の購入は銀行の管理下に置かれているが，無計画な綿糸の販売が，損失をもたらしていると分析した。会計帳簿の記載も複雑で，銀行が正確に会社の資産と負債を把握するのは難しかった。申新の経営改善の見通しが立たないことから，中国銀行と上海商業儲蓄銀行は，申新第一と第八工場には融資を続けるものの，第二と第五工場への資金供与は停止した。その結果，1935年2月に，後者の2工場は停業した。

　溥益，大生，申新の事例に見られるように，操業を続けさせるために，金融機関は融資を行う準備があった。しかし，再生の望みがない企業に対しては，銀行は工場を閉鎖し，抵当物件を競売に掛けた。それでも，綿紡績工場の資産が下落を続ける状況下では，銀行は損失を免れることはできなかった。例えば，1933年に，上海地方法院が行った調査によれば，永裕紡績工場の資産は，129万2,119元と推計されたのに対して，同社が中国銀行と，浙江興業銀行に対して負っていた債務は150万元であった[52]。あるいは，隆茂紡績工場が1933年に停業した際，資産は動産と不動産を併せて27万1,231.96元とされたが，中国銀行，勧工銀行，中南銀行，宝大裕銭荘その他の金融機関への負債は，35万元に上った。抵当物件を売却できた金融機関は幸運であった。例えば，数年来，中国銀行と交通銀行は110万元を啓東の大生第二工場に融資してきたが，1936年に最終的に，両行が同工場を競売に掛けたときには，買い手を見つけることができなかったのである。

以上見てきたように，1931年以降，デフレーションが続く中で，それまでの担保物件への信用に基づく融資は不可能となった。金融機関は，管財人の派遣や帳簿の点検など，より直接的な手段で企業を監視しなければならなくなった。こうした手法に伴うコストや煩雑な手続きは，不況からの脱却を模索する過程で，信用の拡大を一層難しくしていたのである。

小　結

　1929年以降，世界経済が深刻な不況に陥ると，中国製糸業が主要な輸出先としてきた欧米の絹織物市場，及び綿糸の主要な仕向け先である国内農村からの需要は，ともに大きく落ち込んだ。恐慌当初は，銀価下落によってもたらされた価格上昇の下で，経営者たちは，不況の深刻さを十分認識してはいなかった。しかし，1931年後半から，経済復興を目指して，各国が通貨を切り下げるのに伴って，中国元の対外為替レートが引き上げられると，中国の繊維産業は外国からのより厳しい競争にさらされることとなった。

　製糸業も綿紡績業も，外国製品との競争に対峙する上で，原料である繭や綿花の改良は不可欠であった。しかし，従来，都市部の繊維企業と農村の農民との間に，商品の取引関係を超えて，原料の品質管理や改良を行う組織や制度は存在しなかった。製糸工場が，原料費を削減することによって，経営不振からの脱却を試みて，農家に負担を転嫁したのは，既存の取引システムの下では残された窮余の選択肢であったが，製糸業全体の復興のためにはマイナスの作用を及ぼすものであった。

　営業収益が悪化し，また，短期融資の担保物件たる繭や綿花，生糸と綿糸の価格が急速に下落すると，銀行は繊維企業への貸付を引き締めた。流動資金を銀行からの短期融資で調達していた繊維企業にとって，信用の引き締めは致命的であった。政府に対して，製糸業は金融支援を，綿紡績業は金融機関との調停を要求したが，政府の財政支援は，経営破綻の危機にある企業に対して，必ずしも十分なものではなかった。大恐慌期に企業から政府に対してなされるよ

うになった「救済」の要請に対して，その他の政策も勘案して，政府はどのように，どの程度応えることが可能であったのか。前章で取り上げた，繊維業の回復に際して不可欠であった，原料農産物の品質改良の問題も含めて，経済復興を図る過程での政府の工業政策については，第9章で詳しく分析が加えられる。

　その間，企業の債務不履行や破産・停業が相次ぎ，また，担保物件の価値が急速に大幅な低落に見舞われると，対企業融資を提供してきた金融機関へも危機が広がっていった。銀行は，担保物件の処理を急ぎ，また，経営の好転が見込まれる場合は企業に追加融資を行って操業を促す，あるいは直接企業を管理下に置いて債権の回収を行うなどの方法で，損失を最小限に食い止めることに努めたが，影響を免れることはできなかった。農業及び製造業部門と，金融部門の不況が連鎖的に深化していく中で，中国経済は深刻な危機に陥っていった。

第 6 章

上海金融恐慌 1934-35 年

　1934 年 7 月,上海金融市場は深刻な危機に陥った。現銀の流出に伴う金融の逼迫と,土地・債券などの資産価格の暴落は,外国銀行,中国系銀行,銭荘といった,国籍や経営形態の異なる上海の金融機関を,一様に混乱に陥れた。1934 年から 1935 年にかけて停業・倒産した金融機関は,148 機関(1934 年度・44 機関,1935 年度・104 機関)に上った[1]。この状況は,1929 年から 1931 年にかけての上海金融市場の好況とは対照的である。以下,本章で見るように,1920 年代末からの好況は,結果的に 1930 年代半ばの不況を深化させていたのである。

　1929 年から 1931 年までの好況,そして 1934 年半ばから 1935 年にかけての不況は,ともに,1929 年から世界的に広まった大恐慌とは,展開を異にしている。1929 年以降,各国経済は,深刻な不況に陥ったが,上海金融市場が危機に見舞われた 1934 年には,金本位制を採る一部の地域は,イギリス・アメリカを始めとして通貨を切り下げ,徐々に不況から脱しつつあった。上海が,他の諸地域とは異なった動向を示した主な原因は,中国が当時の国際通貨システムの中では例外的に,銀を貨幣として用いていたためである。1929 年から 1935 年までの間,国際市場における銀価は,極めて大きな幅で変動した。世界の 2 大銀取引市場,ロンドンとニューヨークにおける銀価の変動は,急落,上昇,急騰の 3 つの局面に分けられる。19 世紀末以降,第一次世界大戦期を

除いて，銀価は漸落傾向にあったが，1929年からは一層急激に下落した。1929年1月の銀価を100としたとき，1931年2月に記録されたロンドンとニューヨーク市場の最低価格は，それぞれ，47.3と47.1にしかあたらなかった。1931年9月，イギリスが金本位を離脱しポンドを切り下げると，ロンドン市場におけるポンド建ての銀価は直ちに上昇した。ニューヨーク市場では，ロンドン市場とは乖離したドル建てでの低価格が続いたが，1933年3月にアメリカが金の国外輸出を禁止し，事実上，金本位を停止すると，ドルの切り下げに伴ってドル建て銀価も上昇し，1933年9月には，ロンドン市場とほぼ同じレベルとなった。更に，1934年6月にアメリカが，銀買い上げ法を施行すると，ニューヨークのみならずロンドンでも銀価が高騰した。第1章で見たように，上海金融市場は国際銀市場と密接に結びついており，国際銀価の騰落は，対外為替レート及び上海をめぐる現銀の流出入に大きな影響を与えた。本章では，急落，上昇，急騰の3つの局面における上海金融市場での現銀移動の状況を踏まえて，資金の流れとその変化の原因について考察を加えることによって，国際市場と国内市場との連関，という視角から，通貨・金融危機の態様を明らかにしていく。

1. 都市繁栄の幻想──1929年10月-31年8月

現銀の上海への集中

　1930年度年次報告で，中国銀行は，「中国沿岸各都市の資金は，均しく増加し，供給過剰の状況である」と述べ，特に上海の銀両（馬蹄銀）と銀元（銀貨）の増加を指摘した。上海の中国系銀行と外国銀行の手持ちの銀（庫存）は，1928年には1億7千万元余りであったが，1929年には2億4千万元に，そして1931年には2億6千万元へと55パーセント増加した（表6-1）。

　庫存の増加は，海外からの銀の流入に起因していた。こうした銀の流入は，19世紀末以降，第一次世界大戦期を除いては基本的な動向であったが，1928年から1929年にかけては，大量の現銀が中国に流入した。特に，アメリカか

表 6-1　上海の庫存 1926-35 年

(単位：千元)

年	中国系銀行 額	中国系銀行 割合 (%)	外国系銀行 額	外国系銀行 割合 (%)	総 額	総額指数
1926	73,474	49.9	73,859	50.1	147,333	100
1927	79,342	55.8	62,907	54.2	142,249	96.5
1928	102,760	59.9	68,784	40.1	171,544	116.4
1929	144,196	60.0	96,064	40.0	240,260	163.1
1930	166,293	63.5	95,663	36.5	261,965	177.8
1931	179,305	67.4	86,883	32.6	266,188	180.7
1932	253,289	57.8	185,050	42.2	438,339	297.5
1933	271,786	49.6	275,660	50.4	547,446	371.5
1934	280,325	83.7	54,672	16.3	334,997	227.3
1935	239,443	86.9	36,159	13.1	275,602	187.1

出典)《中外商業金融彙報》第 4 巻第 7 号（1937 年），50 頁．

らの銀は，現銀の純輸入額 1 億 582 万 5,976 海関両の内，81.7 パーセントを占めた．大量の銀の流入に関して，アメリカは中国の需要に関係なく不要な銀を中国にダンピングしているのだという議論もなされた．しかし，国際商品である銀が上海で売却されるのは，上海における銀の価値が他地域よりも高かったためであった[2]。

1929 年の春から，国際銀価は大幅に下落した．1931 年 9 月までには，ニューヨーク銀市場の価格は 51 パーセント，ロンドンは 50.5 パーセント下がった．金本位制を採る国では，銀は貨幣ではなく一商品なので，他の商品と同じかそれ以上の割合で，銀価は下落した．一方，中国元の為替レートは国際銀価に追随したが，上海金融市場における中国元の対米ドル及び対イギリス・ポンド為替レートは，ニューヨーク・ロンドン市場の銀価から算出される平価を大きく上回っていた[3]。こうした状況下では，中国に現銀を輸入することによって，輸送費や保険，利子などの諸経費を差し引いても，大きな利益を上げることができた[4]。

上海金融市場で元の為替レートの水準が高かった主要な原因のひとつは，華僑送金や在華外国人の投資の増加にあった．一般に送金や投資は，為替レート

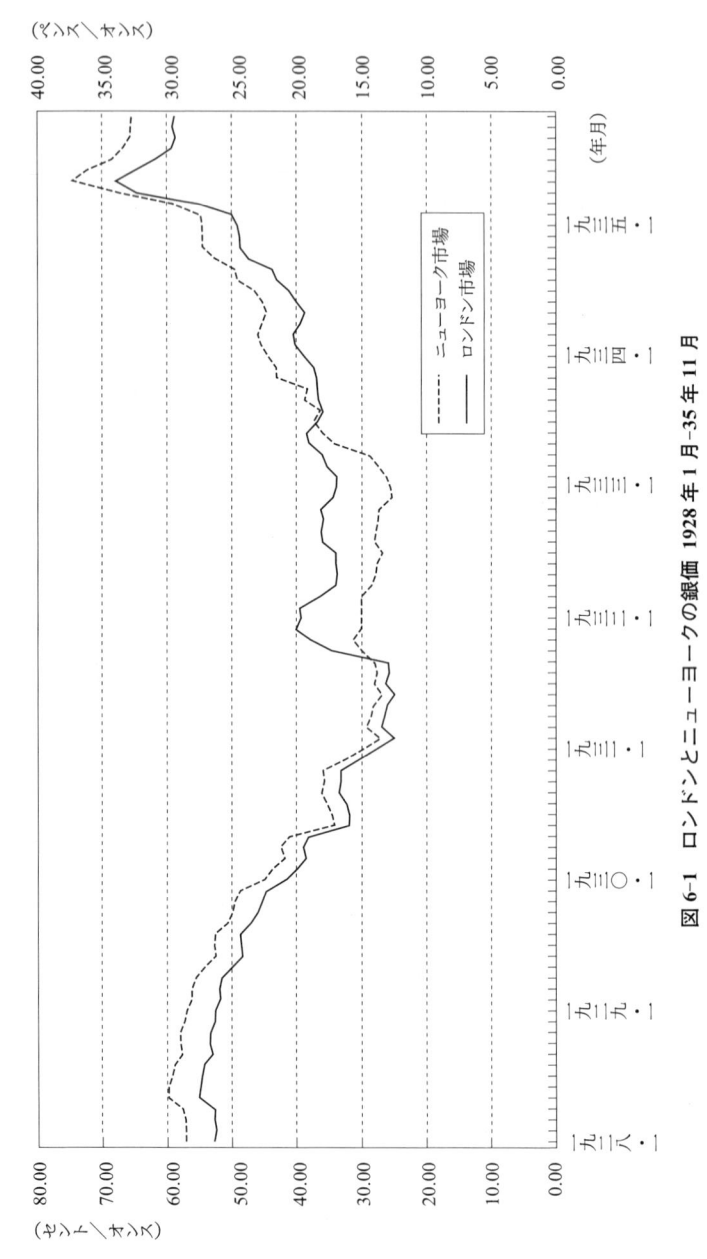

第 II 部 大恐慌の時代, 1931-35 年

図 6-1 ロンドンとニューヨークの銀価 1928 年 1 月-35 年 11 月

出典) 1928 年 1 月から 1933 年 12 月までは，Committee for the Study of Silver Values and Commodity Prices, *Silver and Prices*, Table 3, 1934 年 1 月から 1935 年 11 月までは，National Tariff Commission, *An Annual Report of Shanghai Commodity Prices*, 1935, Appendix 8.

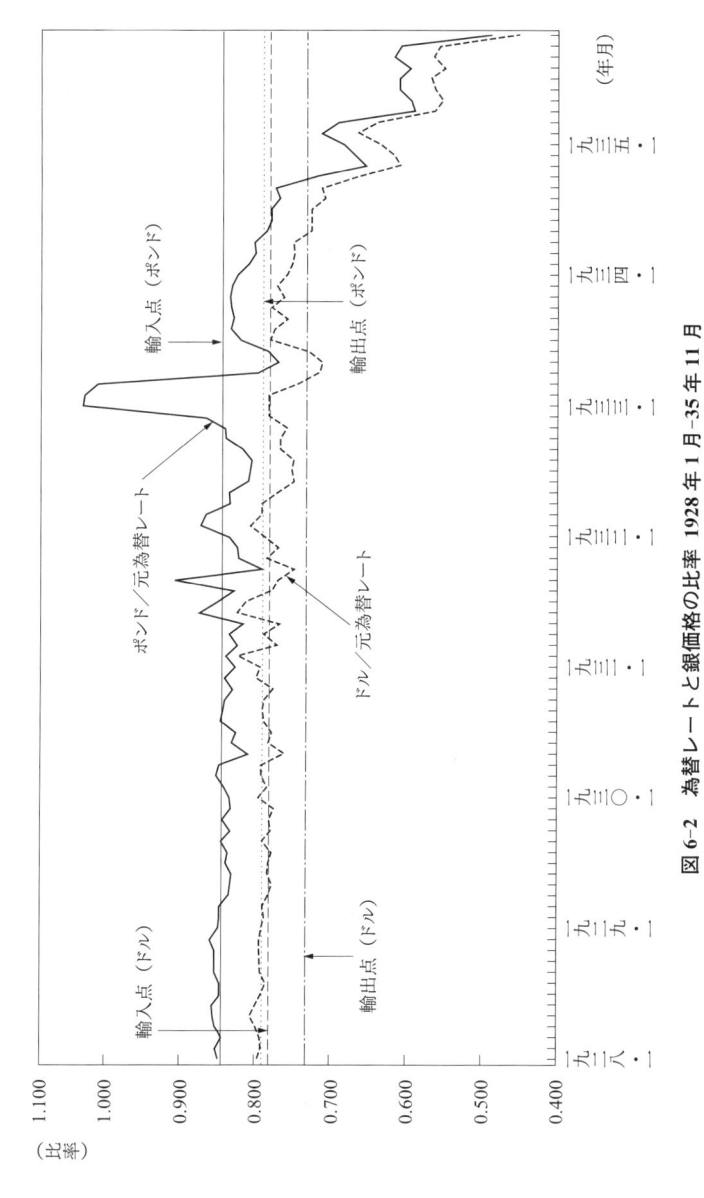

図 6-2 為替レートと銀価格の比率 1928 年 1 月-35 年 11 月

出典) 為替レートについては、Young, *China's Nation-Building Effort, 1927-1937*, Appendix 10. 銀価については、図 6-1 参照。

の変動に敏感に反応した。例えば，送金は送り手から見ると銀建ての投資であり，海外の華僑は，銀建てで収益を計算していると考えられた。第1章で見たように，中国と同じく銀本位制下にあった香港では，華僑は，香港ドル1ドルが対米ドル相場0.50米ドル以下のときに送金し（香港ドル建てでの額が，為替レートが低いときの方が高いため），それ以上のときは，資金を海外に保留する，と言われた[5]。

外国からの投資は，華僑送金と並んで，中国の国際収支上の重要項目であった。1928年の外国からの投資が1億元であったのに対して，1929年には1億700万元，1930年には2億200万元が投資された。中国元の為替レートが低いときに中国から資金を引き揚げると，外国人投資家はキャピタル・ロスを被る。逆に，中国国内で利益を上げる限りは，銀建てで大きな利益を上げることができる。こうして，外国人投資家は，利子や配当の一部を中国に保留し，中国に再投資したのである[6]。しかし，この時期の外国からの投資は，有利な条件で本国に送金するまでの暫定的なもので，何時でも引き上げられる可能性が高かったことから，中国経済の不安定要因ともなっていた。

国内外からの銀流入によって，上海金融市場の資金量は大きく増加し，それに伴って金利も低下した。注目されるのは，金融市場の活況が，商工業への投資には結びついていなかったことである。当時の際立った特徴は，増加した資金が，不動産や公債といった特定の分野に集中して投資されたことであった。

上海不動産ブーム

1929年度の中国銀行営業報告は，上海金融市場における資金過剰を報告した[7]。上海の地価の高騰，家屋の建築ブーム，そして極めて速い回転での不動産の取引が指摘され，その状況は「熱狂之勢」と形容された。1924年から1929年にかけて，上海の不動産の総価格は20億両増加し，29年度だけでその半分の10億両の増加を示した。不動産を購入するとそれを担保に融資を受けて，別の不動産を買うという投機も進行した。また，毎月の不動産の取引総額は，多くて一千万，少なくとも百万に達していた。同時に，土地に対する過剰な投資が地価を上昇させ，更にそれに便乗した賃貸料の値上げが都市住民の生

活を圧迫するという憂慮すべき状況も見られた。

　不動産市場は，1931年をピークにブームの様相を呈した。上海の代表的な不動産業者であった普益地産公司（Asia Real Estate Company）による，「金貴銀賤と地産」と題された広告は，「輸出入業は，金貴銀賤〔金が高く銀が安い〕の影響を受けて非常に停滞していますが，地産業だけは逆に繁栄しています。上海の過剰な銀の唯一のはけ口は，最も安全な不動産業に投資することです。ご興味のある方は，弊社にご来臨頂きたい。17年の経験をもって，必ずサービスとアドバイスを提供いたします」と述べている[8]。ここからは，不動産への投資が，需要や土地家屋の利用収益といった不動産市場自体の要因ではなく，利子や銀価といった外的要因によって決定される，投機的なものになっていたことが窺われる。

　また，不動産業者は，上海金融市場の資金過剰を受けて，盛んに債券を発行した。1931年，有力なユダヤ系財閥であるサッスーン系のキャセイ・ランド・カンパニーは，上海金融市場の利子の低下を利用して積極的に事業を展開するべく，総額30万両，年利6パーセントの債券を発行し，続いて，1933年にも総額1億両，年利6パーセントの債券を発行した。同じく，サッスーン系の不動産業者，セントラル・リアリティ・カンパニーは，1934年に南京路沿いの一等地に位置する16筆の土地及び地上の建物から上がる賃貸料を含めた総評価額518万5,104.90元を保証として，総額で5,000万元の債券を額面10元，年利5.5パーセントで500万株発行した[9]。長年に亘って築き上げた租界の不動産資産に対する信用と数年来の不動産価格の高騰を背景に，不動産業者の債券は，上海の投資家に広く受け入れられた[10]。一般の資産家は，将来，より高価格で不動産を売却できることを期待して，資金を注ぎ込み，不動産業者は，実需を離れて高騰した不動産価格を基準として債券を発行した。こうした投機的な不動産への投資と経営は，不動産と金融の両市場を不安定にし，また，後には不況を深化させることとなった。

　不動産と並んで政府公債は，重要な投資先であった[11]。公債募集時の利子が既に，年利8.4から9.6パーセントという高率であったのに加えて，政府は，財源調達の必要に迫られて，額面から大幅に割り引いた価格で債券を発行した

が，利子は額面通りに支払ったので，年利は平均 12 から 15 パーセントに上っている。公債の市場価格は変動が大きく，また，政府の支払延期などのリスクも高かったが，潜在的には極めて利益率の高い投資であった。そのため，中国系新式銀行の公債所有額は，1929 年から 1931 年の間には，9,450 万元から 1 億 5,433 万 2,100 元へと急増した。公債への資金流入は，商工業者が銀行融資を受けるのを一層難しくした。また，銀行の資金流動性は，政府に対する市場の信用に，大きく影響されるようになっていったのである。

このように，農村崩壊とまで称される内陸部の農村経済の不振とは対照的に，都市部では投機的な不動産と公債への投資が進行した。都市と農村との間の資金流動が滞ると，信用供与の連鎖は機能しなくなり，農村経済が崩壊の危機に瀕したことは既に見た（第 4 章）。しかし，資金の滞留は，都市経済にも深刻な影響を及ぼすことになる。

2. 遅すぎた不良債権処理——1931 年 9 月-34 年 6 月

銀の海外流出

1931 年 9 月イギリスは金本位制を離脱し，ポンドを切り下げた。それに伴い，9 月に 1 オンス 13 ペンスであったロンドン市場の銀相場は，12 月には 1 オンス 20 ペンスへと 53 パーセント急騰し，1932 年に入ってから反落するものの，1 オンス 17 ペンスから 18 ペンス前後で推移した。イギリスに続いて，その植民地であるインドや海峡植民地が通貨を切り下げた。また，同年 12 月には日本も金兌換を停止した。1933 年 3 月にはアメリカが金本位制を停止した。1933 年 3 月から 1934 年 2 月までにドルは 30 パーセント余り切り下げられ，ニューヨーク市場の銀価も高騰した。

諸外国の通貨の切り下げに伴う銀価の上昇は，銀建ての中国通貨の対外為替レートを引き上げ，中国の対外経済関係に大きな影響を与えた（図 6-3）。

ひとつには，輸出の停滞が挙げられる。輸出額の輸入額に対する割合は，1931 年の 75.7 パーセントから 1932 年には 55.2 パーセントに，そして，1933

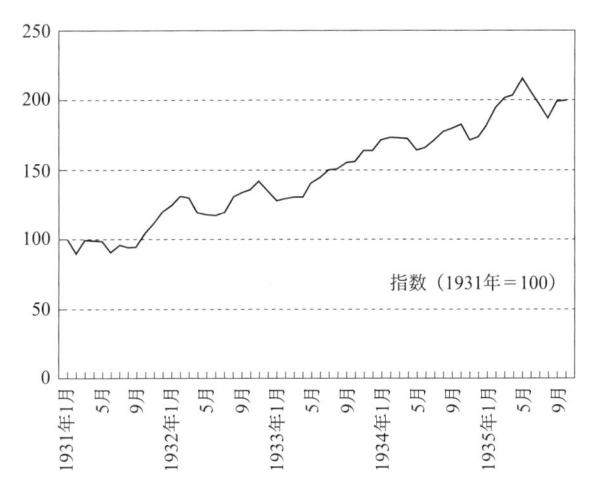

図 6-3　対外為替レート指数 1931 年-35 年 10 月

出典）Wei-ying Lin, *The New Monetary System of China*, p. 15. 指数は, 中国の主要な貿易相手国であるイギリス, アメリカ, 日本, インドの通貨, ポンド・スターリング, ドル, 円, ルピーに対する元の電信為替レートを, それぞれの輸出入額に応じて加重平均して算出したものである。

年には 45.4 パーセントにまで下落した。輸入の減少にも拘わらず, 貿易収支の赤字は続いたのである[12]。

　中国はそれまで, 貿易赤字を, 外国からの投資と華僑送金を始めとする貿易外収支の黒字で相殺してきた。しかし, 1931 年以降, 世界的な不況と為替レートの上昇とによって, 貿易外収支の収入は減少した。1930 年代初めには, 失業や倒産, 外国政府による新規移民の制限などの理由から, 海外に出稼ぎに行く中国人労働者の数は減りつつあり, 逆に, 中国に戻る者も多かった。1931 年の海関報告は,「厦門, 汕頭から香港, マニラ, 台湾, 海峡植民地, サイゴン, バンコクへの出国者は 20 万人あまりで, 1930 年の 80 パーセント減である」と報じた。そして, 1932 年には,「出国者は 13 万 2,302 人に過ぎず, 更に 34 パーセントの減少を見たが, 帰国者は出国者の 2 倍余りで, 27 万 8,944 人である。全体としては, 帰国者が 14 万 6,642 人上回っている」と述べた[13]。出稼ぎ人数の減少と, 1 人当たりの送金額の減少が相まって, 香港やマニラからの送金は数年前の 10 分の 1 であるとされた。また, もう一方の貿易外収支

の黒字の柱である外国からの新規の投資も減少した。もっとも，これについてはロンドン宛の為替レートが上昇したのにもかかわらず，既存の投資が急激に引き揚げられることはなかった。投資家は，より有利なレートを予想して，資金を外国銀行にとどめ置いたと考えられる[14]。

　貿易赤字の増加と貿易外収支の逆調から，中国は，1932 年には，1918 年以来 14 年ぶりに 1,144 万 5 千元の銀を純輸出し，翌 1933 年にはその額は 1,442 万 3 千元に増加した[15]。

　こうした対外経済関係のマクロな要因と並んで，各国が金本位制度を離れて以降，ロンドン，ニューヨークの銀相場が不安定になり，銀価と為替レートとの間の開きによって採算が合う限り，銀が中国から輸出されるようになった。まず，1931 年 9 月のイギリスの金本位制離脱直後，ロンドン市場における銀価が上昇すると，中国から大量の銀が輸出された。また，1933 年の 4 月から 5 月にかけては，その年の 8 月に予定されていたロンドン経済会議で銀の国際価格に関する取決がなされることへの期待から，ニューヨーク，ロンドンで銀価が高騰した。一方，上海は，「世界で最も安価に銀が手に入る」市場となった[16]。4 月から 5 月にかけて，上海金融市場における元の対外為替レートは，輸送費に当たる 5 パーセント以上，ときとして，15 パーセントも平価を下回り，銀の現送が採算に合うという状況の下で，銀がアメリカに流出した。1931 年までは，銀本位制をとる中国では，国民が現銀を退蔵することはあっても，国外に銀が流出することはないと認識されていた[17]。しかし，1931 年以降，中国の通貨をめぐる状況は，明らかに変化していた。

　銀価の上昇と，輸出入品価格の下落に伴って，中国の物価は 1931 年以降下降し始めた（表6-2）。特に上海の卸売物価は大きく下落し，1931 年を 100 としたとき，1934 年には 76.6 にまで下がった[18]。

　銀価の上昇と国外への現銀の流出，そして物価の下落という事態は，上海金融市場にどのような影響を及ぼしたであろうか。1931 年 11 月にロンドン市場での銀価高騰に呼応して，銀が海外に流出した際には，国際銀価の上昇と銀の流出が中国にとって危険であることが指摘され，銀本位制の維持の危機が懸念された。

表 6-2　中国各地の物価下落率　1932 年-35 年 9 月

	1932 年	1933 年	1934 年	1935 年（9 月まで）
華　北	-7.9	-10.9	-8.8	2.6
上　海	-11.3	-7.7	-6.5	-2.5
広　州	0.4	-9.2	-9.6	-15.7
漢　口	-1.8	-12.0	-10.3	0.3
南　京	-5.0	-8.5	-12.6	-0.3
青　島	-3.7	-8.4	-8.4	2.6
平　均	-5.0	-9.4	-9.4	-3.6

出典）Wei-ying Lin, *The New Monetary System of China*, p. 33.

しかし，この時期には中国の内陸部から上海への資金流入が続いていた。この国内からの銀流入が，国外への流出を上回っている限り，上海の金融機関にとって最も深刻な問題は，過剰な資金の運用難であった。

資金増加と銀行のジレンマ

　1934 年の夏まで，上海の金融機関への資金流入が続いた。しかし，資金の主要な来源は国外ではなく，内地から送られてくる現銀と預金であった。国内諸港と上海の間の現銀の移動を見ると，1929 年から 31 年までは，上海の移出が移入を上回っていたが，1932 年からは入超に転じている。同時に，京滬鉄道と滬甬鉄道沿線から上海に送られてくる現銀も増加している。

　預金の増加は，信用と通貨供給の増加を示しているように見えるが，実際には，事業への投資の減退によるものであった（表6-3）。預金の内訳を見ると，定期預金は，1932 年から 1934 年の間に当座預金を上回る増加率で増えており，また，当座預金に対する比率を伸ばしている。1933 年には，中国系銀行 11 行の平均で，1 年の定期預金に対して年率 7.3 パーセントの利子が支払われた。1932 年以降，不況が深刻化し，投資先が減少する中で，資産家は利子収入を目的に定期預金を増やした。預金の増加は中国系銀行のみに限られた現象ではなかった。代表的な外国銀行である香港上海銀行の当座預金は，1932 年 12 月から 1933 年 6 月までの半年の間に，7,800 万元から 1 億 30 万元へと 37.5 パーセントも急増した。増え続ける預金は，事業への投資の不安とリスク回避

表 6-3 当座預金と定期預金 1931-34 年

(単位:百万元)

年	当座預金 額	割合	定期預金 額	割合	総額
1931	621.0	58.9	432.8	41.1	1,053.8
1932	629.5	55.2	511.9	44.8	1,141.4
1933	686.6	55.4	552.5	44.6	1,239.1
1934	749.7	54.3	631.6	45.7	1,381.3

出典) Wei-ying Lin, *The New Monetary System of China*, p. 50.

の心理を反映していた[19]。

　預金の増加によって,金融機関の経営は,1931年後半から非常に不安定になった。銀行の資本の絶対量は増えていたが,預金の増加はそれを上回った。1926年に12.3パーセントであった資本の預金に対する比率は,1931年には7.7パーセント,1934年には7.0パーセントにまで落ち込んだ[20]。

　問題は,預金の増加に反して資金の投資先が減少していたことである。1931年9月から12月にかけては,国際市場での銀価高騰に伴う銀の国外流出が懸念され,一時,上海金融市場での貸付は引き締められ,更に,1932年1月の上海事変直後も,極めて逼迫した。しかし,4月には,資金過剰が伝えられるようになった[21]。預金の増加とその運用難は,年来の銀行の経営方針に起因していた。銀行は高利子で預金を集め,それをまた高い利率で貸し付けて利益を上げてきた。しかし,優良な投資先が減少し,資金運用が難しくなると,預金への利子支払いは負担となった。銀行は預金金利を引き下げ,また,利子負担率の高い1年以上に亘る長期の預金の引き受け停止も検討したが,全体としての預金総額が増加し続けたので,負担を軽減することはできなかった[22]。

　預金の増加に対応するには,投資を増やすことが必要であった。特に,定期預金の増加に応じて,長期の貸付先を見つけることが求められた(表6-4)。銀行の貸付の内訳を見ると,短期の貸付が1930年以降,一貫して減少するのに対して,長期の貸付が増加している。しかし,その中で,企業への投資は限られていた。企業への短期の融資が引き締められる中で,資金の主要な投資先は,不動産と公債であった。不動産は,1932年の上海事変後に取引量は減少

表 6-4　短期と長期融資 1930-33 年

(単位：百万元)

年	短期融資		長期融資		総額
	額	割合	額	割合	
1930	669.0	69.5	293.6	30.5	1,062.6
1931	651.2	61.1	414.4	38.9	1,065.6
1932	621.5	58.5	441.4	41.5	1,062.9
1933	703.3	54.6	585.5	45.4	1,288.8

出典) Wei-ying Lin, *The New Monetary System of China*, p. 53.

したものの，取引相場は，それまでの水準を保っていた[23]。公債については，1932 年に政府がそれまでに発行した債券を整理し，利率を一律に 6 パーセントとした上で，返済期日を延期すると，取引量が大きく落ち込んだ。しかし，1933 年に入ると，安定して高利を得られる公債に対する需要は徐々に高まり，再び上海の余剰資金の流入先となった。しかし，取引の大半は投機的なものであった。1933 年には，取引高に対して償還された額の割合は，僅か 4 パーセントに過ぎなかった[24]。投資家は，期日前に有利な価格で転売する目的で，公債の売買を繰り返していた。

不動産と公債への投資の偏向は，銭荘の経営にも顕著に見られる。1934 年 2 月時点で，銭荘の資産総額 2 億 3,007 万元の内，不動産抵当は，7,007 万元 (30.4 パーセント)，公債は 1,038 万元 (4.4 パーセント) を占めたのに対して，現金は，2,166 万元 (14 パーセント) に過ぎなかった[25]。個別に見ても，例えば，福康銭荘は，1930 年の貸付総額 720 万 5,850 元のうち，不動産抵当は，110 万 273 元 (15.3 パーセント) を占め，1933 年には，192 万 2,200 元 (45.1 パーセント) を占めるに至った。福源銭荘でも，不動産抵当額は，123 万 5,443 元 (22.6 パーセント) から 225 万 9,094 元 (30.6 パーセント) に伸びている[26]。

銀の流出と物価下落という条件の下で，特定の資産に投資を続けるのはリスクを伴った。しかし，預金が増加する一方で，投資先が狭まるという状況では，銀行は投資の配分を変更することができなかったのである（付表 3, 5 を参照）[27]。

3． 上海金融恐慌——1934年7月-35年11月

アメリカ銀買い上げ法——資本逃避と銀流出

　アメリカ合衆国は，銀の主要な産出国のひとつであった。第一次世界大戦後の銀価の下落に直面し，特に1930年以降，アメリカ銀生産者協会や銀産出州選出の上院議員たちは，「銀に何らかの措置を」行うという様々な計画を提出した。議会や国際社会で行動を起こすようにという請願は，ハーバート・フーバー政権下では，聞き届けられることはなかった。しかし，1933年3月，フランクリン・D. ルーズベルト政権が成立すると，アメリカ合衆国政府は，景気拡大に向けた通貨・財政政策を打ち出した。4月20日，ルーズベルト大統領は，既存の契約や，大統領が必要と看做した取引を除いて，金の輸出や留保を禁止する命令を出した。これは，実質的に，アメリカが金本位制から離脱したことを意味する。その効果は，株式と物価の上昇に即時に現れた。それらの商品の中には，当然，銀も含まれていた[28]。中国の銀行家たちは，銀価の上昇とアメリカ・ドルの為替レートの低落に不安を抱き，海外市場の銀価の高騰によって，国内の銀が流出するのを防ぐために，銀輸出を禁止するべきだとの意見さえ出された[29]。

　銀の問題は，66ヶ国の代表を集めて1933年6月12日からロンドンで開かれた，世界通貨経済会議でも討議された。7月に締結された合意書によれば，インドとスペインは銀の売却を制限し，中国は銀の売却を行わず，5つの銀産出国（アメリカ合衆国，オーストラリア，カナダ，メキシコ，ペルー）は，インドの銀売却量とのバランスが取れるように，自国で産出した銀を購入するとされた。合意書で売却の停止を宣言しても，実際には，中国政府は大量の銀を保持したことも，海外で売却したこともなかった。一方，合意書は，銀行や個人が中国元や銀錠を売却することを制限してはいなかった。同時に，全生産量にほぼ等しい量を現行価格で購入するという義務を負ったという点で，アメリカ合衆国こそが，国際銀価を支える主要な責任を担うことになったのである[30]。

　1933年12月21日，ルーズベルト大統領は，銀購入宣言を出し，アメリカ

合衆国内で今後産出される銀は，鋳造所で銀ドル硬貨の製造に充てられる，とした。1934年初頭，中国人銀行家たちは，アメリカの銀関連法案が可決されるのではないかと危機感を強めていた。同年2月，中国銀行外国為替部長の貝祖貽は，中国は，銀価の安定のために1933年ロンドン銀協定に調印したが，アメリカ合衆国内では，大幅な銀価の上昇を扇動する動きが広がっているようで，それは当初の目論見とは異なっている，と指摘した。中国人銀行家たちが，物価の上昇を上回る銀価の上昇が見られるならば，中国からの銀輸出の禁止あるいは銀輸出への課税が必要とされよう，という抗議電報を，アメリカ政府に送ったとの報道もなされた。3月9日，行政院はロンドン銀協定を批准したが，もし銀価が中国の貿易と産業を阻害する程度まで上昇するならば，政府は必要な行動をとる権利を有するという付帯条項を付けた[31]。

　1934年春，アメリカ合衆国の銀価引き上げ支持派は，当初は法案に反対であると伝えられたルーズベルト大統領と何度も会談した。結局，ルーズベルト大統領は1934年5月22日，譲歩案を盛り込んだ法案を議会に提案した。1934年6月19日に銀買い上げ法は議会を通過した。銀の買い上げは，通貨準備の内訳が銀1に対して金3の割合に達するまでか，または，銀の市場価格が銀の法定価格である1オンス当たり1.29ドルに達するか，いずれかの条件が満たされるまで継続するとされた。この法案の通過時点での金準備は，1オンス＝35ドルの換算率で，約78億5千万ドルに達しており，一方，銀準備は，1オンス＝1.29ドルで換算して，約9億ドルであった。金と銀との準備の比率が3対1に達するには，約17億ドルの銀が購入されなければならなかった。この額は，約13億オンス以上の銀に相当し，世界の年産銀量の7から12年分に相当した。当時，金流入も続いていたことを考えると，法案の前者の条件であるこの金銀比率を達成することは事実上不可能であった。したがって，法案の焦点は，もうひとつの条件である，上限を1.29ドルとする銀価となった[32]。

　銀買い上げ法は，購入の具体的なスケジュールを明らかにしてはいなかったが，『ニューヨーク・タイムズ』は，財務長官ヘンリー・モーゲンソーが，銀買い上げ法を「真摯に」履行すると述べ，国内外で銀が適正な価格で提供されるならば，購入するであろうと述べたと伝えた。6月28日には，アメリカ合

衆国内に5月1日の時点で存在した銀の輸出を禁止する目的で，財務省から許可証を得ていない銀の国外への輸出が禁止された。1934年8月9日には，ルーズベルト大統領は，合衆国内のすべての銀の供出を指示し，それによって，合衆国鋳造所は，国内の銀を1純オンス当たり50.01セントで得ることができることとなった。

　財務省は，法案に沿ってどれだけの銀を購入するのか発表しなかったが，明らかに急速に銀の購入を進めていた。1934年度，アメリカ合衆国は，3,206万8,495オンスの銀を購入したが，1935年度には，その13.6倍に当たる4億3,750万1,808オンスを買い入れた[33]。アメリカ合衆国の銀価は，1934年6月の46.3セント／オンスから，8月には49.5セント／オンスへと，銀の国有化価格である50.01セント／純オンス（49.96セント／オンス，純度0.999に相当する）よりも若干低い価格まで上昇した。8月から9月にかけては，銀価は50セント／オンス前後で推移したが，10月に入ると55セント／オンスに上昇し，その後2ヶ月は53セントから56セントの間で変動した。アメリカ政府が銀を買い付けたロンドン市場でも，9月から12月にかけて$21^{13}/_{18}$シリングから$24^{1}/_{2}$シリングへと，6.7パーセント，アメリカ市場に追随して銀価は上昇した。1934年12月のアメリカ合衆国の銀価は，1929年よりも27.5パーセント，最安値を記録した1931年よりも57.3パーセントも高かった。また，イギリスでも同様に，1934年12月の銀価は，1929年，1931年よりも，それぞれ30.7パーセントと53.5パーセントの高値を記録した。こうした銀価の上昇は，他の物価の上昇率を上回るものであった[34]。アメリカ政府が，大量に銀を購入したことにより，国際銀価は突然，大幅に引き上げられたのである。

　アメリカの銀買い上げ政策の直後から，大量の銀が中国から流出し始めた。6月の1ヶ月だけで，1933年の1年分（1万4,122元）に近い1万2,936元の銀が輸出された[35]。しかし，アメリカが直接，中国から銀を買い上げていたわけではない。銀の流出は，まず，個人や企業が外国に資産を移す過程で生じていた[36]。中国で上げた利益を銀行に保留していた外国企業は，国際銀価の上昇に伴い元の対外為替レートが有利になると，即刻，資金を引き揚げた[37]。香港上海銀行の当座預金は，1934年6月の8,460万元から12月には5,140万元に，

そして 1935 年 6 月には 4,430 万元に半減した。中国の富裕層も，もし，銀価が大幅に上がるならば，中国政府は元を切り下げるか，銀輸出を禁止するであろうという予測に敏感に反応して，資金を海外に逃避させた。政府はそうした噂を否定したが，上海金融市場は，極めて不安定であった[38]。

こうして，上海金融市場には，突如として多額の外国為替への買い注文が，内外の投資家や企業家から出された。1934 年 7 月を通じて，上海の外国為替銀行は，外貨を売り続けた。当時，輸出の停滞や華僑送金と外国投資の減少によって，上海における外国為替の供給は減少しており，8 月に入ると既に，通常の取引からは，買い注文に応えることができなくなった。銀建ての中国元の，ポンド・スターリングやアメリカ・ドルに対する平価は，ロンドン及びニューヨーク市場の銀価とともに動く。しかし，上海における外国為替に対する需要が大きかったことから，上海における元相場（上海におけるポンド建て，ドル建ての銀の価値）は，国際銀価を下回った[39]。上海におけるニューヨーク宛為替相場と対ドル平価との差は，7 月には 4.1 パーセントであったが，以後拡大し，8 月には 7.1 パーセント，9 月には 5.8 パーセントとなった。

為替レートが平価を大きく下回ると，銀の海外輸出によって，利益を上げることができるようになる。1934 年 8 月以降，上海金融市場の対ドル・対ポンド為替レートは，輸送費その他を含めた銀の輸出点を大幅に下回った。ここに，利鞘を目的として大量の銀輸出が行われ始めた。8 月下旬には，上海金融市場は，「極めて緊張した」状況であると伝えられた[40]。大量の銀流出は，政府に元切り下げの圧力をかけ，また，切り下げへの不安から，一層の資本逃避が行われ，平価と為替レートとの差異を拡大し，更に資本逃避と利鞘を目的とする銀輸出が加速する，という悪循環が進行した。大量の銀流出に危機感を募らせた政府は，投機的な銀と外国為替との取引を取り締まるために，1934 年 9 月 8 日，外国為替の売り買いを，(1) 合法的で通常の取引，(2) 1934 年 9 月 8 日以前に結ばれた契約，(3) 旅行や個人の必要，に限ると通告した[41]。しかし，投機的な取引と合法的な取引を峻別するのは難しかった。例えば，外国銀行や投資家が，為替の直物と先物を同時に売買するのは，為替相場変動のリスクを回避するために不可欠だった。

中国政府に残された選択肢は，銀の自由な取引を禁止するか，元を切り下げるかであった。10月14日，財政部部長孔祥熙は，銀に10パーセント（銀元の場合は，鋳造費2.25パーセントを控除する）の輸出税と平衡税を掛けると発表した[42]。平衡税は，毎日更新され，為替相場が平価を下回ったときに，その差を埋めて，銀の輸出から利鞘を稼ぐことができないようにするというものであった[43]。しかし，施行以前から，課税によって銀流出を抜本的に解決することはできず，為替レートの下落と税率の引き上げの繰り返しになると懸念されていたように，平衡税は，元切り下げの不安を更に煽り，対外的には元の為替レートを引き下げた[44]。平衡税の課税が発表されると，為替レートは数日間の内に10パーセントも下がり，その後は，ロンドン，ニューヨーク市場の銀価から算出される平価から10から15パーセントも下方で推移した。

1935年4月には，中国政府は，中国の金融を安定させるために協調する旨の合意を外国銀行から得ていた。外国銀行の銀輸出自粛を主眼とする紳士協定によって，1935年度の国外銀輸出は激減した。しかし，事実上の銀輸出禁止以降，元の為替レートと国際銀価との差は更に拡大し，銀の輸出からは大きな利益を上げられるようになっていた。大量の現銀が上海から厦門，汕頭，青島，済南に送られた後，香港あるいは華北経由で，国外へと持ち出されていると伝えられ，1935年度に密輸された銀の量は，1934年の輸出量にほぼ等しいと推計された[45]。

政府は，平衡税を引き上げて，拡大し続ける国際銀価との差を埋めることができなかった。平衡税を引き上げれば，為替レートを一層引き下げ，銀の流出を更に促進することが予想された。その場合，中央銀行が元を買い支えるならば，外貨の通貨準備を取り崩さざるを得ない。しかし，1935年4月頃から，国民政府は徐々に，銀本位制を離れて，管理通貨制度に移行する方針を固めつつあった。為替レートを維持するために外貨を市場に供出するならば，新通貨制度に必要な準備を減少させてしまう。結局，外貨準備の保持と銀流出の阻止，という2つの政策目標を同時に追求することはできず，政府の為替市場への介入は不徹底なままであった。

資本逃避と銀の流出，そして不安定な為替相場によって，中国元は大きな圧

力を受け，また，上海金融市場は混乱した。例えば，1934年5月から6月にかけて，ロンドン向け為替の先物相場は直物相場よりも高かった。しかし，1934年の秋までには，そうしたプレミアムが消失したばかりではなく，先物はときとして30パーセントにも及ぶ率で割り引かれるようになった。先物相場に対する割引は，市場における現金の不足を反映するとともに，中国元の将来に対する一般大衆の懸念を示していた[46]。

上海不動産市場の暴落

　通貨・金融危機の連鎖の中での，不動産市場の暴落は，状況を更に悪化させた。上海不動産市場は，1934年夏以前から，既に不況の兆候を示していた。同年4月，中国銀行総経理であった張公権は，「内地と上海」と題する講演を行い，「近年来，中国内地は困難と衰亡の苦境にあるのに対して，都市上海は，奇形的な発展と不健全な状態を示している。一切の現金と財富は上海に集中し，上海銀行界は発展と貯金の増加を見ている。内地農村の汗と血は，日々上海に流れ込み，現金は完全に上海に集中している。内地の投資には保障がないので，現金の投資先の問題が発生することとなる。しかし，敢えて言えば，今後上海の繁栄も大きく変化することになるであろう」と指摘した[47]。ここで，張が危惧したのは，数年来，内地からの遊資の主要な投資先のひとつが上海の不動産市場であり，また，上海の不動産を担保とした信用も膨張してきたが，1931年から深化してきた不況の影響を受けて，上海の地価が下落し始めたことであった。地価下落は，数年来，投資の大半が不動産に向けられてきたこと，更に，地価上昇に伴って不動産を担保にした信用も拡大してきたことを考えると，極めて大きな影響を及ぼすと予想された。既に述べたように，1929年以降の，不動産市場のブームは，投機的なものであった。不動産市場が活況を示す一方で，内陸部の購買力低下に伴う国内市場の縮小は，国内向け軽工業品の製造を中心とする上海の製造業に深刻な影響を与えていた。事業収益が低下する中で，高騰する利子は，企業にとって大きな負担であった。また，都市労働者は，家屋の賃貸料が不当につり上げられているとして，家主に対して大幅な値下げ（減租）を訴えていた[48]。

アメリカ銀買い上げ法が公布されてから3ヶ月後の9月，上海金融市場は，「蓄積された銀の量は現在の需要を上回っており，上海金融市場は，今しばらく銀の流出に耐えることができる。市場はいまだ緩慢である。しかし，金融市場が緊迫する予兆がある」と伝えられた[49]。1934年9月の段階では，確かに上海の銀の貯蔵量（庫存）は1929年を上回っており，問題は現銀の不足ではなく，過度の貸付の引き締めにあるとも考えられた。しかし，現銀の流出の進行が一般市民の不安を煽り，預金の引き出しと現銀の退蔵を促していた。金融機関は一層，貸出を引き締め，現銀の確保に努めた。現銀の減少と物価の下落という状況下で，上海金融市場は，信用を拡張する契機を失っていた。

1ヶ月後の10月末には，銀行は現金の貸出を極度に引き締め，金融市場は，「極めて逼迫した」。同時に，銀行は長期の貸付を引き締め始めた[50]。まず，外国銀行が，不動産を担保にした貸付を引き締め，後に拒否するようになった[51]。外国銀行の方針は，取引先である中国系の金融機関に圧力をかけ，債務の取り立て，貸付の引き締め，抵当物件の積み増し等へと駆り立てた。こうした混乱の中で，上海不動産市場が，ついに「一落千丈」と言われる大暴落に見舞われた。

金融機関は，土地価格の更なる下落を予想して，抵当に取った資産を売却して，できるだけ現金を確保しようとした。香港上海銀行による，申新紡績公司第七工場の競売は，その一例である[52]。1935年2月，香港上海銀行は，申新紡績公司第七工場を競売にかける旨，新聞紙上に広告を出した。この工場は，既述のようにもともと，1929年に総経理栄宗敬が，楊樹浦沿いという立地条件の良さを見込んで，イギリス人経営者から古い設備ごと買い入れたものであった。同年，栄は，工場の土地，家屋，機材，合わせて500万元余りを担保として，香港上海銀行から200万元の貸付を受けた。1933年10月に交わされた借款の臨時延長契約書では，1934年末に元本を返済すると約した。しかし，実際に1934年末になると，満額を一度に返済することができず，利子の全額と元本の一部を返済することを条件に，期限の延長を香港上海銀行に願い出た。香港上海銀行はこれを拒否し，担保物件を競売に掛けたのであった。香港上海銀行の行為は，工場の第二債権者であった中国銀行及び上海商業儲蓄銀行

第6章　上海金融恐慌 1934-35年　　183

の反対と，一般市民や国民政府からの抗議に遭って，第七工場は売却を免れた。この事件の問題の核心は，中国の製造業者と外国銀行との対立といった文脈からだけでは理解できない。本質的問題は，企業と，外国銀行も含めた上海の金融機関の間で了解されていた，不動産を担保にした信用供与のシステムの機能不全にあったことを指摘できよう。

　1935年5月のアメリカ系の美豊銀行（Oriental Bank）の倒産は，上海金融界に大きな衝撃を与えた。倒産の経緯は，銀行経営者の予想に反してデフレーションが進行する中で，従来の取引システムのもとで拡大された信用が問題化する過程を示している。1935年5月23日，美豊銀行が突然，「不況の深化と上海金融市場の現状に鑑みて，預金の引き出しに応じるだけの現金を準備することができない。……現在，資産を整理すれば，預金者には100パーセント弁済できる。しかし，あと数年も不況が続くようならば，本行は預金の30パーセントしか返済することができなくなるであろう」として停業を宣言した[53]。同行は，1919年の設立以来，上海だけではなく一時は天津を始めとする他の開港場にも支店を置いて，外国人・中国人を対象とする預金・貸付を行い，紙幣も発行してきた。また，1922年には，関連会社の普益地産公司，普益信託公司，美東信託公司を設立し，上海の不動産経営と，中国と海外の証券市場への投資を行ってきた。しかし，上海の地価と証券価格が下落する中で，預金の取付に遭い，停業に追い込まれたのであった。美豊銀行とその関連会社は，外国人と中国人を顧客にして，幅広く事業を展開していた。停業時，銀行に預金をしていた中国人は780人，預金総額は230万元に上った。また，美東銀公司が信託を受けてアメリカの証券市場で運用していた中国人の資金は60万元，株式所有者は120人でその総額は160万元であった。普益公司が中国人の顧客から預かっていた資産と株式50万元を加えると美豊銀行とその関連会社の中国人に対する債務は，500万元に上った[54]。損害の大きさを憂慮した財政部長孔祥熙は，アメリカ領事法院に中国人債権者の利益を保護するように依頼した。美豊銀行支配人レーバンは，経営悪化の原因は，会社の経営方針ではなく，金融市場の逼迫と資産価値の下落であるとした。美豊銀行とその関連会社は，1934年12月の時点で，アメリカにドル建ての準備と資産を約100万ドル

所有していた。それは，当時の為替レートでは 300 万元に相当したが，5 月 23 日には，240 万元に減価した。一方，現金準備は，預金の引き出し要求の増加から，急速に減少した。関連 3 社に預けられている定期の信託金は，通常は 75 パーセントは更新され，引き出されることはなかった。しかし，1934 年から 1935 年にかけての上海金融市場は極めて逼迫し，優良な担保を提示しても貸付を受けることは不可能であった。こうした状況下に，預金者は信託金を更新せずに預金を引き出した。現金準備を上回る預金引き出し要求に，美豊銀行とその関連会社は応じることができなかったのである[55]。

一方，6 月 12 日にはアメリカ領事法院によって整理管財人が指名され，美豊銀行とその関連会社の整理が開始された。整理管財人は，美豊銀行の倒産の原因は，上海の金融逼迫のためではなく，銀行の経営にあるとした。年来，美豊銀行は関連会社に，多額の貸付を行いそれを資産として計上してきた。しかし，これらの会社が担保として所有していた物件は殆ど価値がなく，数年前に整理されてしかるべきものであった[56]。9 月 4 日に発表された，銀行と関連会社の資産貸借表によれば，帳簿上は 482 万 9,403.62 ドルの資産のうち，450 万 7,823.66 ドルは既に減価しているとされた[57]。更に，担保物件の一部は二重抵当に入っており，処分することは難しかった。7 月 3 日に，レーバンはアメリカ領事法院に提訴されている[58]。しかし，債務の弁済は非常に困難であると考えられた。1935 年 6 月に始まった美豊銀行の整理は，1937 年まで続くこととなる。

実際，この美豊銀行のような事例が相次ぎ，複数の金融機関が資産を処分して現金化しようとするならば，資産価値を更に押し下げ，売却は一層不利になるであろう。そうなると，資産は不良債権として凍結されざるを得ない。こうして，上海不動産市場は急速に流動性を失っていった。

既に，1931 年末に金融が一時逼迫した際，中国銀行は，信用の緊縮と現金の枯渇について，以下のような分析を加えていた[59]。

> 商業信用の基礎は，資産と現金に他ならない。もし，資産の価値が一時でも全般的に下落するならば，市場の信用貸借は，必ず平衡を失して緊縮す

表 6-5　上海不動産市場の交易額　1930 年-35 年 10 月
（単位：百万元）

年	額
1930	84.4
1931	183.2
1932	25.2
1933	43.1
1934	13.0
1935（10月まで）	7.5

出典）Wei-ying Lin, *The New Monetary System of China*, p. 64.

るであろう。資産価値が下がり，信用が収縮すると，人々は現金を退蔵するようになり，現金はますます少なくなる。実際の庫存は以前と変わらなくても，信用のもととなる資産の価値が減少しているので，日常の取引では現銀が重視されるようになり，利子率が上がる。こうして，信用の収縮，利子の上昇，現金の欠乏，信用の更なる収縮が起こり，商工業の負担はより重くなり，物価が下がり，そして購買力はより低下して，更に商工業が衰落することになる。

　ここでは，上海の金融市場では，資産に裏付けられた取引が規範として共有されており，そのためにいったん資産価値が下落すると，それが信用供与のメカニズムを通じて，増幅した作用を及ぼすことが述べられている。実際に，1934 年以降，国際市場における銀価の高騰に呼応した資本逃避，その後の為替市場の混乱と銀の流出，そして，輸出・平衡税課税以降の通貨供給メカニズムの混乱は，信用収縮の連鎖を通じて，上海金融市場全体に，より大きな影響を及ぼしていた。

金融逼迫と政府介入

　不動産市場暴落の最も深刻な影響を受けたのは，資金基盤が弱く，また不動産金融に深く関与していた銭荘であった。福康，順康，福源といった銭荘の帳簿は，1934 年から 1935 年にかけても，多額の不動産抵当貸付がなされたこと

を記録しているが，これらの取引は実際には，それ以前に引き受けたものの処分できなくなった物件を，仕方なく繰り越したものであった（付表3-付表5参照）[60]。

　銭荘は，旧正月の決算期に当たる1935年2月を，何とか乗り越えた。貸付先の工場や商人の多くが，債務を返済できずに期限の延長を求めると，銭荘は，経営がやがて上向くことを期待して，それらに同意した。このときの決済件数は，例年の半分に満たなかったとされる。政府系銀行が銭荘に資金を供与したが，金融逼迫は根本的には解決されていなかった[61]。

　1935年3月，上海総商会は，21の商会を代表して，立法院に嘆願書を送り，政府が上海金融市場の復興に当たるべきであると訴えた。千軒以上の企業が倒産し，100万人以上が失業している現状では，2週間以上放置されるならば，上海経済は崩壊するであろうとされた。特に銭荘は，政府の援助なしには復活し得ないと考えられた[62]。

　上海金融危機の深刻さと社会不安の高まりを，蔣介石を含めた政府高官らも憂慮していた。政府は流動性の危機を改善するため，一連の施策を打ち出した。まず，商工業及び金融業に資金を投入するべく，金融システムの改革が行われた。中国の銀本位制通貨制度の下では，通貨の発行や信用の拡大を管理する中央銀行は存在せず，通貨準備は分散していた。金融機関の競争の下では，資金需給が緩慢なときには，紙幣発行や信用供給が争って行われる一方，金融が逼迫すると，現金を奪いあうこととなった[63]。こうした市場の激しい変動を防ぐために，政府は銀行準備を集中し，政策に沿って管理することとした。

　政府系銀行3行の再編も，計画の一端であった[64]。政府は中国銀行に対して，1,500万元の政府資金をそれまでの500万元に加えて投入し，銀行の資本を4,000万元とした上で，400万の株式を発行した。その内，半分は政府が，残りは民間の株主が所有することとなった。政府は更に，交通銀行に対しても，従前の200万元に加えて1,000万元を投入し，総資本を2,000万元として，その60パーセントを政府公債で買い付けた。

　1935年2月に期限を延長した債権は，4月に期日を迎えた。その間，経営は

好転しなかったばかりか，悪化したところも多く，商工業者は銭業同業公会に，期限の再延長を求めた。4月10日に開かれた会議で，公会は，既に資金が底をついた銭荘も多く，これ以上の延長は認められないとの結論に達した。孔祥熙は，20万元の融資を，その内15万元は抵当付とすることを条件に申し出た。利子は6パーセントで，経営状態の悪い銭荘は，2パーセントの補助を申請できるとした。しかし，銭業同業公会はこれらの条件で合意することができず，金融危機はより深刻化していく。

　6月1日，上海銭業同業公会は，公会に加入している銭荘が発行した小切手以外は換金しないこと，口座当たり500元以上の預金引き出しには応じないこと，融資は抵当物件の60パーセントを限度とすること，を発表した。これらの措置が，上海経済に極めて深刻な打撃を与えることが予想されたことから，孔祥熙は，行政院院長の汪精衛に，銭荘救済のために250万元を，銭業同業公会から担保をとることを条件に，暫時，1934年関税公債から政府系3銀行に移管するよう要請した。この復興基金を管理するため，財政部は銭荘管理委員会を設立した。委員会は，55の銭荘の会計を監査し，政府からの融資の担保となっている資産の価値を審査することとされた。審査にあたっては，不動産の評価額は9割，物品は市場価格の7から8割，公債は額面と同価格，とした。資金援助を申し出る銭荘は，抵当物件と同額の政府公債を受け取って，それらを政府指定の銀行で換金することができた[65]。

　経営危機に陥った新式銀行も，政府の支援を要請した。1935年前半には，明華銀行，寧波実業銀行，江南銀行といった中国系の銀行や，複数の銭荘が倒産した。相次ぐ金融機関の停業は，預金者の不安をあおり，預金の引き出しが殺到した[66]。更に，上海の金融機関は，同業存款と称して，相互に預金を預けあっていたので，預金の取付を受けたひとつの金融機関が，他の金融機関から預金を引き出すと，個別の経営難が，上海金融市場全体に波及することになった[67]。寧波商業貯蓄銀行や中国商業銀行などが紙幣の兌換に応じることができず，政府から500万元の補助を受けた。これらの銀行の総経理は，政府から派遣された人員に替えられた[68]。

　金融システムの改革に関して，1935年6月はひとつの転機となった。当時

の有力経済誌『ファイナンス・アンド・コマース（*Finance and Commerce*）』は，銭荘と銀行が，政府とそれまでになく緊密に協働するようになったと報じている[69]。資金を経営難の金融機関に投入することによって金融危機を回避しようとする施策を通じて，政府の経済における役割は明らかに大きくなった。しかし，金融危機が銀価の変動に起因していた以上，金融部門への介入は問題解決の一助でしかなかったと言える。危機の抜本的な解決には，銀本位制の問題に対峙しなければならなかった。

小　結

　大恐慌期の国際銀価の騰落は，上海金融市場に迅速に，大きな影響を及ぼした。第1章で見たように，銀は中国の外では国際的に取引される商品であり，また，中国でも銀建ての中国通貨と外国為替との取引に，何ら制限は設けられていなかった。こうした条件の下では，中国内外の銀の価値の差異に応じて，銀は自由に売買され，海外から中国へ流入，あるいは中国から海外へ流出することになる。

　大恐慌の最初の2年余りは，国際銀価の低落によって大量の現銀が上海に流入した。当時，増加した資金の多くは，不動産や公債へと投資され，更に，そうした資産を担保として信用の拡大も行われた。上海金融市場は，海外からの資金の引き上げや，資産価値の下落が起こった際には，危機にさらされ得るリスクを内包するようになった。

　1931年9月，イギリスが金本位制を離脱したのを端緒として，各国が通貨を切り下げ，それに伴って国際銀価も上昇した。こうして，国際金本位制の終焉は，銀本位制を採る中国に大きな衝撃を与えることとなった。為替レートの上昇後，中国からの輸出は低迷し，貿易収支の赤字が続く一方，華僑送金や海外からの投資は減少した。貿易収支の赤字と資金流入の減少から，中国からは現銀が流出し，また，長年に亘って続いてきた物価の緩やかな上昇は，下降に転じた。上海金融市場をめぐる状況は，明らかに従来とは異なっていたが，国

外への現銀の流出の一方で，国内各地からの流入は続いていた。上海の金融機関は，経営不振に陥った企業への貸付は引き締めたものの，土地や公債への投資を続けざるを得なかった。

　1934年6月に施行されたアメリカの銀買い上げ法は，上海金融市場を混乱に陥れた。国際銀価が急騰すると，上海では，中国が銀本位制を停止して中国元を切り下げるか，銀の輸出を禁止するであろうという懸念から，多額の資本逃避が起こり，大量の現銀が海外に流出し始めた。政府は，銀の輸出に課税を行って，流出を止めようと試みたが，内外の銀の価値が大きく乖離している状況下では，密輸が横行し，事態を収拾することができなかった。現銀の減少，物価の下落，更に最も重要な担保物件であった不動産の市場が暴落するに及んで，上海金融市場の流動性は，急速に大きく減少し，多くの金融機関が深刻な経営危機に陥った。

　問題は，中国の通貨システムが，銀の流出を停止させる制度を備えてはいなかったことである。中国の銀本位制は，国内外での銀の自由な売買に基づいており，例えば1935年当時，上海市場で減価が予想される中国元を売って外国通貨を購入する行為は，合理的かつ合法的な行為であった。また，デフレーションが進行する中で，信用の引き締めと，既存の貸付の不良債権化が連鎖的に起こるという状況に抗して，市場の流動性を増加させる，他国の中央銀行に当たるような機能を備えた組織は，中国の金融システムには存在しなかった。政府は中国・交通両銀行へのコントロールを強め，またいくつかの金融機関に資金を投じて当面の金融危機を回避しようと試みたが，金融危機と通貨危機が連鎖的に起こっている以上，通貨制度の改革が，根本的な解決には不可欠であった。幣制改革が不可避であることは，1935年の後半には，誰の目にも明らかであった。しかし，長期に亘って市場にまかされてきた通貨システムを，政府の管理へと移行させるのは，困難な作業であることが予想され，入念な準備と調整が必要とされていた。本章第3節で見たように，1935年4月頃から，政府は管理通貨制度への移行の方針を固め，そのための為替準備をいかに確保するかに腐心し始めていた。次章では，そこで行われた列強との通貨外交について詳しく見ることとする。

以上第 II 部では，1929 年以降の，農業，製造業，金融業の各セクターにおける危機とその相互の関係について考察を加えた。大恐慌下での世界的な農作物価格の下落の影響を受けて，中国の農産物価格も継続的に下落した。この状況下に，農家は，現金収入の減少のみならず，農作物や農地を担保として機能してきた農村金融が流動性の危機に陥り機能しなくなるという事態に遭って，「農村崩壊」と称される危機に陥っていった。農村経済の悪化は，国内市場での需要の減少や，工業製品の原材料の品質の劣化といった現象を通じて，都市の製造業にも深刻な影響を及ぼしたが，既存の取引システムの中では都市から農村に資金の流入を促す仕組みを欠くなかで，企業は原材料費の引き下げを試み，逆に農家への負担を増加させた。しかし，需要の減少と，1931 年以降の中国元為替レート上昇の趨勢下での国際競争激化の下で，そうした施策に訴えても，企業の経営を好転させることは難しかった。企業に対する資金の供給元であった金融機関は信用を引き締め，また，財務管理を強化したが，担保物件の価値が下落する中で，不良債権からの損失を免れることはできなかったのである。不況が深化する状況下で施行された，1934 年アメリカ銀買い上げ法は，中国からの銀流出を促し，中国経済に大きな打撃を与えた。特に，金融センターであった上海金融市場では，現銀の不足に加えて，それまで信用拡大の核となっていた租界の不動産価格が暴落したことから，流動性の危機を迎え，恐慌状態に陥っていった。

　これらの，一連の危機の連鎖が進む中で，政府の救済や介入に対する期待が高まっていった。そうした要請に，政府はどのように，どの程度応えることができ，また，それは何故だったのか。第 III 部では，大恐慌下での危機に対する政策的対応の射程を明らかにした上で，南京国民政府の経済政策の効果と限界について検討する。

第Ⅲ部　統治とその限界
―南京国民政府経済政策の再検討―

第7章

危機への対応

―1935年11月 幣制改革―

　1930年代半ばまで，中国政府は積極的に通貨管理を行うことはなかった。逆に，歴代政権の中には，通貨の発行を財政拡張の一手段と看做すものもあり，国内の金融市場を混乱させた。更に，通貨の発行権はひとつの銀行に集中されてはいなかった。1907年までには，政府系銀行2行，商業銀行1行，省政府銀行1行が通貨の発行権を与えられていた。1927年までには，2行の政府系銀行に加えて，28の商業銀行と11の省政府銀行が紙幣を発行していた。在華外国銀行が発行していた紙幣や，銭荘を含む民間の機関が発行した手形類を含めれば，発行機関と通貨の種類は更に多岐に亘る。1928年，国民政府は中央銀行を，資本金20万元で設立した。中央銀行は通貨発行権を持ち，国民政府の財源と，公債の管理を任された。しかし，中国の中央銀行は他国のように，特別な地位にあったのではなかった。発行権は民間の銀行と共有しており，また，それらの銀行の発行準備が中央銀行に預けられてもいなかった。したがって，政府には，割引率の操作等によって，金融市場をコントロールする手段はなかった。

　複数の主体による無制限な通貨発行は，インフレーションを招きやすいが，一般市民の銀への兌換要求が通貨供給量の過度の拡大を防いでいた。民衆は，銀の裏付けのない紙幣の受取を拒んだので，政府は自由に紙幣を発行すること

はできなかった。政治権力は，たびたび，この通貨の保障を脅かした。一例を挙げると，既述のように，1916年，当時，中華民国総統であった袁世凱は，中国銀行と交通銀行に通貨の兌換停止を指示している。しかし，いくつかの省政府がそれらの紙幣の価値を割り引くことに罰金を課し，中国銀行も政府の指示に強く抵抗したので，通貨システムは危機を免れた。

　1931年まで，銀本位制は政治権力による恣意的な通貨システムの操作に対する防波堤となっていた。また，銀本位制の下で，国際銀価の下落に伴って，中国経済は緩慢なインフレーションを経験することとなった。しかし，銀価の動向が反転し，デフレーションが始まると，インフレーションの時期に形成された通貨・金融システムは機能不全に陥った。現銀は国内から流出し，銀行は争って信用を引き締めたのである。この時点で，金融システムの政治権力からの自律性には，疑問が呈せられることとなった。誰もが，中国の通貨と信用には，何らかの管理が必要だと認めていたが，1934年以降の大規模な資本逃避に見られるように，政府の恣意的な介入に対する疑念もまた根強く存在した。1934年から35年にかけての通貨・金融危機の同時進行は，銀と外国為替の自由な売買を柱とする通貨供給のシステムが，深刻な危機を招きうることを明らかにしていたが，同時にそうした既存のシステムの欠陥に関する認識が，直ちに政府による通貨管理への支持に結びついてはいないことも示していた。こうした市場との対応関係の下で，新たに政府が発行・管理する通貨に対して，いかに信認を獲得するかが，国民政府にとって，幣制改革を立案・施行していく際の命題となっていた。

1. 幣制改革の外交的経緯

　通貨システムを改革し，新しい通貨に対する信認を確立するためには，まず，発行する紙幣に対して，外貨あるいは金などで，銀に代わる十分な準備を用意することが不可欠であった。具体的には，銀をアメリカに直接売却するか，あるいは市場で売却する，または，外国借款の供与を受ける等の方法が考

えられた。しかし，当時の中国をめぐる日本，アメリカ，イギリス間の国際関係の下では，中国政府が幣制改革のための資金を獲得するのは，いずれの方法を採ろうとしても大きな困難を伴った。

　日・米・英政府は，それぞれ，中国政府の通貨・金融政策の執行能力に不信感を抱いており，借款に関しても放漫な財政運営の下で浪費されてしまうであろうという消極的な見解を有していた[1]。特に，日本は，既に1934年4月の天羽声明で，列強の対中援助に反対し，東亜の平和には日本が特別の責任を有すると宣言していたが，幣制改革については，その前提となる政治的統一と財政均衡を中国が自力で達成すべきであるとして諸外国を牽制する一方，自らが中国に借款を供与するつもりはなかった。日本の中国政府に対する不信感は，前章で見た資本逃避にも見られるような，中国金融市場が政府の通貨管理に対して示していた疑念とも重なっており，「今日南京政府は政権の不安定，財政逼迫，巨額の債務不履行，財政当局の不信用等のため，国民に対する財政的信用を欠いている」という分析も，幣制改革施行上の重要な問題を捉えていた[2]。しかし，対案を示すことなく自力更生を求め，かつ他国の関与にも反対する日本の頑なな対応は，アメリカ国務省，イギリス外務省及び大蔵省が極東における日本を含む国際協調を重視したことから，両国の対中政策へも影響を与え，中国政府の外貨調達を一層困難にした。唯一，中国への資金供与に積極的であったのは，アメリカ財務省であり，銀買い上げ法は変更できないとする一方で，アメリカ政府は，中国に対して，借款の供与あるいは銀の直接買い上げを行い，通貨システムの改革を行うように促すべきであるとの見解を示していた[3]。

　こうした各国政府の方針の下で，中国政府による，アメリカ政府に対する銀と金のバーター取引の要請（1934年9月23日），日本政府に対する借款要請，及び，中国海関総税務司メーズや香港上海銀行を通じたイギリスへの借款の打診は，すべて失敗に終わった[4]。その間もアメリカ政府による銀の買い上げと国際銀価格の上昇は続いており，中国政府は，アメリカへ銀を直接売却することが，その他の国の政治・経済的利害との摩擦を防ぎ，かつ最も迅速に，改革資金を調達する方法であると考えていた[5]。財政部部長孔祥熙は1935年2月5

日,改めてアメリカ政府に対して中国保有銀購入を要請し,またドルにリンクした新通貨システムへ移行する間の資金として,1億ドルの借款と,更に銀売却を担保とした1億ドルの貸付を要求した[6]。しかし,ほぼ同時期に,孔は,日本が中国の経済危機に乗じて単独で借款を提供し,特に華北を中心として経済統制を強めることが懸念されるとして,駐米大使施肇基に,対中四国借款団を通じた借款も考慮する旨,伝えるよう指示を出した[7]。アメリカ政府内では,単独でも中国の幣制改革を支持するべきだとするモーゲンソー財務長官と,列強の対中政策協調を優先するハル国務長官が対立していた。ルーズベルト大統領は,どちらを支持するかを明確にしてこなかったが,結局2月19日,国務長官は,孔の借款要求を拒否した。しかし同時にアメリカ政府は,中国の幣制改革に関心を持つ他国政府と協調する準備があると付け加えた[8]。

ここに,イギリスの対応が,中国への資金供与の枠組みを決定する上での焦点となった。イギリス大蔵省は,中国への援助を通じて,中国に対して何らかのコントロールを及ぼし得ることは望ましく思っており,また,共同借款案については,日本を引き込むことによって日英関係を強化し,更に東アジア地域の安定化を図る可能性を見出していた。イギリス政府は,1935年3月8日,中国の財政・経済上の困難を打開するために列国協議を提案する旨,中国に覚書を送り,3月18日,中国政府はこれに対して同意と感謝を表明した[9]。しかし,イギリス政府の意向に反して,日本が,単独でも共同でも借款には反対し,また列国会議への参加も拒んだことから,当面,資金供与自体は見合わせられることとなり,多国間交渉の枠組みの下での活動の焦点は,中国への財政専門家の派遣へと移ることとなった[10]。

こうした列強の中国をめぐる対立は,中国政府にとって,前章で見た,国内金融市場の混乱への対応を図る上で,大きな障害であった。中国側の不満は,第一に,各国間の交渉に時間がかかり,刻々と進む通貨・金融危機に,迅速に対処できないことであった。第二に,多国間交渉の過程で,幣制改革に関する情報が漏洩し,既に極めて不安定になっている金融市場がパニックに陥ることが懸念された[11]。中国政府は,イギリス政府が多国間協調という枠組みの下で,幣制改革に関する情報を他国とも共有しなければならないと考えている限

り，改革計画の詳細を明らかにする意図はないとして，各国が派遣してくる専門家と，公式の外交交渉に伴う手続きを離れて，秘密裏に幣制改革施行の詳細を討議するつもりであると述べている[12]。しかし，日本は専門家の派遣も拒否し，アメリカも，銀買い上げ政策が中国経済に及ぼした悪影響に因って，中国国内で反米感情が高まっていることを懸念して，派遣を見合わせた[13]。アメリカからの支援に期待をかけていた中国は，アメリカ政府が専門家を派遣することへの期待を表明し続けたが，一方で，アメリカへの銀売却の交渉を，外交ルートを通じて行っていった[14]。最終的には，次節以下で見るように，中国政府はイギリスが派遣したフレデリック・リース＝ロスと交渉を進めつつ，アメリカへの銀売却を行っていくことになる。一方，中国への専門家の派遣を拒んだ日本は，情報収集のチャンネルを失って，1935年3月以降，中国の幣制改革の動向を，殆ど把握できていない様子が窺われる[15]。こうした，日本を排した計画の推進は，日本の中国権益に対する強硬な主張に鑑みれば，中国政府にとって政治外交上のリスクを伴うものであったであろう。しかし，改革実現へ向けた時間的な制約と，市場に向けての情報操作の必要性から，中国政府は英米との交渉を優先することとなったと考えられる。

通貨・金融システム構築のプロセス──リース＝ロスとの交渉を事例として

1935年9月，リース＝ロスが，エドモンド・ハル・パッチ（大蔵省），シリル・ロジャース（イングランド銀行）とともに，イギリス政府派遣の専門調査団として中国に到着した。以後，11月4日に施行された幣制改革をはさんで，6ヶ月に亘ったリース＝ロスの中国における活動の目的や影響については，幣制改革施行直後は，特に，日本の雑誌・新聞が，イギリスが借款を供与し，リース＝ロスの主導の下に，改革が行われたとの報道を行い，また，日本の政府や銀行界も，一時，同様の認識を持った。そうした同時代の言論や認識の影響もあり，研究史上も，リース＝ロス，及びイギリスが中国の幣制改革に及ぼした影響を大きく評価する場合があった。しかし，近年来，イギリス史，中国史研究は，使節団の政治的・経済的影響が，結果的には限定的であったことを明らかにしてきた[16]。こうした先行研究を踏まえた上で，リース＝ロスと財政

部長孔祥熙，中国銀行理事長宋子文ら中国政府高官との間の会見が，9月の到着以降，11月4日の改革施行までの1ヶ月半あまりの間でも16回に及んだことは注目される。改革を実施に移す過程で行われた，これらの交渉では何が問題とされ，そこでの議論は，新通貨システムの構築に，どのような影響を及ぼしたのであろうか。以下，リース＝ロスと中国政府高官との間での交渉の過程を詳しく見ていくとき，最終的にイギリスが借款を提供しない，ということを両者がいまだ知らなかったことに注意する必要がある。そこでは，中国政府高官は，リース＝ロスが提示する条件に真摯に耳を傾けると同時に，外国政府や市場が中国政府の政策運営能力に対して向けている懸念と，彼らの信用を取り付けるために必要な通貨・金融・財政政策上の重要事項を理解することとなった。リース＝ロスとの交渉は，中国政府にとって，貴重な学習プロセスとなっていたのである。

　1935年9月22日，宋子文との第一回目の会談で，リース＝ロスは，中国が銀本位制の離脱と管理通貨制への移行を既に決定していると伝えられ，続く第二回（9月25日）会談では，改革の具体案も作成済みと知らされた。更に，1935年9月28日の孔との会見では，中国政府が，既に，アメリカ政府から，中国が売却する銀を，アメリカ所有の金で支払うという条件で購入する準備があるとの了解を取り付けていると伝えられた[17]。これらの経緯を前提として，9月30日，宋も同席した会談の席上，孔は，幣制改革と経済復興計画の概要を示す覚書を，リース＝ロスに提出した。孔と宋は，アメリカへの銀の売却によって，幣制改革に当面必要な資金は確保できるが，新しい通貨制度を成功させるのに不可欠な財政均衡を達成し，更に，国際金融市場における中国の信用を回復するために資金が必要であるとして，1千万ポンドの借款と，更に，銀の売却益を担保として，銀行貸付1千万ポンドを求めた[18]。覚書は，借款の必要性についてより詳細に説明し，特に，政府支出の最大項目である軍事費を削減するについては，除隊した余剰人員を，治水や道路建設などの公共事業に吸収する必要があること等を挙げて，より長期的な経済復興計画とのかかわりを主張していた[19]。リース＝ロスは，資金供出額の上限は，1千万ポンドに止まるであろうと返答しつつも，覚書を持ち帰った[20]。

幣制改革の財政問題との密接な関係は，中国政府内部でもアーサー・ヤング，オリバー・ロックハートらの外国人経済顧問によって既に指摘されていたが，リース＝ロスとの交渉を通じて，改革成功の鍵となる中心的課題として取り上げられていった[21]。10月2日には，銀行，補助硬貨，為替レートという3つの問題について，合計14項目に亘って改革の具体的内容を記した覚書と通貨・金融改革計画書が，10月4日には財政問題に関する覚書が提出された[22]。幣制改革と財政問題に関する2つの覚書に対して，リース＝ロスが最も強調したのは，通貨管理を行う中央銀行を，政府から独立させることであった。当時，中国中央銀行の総裁は財政部部長が兼務していた。リース＝ロスは，こうした政府と中央銀行との関係が，新通貨制度の下でも見直されていないことに懸念を表明し，具体的には，中央銀行の株式を民間にも開放し，中央銀行の貨幣委員会の委員は株主から選出することを提議した[23]。そして，財政に関する覚書が，国内で発行した政府公債の元利の支払いが重い負担となっているとして，外国借款による借換えを通じて，政府公債の債権者への償還を少しずつでも行うことが必要であると主張していたのに対して，政府公債の整理には，外国借款に頼るのではなく，国内で長期の債券を発行して対処するべきであるとした[24]。

　リース＝ロスの提言を受けて，中国政府は，「通貨・財政改革計画に関する補遺」（10月11日付）と題する覚書を提出した。そこでは，中央銀行の株式と運営の民間への開放，国内での長期国債起債による財政再建，など，リース＝ロスの建議を取り入れた計画が提示された[25]。幣制改革前に交わされた最後の文書となった同覚書を始めとして，リース＝ロスと中国政府高官との交渉を，改革後に実行された施策と比較すると，18ヶ月以内の財政均衡達成を目標として公約すること，中央銀行株式の6割を上限とする民間への開放，イギリス中央銀行からの外国人顧問の招聘，長期国債の発行による既存の政府公債の負担軽減などの点で，交渉内容が財政・金融にかかわる重要な問題に反映されていることを指摘できる[26]。中央銀行の独立と財政均衡が，新しい通貨システムへの信頼を確立するためには不可欠であり，結果としての通貨・金融システムの安定は，外国からの借款・投資にも必須の条件であるというリース＝ロスの議

論は，中国政府が，外資の導入を模索しつつ，新しい通貨システムの制度を構築する過程に影響を与えたと考えられる。

一方，新通貨のポンドへのリンクや，対中借款への日本の参加など，幣制改革をめぐるイギリス政府の利害により直接的に結びついていた要求に関しては，中国側の反応は鈍いものであった。10月2日付の幣制改革に関する覚書では，新通貨が，どの通貨に価値基準を置くかは，「世界的に通貨価値および政治経済状況が不安定であることに鑑みて」，更に検討を重ねる，とされていた[27]。これに対して，リース＝ロスは，ポンドか，あるいは，ポンドとの一定の交換価値を維持している円とのリンクを表明するように，再三要求したが，宋子文は，ポンドへのリンクは，イギリスからの借款が実際に供与された場合に考慮すると返答した[28]。また，日本への対応に関しても，日本からの干渉が改革の施行を遅らせることへの懸念を表明した上で，日本の借款への協力を事前に取り付けることは非常に望ましいが，借款が供与されることが分かれば，日本の銀行団は最終的には参加してくるだろうとの見通しが示された[29]。イギリス政府から，対中借款への合意が得られない状況下では，個別の要求事項に関して，リース＝ロスの交渉力は限定されていたのである。

2. 1935年11月4日 幣制改革

1935年11月3日，中国政府財政部は幣制改革の施行を発表し，世界恐慌発生以来の国際市場における銀価格の変動が，中国経済に深刻な危機をもたらしたことに鑑みて，政府は経済復興を達成するために，通貨準備を確保し，貨幣・金融の恒久的な安定を図ると宣言した。同時に，1935年11月4日以降，中央・中国・交通の政府系3銀行が発行する紙幣をもって法幣とすること，3銀行以外の銀行が発行していた紙幣は法幣によって回収すること，銀貨・地金等は，その銀含有量に応じて法幣と兌換されること，そして，法幣の対外為替相場を現行のレートで安定させるために，中央・中国・交通の3銀行は，無制限に外国為替の売買に応じること，が発表された[30]。しかし，この時点で，現

銀を回収することができるのか，そして法幣が一般市民に受容され，新しい通貨システムが機能するか否かが，政府にとってさえも不明であったことは，財政部が，改革の布告に続いて発表した『新貨幣制度説明書』中で，「新貨幣制度に懐疑を抱くものに告げる」という節を立て，為替レート安定，物価安定，法幣の流通，通貨準備の確実性，という4点について説明を加えていることからも窺われる[31]。

　政府の布告を受けて，各地の銀行公会や銭業公会は，早速対応を協議した[32]。上海銀行公会は，11月3日夜に，中国銀行，交通銀行の政府系2行に加えて，浙江興業，金城，上海商業儲蓄，中南等の主要な銀行からの代表者を集めた臨時会議を開いたのに引き続いて，4日正午から臨時執行会議を開き，今後同業間の手形の割引には，まず銀元を法幣に換えて使うこと，同業間で既に手形の貸越・借越が多額にある場合は，中国・交通両行で売り買いの出合いを求めて差引することになるが，その詳細な方法については，銀行公会準備庫，銭業公会準備庫，及び中国・交通両行で協議すること，そして，今後同業間で振り出す各種の手形の額面は，すべて法幣を単位として表記すること，を決議した。上海銭業公会も，11月3日夜に，各銭荘の代表60人余りを集めて会議を開き，財政部の布告を遵守することを満場一致で決議した。これらの中国系の金融機関だけではなく，外国銀行を含めた上海の金融機関は，11月4日に，所有する現銀量を報告した[33]。前章でも見たように，1934年後半からの上海金融市場の深刻な不況に対応する中で，政府は市場での重要性を徐々に高めていた。こうした経緯からも，上海の内外の金融機関は，幣制改革に対する支持を迅速に表明したと考えられる。一方，天津銀行公会も，11月4日朝に，銀行及び銭荘23行を集めて会議を開き，政府の幣制改革を遵守すること，天津銀銭公庫に預けられた銀を媒介として行われてきた同業間の手形の割引は，今後，中央・中国・交通の3行が発行する法幣を用いて行うこととし，公庫内の現銀は11月2日付の数量をもって，銀行公会，銭業公会及び政府系銀行3行が共同で検査し封鎖すること，11月4日以降，各銀行が振り出す手形は法幣を単位とすること，顧客の疑念には，各行が随時答えるようにすること，を決議した。上海と同様，天津の金融界も，幣制改革への支持を表明して

いたが，現銀が急速に南京中央政府に集められ，天津に現銀がなくなると，天津の後背地の地方金融市場で銅貨の銀建ての価値が暴騰するなど，大きな混乱が予想されるとして反対し，天津に独自の通貨準備保管委員会分会を設立することを求めた[34]。

現銀の回収

　天津の金融機関に限らず，幣制改革布告当初，アメリカにおける銀の価値が，中国よりも3分の2以上高い，という国際銀市場の市況下では，中国政府の管轄権の及ばない外国銀行だけではなく，中国系の民間金融機関からも，現銀を回収するのは難しかった。政府は，金融機関との交渉を通じて，目的を達成する必要に迫られた。幣制改革では，プレミアムを付けずに現銀を回収することとされていたが，政府は中国系金融機関への妥協案として，現銀の受け渡しから2年間に亘り，交換する紙幣の60パーセントの価値にあたる現銀を供出すれば，残りの40パーセントは政府公債，株式，社債などを紙幣の準備として納めればよいこととし，更に，これらの預けられた債券の利子を受け取ることも許可した[35]。これらの措置によって，民間銀行からの現銀の回収が促されることとなった。

　外国銀行に対しても，当初，中国系銀行に対するものと同じ優遇案が，外国銀行公会に提示された。しかし，公会内で同案に関する議論が進められる間，1935年12月から1936年1月までに，ニューヨーク市場の銀価は1オンス当たり65セントから45セントに下落し，当時の1元当たり30セントという為替レートから産出される平価1オンス40セントを僅かに上回るに過ぎない水準となった。銀価の急速な下落に鑑みて，香港上海銀行を除くイギリス系銀行は，1935年12月22日には，既に，現銀の供出を行うことで合意していた。香港上海銀行が当初，銀の供出に応じなかったのは，引渡しの条件として，中国招商局や永安公司などに行った借款の債務不履行の補償を求めていたためであった。最も有力な銀行である香港上海銀行の抵抗に遭っても，孔祥熙財政部部長は，国際銀価下落の機会を逃すことなく，1935年12月30日に，外国銀行公会に対して，「この件を解決するために，1936年1月7日を期限として，

表 7-1 政府系銀行法幣発行量 1935 年 11 月-37 年 6 月

(単位：千元)

年　月	中央銀行	中国銀行	交通銀行	農民銀行	計
1935. 11	152,221	248,636	143,432	29,847	574,136
1935. 12	176,065	286,245	176,245	29,771	668,326
1936. 3	252,349	310,151	186,698	34,777	859,447
1936. 6	300,099	351,773	204,912	92,035	948,819
1936. 9	314,353	377,768	217,110	108,503	1,017,734
1936. 12	326,510	459,310	295,045	162,014	1,242,879
1937. 3	361,835	501,404	308,577	200,053	1,371,869
1937. 6	375,640	509,863	313,548	207,951	1,407,002

出典) Tamagna, *Banking and Finance in China*, p. 144.

中国政府提案に対して返答を求める」との最後通牒を通達した。1935 年 12 月の中国政府案は，紙幣の準備として債券を預け入れるのに代えて，中国銀行へ外国銀行が準備金を預け入れる一方，中央銀行はそれに対して，年利 5 パーセントの利子を支払うという条項が示された。イギリス政府からの強い要請もあり，香港上海銀行も銀の供出を決定し，1 月初旬には，日本系銀行を除く外国銀行からの銀の回収が実現した[36]。

法幣の準備金は中央銀行・中国銀行・交通銀行の政府系 3 行に預けられ，通貨準備保管委員会によって，管理されることとなった。この委員会は，財政部 (2 名)，中央銀行・中国銀行・交通銀行 (各 1 名)，といった政府からの代表と，銀行公会，銭業公会からの代表 (各 2 名)，上海総商会代表 (2 名)，財政部が指名した銀行からの代表 (5 名) という民間人とからなっていた。

現銀の回収が進むのと同時に，政府系銀行の法幣発行量は，順調に増加している (表 7-1)。改革当初の懸念に反して，法幣は，民間に受容されたのである。

兌換性の確保と為替レートの維持

政府はどのようにして，新たに発行する法幣に対する信認を獲得したのであろうか。1934 年 6 月以降，資本逃避と通貨危機，列強政府との交渉という過程を通じて，中国政府が直面してきたのは，自らの通貨管理能力に対する国内

外の不信感であった。当時の上海銀行界の中心人物であった，陳光甫（上海商業儲蓄銀行総経理）や張公権（前中国銀行総経理）らは，政府がこうした疑念に抗して，通貨システムの改革を進める上で，銀に代えて外貨によって法幣の価値を担保すること，すなわち，法幣の外貨への兌換を維持しつつ，為替レートを一定に保つことが，極めて重要であったと指摘している[37]。銀本位制度の下では，中国元の対外為替レートは銀の国際市場価格とともに変動した。これに対して，新通貨制度の下では，ポンド・スターリングとは 1 元 ＝ 14$^{3}/_{8}$ ペンス，アメリカ・ドルとは 1 元 ＝ 30 セント（買レート）を維持するとされた[38]。ここでは，中国元はいずれの通貨にもリンクしていないことが注目される。幣制改革によって，中国元がどの貨幣にリンクするかは，英・米・日政府の関心の的であり，特に，アメリカ政府は，銀購入の条件としてドルへのリンクを強く主張した。改革前夜の 11 月 2 日に交わされた，アメリカは直ちに 1 億オンスを買い入れ，後に更に買い入れを考慮するという覚書にも，買い上げの条件として新通貨のドルへのリンクを挙げたが，中国側が受入を拒否したため，最終的な米中の合意には至っていなかった[39]。中国政府は，リンクを避ける方針を堅持し，次のように述べている。

　　財務長官自身の希望もあって，売却する銀は，あくまでも財務上の取引であり，我々政府内部に対する制限や，アメリカ政府との何らかの取決を意味するものではない。日本は，幣制改革に大きな衝撃を受けており，我々がイギリスと協議し，ポンドにリンクしたのではないかと疑っている。これは，まったく根拠のないことだ。幣制改革の法令は，〔法幣が〕どの通貨と関係を有するかについては，慎重に言葉を選んであいまいにしてあり，その理由のひとつは，〔特定の関係への〕反対を避けるためだ。もし，我々が，アメリカ・ドルか金へのリンクに同意した場合，アメリカ政府は，日本への釈明に協力する準備があるのか。全国的に，〔幣制改革の〕命令は予想外に受け容れられており，外国商人は，新通貨をどの外貨にも兌換できる現行措置に満足している。我々自身の利益のために，我々は現在の為替レートの水準を保たなければならない。なぜなら，何らかの破綻

は，新通貨に対するすべての信認の喪失を意味するからである[40]。

　日本の動向に焦点を当て，幣制改革をめぐる国際関係のバランスを取る必要を強調しつつ，通貨・金融システムの対外開放性の下での新幣制の確立を追求する，中国政府の主張に対して，最終的にはアメリカも対ポンド，対ドルの両レートにターゲットを設けることを受け容れた[41]。

　中国政府による為替レートのコントロールに関して注目されるのは，当時の中国金融市場では外国為替管理がなされていなかったことである。通貨の安定性に不安を覚えるならば，誰でも市場で元を売り，外貨に換えることができた。改革施行以前に，リース＝ロスは，宋子文に対して，為替管理を提言していたが，宋は，一層の資本逃避を促すだけであるとして否定していた[42]。改革後，金融市場の対外開放は，新通貨システムの基礎と捉えられていった。席徳懋（中央銀行業務局総経理）は，政府が外貨管理に反対する理由を次のように説明している。

　　近年，世界の主要な国家では外国為替管理が行われているが，我々は，中国の条件が多くの点でこれらの国々と異なっていることに注意しなければならない。……規制が行われるならば，貿易収支の黒字分しか，国内に資金は流入しなくなるであろう。しかし，貿易収支は過去数年間，赤字続きである。我国にとって，華僑送金や外国資本の投資，我国の資本の利益還元などの形で，資金が流入することは極めて重要である。どのような形であれ，規制は通貨制度への信用の回復を妨げるであろう。新通貨制度の成功の主因は，新通貨が外貨との自由な兌換を保証されていることにあるのである[43]。

　従来，中国は，貿易収支の赤字を，貿易外収支の黒字によって補ってきており，なかでも，華僑送金は，最も重要な収入項目であった[44]。しかし，1931年後半からの元の為替レートの上昇に伴う，元建てでの送金額の減少と，東南アジアや南北米といった華僑の主要な活動圏の不況により，大幅に減少してい

た[45]。席の見解には，長期に亘って形成されてきた資金流入の重要性に鑑みれば，金融市場の対外開放性は維持されなければならない，という認識のもとに，通貨制度の安定と経済復興を模索する意図が示されている。

為替管理がなされない条件下で，一定の為替レートを維持するには，政府系銀行が為替準備金を用意し，常に外貨の売り買いに応じることが求められる。実際に，まず，幣制改革の直後の11月11日には，米ドル125万ドル相当の元が市場で大きく売り進まれたが，政府は，手持ちの3千万ドルを使って買い支えた。このときの中国元への激しい攻撃を憂慮したアメリカ政府は，5千万オンスの銀購入を正式に決定したので，中国は為替準備を倍増させることができた[46]。それ以後も，中国はアメリカへの銀売却の努力を続けた。まず，1935年12月10日，財政部部長孔祥熙は，モーゲンソー財務部長に1936年5月1日までに現銀をアメリカに送付するという条件の下に，1億オンスの銀買収を要請した。しかし，アメリカ政府は，既に合意した5千万オンスがいまだ到着していないことを指摘し，この要請を却下した。アメリカの疑念を晴らすべく，幣制改革直後の不安定な状況にも拘わらず，孔は，1935年12月21日から1月7日までの間に，5千万オンスの送付を完了した。

孔の要請を拒否したものの，モーゲンソー財務長官は，中国の幣制改革を支持していた。イギリスの中国幣制改革への関与は，アメリカ政府の懸念材料のひとつであった。1935年10月26日に，駐米大使施肇基が銀購入を要請してきた際にも，モーゲンソーはルーズベルト大統領に，「リース＝ロスが中国にいるのに，中国が我々を頼ってくるのは面白いことです」と述べている[47]。1935年11月半ばには，モーゲンソーは，在ワシントンのイギリス外交官から，リース＝ロスは必ずしも改革後の中国元をポンド・スターリングにリンクさせる責務を負ってはいないと伝えられた。更に，イギリス政府が中国に借款を供与することが難しいことを知り，モーゲンソーは，「中国が何らの援助も得られないとするならば，〔幣制改革の〕見通しは暗い」と述べている[48]。イギリスの影響への懸念が解消したことは，アメリカの中国からの銀購入を通じての改革の支持を促した。

1936年初頭，モーゲンソーは，宋子文をアメリカに招聘し，中国の幣制改

革とアメリカの銀買収についての会談を持とうと画策した。しかし，ハル国務長官が，宋の訪米は，日本政府の反米・反英意識を高めるとして反対したため，宋に代わって，上海金融界の第一人者である陳光甫上海商業儲蓄銀行総経理が，中国政府の使節として訪米することとなった。

1936年4月から5月の7週間にわたる滞米期間中，陳はモーゲンソーと会談を重ね，中国の通貨，財政，そして経済全般に関していくつもの報告書を提出した。陳は，アメリカの銀購入は，単なる友好の産物ではなく，相互利害の原則に則ったものであったと回想している。

アメリカ側の利害とは次のようなものであった。すなわち，中国の幣制改革直後に香港も銀本位制を離脱し，貨幣需要が大幅に減少するという状況のもとで，世界の銀がアメリカへ集中的に投げ売りされるリスクが生じていた。一方アメリカ国民は国内の銀生産者のために，アメリカが国際市場で一方的に銀を買い上げるとする1934年銀買上げ法に対して懐疑的になっていた。こうした世論を受けて，従前は強硬であった銀生産州選出の議員たちも，国内で新規に生産された銀の価格さえ下落しないならば，国際銀価には関与しないと態度を軟化させていたが，こうした状況を利用してモーゲンソーは，1935年12月9日から1936年1月20日までの間に30パーセントの銀価下落を許容し，銀価は1オンス45セントとなった。しかし，他方でアメリカ政府は，中国が国際銀市場に銀を放出し，銀の国際価格を暴落させることを望んではいなかった[49]。

一方，中国にとっても，1オンス当たり45セントという銀価の水準を維持している間に，アメリカ政府に銀を売却することは極めて重要であった。銀価が1オンス40セントの水準に下落するならば，銀の売却から利益を上げることはできないし，更に，その水準を下回るならば，中国への銀輸入が可能となる。こうした事態は，法幣の銀による準備を著しく減価させ，新通貨制度の崩壊にも繋がりかねない危険があった[50]。

双方の国内事情を勘案した財務省の考えは，「もし，アメリカ政府が銀の価格を安定させるのに中国政府が協力するならば，アメリカ政府は中国政府の財政改革を援助しよう」というものであったと，陳光甫は回想している[51]。もし，中国がアメリカ政府との協力に真摯に取り組まず，世界市場に銀を投げ売

りするようなことがあれば，アメリカ政府も，1オンス45セントという銀価の水準を守ることはないであろうとされた。中国政府はアメリカ政府に，銀の需要を増やすために補助通貨の鋳造を進めるとともに，貨幣鋳造目的以外の銀使用への取締りを廃止するとした。これらの銀価維持のための施策を採ることを条件として，陳は，7,500万オンスの銀の売却と，5千万オンスの銀を担保として2千万ドルの貸付を受けることに成功した[52]。結局，全体として，幣制改革後に，中国はアメリカに1億8,700万オンスの銀を売却し，引き換えに1億ドル余りの通貨準備を得ることができたのである[53]。

その間，広東・広西の政治不安（1936年5月）や西安事件（1936年12月）の際などは，政情への不安を反映して，元売りが進んだ。しかし，政府系銀行は，これらの危機に際しても，為替準備金を用いて為替相場のターゲットを維持することによって，法幣に対する信認を高めることができた[54]。

小　結

1931年以降の国際銀価格の変動は，銀本位制下の中国の通貨システムに大きな影響を与え，中国経済は深刻な危機に陥った。不況から脱出するためには，銀本位制からの離脱が必要であることは明らかであったが，市場では，中国内外で政府の通貨管理能力に，万全の信頼は寄せられてはいなかった。こうした状況下に，管理通貨制度を導入するにあたって，政府は，国内の金融機関との交渉を通じて現銀を回収し，更に，アメリカへ銀を売却して為替基金を確保することによって，貨幣の兌換性と一定の為替レートを維持し，新通貨への信認を確立していった。

しかし，新しい通貨システムを運営するには，国内的には，財政・金融政策との協調が求められた。為替レートの維持，という目的に照らしても，財源確保の目的での紙幣の増発は，避けられなければならなかった。そのためには，リース＝ロスによっても指摘されていたように，中央銀行の独立を始めとする金融制度の整備，そして支出の引き締めと財政均衡の達成が必要であった。こ

うした，通貨政策と他の経済政策との関係は，政府内部でどのように認識され，政府の経済復興計画にいかなる影響を与えたのか。次章では，幣制改革の財政金融政策へのインパクトについて，検討を加える。

第 8 章

景気回復と財政規律

　1937年3月,中国銀行の年次株主総会で,宋子文は,大恐慌は終わったと宣言し,「過去18ヶ月,わが国の政治,金融,商業が,すべて好転したことは否定できない」と述べた。宋子文の経済復興に対する自信は,他の銀行家にも共有されていた。上海銀行同業公会連合準備委員会の朱博泉は,委員会の1937年3月17日に行われた年次総会で,

> 昨年を回顧するなら,経済復興のあらゆる兆候を看取できる。日中の対立や西安事件といった政治外交上の混乱もあったが,幣制改革が通貨流通量の不足に関する懸念を払拭したことで,上海金融市場には大きな波乱も起こっていない。幣制改革前に,こうした政治不安が起こっていたら,重篤な事態に陥っていただろう。

と述べた[1]。
　宋子文自身も認めていたように,不況からの回復は,幣制改革のような単一の要因によるものではなく,複数の要因の相互作用の結果であった。香港上海銀行頭取のJ. J. パターソンが提示した,為替レートが適切な水準に切り下げられ,中国産品への需要が増加したところに,ちょうど,農作物も豊作であった,という見方は,当時の状況に関する分析のひとつの典型である[2]。全体と

して，上海商業儲蓄銀行総経理の陳光甫が，「1936年から1937年の日中戦争までは，好況であった」と回顧しているように，1935年末以降，中国経済は確実に景気回復の途上にあった[3]。

前章で，中国政府が幣制改革によって，国際銀価の影響を離れて通貨を切り下げ，景気の回復を図るとともに，外国貿易や海外からの投資を拡大していくという，経済発展の展望を有していたことを見た。政府は，これらの政策目標をどの程度，どのように達成したのか。そしてそのためには，いかなる政策間の調整が必要とされたのか。本章では，幣制改革を契機とする経済復興の過程を検討し，そこでは，新通貨制度を支える重要な条件たる財政均衡が，課題として残されていたことを明らかにする。

1. 物価動向

1935年11月の幣制改革以降，景気は明らかに回復の兆候を示した。既に見たように，改革当初の懸念を覆して，政府系3銀行が発行する法幣は，順調に国内各地で受容されていった。幣制改革公布時の1935年11月の時点では，5億7千万元余りであった法幣の発行額は，1937年7月には14億4,500万元へと8億7千万元余り増加した。一方，銀地金の政府系銀行への集中と法幣以外の各種紙幣の回収も進み，その額は，7億4千万元余りに上ったので，全体としての通貨供給量の増加は，7億元余りであると推計される。新幣制の効果は，卸売物価の上昇に顕著に表れていた。1926年を100とした上海の卸売物価指数は，1935年半ばの90.5から，1935年11月には103.3へ，1936年には118.8へと上昇した。この水準は，銀価の上昇が始まった1931年とほぼ同じであり，政府の政策が過度のインフレーションには結びついていないことを示していた[4]。卸売物価の上昇は，上海だけではなく，華北から内陸部の南京や漢口でも見られ，全国的に景気回復が進んでいたことが分かる（表8-1）。

特に，宋子文が指摘しているように，1930年代初頭の不況の重要な原因のひとつが，農村経済の疲弊にあったことに鑑みれば，農村の交易条件が好転し

表 8-1　主要都市における卸売物価指数 1935-36 年

(1926年＝100)

年　月	華　北	漢　口	青　島	南　京
1935年10月	94.2	86.4	88.7	78.1
11月	100.9	90.2	90.5	82.8
12月	102.5	91.2	91.0	82.9
1936年1月	104.1	93.0	91.7	84.2
2月	107.1	n.a.	n.a.	n.a.
3月	110.5	n.a.	n.a.	n.a.
増加率 (%)	17.34	7.6	3.3	7.8

出典) Wei-ying Lin, *The New Monetary System of China*, p. 134.

表 8-2　農民の受取価格と支払い価格指数 1929-37 年

(1931年＝100)

年	南京市 中華門		安徽省 宿　県		四川省 11ヶ所	
	受　取	支払い	受　取	支払い	受　取	支払い
1929	n.a.	n.a.	n.a.	n.a.	78	76
1930	110	81	84	91	83	82
1931	100	100	100	100	100	100
1932	86	95	89	99	84	92
1933	60	85	57	77	73	83
1934	65	77	47	63	83	85
1935	77	77	57	60	85	n.a.
1936	82	89	75	69	115	n.a.
1937 (6月まで)	89	97	87	76	152	n.a.

出典) *University of Nanking Indexes*, compiled by W. Y. Yang, Bulletin No. 54 (New series), Chengdu, January 1941, passim. Young, *China's Nation-Building Effort, 1927-1937*, p. 479, Appendix 13 に再録。受取，支払い価格のそれぞれの対象とされた商品数は，南京：18 と 28，宿県：38 と 73，四川：2-6 と 2-7 である。

たことは重要であった。例えば，武進では，1935 年 9 月から 1936 年 10 月までの間に，農民が農作物の売却から得られる収益は 30 パーセント，指数にして，125 から 162 へと上昇した[5]。一方，農民が購入する商品の価格は 153 で安定していた。その後，農産物の売却価格は変動しながらも 210 に達し，購入品価格は 174 となった。全国的にも，農村に不利な交易条件は改善した（表 8-2）。ここに見られるような，農村の購買力の回復は，経済全体に大きな刺激

となったと考えられる[6]。

2. 為替レートの安定と対外貿易の展開

　幣制改革以降の中国経済の回復は，好調な輸出を中心とする外国貿易の拡大にも表れている。改革時，政府は対イギリス・ポンド，対アメリカ・ドルに対して元のレートを一定に保つことを宣言したが，以下に見るように，実際にこの公約を達成し，為替レートを安定化した（図8-1）。
　幣制改革に伴う対外為替レートの切り下げと，その後の安定化は，世界的な景気の回復と相まって，輸出を中心に中国の対外貿易の拡大を促した。1936年の外国貿易額168万4,139元は，1935年の152万4,556元を10.4パーセント上回った。特に，輸入が91万9,211元から94万1,545元への2.4パーセントの増加に留まったのに対して，輸出は60万5,345元から74万2,594元へと22.6パーセントの伸びを示した。不況に陥った1931年と，景気回復途上の1936年とを比較すると，貿易品の構成に変化が見られる。
　輸出品については，1931年には，飲食品，原燃料，動物からなる第一次産品が53.4パーセント，半製品，完成品それぞれを含む工業製品が46.1パーセント，その他が0.5パーセントであったのに対し，1936年には，第一次産品が60.5パーセント，工業製品が39.5パーセント，という割合であった。その内訳は，1931年には輸出の21.4パーセントを占め最も重要な輸出品であった，大豆・大豆製品の輸出がほぼ途絶えた（1.3パーセント）一方，植物油（8.4パーセントから18.7パーセント）や卵・卵製品（4.1パーセントから5.9パーセント）といったそれに代わる農産物・農産加工品や，鉱石・金属（1.6パーセントから7.7パーセント）の重要性が増している。工業製品では，生糸と絹製品が，恐慌期を経て，13.3パーセントから7.8パーセントへとシェアを減らし，東南アジア向けの繊維製品や雑貨等が，1936年には，輸出金額も全体に占めるシェアも減少させながらも，両年度ともに重要であった。1931年以降，東南アジア市場の需要の落ち込みは，中国からの工業製品輸出に大きな打撃となっ

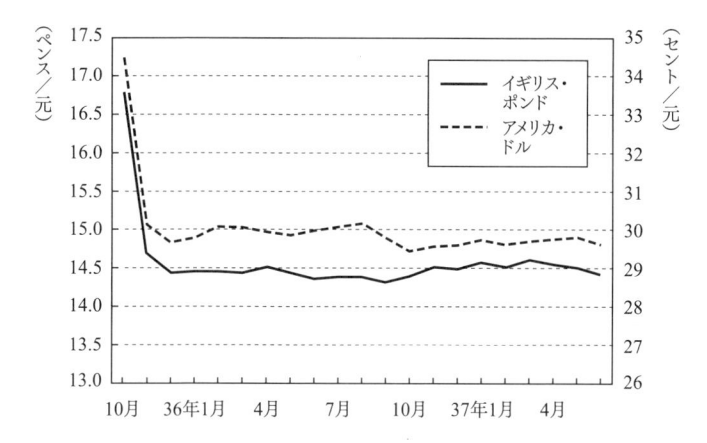

図 8-1　対イギリス・ポンド，対アメリカ・ドル為替レート 1935 年 10 月-37 年 6 月

出典）Young, *China's Nation-Building Effort, 1927-1937*, pp. 472-3.

たが，1936 年には，日本製品との厳しい競争にさらされつつも，輸出量は増加しつつあった。

輸入品では，1931 年には第一次産品が 44.3 パーセント，工業製品が 54.1 パーセント，その他が 1.6 パーセントであったが，1936 年には，それぞれ，24.4 パーセント，66.5 パーセント，9.1 パーセントとなった。変化の内訳としては，1934 年の関税率改正の影響を受けて，綿製品（7.6 パーセントから 1.5 パーセント）や小麦粉（2.0 パーセントから 0.5 パーセント）など国内産品と競合する商品の輸入が激減したこと，工作機械や建設資材などの輸入が増加したこと，また，その他に分類される武器・軍需品が対日関係の悪化を反映してシェアを伸ばしていることが注目される[7]。

1931 年と 1936 年の貿易相手国の構成は，図 8-2 から図 8-5 の各図に示す通りであった。香港からの再輸出入先が明らかでないなど，中国の貿易統計を処理するにあたっての問題を十分に解決してはいないが，大恐慌後の中国貿易を概観する一助とはなろう。

それぞれの貿易相手国との輸出入は，相互の経済及び外交関係によって変動したと考えられるが，ここでは，中国の対外貿易全体として，特定の経済ブ

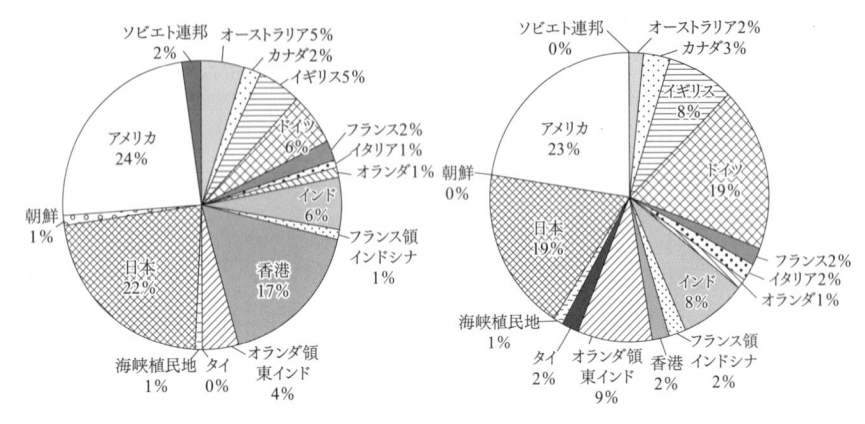

図 8-2　輸入相手国構成 1931 年　　　　図 8-3　輸入相手国構成 1936 年

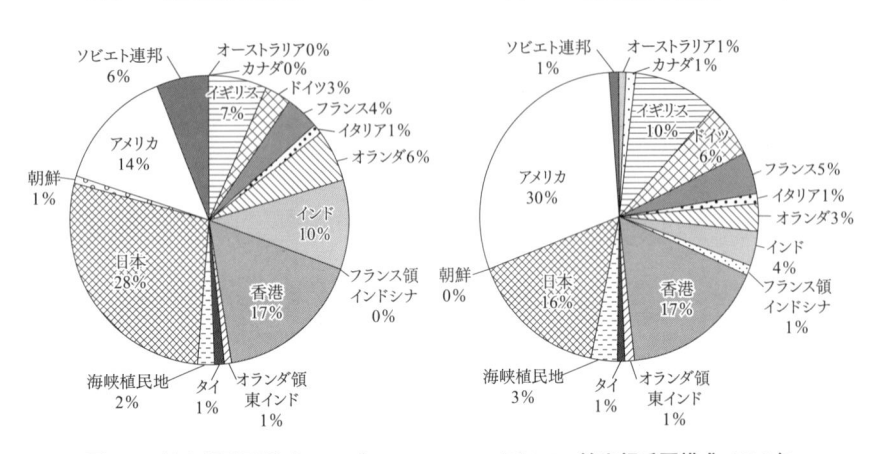

図 8-4　輸出相手国構成 1931 年　　　　図 8-5　輸出相手国構成 1936 年

出典) Hsiao, *China's Foreign Trade Statistics, 1864-1949*, pp. 137-64.

ロックや国・地域に集中することなく，多元的な取引関係を取り結んでいたことを指摘しておきたい．1930 年代には，世界は理念や運営のメカニズムを異にするいくつかの経済ブロックに分かれていたことが指摘されている[8]．イギリスとフランスの帝国特恵制度，1929 年スムート＝ホーレイ関税が引き起こした保護主義の負の連鎖を断ちきるべくアメリカが押し進めようとした理想的な自由貿易圏，そして清算協定・バーター取引を基礎とするドイツ圏である．

以下に見るように，中国は，それらのいずれかに組みこまれることなく，貿易を行い，国内的にも他国では多く見られた為替管理や，優遇措置，割当制度といった貿易管理を行わなかった。このような対外貿易の態様は，前章で見た，幣制改革をめぐる経済外交の過程で，イギリス・ポンド，あるいはアメリカ・ドルといった特定の通貨に元を結びつけることを慎重に回避していた，中国政府の交渉のありかたとも重なり合う。近年のアジア経済史研究は，大恐慌からの回復過程で，世界的にブロック経済化が進むとされる中でも，アジア域内経済の密接な連鎖は必ずしも弱められなかったこと，特に，イギリスに主導されたオタワ体制，ポンド・スターリング圏は，従来考えられていたよりも，開放的な性格を有していたことを論じてきた[9]。貿易相手国構成からは，中国は，こうした開放性を享受しながら，更にポンド・スターリング圏を超えて，より広域に多様な経済関係を構築していたことが看取できる。

　個別には，まず，アメリカが輸出入ともに最大の貿易相手国となった。特に，中国からの輸出では，桐油・綿花・皮革製品などからなる対米輸出は全体の3割を占めるに至った。一方，輸入では，それまでの農産物に代わって，自動車・鉄鋼・金属製品などが増加した[10]。

　対英貿易では，鉄道車両・建築資材・鉄鋼・兵器などからなる輸入や，卵製品・アンチモニー・錫・桐油などの輸出は続いていたが，その比率は，両時期を通じて輸出入ともに1割以下であり，1936年には，アメリカ，日本だけではなく，ドイツにも順位を逆転されることとなった。イギリス政府はこうした中国における地位の相対的な低下に危機感を抱き，対中投資戦略を変更するに至る（後述）。一方，インドや海峡植民地・マラヤといった英領植民地への輸出や，香港を中継地とした取引が，大恐慌期の不況を経て回復しつつあったことは，上のデータからも読み取ることができる。

　満洲事変を経て，日中関係の緊張が高まる中で，対日貿易は，輸入では22パーセントから19パーセントへ，輸出では28パーセントから16パーセントへとシェアを減少させながらも，依然として，重要な地位を占めていた。日本からの輸入品は，綿布・機械類・鉄・金属製品・人絹糸といった工業製品から，海産物・しいたけといった農水産物まで多岐に亙った。その内，特に輸入

額が大きかったのは，機械類，金属，綿布であった。機械類の中心は，紡織機・織布機で，在華紡の進出との関係を窺わせる。その他，鉄・銅・真鍮といった金属及び金属製品も，大きな比重を占めていた。これら重化学工業製品は，他国産品に比べて安価な価格で売り込まれ，中国市場に進出した。輸出品目の中で高い割合を占めていたのは，繰綿・石炭・鉄鉱及び金属などの工業原料であった。

　1931年から1936年までの時期，最も大きな変化を遂げたのが，中独経済関係であった[11]。ドイツからの輸入は，6パーセントから19パーセントへと急増し，日本と並んでアメリカに次ぐ第二位の貿易相手国となった。同時に，ドイツへの輸出も3パーセントから6パーセントへと，シェアを倍増させている。対独貿易の拡大は，中国・ドイツ両国政府の政策と深く関係していた。1927年，ソビエトからの顧問団が去ると，蒋介石はそれに代わってドイツの軍事顧問団を受け入れた。その一員として，1933年に中国を訪れたフォン・ゼークト将軍は，ドイツの産業界及び経済省へ，中国市場の将来性について情報提供を行った。当時，ドイツ経済界はソビエトへの輸出の大幅な落ち込みへの対応を迫られており，新たな市場を早急に求めていた。イギリス，アメリカ，日本，及びフランスといった東アジアの列強が，1920年に結ばれた新四国借款という枠組みや，日中関係の緊張の高まりといった外交関係への配慮から，必ずしも中国と個別に密接な経済提携関係を結びえない間隙をついて，ドイツは中国政府との関係を深め，投資・貿易関係を拡大していった。ドイツ政府は，自国の輸出入業者へ補助金や貿易保険を提供するとともに，中国政府が推進するバーター取引を支持した。順調な貿易動向に伴い，1934年末までには，ドイツ産業界は，鉄道を中心とする中国のインフラストラクチャーへの投資と，それに伴う一層の貿易拡大へ関心を向けるに至った。

　1934年以降のドイツの対中インフラ投資の先駆けとなったのが，同年オットー・ヴォルフ社が浙贛線（浙江－江西）の玉山－南昌区間建設へ行ったものであった。1934年4月26日，ヴォルフ社の在上海代理人と中国銀行を代表とする銀行団，国民政府，浙江省政府との間で結ばれた契約では，銀行団を管財人として800万元の貸付が行われること，ヴォルフ社が鉄道資材と技術指導を

提供すること,とされた。従来の鉄道外国借款とは異なり,鉄道経営に外国人は参加せず,帳簿の監査を行うのみであるとの条項も入れられた。借款の元本の返済には,政府が所有する全鉄道の収益と江西省の塩税を担保に発行された鉄道公債の利子と償還払いが当てられ,利払いは,タングステンと錫を中心とする第一次産品による現物支給が行われることとされた。当時,中国政府が外貨準備の積み増しに苦慮していたことから,ここでも,ドイツの機械・資材と中国の第一次産品とのバーター取引という方法がとられたことは,中国にとって有利な条件の提示であったと考えられる。

　中国銀行の張公権が述べたように,この契約が成功することで,鉄道建設が進むのみならず,中国の主権を損なうことなく他の外国からの投資を促すことが期待されていた。実際に,1934年6月に同路線の建設が着工されてから,1936年1月に竣工するまでの間に,ヴォルフ社は1,000万元相当の同様の契約を,浙贛線の南昌－萍郷間について結び,1936年4月には新たにクラップ・スタウルユニオン社と合同で,湖黔線（湖南－貴州）に3,000万元相当の資機材購入用の貸付を行った。これらを含めて,1934年から1936年までの間のドイツの対中鉄道借款は637万5,536元に上った。これらの鉄道建設は,揚子江流域から西南部にかけてを軍事的・経済的拠点として開発しようとする蔣介石の目的に沿うと同時に,中独バーター貿易の主要産品であるタングステンや錫などの第一次産品の輸送手段を確保するという意味で,ドイツの要望にも叶っていた。

　鉄道借款の成功は,自動車製造（The China Automobile Manufacturing Company, 1935年創業,資本金600万元）や道路建設,航空機産業（The China Air Materials Construction Company, 1936年創設,詳細不明）などの他の輸送手段への投資を促した。また,政府直轄の資源委員会が,1936年からの3ヶ年計画で,重化学工業化を急速に推進しようとした際にも,ドイツの官営会社HAPRO（Handelsgesellschaft für industrielle Produkte）を通じた資金・資機材・技術の提供が約されていた。また,軍事顧問の受入と関係して,ドイツからの武器輸入は,軍の近代化の主眼であった。こうした,政府間関係を背景とした,借款と貿易の対価として,中国のタングステン,鉱石,錫などの第一次産品が当てられていたこ

とは，双方の経済的利益を勘案して作り出された，1930年代後半の中独経済関係のパターンを継承している。

　こうした，バーター取引を中心とした2国間関係は，ドイツがブルガリアやギリシャ，ハンガリー，ルーマニア，トルコ，ユーゴスラビアなどの南東ヨーロッパや中南米諸国と結んでいた関係に類似している[12]。しかし，中独貿易関係の場合，中国はドイツとの輸出入に特化して依存することはなかった。そうした，中国の戦略とも関係してドイツの貿易と投資における躍進は，日本及び欧米諸国の政府・投資家に，中国市場に対するアプローチの再考を迫り，中国への投資の拡大を促すものとなった。

3. 華僑送金と外国投資

　第1章で見たように，中国は19世紀末以来，貿易収支の入超が続いており，華僑送金や外国からの投資が国際収支の均衡を保つ上で極めて重要であった。大恐慌期に，これらの海外からの資金流入が落ち込んだ際には，現銀が海外に流出することになり，国内経済に深刻な影響を与えた（第6章参照）。幣制改革以降，輸出は好調であったが，輸入も微増しており，中国の貿易収支の入超は続いていた。ここに，華僑送金と外国からの投資が極めて重要となる。

華僑送金

　華僑送金は，1935年以降，回復していった。東亜研究所の推計によれば，華僑送金の額と，その中国の貿易入超額に対する割合は表8-3のようになる[13]。東亜研究所は，華僑送金を決定する主要な要因として，華僑居住国の景気と当該国と中国との為替関係の2つを挙げている。推計に際しての景気の指標は，商業における華僑の重要性に鑑みれば，貿易の推移が華僑所得，そしてひいては華僑送金に最も直接の影響を与えるとして，貿易金額を採用した。上に見たように，華僑の主要な居住先である北米や東南アジアとの貿易は増加しており，現地の景気一般の回復と相まって，華僑送金の増加を促していたと考

表 8-3　貿易収支と華僑送金　1934-37 年

年	輸出額	輸入額	入超額	華僑送金推算額	入超額に対する華僑送金の割合（％）
1934	602.49	1,269,64	667.15	242.3	36.3
1935	640.53	1,158.58	518.05	249.6	48.0
1936	794.38	1,266,74	472.36	304.1	64.4
1937	943.60	1,300.08	356.48	359.0	100.7

出典）東亜研究所『支那の貿易外収支』287-8 頁。輸出入額は，海関統計の数値に，東亜研究所第一委員会が，低額申告，密輸入等を考慮して修正した値である。

表 8-4　諸通貨一単位当たり元価値の推移　1934-37 年

（1930 年 = 100）

年	アメリカ・ドル	海峡植民地・ドル	蘭領東インド・グルデン	仏領インドシナ・ピアストル
1934	88.4	92.4	146.2	143.6
1935	82.3	83.5	141.5	140.9
1936	100.5	103.5	162.5	154.9
1937	101.9	104.2	140.2	103.0

出典）アメリカ・ドル，海峡植民地・ドルについては，東亜研究所『支那の貿易外収支』321 頁。蘭領東インド・グルデン，仏領インドシナ・ピアストルについては，杉原薫『アジア間貿易の形成と構造』148 頁，付表 4-2。

えられる。また，為替関係に関しては，アメリカ・ドル，海峡植民地・ドル，蘭領東インド・グルデン，仏領インドシナ・ピアストルとの関係は，1930 年を 100 とした指数は，表 8-4 のようであった。海峡植民地・ドルの傾向は，インド・ビルマ・オーストラリア・タイといったポンド・スターリング圏の近似値とも考えられる。幣制改革に伴う元の切り下げに伴って，1935 年から 1936 年にかけて，アメリカ・ドルに対しては 22.1 パーセント，海峡植民地・ドルに対しては，23.9 パーセント，蘭領東インド・グルデンに対しては 21.0 パーセント，仏領インドシナ・ピアストルに対しては 14.0 パーセント，元の価値は下落した。1937 年に入ると，金ブロックに入っていたオランダ・ギルダーとフランス・フランが金本位制を離れた影響で，その植民地であり為替レートが連動していた蘭領東インドと仏領インドシナの 2 つの通貨に対する元の価値の動向は変化する。既に第 6 章で見たように，当然，為替動向が中国における

受取価格を変動させることから，送金者は，為替変動に応じて送金額を調整するとされていた。それゆえ幣制改革以降の元の対外為替レートの下落は，華僑の送金を促したと考えられる。

外債整理と外国投資

　19世紀半ばから第一次世界大戦前まで，中国へは鉄道借款を中心に各国からの貸付が行われた。また，辛亥革命以降，北京政府は，財政難を補填するために，外国からの貸付を求めた。第一次世界大戦以降，外国借款は激減し，政府は国内向けの国債発行に財源確保の途を求めるようになった。一方，既に発行された内外債の中で，元利の支払いが順調に行われたのは，海関税を担保として，国際銀行委員会の管理下に置かれたもののみで，その他は，元利の滞納が続けられるか，支払い不能に分類された。1927年に成立した南京国民政府は，前政権の多額の債務を引き受けることとなった。

　1928年と1937年との，政府の外債・内債それぞれの発行状況を比較すると，表8-5のようになる。

　この間，外債については，南京国民政府が，1億1,600万ドルから2,000万ドルへと88パーセント近く減少した北京政府期の鉄道借款を中心に，元利未払いの債務の整理を大きく進めるとともに，同じく鉄道借款1億3,800万ドルを発行していることが注目される。内債についても，元利未払い分の整理が進んでいるが，新規に5億3,800万ドルの債券が発行されているのが目を引く。内債については，次節以下で検討することとし，ここでは，1930年代半ばから進められた外債の整理とその影響について見ることとする。

　第7章でも見たように，中国政府内部では，1934年後半から，幣制改革の施行を模索する過程で，為替準備金として外国借款が考えられていた。また，貿易収支の状況や，政府の財政事情に照らしても，外国から資金の提供を受けることが求められた。更に，対独経済関係でも見られたように，欧米の工業先進国からの融資は，それに伴う技術援助とも関係して，経済発展に有利であると考えられた。しかし，改革をめぐる話し合いの中で，リース＝ロスが明言したように，既に発行した債券の多くが利払いの遅延や債務不履行になっている

表 8-5　内外債借入状況 1928年,1937年

(単位:百万アメリカ・ドル)

	未償還元本額	
	1928年	1937年
1. 元利払い継続中分		
外　債		
財政部		
関税担保	236	150
義和団賠償金担保	81	33
塩税担保	−	75
1928年7月以降借入	−	22
その他	−	9
鉄道借款	6	138
交通・通信関係借款(鉄道を除く)	−	17
内　債		
財政部		
北京政府借款	35	7
国民政府借款	58	596
その他	−	2
鉄道借款(概算)	2	68
交通・通信関係借款(概算)	−	5
その他	−	4
小　計	418	1,126
2. 元利未払い分		
外　債		
財政部		
塩税担保	84	13
その他　北京政府借款	64	36
鉄道部		
借　款	116	20
その他	33	−
郵電部	24	−
内　債		
財政部		
北京政府借款(関税担保)	22	−
北京政府借款(その他)	37	21
北京政府短期証券	23	16
その他北京政府借入(概算)	37	24
鉄道部(北京政府期)	28	−
郵電部(北京政府期)	7	4
小　計	475	134
総　計	893	1,269

出典) Young, *China's Nation-Building Effort, 1927-1937*, pp. 111-2.

という状況下では，新たに外国市場で多額の外債を起債することは困難であった[14]。政府は，外国人債権者と交渉し，新たな償還条件で合意に至ることによって外債を整理し，失われた信用の回復を試みることとなった[15]。

　対中借款の中で，最も大きな割合を占める債権国はイギリスであり，主に鉄道の設備と収入を担保にした鉄道借款が主であった。債券の多くはロンドンで発行され，購入者の多くはイギリス人であった。そうした中でも，具体的に，リース＝ロスが検討を促した借款は，最も多額の債務不履行案件である，天津―浦口線借款と，湖広線借款であった[16]。前者は，1908 年から 1910 年にかけてロンドンとベルリンで，後者は 1911 年にロンドン，パリ，ベルリン，ニューヨークで起債され，1928 年の時点での債務超過は，それぞれ 615 万ポンドと 565 万 6,000 ポンドに上った。担保は，鉄道の収益，厘金を含む様々な地方収入が当てられ，更に，厘金が廃止された場合には，海関税が代替として当てられるとされていた。しかし，1931 年に実際に厘金が廃止された際には，外国人債権者の訴えにも拘わらず，未返済分の債務について海関税からの支払いはなされず，中国の外債に対する信用を一層低下させることとなった[17]。

　天津―浦口線は，内戦の影響もあり，1932 年までは殆ど利益を計上できなかった。しかし，以後，同線の収益が好転しても，利益の大部分は軍事支出や，中国系銀行からの借入の返済その他に当てられ，例えば，1935 年 6 月末の会計年度の収益は 800 万元に上ったにも拘わらず，外債の返済に使われたのは 91 万元に過ぎなかった。天津―浦口線借款の整理は，1935 年後半，幣制改革の実行が具体的な日程に上る中で，リース＝ロスが訪中し，また，中国側でも元中国銀行総経理の張公権が鉄道部部長に就任して初めて，本格化した。1935 年 11 月 11 日，中国政府は，借款整理の条件を，ロンドンで組織された債権者委員会に提示した。ドイツ人債権者を含む同委員会との交渉を経て，1936 年 2 月に発表された合意によれば，「2.5 パーセントの利子が最初の 3 年間支払われたのち，利子率は 5 パーセントとする。元本の支払いは 1940 年に，鉄道の粗利益 1 パーセントを当てることによって開始し，以後，徐々に額を増加させて 30 年以内に完済する。未払いの利子の 4 分の 3 は棄却され，残りの 4 分の 1 については無利子のスクリプトを発行し，1941 年以降 20 年間に亘っ

て返済する。すべての支払いは鉄道収入からなされるが，利子の支払いは海関税によって担保される」とされた。

　天津－保口線借款の整理が成功したことは，1936年以降，他の外債整理交渉の進展を促した。湖広線借款は，イギリス，アメリカ，ドイツ，フランス，それぞれの債権者に，天津－保口線とほぼ同じ条件を提示したが，アメリカ債権団が，より有利な条件を求めて，交渉が紛糾したため，当初の条件で最終的な合意に至ったのは，1937年4月であった。1937年夏までに，両路線を含めて，鉄道借款の整理は1億8,200万アメリカ・ドルに上った[18]。

　アメリカの債権者に対しては，1919年シカゴ銀行借款の整理が進められた。1919年にシカゴ大陸商業銀行（Continental and Commercial Bank of Chicago）引き受けで発行した，総額550万アメリカ・ドルの2年物の公債（年利6パーセント）は，広くアメリカ市場で売却されたが，利子の支払いは1年間行われたのみで，債券は1921年に不履行とされた。幣制改革のためにアメリカへの銀売却を進める過程で，中国政府はこのシカゴ銀行借款と通称される案件の処理が浮上することを懸念し，支払いの延期を求めて交渉を開始したが，合意に至らなかった。1936年2月に天津－保口線借款の整理が成功すると，そこでの条件が交渉の基本線となっていく。1936年，シカゴ銀行に提示された返済の条件は，天津－保口線借款に近いものであった。とはいえ，もともと6パーセントであった利子を，5パーセントへの引き下げを求めるについては，より確実な担保として塩税あるいは統税収入を提示した。しかしながら，同借款に関する交渉の代理人となった外国債権者保護協会は，1936年5月，中国政府に即刻債務の返済を求めた。当時，中国政府はその他の外債の整理も進めつつあり，シカゴ銀行借款のみを優先的に処理することは不可能であった。引き続き交渉を進めた結果，中国政府は1937年4月12日，当初5％の利払いを開始するのは，1936年11月1日から2.5％の利子を5年間払ったのちとされていた条項を，3年に短縮することで合意をとりつけた。その他の条件としては，1942年から56年までの18年間に，年利5パーセントから10パーセントを払って債券を償還すること，塩税を担保とすること，未払いの利子のうち5分の1に対しては無利子のスクリプトを発行するとされた。更に，中国は1921

年の債券発行に際して受けた前貸金の返済として，シカゴ銀行に 16 万 5 千ドルを現金で支払った[19]。

　様々な条件の外債に投資する複数の国の債権者から，できるだけ平等な条件で整理の合意を取り付けるのは，明らかに困難な作業であった。しかし，中国に対する信用を再建しようとする国民政府の努力は，海外金融市場で評価された。『ファイナンス・アンド・コマース（Finance and Commerce）』誌は，イギリス政府とシティに近い筋の談話として，「ロンドンの銀行は，中国が借款の返済を再開しようとしていることを，高く評価している。中国は，信頼の高い国家のひとつになりつつあり，同国の経済復興計画に対して，今後より多くの資金が供与されることは間違いない」としている[20]。実際，中国の外債は，ロンドンのシティで，20 年来での最高値を記録していた。民間投資家の動向は，イギリス政府の対中経済政策の変更とも関係していた。貿易でもアメリカ，日本，ドイツに追い抜かれ，投資でもドイツが急速に国民政府との関係を深め，特にイギリスが主要なシェアを占めてきた鉄道借款へも進出している，という事態の下で，イギリス政府は自国の中国経済における相対的地位の低下に危機感を募らせた[21]。しかし，当時，新四国借款団の一員であったイギリスが，独自に中国に借款を供与することは難しかった。借款団の協約を回避するため，イギリス政府は，1934 年 6 月 1 日，義和団賠償金イギリス分交還金を担保として，六厘英金庚款公債 150 万ポンドを発行した。この公債は，広東－漢口鉄道の湖南省株州から広東省境までの間，約 250 キロの未建設区間の資金調達のために発行されたもので，引き受け並びに元利払い銀行は中央・中国・交通の中国政府系 3 銀行と，イギリス側から香港上海銀行であった。同年 11 月には，イギリスから中国への投資を管理・運営する機関として，中英公司（The British and Chinese Corporation）が設立され，1908 年上海・杭州・寧波鉄路公債の残額を完済するための資金を鉄道部に貸し付け，かつ，銭塘江大橋の完成や支線の建設等の費用を賄うことを目的として，1,600 万元の債券発行が企画された。中国側からは，同じく政府系の投資会社中国建設銀公司がシンジケートに参加した。しかし，中国，イギリス両国の金融不況のため，計画の実行までに時間を要し，結局 1936 年 10 月 1 日，110 万ポンド相当の債券が上海で発行され

た。期間は25年，利子は6パーセント，担保として鉄道からの収益と橋の通行料の70パーセントが設定された。イギリスがようやく新四国借款団を脱退したのは，1937年2月のことであった。それ以降，1937年7月の日中戦争開始までの間に，イギリスが行った借款は，1937年5月1日発行の広東省鉄路建設公債270万ポンドの一件に留まる。この公債は，広東と梅県間の鉄道建設，及び資金に余裕があれば海南島鉄道の建設に充当するため，計画されたものであった。しかし，開戦のために，この債券が実際に発行されたかは不明である。イギリスの投資家と政府は，中国政府の外債への対応を評価し，また新たに登場した競争相手たるドイツの動向にも触発されて，1930年代半ばから，再び中国市場への関心を高めていた。しかし，新四国借款団という旧来の枠組みへの対応に時間を要したこともあり，投資の規模は限られたものとなった[22]。

　アメリカ政府と投資家も中国に関心を示していた。1937年，アメリカ輸出入銀行は，鉄道購入に係る150万元の借款を供与し，有力な投資家であるモルガン商会のトーマス・ラモントは，中国への投資のために，新たな機関を創設することを提唱した。同年，パン・アメリカ航空は，太平洋横断のサンフランシスコ－上海間の路線を開通させ，アメリカの電話会社も同年5月に上海との直接無線交信を開始した。一方，当該期，日本の対中投資（満洲を除く）は，中国市場への売り込みを課題とする軽工業部門，特に綿紡績業が8割以上の割合を占めた。日本の有力な輸出商品でもある軽工業製品の現地生産については，貿易拡大と投資拡大のどちらを選択するかについて，日本政府内部でも経済界でも，議論の分かれるところであった[23]。一方，欧米が積極的に行ったインフラへの投資については，ほとんど見られない。日本でも，中国との債権整理問題は，1920年代からの懸案事項であり，北京政府への政治借款を含むすべての案件の全般的整理方式による解決が目指された。しかし，上述の欧米の事例に見られるように，国民政府は個別的債務整理を敢行し，日本政府も債権回収を求める債権者組合の要求を受けて，整理に応じた。その結果，対日整理借款支払は，1934年度150万円，1935年度547万円，1936年度714万円と急増した。しかし，旧借款整理後の中国への再投資については，日本の対外投資

資金の逼迫と，当時，軍部が進めつつあった華北分離工作を背景とする国内の反対によって，ほとんど実行することができなかったのである[24]。

4. 財政規律をめぐる問題

　ここまで見てきた深刻な不況からの回復と，新たな経済発展への展望は，すべて幣制改革の成功と密接に結びついていた。そして，成功の鍵である法幣への信認は，一定の為替レートの維持と，金融市場の対外開放という条件によって担保されていた。ここでは，これらの条件が，財政政策に大きな影響を与えたことを見ていく。

　幣制改革の1ヶ月余り前の1935年9月30日，リース＝ロスが，「改革が非効率と不正のために失敗に終わることが，多方面で懸念されている。中国人自身も同様の懸念を抱いているとするならば，外国人顧問を計画に参与させることによって，通貨への信認を高められるのではないか」と提言したのに対し，宋子文は，「財政問題こそが枢要である」とのみ答え，外国人顧問については触れずに，暗にリース＝ロスの考えを否定した。宋は，財政さえコントロールできるならば，計画の残りの部分は自ずと成功に向かうであろうとさえ述べ，政府予算と国債発行の上限を，政府首脳の間で決定しなければならないとした[25]。金融市場の対外開放と一定為替レートの維持が通貨制度運営上の命題である限り，財源確保目的での紙幣の増刷や，中央銀行からの借入，国債の発行による無制限な財政拡張は避けられなければならない。財政規律は新しい通貨制度の鍵であり，このことは，政府内部でも認識されていた。

　しかし，財政均衡には大きな困難が伴った。中国政府の最大の支出項目は軍事費であり，それに次ぐのが，債務支払いの費用であった。例年，これらの合計は支出の80パーセント余りを占めた。一方，最も重要な財源は海関税であり，塩税，統税がこれに続いた。当時，土地税は地方政府の管轄下に置かれており，南京国民政府の税源は，貿易と都市の商工業部門への課税に限られていた。関税自主権を回復し，税率を引き上げ得るようになったことは，貿易・産

業政策の自由度を高めただけではなく，財政運営上も重要な変化であったが，収入増加を目指して，関税を過度に高率に設定するならば，貿易の発展を阻害し，また香港やマカオを経由した華南での密輸が横行するなどの副作用が懸念された。関税率は，一定の水準内に抑えられなければならなかった。政府収入を大幅に増加させ，財政均衡を達成する見通しは限られていたと言えよう。ここに，歳出削減がより一層，重要な課題となっていった。

　同じ会談で，宋が，「軍事支出をコントロールしなければならないが，それには決定的な対決が必要となるであろう」と述べているように，蔣介石を始めとする軍の首脳部の理解を得て，軍事費を削減するのは困難であった[26]。既に，1934年後半から，不況によって税収が落ち込む一方，支出は増大しており，財政不均衡は深刻であった。1934年9月12日，同年度の予算の再編に迫られた財政部長孔祥熙は蔣介石に電報を打ち，「23年度の総概算歳出入は，7億7,130万元余りで一見均衡しているように見えるが，その一部分の軍事費1億3,300万元余りは非常の支出であり，別に概算を立てて，財源を探さなければならない。災害が頻発し，農業・商業が凋落の一途を辿っている現在，既に，これ以上の財源を探すことは難しく，支出を引き締めるしかない」と窮状を訴えた上で，具体的に，非常設置機関費，剿匪費，軍事施設費，軍事特別費などの見直しを要請した[27]。蔣介石からの返答は，1934年度の概算見直しには賛成したものの，「行営経費は不足しており，これ以上減額するのは難しい」という否定的なものであった[28]。孔は，引き続き，「中央執行委員会政治会議での決定により，財政の引き締めが進められる中で，軍事費だけを前年に比べて更に増額することはできない。もし，暫定案の3億3,200万元余りをいったん受け入れて，後に問題があれば個別に対処することとして欲しい」と説得を続けた[29]。結局，蔣介石は，提示された暫定案を受け入れたものの，湖南や広東での軍事費援助や，軍関係の輸送費・通信費は，それぞれ補助費や軍需諸費用として別名義で計上することを求めており，実際の額は政府案を上回った[30]。

　1935年になって，通貨危機が深刻化すると，政府は国内外市場の政府の財政危機に対する不信感を弱めようと，歳出の一律一割減額を発表した。蔣介石

は，直ちに，汪精衛行政院委員長の発言として，「各種政務の性質によって，緩急の軽重があり，予算の増減はそれによって決定されるべきである。いたずらに平均化することは，政務の本義を失うことになる」との電報を送り，警告を発した。孔は，蔣の考えに理解を示しながらも，1935年4月3日，改めて，軍事費の削減を要請し，「突発的な事件によって非常の支出が必要になるならば，そのときに個別に対応するので，現状では予算の増加を避けてほしい」と述べている。軍事対立という不確定な要因による予算拡大の圧力を受けながら，困難な財政運営を迫られていたことが窺われる。

　軍事費の削減が困難な中で，財政圧迫のもうひとつの要因である，内債の整理が進められた。1935年末の時点で，次年度に償還予定の元本は，1億2,600万元に上り，その後5年間に既発行の38種類の公債の内，57パーセントが期限を迎えることとなっていた。財政均衡へ近づくためには，内債の整理を早急に進めなければならないことは明らかであった。

　1936年2月，財政部部長孔祥熙は，債権者委員会と政府との合意案として，既存の公債33種を長期の統一公債14億6千万元に一括して整理するとした。利率は年利6パーセント，償還期限は，もとの債券の期限に応じて，12年，15年，18年，21年，24年の5つのグループに分類された。同時に，同じく年利6パーセントの復興公債3億4千万元を発行し，不況対策にあてるとした。懸案の旧債の借換えが市場に受け容れられたことで，年間850万元余りの支出を削減することができた。以後，1937年7月の日中戦争まで，中央政府は国債の追加発行を行う必要には迫られなかった[31]。

　幣制改革の施行後，財政均衡は，通貨への信認と関係して，一層重要な政策課題となった[32]。1936年度の予算は，法幣への信用を強固にすることと，収支を均衡させることの2つが，財政上の要点であると定義し，前年度比増を基本的に認めない方針を示している[33]。しかし，1935年度の予算は9億1,800万元であったが，実際の支出は9億4,100万元と，2,300万元上回った。以後，予算と支出との差は，1936年1億1,600万元（予算9億5,700万元，支出10億7,300万元），1937年1億7,600万元（予算9億9,100万元，支出11億6,700万元）へと拡大していった。軍事費を中心とする支出の削減は課題として残されたま

まであった。

小　結

　幣制改革以降，通貨の切り下げと為替レートの安定に伴い，中国経済は着実に不況から回復していった。当初の予想を上回る改革の成功は，それ自体，中国政府に対する信用を高めるものであったが，1930 年代半ばから，政府が各国債権者との間で進めた外債整理も，中国への新たな投資を呼び込むのに寄与した。新通貨制度は経済復興の鍵であり，その成功を優先させるという選択は，政府内で共有されていた。一定の為替レートを維持し，法幣への信用を高めようとするならば，幣制改革以降，政府系銀行が通貨発行権を独占したといっても，過度な通貨発行や，無制限な政府借入・国債発行は避けなければならなかった。こうした条件の下で，常に軍事費を中心とする支出増加の圧力にさらされていることは，国民政府財政の，ひいては，幣制改革を含む経済政策全体のアキレス腱であった。そこでは，政府が積極的に財政を拡張し，事業を展開する余地は極めて限られていたのである。

第 9 章

経済復興の模索

―政策の目的・手段・効果―

　1930年代前半に大恐慌が深刻化する中で，農村金融システムの崩壊，企業の経営破綻，信用収縮の広がり，といった都市・農村経済双方における未曾有の事態に対応すべく，政府介入への期待が高まった。第7章で見たように，政府の幣制改革は中国経済が危機から脱する契機となった。一方，先行研究が指摘しているように，政府の産業振興や農業復興に関する試みは，必ずしも十分な成果をあげなかった。特に，企業家たちは，政府が金融支援や，減税といった要求に応えなかったことに，非常に失望した。しかし，個別の政策の成果のみに注目すると，様々な経済政策間の相互関係を見逃しかねない。通貨政策の成功と，企業の救済や農村の復興をめぐる諸政策の限界とは，経済政策全体の中でどのように関係していたのであろうか。前章で述べたように，政府が為替レートを安定させようとする限り，財政拡張は制限されなければならなかった。こうした通貨・金融上の制限の下で，南京国民政府がどのように経済復興を目指し，どの程度成功したのかを検討するにあたって，本章は，軽工業を中心とする工業中心地であった揚子江下流域の製糸業，綿紡績業と，その後背地の農村金融の事例を取り上げる。

1. 製糸業の復興

為替レートの下落と生糸輸出の復調

　1935年夏に為替レートが下がり始めると，生糸製糸業は復興の兆しを見せ始めた。『ファイナンス・アンド・コマース (Finance and Commerce)』誌は，為替レートの下落と海外市場に対する中国企業の関心の高まりを考慮すれば，中国製糸業の前途は「以前より格段に明るくなっている」と指摘した[1]。上海，無錫，杭州，嘉興では繭の在庫が減少し，生糸価格は明らかに上昇傾向を示していた。最大の生糸消費国であるアメリカ経済の復興が，価格を上昇させ，上海製糸業の復活を促した。生産が需要に追いつかない状況となり，相当量は先物で売却された。1935年11月までには，1ピクル当たりの生糸価格は，380元から800元に上昇した。主要な生産地である江蘇と浙江では，前年度比で，生産量が30パーセント増加して6万ピクル余りに達すると同時に，1935年初頭には20から30の工場しか稼動していなかったのに対して，10月には94工場が操業するようになった。

　1936年前半，生糸価格は若干下落したが，後半には再び上昇に転じた。7月から12月までは，最低価格は前年1935年の同時期よりも50パーセントあまり高く，最高価格は5パーセント下回っただけであった[2]。

　為替レートの下落は，製糸業の復興に明らかに寄与していたが，同時に，政府の繭改良計画と企業家の組織改革も，重要な役割を果たしていた。

繭生産の改良

　大恐慌期にアメリカ市場における日本との競争が激しくなると，繭の質向上による生糸の品質改良は，中国製糸業にとって最も重要な課題となった。不況下でアメリカの絹製品への需要は全般的に減少し，それに加えて，中国製生糸が主力としてきた幅広織物用の市場へは，1920年代後半からナイロンを始めとする人絹が進出し，生糸への需要は落ち込んだ。一方，ナイロンが使用に適さないストッキング用では，特に高級ストッキング生産用の生糸への需要は伸

びており，また，技術革新によって，日本が主力として輸出してきた繊度14デニールの上品・中品だけではなく，中国製生糸の主に繊度21デニールの中品以下の中下級品も利用可能になっていた[3]。しかし，生糸価格の下落が続くという状況下では，製糸工場には大規模な改良計画を実施する余力はなく，逆に，繭の買取価格を引き下げて，農家に負担を転嫁しようと試みた[4]。こうした都市と農村との複雑な利害関係への，政府の介入が焦点となった。

　中央及び地方政府は，企業家たちとも協働して，生糸の品質と製糸業の生産性を向上させる計画に着手した[5]。1934年，実業部は繰糸改良委員会を，江蘇省政府は繰業改進管理委員会を，それぞれ設立し，計画の実行にあたらせた。これらの委員会には，無錫の有力な製糸業者であった，薛寿萱や，上海の代表的な製糸工場のひとつである瑞綸製糸工場の呉申伯といった工場主たち，浙江省政府の曾養甫，実業部の譚熙鴻といった官僚，張公権（中国銀行）や胡筆江（中南銀行）などの銀行家，そして，養蚕業者が参加した。

　繰業改進管理委員会が最初に着手したのは，質の劣る在来種を日本種に替えることであった。委員会は，特定地域を「模範養蚕地区」と定めて，無錫，金壇，武進，江陰，呉県といった養蚕中心地に指導所を設け，改良蚕種の導入を進めた。あわせて，政府が選別した桑の種も配布された。委員会は，農民に補助金を与えて日本の改良種への転換を促す一方，在来種の在庫は焼却した。厳しい管理の結果，1928年には江蘇省で95パーセントを占めていた在来種は，改良種の台頭によってシェアを落とした。

　江蘇省における蚕種掃立（ふ化した蚕を蚕座に移して，飼育を始めること）について，改良種と土種との比率の推移を見ると，改良種が急速に普及していることが分かる（表9-1）。また，1930年には6.42パーセントあった病変した蚕の比率も，1935年には0.37パーセントまで引き下げられた[6]。更に，従来の春蚕に加えて，秋蚕の生産も盛んとなり，江蘇省の産繭量は増加した。日中戦争の影響による秋繭の減産がなければ，1937年の生産量もより多かったと考えられる（表9-2）。委員会の主導による健康な繭生産の促進によって，1935年までには，製糸工場はより均質でかつ良質な生糸を生産することが可能になった。

表 9-1　江蘇省における蚕種の掃立 1935-37 年

(単位：千枚)

年	春蚕改良種	春蚕土種	計
1935	670	694	1,364
1936	1,245	703	1,948
1937	1,428	200	1,628

出典）東亜研究所『支那蚕糸研究』288-9 頁。

表 9-2　江蘇省の産繭量 1935-37 年

(単位：担)

年	春 繭	秋 繭	計
1935	204,000	147,000	351,000
1936	316,000	137,100	453,300
1937	300,000	67,500	367,500

出典）東亜研究所『支那蚕糸研究』289 頁。

　次いで，繰糸改良委員会と繰業改進管理委員会は，繭販売システムの再編に乗り出した[7]。清朝末期以来，政府に認可された繭行のみが，農村市場の繭売買を独占していたが，これを機に委員会は，繭行に改めて登録を求めた上で，各地域の産出量に応じて繭売買の割当量を決めた。同時に，繭行の運営には，技術革新が要求された。最新の設備を有する繭行には補助金が支給される一方，機械が劣化・老朽化しているものは操業を禁止された。繭行の管理強化は，繭の品質向上に役立ったばかりではなく，委員会が繭の価格を統制することを可能にしたのである。政府の指導の下で，繭の価格は高くはなかったものの，農民が養蚕を続ける意欲を持ち続ける程度に維持されるよう配慮されていた。

　薛寿萱は，繭生産と製糸の改良に重要な役割を果たした[8]。繰糸改良委員会と繰業改進管理委員会の両委員会の委員として，薛は繭の品質向上と繭行の管理を積極的に進めた。薛は，1929 年から 1931 年にかけて自身で 3 つの養蚕場を設けた。また，繰業改進管理委員会が改良種育成の促進のために指導所を設けると，改良種から作った繭を薛自身が経営する永泰に供給するという条件の下で，それらを低価格かあるいは無料で農民に配布した。

繭行の管理強化も，薛には有利に働いた。何軒もの繭行を通じて，薛は揚子江下流域の繭交易を厳しい管理下に置いた。農民が養蚕業から離れてしまうほど低くは価格を引き下げることはできなかったものの，繭を安価に入手できたのは，薛の工場が成功を収めた重要な要因のひとつであった。

薛は，製糸業改良計画に重要な役割を果たしたが，常に政府を支持したわけではなかった。例えば，政府が銀行の出資を受けて設立した養蚕合作社は，薛の繭生産と売買への影響力を脅かすものであった[9]。1935年9月，国民政府は合作社法を成立させ，以後，合作社は政府の管理下に置かれることとなった。江蘇農民銀行等の銀行は，合作社に資金を供給するだけではなく，生産や売買の過程にも関与するようになる。薛は政府の介入に，自身も合作社を設立して対抗したが，政府系合作社の拡大を阻むことはできなかった。江蘇農民銀行は，無錫や武進，金壇といった養蚕中心地では，順調に合作社が生産と販売にあたっていると報告していることからも，薛の養蚕業に対する影響力は翳りつつあったと考えられる[10]。こうした，薛のような地域の有力者と政府との対立は，経営改革の分野ではより顕著に現れることになる。

無錫における製糸工場経営の改革

生糸の品質向上を図るにあたって，政府は工場に，老朽化した機械を最新のものと交換するように求めた。薛寿萱は，政府の委員会が設立される以前から，既に工場の改革に着手していた。1929年に日本の製糸工場を視察した際，薛は，日本の機械が中国で使っているイタリア製のものより，はるかに優秀であることに着目し，帰国すると，最新の日本製の機械を装備した工場を開設し，また翌年には女工養成学校を設立した。これらの先駆的な改革によって，薛はアメリカに輸出可能な高品質な生糸を生産することができた。また，生産のみならず流通の効率を高めるために，海外市場に直接販路を形成した。1933年，外国人生糸商人の価格操作を免れるために，自ら貿易会社を設立した。市況に迅速に生産を適応させることができるので，ニューヨーク市場と直接取引できるのは，非常に有利であり，後にはフランスとイギリスにも支店を開いた。経営改革によって，同社の双鹿ブランドの生糸は，他の商品の2倍の価格

で取引されるまでになった。好調な業績を背景に，銀行からの融資が容易に受けられるようになったのも，一層，経営環境を好転させた[11]。

　繰糸改良委員会が設立された当初，薛は，政府から資金を借りて，古い機械を買い換えようと考えていた。1934 年 12 月に発表された，政府融資の主要な条件とは，(1) 新規に設置された機械設備を担保として，年利 2 パーセントの利子を支払うこと，(2) 元本の 4 分の 1 を第 4 年目以降，半年ごとに返済すること，(3) 長期に亘って操業を停止する場合は，元利を返すこと，(4) 繰糸改良委員会が機械設備の所有権をもつこと，というものであった。更に，融資にあたっては，政府の工場改革案に従うこと，という一項も入れられていた。政府案によれば，委員会が繭を購入して，その一部を製糸工場に売却し，更に残りの一部を設備の整った工場に配布して，生産にあたらせ，最終的には製品の販売にもあたる，とされていた。薛は，繰糸改良委員会に欠席することで，政府案への反対を表明した。1934 年，業界に不況の色が濃かった頃，政府の強力な統制には反対ではあったが，薛も政府の計画に参加することを考えた。しかし，1935 年に製糸業が復興し始めると，協働での生産と販売は明らかに不利益となり，結局参加することはなかったのである[12]。

　薛は，無錫の製糸工場の合併も試みた。1936 年春，興業製糸工場という名称の下に，薛は無錫の 50 あまりの工場のうち 30 工場を借り上げ，一種のトラストを形成した[13]。会社の規約に拠れば，(1) 各工場は独立を保つが，会社が繭の購入と分配を管理する，(2) 会社が各工場の操業を監督する，(3) 永泰工場の営業部がすべての生糸の販売に当たる，とされた。薛は，50 万元の資本を集める予定であったが，実際には 25 万元しか集まらなかった。興業の名の下に集まった多くの無錫の製糸工場は，繭の独占的購入を薛とともに享受し，合併によって新規参入者を排除することをもくろんでいたと考えられる。具体的には特に，上海の工場経営者が無錫の工場を借り上げて新規参入し，養蚕地に近いという地の利に益するようになることが，最も懸念されていたのである。

　最終的には，興業は江蘇省の 400 以上の繭行を統制し，省内生産の 90 パーセント以上に当たる 50 万ピクル以上の繭を買い上げた。同社の利益は 25-26

万元と，ほぼ資本総額に等しかった。こうした大きな成功にも拘わらず，1年後に，多くの参加工場が脱退し，興業は閉鎖に追い込まれた。生糸の輸出が再び増加し，製糸業の利益率が上がり始めると，興業に参加していた工場は，会社に利益を独占させようとはしなかった。無錫で18の工場を経営する薛は，地元の製糸業界では卓越した存在であり続けたが，その他の工場は再び相互に競争し始めたのである。

　大恐慌からの復興を模索する過程で，農村における養蚕を中心に，政府は製糸業への影響力を強めていくこととなった。都市の製糸工場は，統制に反発しながらも，政府が資金援助を提供することを期待していた。しかし結局，企業家たちは，政府の資金に頼ることなく，自力での生産性向上に努めることとなった。薛寿萱のような地域の有力者は，企業の政府に対する対応に関して，大きな影響力を持ったが，同業者をコントロールすることまではできなかったと言える。独立した工場は，利益を求めて市場で競争を続けたのである。

　製糸業に見られた以上のような企業家の政府介入に対する複雑な対応や，農村と都市との間での資金分配といった問題は，綿紡績業の復興過程でも問題化する。

2. 綿紡績業の復興

　1935年5月23日，上海綿紡績業同業公会の総会が開かれた。そこで緊要な問題として討議された3つの問題，すなわち，銀行の信用引き締めによる資金調達の困難，設備の老朽化に伴う生産性の低下，原料綿花の価格の割高感と品質改良の必要は，不況からの脱出を模索する工場経営者たちの現状認識と，それに対する施策を示している。対企業融資の拡大，生産性の向上，原料綿花をめぐる農村との関係の改善というそれぞれの問題については，企業と政府との関係の変化を含めて，新たな対応が求められていた。以下，綿紡績業の復興プロセスを，この3つの問題を中心に見ることとする。

信用引き締め問題 1935-36 年

　不況下で，信用の引き締めは，綿紡績企業が直面した最も深刻な問題であった。1935 年初の決算以降，金融機関による厳しい貸付条件の影響が，顕著に現れ始めた。銀行の直接管理下に入るものもあり，稼働時間を短縮するか，操業を停止する工場も現れた。

　1935 年 6 月末には，国内の生産設備の 40 パーセントが稼動を停止していた。新綿花が市場に出回ると，一部の工場が操業を再開したが，多くは外国系であり，年末に向かって 25 パーセント近くの国内工場の設備が停止されたままであった。政府からの金融支援を期待していた紡績工場主らは，政府の指導の下で業界を再建することを決議した。

　1935 年 3 月 20 日，中国綿紡績経営者連合会は，政府の主導下で綿紡績連合会を設立することを提案した[14]。計画書は，「現在の機械設備は非常に古いため生産性が低く，コストを押し上げている。我々はこれらを刷新しなければならないが，そのための資金を欠いている。更に，企業の財務と経営を向上させるためには，すべてのシステムを管理する強力な組織が必要である」と述べ，政府に綿紡績業公債 5 億元を発行することを求めた。新しい連合会は，財政部，実業部，全国経済委員会によって 1933 年に設立された綿業統制委員会，そして，中国綿紡績経営者連合会によって組織される。すべての中国人紡績工場主は，入会を求められ，連合会は，技術，機械，経営を含む，綿紡織業の復興のためのあらゆる計画を主導することとされた。一方，会員の紡績工場は，政府が発行する債券を受けとる形で金融支援を受け，同時に連合会の管理を受ける。綿紡績工場主たちは政府からの資金援助を必要としており，それゆえに，政府の厳しい管理も受け容れる所存であった。しかし，政府は 5 億元の債券を発行することはできず，政府主導の連合会設立案は，実行されることはなかった。

　次いで，綿紡績業の改良を主管することになった，綿業統制委員会は，大華綿紡績信託公司を設立し，綿紡績工場はそこを通じて資金調達，生産，販売を合同で行う，という案を提示した[15]。大華が発行する 5 億元の債券のうち，2 億元は中央銀行が引き受け，残りの 3 億元は一般の投資を募るとした。

信託会社の当面の目的は，投資を募ることであった。綿業統制委員会は，経営が健全な工場のみに信託会社への参加を求め，土地設備を抵当に出すことなく，信託会社を通じて資金調達を行うことができる仕組みを作り上げようとしていた。経営不振の工場も，負債を整理すればすぐに入社を許され，操業を開始できることとされた。綿業統制委員会の狙いは，綿紡績業への投資リスクを引き下げるとともに，企業の利子負担の軽減をはかることであった。傘下の工場の経営効率を高めるために，綿業統制委員会は，綿糸の品質に目標を定めて遵守することを求め，また，生産コストも在華紡と競争できることを求めた。

　綿業統制委員会は，短期の流動資金確保のための信託会社の設立も考えていた。いくつかの組織に編成された商人たちは，月ごとに工場に原料を提供し，工場は，予め決められた量の糸と布を生産して，信託会社を通じて売却する。綿業統制委員会の委員たちは，信託会社は，流動資金の獲得を容易にするばかりではなく，製品の販売も合理化するであろうと考えていた。信託会社が綿花の買い付けと製品の販売を行うようになれば，金融機関の紡績工場に対する信用も増し，短期の融資を行いやすくなることが予想された。政府は必要な経費を最初の数年間供給しなければならないとしても，やがて，金融機関からの融資が中心となることが期待されていたのである。

　しかし，綿業統制委員会の案も，財政部が公債発行に反対したために，実現することはなかった。第8章で見たように，財政部は，公債発行による財政拡張には慎重であった。政府が，公債を額面どおりに割り引くことなく発行できるかは不明であり，実際，必要に迫られて，政府は額面割れの価格で公債を売却しながらも，利子は名目どおりに支払った。これらの公債の利益率は非常に高くなり，多くの投資家を引き付けたので，結果として，企業への投資を難しくすることにも繋がった。政府公債をめぐる問題は，幣制改革後も続いていた。1935年11月，虞洽卿，聶潞生，栄宗敬，劉鴻生ら上海の有力な企業家たちは，金融市場から高利の公債を引き上げ，一般投資家の資金を企業に向けさせるよう，中央銀行に要請して欲しい旨，実業部に陳情した[16]。しかし，政府の財政基盤は脆弱で，こうした極端な手段に訴えることは不可能だった。それに代わって，1935年12月，財政部は上海銀行同業公会に，利子の引き下げを

要求した。銀行は，利子率が，通貨の供給量，公債の利子率，そして為替レートと密接に関係していると指摘して，政府の要請に応えることはできないと拒絶した[17]。通貨・財政政策に制限されて，政府が採ることのできる手段は限られていた。

　不動産市場の停滞は，幣制改革後も続いていた。1929年から31年までの間に，不動産に対する過度の信用拡大と投機的取引の横行した後に，1934年後半から不動産市場が暴落したことで，銀行から企業への信用供与のシステムは大きく損なわれたが，それに代わる信用拡大の手段が形成されたわけではなかった。恐慌初期に，不動産に注ぎ込まれた多額の資金が，再びある程度の利子を稼ぎ出すようになるまで，上海経済が復興することはないだろうと言われた。既に見てきたように，上海の多くの企業は，土地家屋を抵当に入れて資金を調達するなど，不動産取引と密接に結びついていた。しかし，1936年1月には，2億元相当の抵当が，元利の支払いがなされないまま，凍結されていた[18]。企業経営自体は好転しつつあったものの，取引の多くは現金で行われていた。長期の投資を再開するためには，凍結された資産の流動性を再び高めなければならなかった。

　幣制改革を計画する過程では，政府は不動産金融銀行の設立を検討していたが，その詳細は不明であった。その間，長期信用市場の流動性の向上に努めたのは，上海市銀行業同業公会連合準備委員会と上海銀行票据承兌所であった[19]。上海市銀行業同業公会連合準備委員会は，1932年2月27日に設立された。上海事変の後，一時的に金融市場がパニックに陥った際，金融機関は不動産の価値が下落することを恐れ，銀行のポートフォリオの中で現金化しにくい資産の流動性を高めるために連合準備委員会を立ち上げたのである。上海市銀行同業公会の会員であるか，非会員であるかを問わず，連合準備委員会への入会を許された。入会に際しては，委員会の準備資産ともなる，(1) 公共租界かフランス租界に位置する不動産，(2) 市場流動性のある商品，(3) 上海，ロンドン，ニューヨークのいずれかの市場に上場している債券や株式，あるいは外国銀行への預金 (4) 金貨か金や，金塊に兌換可能な通貨，(5) 連合準備委員会の承認を得た，上記以外の担保物件，のいずれかを預けることを要求され

た。会員銀行が，準備資産を預けると，連合準備委員会は，委員会の資産査定部による資産査定額の7割を上限として，担保証書を発行し，この証書は会員銀行間での融資の担保として流通した。

　上海銀行票拠承兌所は，上海市銀行業同業公会連合準備委員会の付属機関として，市場で受け入れられる割引可能な取引手段を導入することを目的に，1936年3月16日に設立された。上海銀行票拠承兌所への入会は，連合準備委員会と上海手形交換所の会員に限られた。そこでは，会員銀行の引き受けによって発行され，上海銀行票拠承兌所に預けられた資産か物品によって担保された手形のみが取り扱われるとされた。

　幣制改革後，通貨の発行権を掌握し，政府系銀行は潜在的には「最後の貸し手」として流動性を維持しうるようになっていた。しかし，同時に，改革を遂行するにあたり，無制限な通貨の発行を避け，財政の規律を守る必要にも迫られていた。政府系銀行が，長期信用市場に影響を及ぼす手段と効果は限られることとなり，流動性の維持は民間銀行団体に委ねられざるをえなかったのである。

生産組織の改革

　政府からの資金援助が得られない中で，綿紡績工場主は，自力で生産性を向上させなければならなかった。大恐慌からの脱却の途を探る過程で，揚子江下流域，特に上海の工場は，生産や経営の方法を改良し，組織の垂直統合を進め，より細い糸の生産を核とする生産効率の向上に努めた。不況の只中にあっても，綿紡績工場は，堅調な需要が続く細糸へと，従来の太糸から生産ラインを変更させつつあった（表9-3）。1931年から33年にかけて，20支以上の細糸の割合が，特に上海の工場では増加している。これらの工場の多くは，1931年以前から既に細糸へのシフトを進めており，国内の他地域の工場に比べて，その割合は高かった[20]。

　紡績からの利益が減少すると，比較的強固な財務基盤を持つ工場は，織布にも工程を広げ，より垂直的な生産統合を行うようになっていった。1930年，81の中国系紡績工場のうち，動力織機を備えていたのは，32軒であったが，5

表 9-3　中国系綿紡績企業生産綿糸の支数別割合 1931-33 年

	1931			1932			1933		
	<20支	20支	20支<	<20支	20支	20支<	<20支	20支	20支<
上海	63.5	25.5	11.0	54.1	34.2	11.7	39.6	42.2	18.2
江蘇	76.0	22.0	2.0	60.4	33.0	7.6	52.1	33.3	14.6

出典）森時彦『中国近代綿業史の研究』400 頁。

　年後の 1937 年には，95 軒のうち半分以上の 47 工場になっていた。このことは，紡績業全体で，織布を兼業するものが，1930 年の 39.5 パーセントから 1935 年には 49.5 パーセントに増加したことと同じ傾向を示している。1936 年以降，本業の紡績業が回復し始めると，染付や縫製にも進出する工場も現れ，より付加価値の高い製品を含んだ生産の垂直統合が進んだ。

　不況時を通じて，中国系綿紡績工場の生産性は向上していた。ある日本人の調査によれば，1924 年以降，特に 1930 年以降に，中国系紡績工場の生産性は顕著に向上しているとされる[21]。労働者 1 人当たりが生産する綿糸の量は，1930 年の 10.135 包から 1933 年の 11.935 包に増加し，1 紡錘当たりの生産量も，1930 年の 0.618 包から 1932 年の 0.650 包へと増加している。長時間労働が生産増加の原因のひとつではあったが，その他にも，電力の導入を始めとする技術革新が大きく寄与していた。新技術を導入する財力のない工場も，古い機械の補修に努めた。

　生産性向上は，長期的には企業の利益増加に繋がったと考えられる。しかし，国内市場の需要が回復するまでは，綿紡績業全体としての復興は緩慢であった。1935 年 11 月の幣制改革後の為替レートの下落に伴い，輸入綿製品が減少したことで，国内綿糸の価格は 10 月の 177.66 元／包から 11 月には 195.47 元まで上昇した。しかし，綿花の価格が高く，紡績企業は利益を計上することができなかった。というのも，1935 年には収穫期の旱魃で湖北と湖南の綿花が壊滅的な影響を受け，またインド産とアメリカ産の綿花の価格が，元の対外為替レート下落の影響で上昇したため，国内産綿花の価格も押し上げられたのである[22]。

内陸部からの需要の復調によって，1935年11月に始まった綿糸価格の上昇は1936年も続いた。1936年の豊作と農産物輸出の増加が，農村経済の復興と農家の購買力向上をもたらしていた。綿糸価格の上昇と綿製品需要の増加に支えられて，操業を再開する工場が相次いだ。

　綿紡績工場の経営が本格的に好転するのは，1936年秋になってからのことであった。1935年を60パーセントも上回る綿花の豊作によって，綿紡績工場は大量の綿花を廉価で購入することができた。綿花作付面積の拡大に伴う生産過剰のニュースは，アメリカ綿花市場の価格を引き下げた。当時，日中外交関係の緊張の高まりによって，日本への中国綿花の輸出が減少しつつあったこととも相まって，中国の綿花価格は下落した。綿花の購入コストと綿糸の売却益との差が広がるとともに，綿紡績工場は利益を上げることができるようになった[23]。1930年代初頭から，銀行の厳しい管理下に置かれてきた多くの綿紡績工場は，業績の回復と再び物価が上昇傾向を示すようになったことで，それまでの債務を返済したのである。

　以上見たように，綿紡績業の復活は，企業家の自助努力と，幣制改革の好影響によって可能になったように考えられる。しかし同時に，綿花生産の増加，及びそれへの政府の貢献が決定的に重要であったことを見逃すことはできない。

綿花生産の改良

　1929年以降，中国の綿花生産は国内の需要を満たすことができなくなり，国外からの輸入は1931年に頂点に達した。政府にとって，大きな貿易赤字を抱える中国が，綿花の輸入を続けることは懸念される事態であった。しかし，中国綿花の品質が悪化しつつあったことから，輸入を減少させることは難しかった。更に，綿紡績業が細糸への生産シフトを追求するならば，主にアメリカから輸入されていた長繊維の綿花が不可欠であった。この状況に対応するために，政府はアメリカ種を中心とする綿花の大規模な増産計画を開始した。

　中国とアメリカとの間で1933年6月に締結された綿麦借款は，当初，綿花改良計画の資金を調達することを大きな目的のひとつとしていた[24]。実際，こ

の外国借款は，中国政府にとって，外債を発行せずに海外から資金を調達する唯一の方法であった。1933年6月4日に公表された借款条項によれば，借款の総額は5,000万ドルで，5分の4が綿花の購入に，残りの5分の1が小麦に使われるとされた。元本と利子5パーセントは，3年以内に償還され，必要があれば更に2年の延長が可能であった[25]。この米中物資借款計画は，両国政府にとって重要な政治的手段であった。財政部部長であった宋子文は，その資金で農村不況を解決しようとしていた。借款が合意に至ると，政府は，借款は実業振興，農村復興，水利，交通整備に用いられ，決して軍事目的には流用されないと宣言した。アメリカ政府とその復興金融公社にとっては，この借款は，余剰農産物を処分する格好の機会であった[26]。このように，両国の直接の目的は，綿紡績業を利することではなかったが，借款計画の中で，綿花を実際に購入するのは，中国の民間綿紡績業者であり，枢要な役割を期待されていた。

　綿花の取引は，民間業者によって行われ，従来から上海への綿花輸入に携わってきたアメリカ系貿易商社が，綿花を紡績業者に売り渡した。紡績工場が，綿花の代金を政府が支払い機関に指名した中央銀行に払い込むと，そこから5パーセントの利子をアメリカ政府に送り，残りの代金は中国政府が取得する[27]。この綿花購入に際して，工場は何らの補助金も優待条件も提示されなかった。

　アメリカ綿花の売り上げは，事前の予想を大きく下回った。中国の工場主たちがアメリカ綿花の購入を考えたのは，1933年の国内産綿花の収穫が不作であると予想されたためでもあった。しかし，実際には同年の収穫は例年を20パーセントも上回った。更に，1933年，ルーズベルト政権は国内農業復興計画を始めており，綿花の作付面積を減らして綿花生産者には資金援助を行うなど，価格引き上げに努めており，実際に，アメリカ綿花は，中国綿花よりも高価であった。こうした状況下で，中国の綿紡績工場には，積極的にアメリカ産綿花を購入する動機は見当たらなかった。国内の綿糸需要の減少が続く中で，一度に大量の綿花を購入することは，経営をより圧迫する可能性があったことも挙げられる[28]。

　綿花借款の規模は，最終的には，4,000万ドルから1,000万ドルに大幅に減

額された。借款計画の失敗とも関係して，宋子文は1933年10月に財政部長を辞任した。政策目的と企業の直接的な利害が一致しなかったという意味で，この綿麦借款計画は，政府と綿紡績企業との複雑な関係を表している。政府は，アメリカ綿花を輸入する際，企業の要求を十分に把握していなかったと言えるが，しかしこの計画の結果として，国内産綿花栽培改良の資金を調達することができた。この改良事業の中心となったのが，綿業統制委員会であった。

綿業統制委員会は，技術革新と融資拡大という2つの重要な分野に介入した[29]。前者に関しては，中央綿花生産所を設立し，省政府の協力を受けて，湖南，湖北，江蘇，山西に支所を設け，種子の生育と頒布を行った。1934年には，180トン以上の種が江蘇，山西，湖北，山東，浙江に頒布され，1935年10月には137万6,000畝の畑に改良種の綿花が植えられた。その意義は，生産量の増加だけにとどまるものではなく，アメリカ種の長繊維綿花の作付が拡大したことが，細糸生産の鍵となった。1936年までには，半分以上の綿花畑で，アメリカ種が栽培されるようになった。綿花生産面積が広がると，生産量も急速に増加した。1934年に1,100万ピクルに達した綿花生産量は，1935年には一時旱魃のために減少したものの，1936年には1,450万8,230ピクルを記録したのである。

生産面積が拡大すると，上海を中心とする揚子江下流域の綿紡績工場は，原料購入地を拡散させていった。それでも，使用綿花の6割を占めた江蘇産綿花の品質向上は，重要であった。江蘇の綿花生産は1920年代から生産面積でも生産量でも減少傾向を示していた。1924年，1畝当たりの生産は39.4斤であったが，1930年には12.6斤に下落し，1931年には更に8.2斤に下がった。江蘇省政府は，不良種の綿花が拡散し，全体として生産量が落ちていく状況に危機感を募らせていた。江蘇省の産地である揚子江北岸の通海地区は，例えば，20支以上の細糸も紡ぐことができる有用な綿花の産地であった。一方，黄浦江岸の地区は，短繊維の綿花を生産してきた。そのため省政府は，綿業統制委員会と協働して，それぞれの地域に最適な種類の綿花栽培を奨励することに努めた。その結果，1936年には，計画は顕著な成功を収めていた。綿花生産に利用される耕地は，1933年より36パーセント増加して，1,040万1,000畝

となり，生産量も3.8倍増加して242万6,000ピクルとなったのである。これは，1畝当たりの生産性が23.3斤に向上したことを意味する[30]。

　農村金融の拡大も，綿業統制委員会の目標のひとつであった。そこでは，合作社化が重視されていた。農村金融と合作社は密接に結びついていた[31]。すなわち，合作社を通じて，綿業統制委員会は民間の銀行から農村に投資された資金を農民に貸し付け，更に債務の履行と資金の有効利用の状況を監視することができたのである。銀行は，綿紡績業に多大な投資をしていたので，綿花生産の改良は，綿紡績業の改革にも関係する重要な問題として大きな関心を抱いていた[32]。新式銀行は，合作社を通じて綿花生産者に融資を行うことができ，流入した資金は綿花の生産と流通に利用された。例えば，上海商業儲蓄銀行は，綿花生産合作社に多額の資金を貸し付け，また金城銀行は，河北と陝西の綿花生産改良協会に融資を行った。合作社は資金を農民に分配し，一方，農民は合作社に綿花を渡して，その売り上げから債務返済を代行させた[33]。この方法は，農民の資金調達を可能にしつつ，銀行にとっての農村への融資に伴うリスクを軽減している，という点で，双方にとって有効であった。こうした集団融資は，他の種類の合作社でも利用されることになる。

　政府は，製糸業や綿紡績業を直接，救済したわけではなかったが，その限られた予算を農業セクターに分配したことは，結果的には工業セクターにも利益をもたらした。農業生産を改善することが，1930年代前半の都市工業部門の不況を解決する鍵であったとしても，民間の企業や金融機関は，農業復興計画のようなリスクの高い事業に多額の資金を投入することはできなかった。

　こうした都市・農村間の相互関係をめぐる問題背景に着目するならば，政府の農業改革は評価に値するであろう。それでは，政府は農村を統制しようとしていたのであろうか。次節で見るように，政府の農村への介入は，徹底してはいなかった。農村崩壊と言われる未曾有の危機の下で，政府はどのような政策目標を立てていたのであろうか。江蘇省農民銀行の活動から，政府が農村の不況にいかに対応し，どのような成果を上げたのかを検討する。

3. 農村金融の再建

江蘇省農民銀行

　江蘇省農民銀行は，直接的には1930年代の農村危機に対応するために設立されたのではない。1927年江蘇省政府の成立後，陳果夫らは，農村への統制を強めるために，合作社の下に農民を組織することとした。同時に，合作社事業経営のために省農民銀行を設立することを決め，孫伝芳軍閥政権時代に未徴収の二角畝捐を，省農民銀行の基金に充てるとした。二角畝捐とは，1926年孫伝芳が北伐に抵抗するため軍事費を必要とし，江蘇全省に徴収を命じたが，徴収が完了する前に敗北したために，未徴収の部分を残していたものである。江蘇省農民銀行の設立に際しては，二角畝捐はいったん取り消され，改めて各県に二角畝捐と同額に当たる省農民銀行基金の徴収が命じられた。また，孫伝芳の下で既に徴収した二角畝捐は，省農民銀行の基金の抵当とすることとされた。江蘇省農民銀行は，1928年7月16日に資本金220万元で設立の運びとなった。江蘇省農工長何玉書は，報告で，農村高利貸を批判し，農民生活を援助，農村経済を発展させるために「農民銀行組織」を創設したと述べた。その組織大綱でも，「省政府が農民経済の発展を補助し，低利資金を農民に貸与するため，農民銀行を設立した」とされている[34]。そして，銀行の使命として，(1) 農村金融の調整，(2) 農業生産の発展，を謳い，更に，農村金融調整は低利貸付に終わらず，貸付の結果，農民の生産増大を促進する効果を上げることを目指すとする。すなわち，種まきから収穫，貯蔵，販売まですべての生産過程を補助し，農産物の改良を計り，農民を「現代化」「科学化」すると宣言した。こうした野心的な目標設定の背景には，国民党のイデオロギーたる三民主義の中での民生主義，なかでも資本の抑制や地権平均といった問題への取り組みを示すという，政治的な配慮があった。

　しかし，1928年の設立以降，実際に営業を進めていく時期には，江蘇省農民銀行は，農村崩壊と言われる未曾有の危機に対処することを求められた。農村からの資金流出が続き，従来の農村金融が機能不全に陥る中で，農民は融資

を渇望していたが，それらの要求すべてに応えることは，明らかに不可能であった。江蘇省農民銀行は，貸付に対してより慎重にならざるを得なかった。1930年3月30日の，第二回経営会議で，王志莘総支配人は，銀行は厳しく融資先を管理しなければならないと強調して，次のように述べている[35]。

> 銀行経営は，営利を中心としなければならない。農民銀行は，農民のための金融機関であって，慈善ではない。銀行経営にあたって，我々は利益を上げなければならない。更に，省政府の事業の一端として，本行は健全な経営を通じて，農民の福利向上に貢献する必要がある。したがって，私は，以下3つの基本方針に従って，慎重に事業運営にあたることを提言したい。第一に，銀行の財務を健全に保つため，融資は慎重に行うこと。第二に，公金が浪費されるのを避けるため，費用の低減に努めること。第三に，より多くの農民の必要に応えるため，事業を拡大することである。

　王が述べているように，無闇な資金のばら撒きを避けるためには，貸付先の厳密な選別が不可欠であった。更に，情報収集に多大な経費を掛けずに精査することが要求された。これらの条件下で，合作社が重要な融資のチャンネルとなっていったのである。

合作社との関係

　合作社は，農民12人以上が集まって，株（股）を購入する形で出資金を集めて組織される。国民政府の下では，1928年7月の「江蘇省合作社暫行条例」ですでに合作社には法人資格が与えられていた。合作社には，それぞれ，運営目的によって，信用，生産，運銷，購買，利用（灌漑，共同耕作）等の種類があった。

　設立当初，農民銀行の融資先は合作社に限るとされていた。これは，上にも述べたように，国民政府が，民生主義に基づく農民の組織化を推進しようとしており，農民銀行は金融面で合作社を支えることを重要な使命としていたためである。しかし，当時は合作社の組織率は低く，特に優良な合作社は少なかっ

たため，融資先が限られてしまい，この方針を堅持するのはすぐに難しくなった。そして，農村金融の危機が始まると，農民は，農民銀行を残された唯一の貸出機関と看做して，「助け」を求めるようになった[36]。江蘇省の開弦弓村で調査を行っていた人類学者の費孝通は，次のような観察を行っている[37]。

> 数千元が合作社を通じて貸し出された。しかし，負債者には支払能力がなく，期限が来ても返済することができない。債権者は，高利貸しのように厳しく返済を求めることもないし，借款に課せられた低率の利子だけでは，取り立てを管理するだけの人件費を確保することもできない。結果として，割り当てられた資金が枯渇すると，合作社は債務不履行の案件を残したまま，解散することになるのだ。

農民銀行からの融資を期待して合作社が当座に結成され，融資を受けると解散してしまうという問題は，開弦弓村に限らなかった。事態に対処するべく，1931年には，限定条項が外され，個人や生活互助会，郷鎮の指導者への融資も認められるようになった[38]。しかし，個人や個別の組織の信用調査を行うのはやはり困難であった。担保物件として，土地（地券）をとるという手段も試みられたが，担保にとった不動産を転売するのが困難であったばかりではなく，地券の真贋を調査しなければならないなど，融資の手続きの難しさを解決するには至らなかった。

こうしたことから，合作社が再び農民銀行の主要な貸付先となった。合作社が組織されていない村では，生産互助会や村の有力者への貸付も行われ，また，有力な商人等が保証人になることを条件に，50元を限度として農民個人への借款もなされた。これら全体をあわせて，貸付の半分程度が，合作社を通じて行われていた[39]。合作社数は1930年代に入って，急激に増加していった（表9-4）。その間，農民が，農民銀行からの融資を生き残りの最後の手段と看做して殺到するという問題は，依然として残されていた。

農民銀行自体の資金繰りが極めて厳しかったことは，融資先の選別をめぐる問題をより深刻化した。設立時の二角畝捐を振り替えて集めた基金以外に，農

表 9-4　江蘇省合作社　1928-36 年

年	合作社所在県数	合作社数	合作社社員数	払込額（元）
1928	20	309	10,971	46,371
1929	31	668	21,175	96,473
1930	50	1,226	38,280	266,885
1931	51	1,721	53,512	434,312
1932	52	1,828	57,100	453,580
1933	54	1,897	n.a.	n.a.
1934	60	2,937	105,036	n.a.
1935	56	4,091	138,369	n.a.
1936	56	1,875	79,170	814,489

出典）菊池一隆「江蘇合作事業推進の構造と合作社」377-8 頁。

民銀行は預金を集めて貸付資金に当てようとしたが，融資の利率が相対的に低く抑えられていたために，預金に際しても農民銀行は高い利子を提示することができなかった[40]。農村で活動するその他の金融機関では，農民への融資が高利であったのと表裏の関係にあって，預金の利子も高く設定されていた。一方農民銀行の利子は，1928 年の設立当初，月利 1 分を超えないこととされた。こうした条件の下では，月利 1 分 5 厘以上を提示する他の金融機関に伍して競争的な利子率を提示し，預金を集めるのは難しく，江蘇省農民銀行は，資金難に苦しんだ。

　農民銀行は，合作社の選考基準を厳しくすることで，事業の効率性を高めようとしていったと考えられる。「信用を失った合作社には再度融資を行わない。期限どおりに返済した合作社には融資額を増やす」，「常に借款は農民の必要額の一部として，農民に依頼心を起こさせないようにする」など，各地の銀行の支店による，合作社の審査と選別が進められた[41]。結果として，合作社の期限どおりの返済率は，64.4 パーセント，期限を延長して返済されたものも含めれば，82.6 パーセントの返済率を記録した。

　1934 年，江蘇省地方政府の財源管理を委託されると，江蘇省農民銀行の預金額は，大きく増加した。合作社を通じた農民銀行への貯蓄が進んだこと，1934 年以降，農村部に資金が還流し始めたこと，農民銀行の知名度が農村部

表 9-5　江蘇省農民銀行貸付 1933-36 年

(単位：元)

年	合作社	農業倉庫	計
1933	2,126,764	1,281,707	3,408,471
1934	2,360,844	4,278,621	6,639,465
1935	1,811,638	8,304,305	10,115,943
1936	3,397,769	14,184,966	17,582,738

出典）飯塚靖『中国国民政府と農村社会』184頁。

にも浸透し始めたことも，農民銀行への預金額増加の要因であった。預金額の増加を受けて江蘇省農民銀行は，1935年までには，省内のほぼ全県に73の支店を設けて事業を拡大していった。

農業倉庫

　合作社への融資と並んで農民銀行のもうひとつの重要な業務は，農業倉庫の運営であった。上海商業儲蓄銀行及び中国銀行と合同で行った倉庫運営は，銀行の倉庫に貯蔵された農産物と引き換えに，農民に低利融資を提供することを目的としていた。農業倉庫事業は急速に発展し，1934年には省内の40県に設けられた180ヶ所の倉庫を通じて融資400万元が行われ，合作社を通じて行われた融資額を上回るまでになった（表9-5）。

　農民銀行にとっては，農業倉庫は，農民の信用度の査定，という合作社を通じた融資をめぐる最大の問題を回避できるだけではなく，農産物を融資の担保として取ることで貸付のリスクをある程度軽減できた。一方，農民にとって農業倉庫の最大の利点は，動産を担保に信用の供与を受けることができたことである。抵当品は，農民自身が持ち込むこととされた。抵当物品で最も多いのは米であり，次いで綿花，3番目が小麦，そのほか大豆，繭，高粱などがある[42]。貸付金利は月利約1分5厘であった。農民は，秋の収穫時期，農作物価格が低いときに，省農民銀行から資金を借り，農作物は倉庫に貯蔵しておいて，有利な条件になったときに売却することができた[43]。

表 9-6　借款利用目的，江陰県 1929 年

目　的	人　数	割合（％）	額（元）	割合（％）
他の借款の借換え	166	45.1	15,135	61.2
土地の償還	12	3.3	1,880	7.6
副業経営費用	17	4.6	1,740	7.0
建　築	6	1.6	500	2.0
事業資金	100	27.2	1,200	4.9
生産設備の購入	34	9.2	2,272	9.2
日用品の購入	33	9.0	2,010	8.1
計	368	100	24,737	100

出典）中央銀行經濟研究處 編：《中國農業金融概要》表 62，226 頁．

江蘇省農民銀行の効果とその限界

農村崩壊と言われた不況の深刻さに鑑みれば，江蘇省農民銀行の成果は限られたものだったとも言えよう。しかし，伝統的な農村金融システムが，デフレーションの下で機能不全に陥るという危機に対応した，農民銀行の施策は，注目すべき特徴を有していた。

農家の家計の季節性への対応は，農民銀行が果たした役割の中でも最も重要であった。天災・戦禍や疾病，冠婚葬祭に伴う不慮の出費だけではなく，農業生産と販売の季節性のために，農民は絶えず，短期・長期の信用供与を必要としていた。常に債務を負った家計の維持は，リスクを伴った。従来，農村では，会や典当など民間の組織が，必要な資金を融資するとともに，村外からの高利の借款や，債務不履行による土地の喪失といった事態を，ある程度までは回避する手段を提供していた。これらの組織が機能しなくなり，農村金融市場は流動性を失った。こうした状況下で江蘇省農民銀行からの融資の多くは，日用品の購入や，借金の借換えに使われた。例えば江寧県の合作社の社員の農民銀行からの借金の用途を見ると，表 9-6 のようであった。農業倉庫に見られる季節性の短期借款は，農民が生計を維持する上で不可欠であり，農民銀行は伝統的な金融機関の機能を代替していたとも捉えられる。

江蘇省農民銀行は農村経済の構造や，農家家計のあり方を，抜本的に変えはしなかった。こうした江蘇省農民銀行の成果を評価するに際して，政府が当初

から，農村金融をめぐる大きな改革は，実現が難しいと考えていたことは注目できる。政府官僚たちは，高利を法律的に禁じても，借入の需要がある限り，規制は資金供給量を減らすだけで，結局は利子率の上昇に繋がると分析していた。一方，短期間に，合作社を通じた融資を増やすことにも限界があった。当面，既存の金融機関を利用して農村金融の流動性を高めるのが，実現可能な手段であると考えられた。

典当の復活は，その第一歩であると理解された。そのためには，当面，政府資金の補助によって，大恐慌以前には農村金融で中心的役割を果たしていた典当を再興の軌道に乗せることが目指された。その後は，貸付の期間を1年以下に限定し，債務不履行に伴う抵当品の処分に際して，価格変動に伴うリスクを低減することや，金融機関間の相互貸借関係を緊密化して，農村金融全体の流動性を高めること等が提言され，典当が自律的に機能することが期待されていたのである。

政府は，相互扶助組織としての（合）会の役割にも注目していた[44]。会に対して参加者は，極めて高い帰属感・義務感を示しており，会への割り当て金を払うことが，地主への地代の支払いよりも優先されることさえあった。農村金融をめぐって政府が直面した最大の問題は，いかに農民に対する信用を担保するかであり，それへのひとつの施策として合作社を組織するにあたって，会のあり方は極めて示唆に富んでいた。農村経済の危機が，都市経済に大きな影響を及ぼすことは，政府官僚だけではなく，企業家や研究者，報道関係者などの都市在住者にも広く認識されていた。しかし，リスクの高い農村経済に投資することは，民間の金融機関には難しかった。合作社設立の大きな目的のひとつは，集団として農民の信用を高め，民間の都市銀行からの融資を可能にすることであった。一方，銀行との交渉過程を通じて，合作社は，借款契約を履行する必要性を学習することになった。江蘇省農民銀行は，こうした銀行と農村との関係構築に，先駆的な役割を果たしたと考えられる。

1935年2月には，上海商業儲蓄銀行，金城銀行，浙江興業銀行，交通銀行，中国銀行の5行が，250万元を集めて，農業合作社向け融資の基金とし，中国農業合作社銀行団を設立した。この銀行グループの目的は，優良な合作社との

取引をめぐる銀行間での過度の競争を回避するとともに，農村への投資リスクを軽減することとされた。その年の後半には，新たに6行の中小規模の銀行が銀行団に参加した[45]。一方，政府側では，1936年6月に，実業部の管轄下に農本局が設立され，銀行と農業合作社との貸借関係の仲介を任された。同時期，中国農業合作社銀行団も，新たに19行の参加を得て，流動資金銀行団として再編され，5年に亘って，年600万元の資金を融資するとした[46]。こうして，1936年には，銀行からの融資が，合作社の財源の8割を占めるに至った[47]。農村金融市場の流動性を回復する上で，極めて重要な変化であったと考えられる。

小　結

　大恐慌からの脱出を模索する過程で，揚子江下流域経済では，政府が従前よりも顕著に大きな役割を果たすようになっていった。そうした政府の介入には，強さと弱さが同時に見られた。

　政府の不況対策として最も効果があったのは，幣制改革であった。為替レートの下落は，輸出産業である製糸業にとって有利な条件であったし，国内購買力の向上は，綿紡績業の復興に不可欠であった。

　綿紡績業も生糸製糸業も，政府からの援助を，その中でも特に資金の供与を求めたが，財政拡張に限界があった政府は，それらの要求に十全に応えることはできなかった。結果として，製糸工場主は厳しい付帯条件のある政府主導の業界再編案に参加することはなかった。また，綿紡績工場主は，政府資金の供与を受けられないだけではなく，長期融資の枯渇に苦慮し続けることとなった。そこでは，流動性の確保に貢献しようとしていたのは，中央銀行ではなく，民間銀行の同業組織であった。対照的に，政府は，高利の公債を発行し続けて，企業への投資を妨げることにさえなった。両繊維産業の企業は，自ら技術革新と経営改革を進めることによって，業界の不況に対峙しなければならなかった。

政府の，都市工業部門への直接的な補助は限定的であったが，農村経済への政府介入の意義は，都市の産業への好影響も含めて，積極的に評価できるものであった。1931年後半から，農村からの資金流出が加速し，農家経営が危機にさらされるとともに，工業製品の原材料たる農産物の品質の低下が進んだ。こうした農村崩壊と言われる状況は，都市経済にも深刻な負の連鎖を及ぼすものであったにも拘わらず，民間には，農村に資金を還流させる組織が存在しなかった。そうした中で，政府が，養蚕や綿花改良といった大規模な農業復興計画に資金を投じたことの意義は大きく，また，実際に，製糸業と綿紡績業の復興に寄与していた。

　しかし，政府は，農村経済を統制下に置こうとしていたわけではなかった。ここで，前章で指摘した，金融・通貨政策と，財政政策とのジレンマが，政府の政策目標と手段とを理解する鍵となる。すなわち，政府は，一定の為替レートを維持するべく，健全な通貨政策の運営を義務付けられていた。また，一方では，実業振興や農村復興で，政府が財政的にも強い主導権を発揮することが期待された。実際には，この2つの政策目標を同時に満たすことは難しい。江蘇省農民銀行は，その顕著な一例である。十分な財源を欠く中で，政府は合作社を通じて農村の債務者の審査と監視を行い，都市の銀行の融資を仲介することに，農村経済復興の活路を見出していた。合作社を通じた信用供与を行うことで，農民銀行は信用度の高い合作社を育成していたとも捉えられる。このことは，後に，農民銀行だけではなく，一般の民間銀行も農村への資金提供を行う受け皿作りにも繋がった。また，農村の貯蓄を吸収し，融資を行ったことによって，農村内部での資金の循環を促したことも注目される。「慈善事業ではない」とされた農民銀行が，政府資金の無償供与を行わなかったのは，もともとは資金不足に伴う窮余の策であったが，結果的には，農村の自立を促すことになったのである。江蘇省農民銀行は，農家の市場との関係のあり方を，自律的な形で展開させるという，ひとつの政策上の選択をしているとも捉えられよう。財政的制約の下で，政府は農村を改革する手段を欠いており，また，自らそのことを認識していたのである。

第 III 部は，大恐慌下での経済危機への政策的対応と，そこでの市場と政府との関係の変化について考察を加えた。1934 年 6 月以降，通貨危機と金融危機が連鎖的に進行するのに対処するためには，銀本位制から離れなければならないことは，明らかであった。列強との交渉を経て，アメリカへ銀を売却して準備金を確保すると，1935 年 11 月 4 日，国民政府は幣制改革を行った。管理通貨制に移行することによって，通貨発行権を掌握し，政府・中央銀行は，通貨・金融システムで極めて重要な役割を果たすようになったが，同時に，政策立案と施行に制限を受けることともなったのである。自由な為替取引を許可した上で，法幣の兌換性とその為替レートの安定性を保証することにより，政府は市場からの法幣に対する信認を取りつけた。幣制改革の成功は，物価の安定や貿易の拡大を通じて，景気回復を促したが，法幣の価値を維持するためには，厳しい財政の規律が必要とされた。こうした要件の下では，政府は，産業・農業政策に優先順位をつけ，限定的な目標を設定せざるを得ない。政府の経済政策の目的と手段は限られており，結果として，その効果も限定されることとなったのである。

終　章

大恐慌は何をもたらしたのか

―現代中国への展望―

　本書は，大恐慌期に中国経済が危機に陥った原因，経過，そして不況から脱する過程での変化を分析してきた。危機の拡大と深化をめぐる一連の分析を通じて，中国経済と世界経済，都市と農村，金融機関と製造業企業といった中国経済を構成する様々な連鎖が明らかになったと考えられる。そして大恐慌の衝撃は，1931年以前に形成されたこれらの連鎖を大きく揺るがし，中国は通貨や金融システムの変革をもって対応する必要に迫られ，また，市場と政府との関係も変化することとなった。この制度改革は，現代に至るまで，中国経済に重要な影響を与えていると考えられる。ここでは，様々な連関のあり方を19世紀末から20世紀初頭の中国経済の展開との関係から検討するとともに，大恐慌期中国の政治経済の変動について，世界的及び歴史的比較の視角から考察を加える。

1. 銀本位制と中国の工業化

　19世紀末から20世紀初の数十年に，中国では近代工業化が進行した。軽工業を中心とする発展を担ったのは，揚子江下流域の企業家であった。上海租界

を拠点とした企業家たちが，中国政府の干渉を逃れて事業を拡大することができたことを指して，特に，中華民国の最初の 10 年は，「上海資本家の黄金時代」とさえ形容される[1]。そこでは，政府は，重税や恣意的な徴発によって，企業を圧迫する存在として捉えられ，統治領域内に安定した取引制度を提供する主体とは看做されていない[2]。実際に，清朝末期から軍閥時代にかけての政治的混乱は，企業の発展や工業化の進展にとって，有利な環境であったとは考えられない。それでは，公的権力によって制度的な安定が提供されないとき，民間企業はどのように取引秩序を形成したのであろうか。

1990 年代になって中国で公開され始めた企業文書を分析することで，取引制度の形成と執行について検討することがようやく可能になりつつある。本書は，特に企業の資金調達に焦点を当てながら，この問題に考察を加えてきた。新興の近代機械制製造業にとって，起業とその後の操業資金をいかに調達するかは，喫緊の課題であった。資金調達の方法は，産業部門，企業の規模，法人株式会社の有限責任制などの法制度等によって，各国，各時代でそれぞれ異なっていた[3]。例えば 19 世紀のイギリス企業は，家族の資産や銀行からの短期融資を利用していた。それに対して，企業の合併運動に伴って，19 世紀末から出現したアメリカ大企業は，投資銀行を介して，証券市場において，大衆資本家から資金を調達した。ニューヨークの証券取引所には，製造業企業の株式が上場され，製造業大企業の資金調達方式は，それまでの内部資金を中心とするものから，外部資金を積極的に取り入れる直接金融中心のものへと大きく変化した。一方，20 世紀初頭のドイツでは，ベルリンに本拠を持つ大銀行が，鉄鋼・重機械・化学といった資本集約的な産業分野に積極的に資金を供与し，大企業が発展を遂げた[4]。

こうした比較の中で，中国の繊維企業による資金調達の特徴は，長期資金でも短期資金でも，銀行からの担保付貸付に大きく依存していたことである。中国の伝統的な資金調達の方法としては，家族・親族や少数の知己の間で，一定期間，一定の額を，特定の商業活動や製造業に対して共同で供出し，利益を分配する，合股と呼ばれる方式があった。しかし，機械制工業を興すにあたっては，より多額の資金を調達し，更に，継続的に操業資金を確保する必要があっ

た。初期の繊維企業の中には，株式を発行するものもあったが，株主は引き続き知己・知人に限られ，証券取引所の成立後も，民間企業の株式は殆ど取引されなかった。資金調達の手段として，株式発行が十分に機能しなかった原因としては，株式会社制度の下でも株主に高い割合での利益還元を求められたこと，株式公開に伴う情報の開示が嫌われたこと，株式会社設立の目的自体が，有限責任制という利点を目的としていたこと，などが挙げられる。また，資金調達の範囲が親族や友人に限られているという状況は，6人以下の無限責任を負う出資者による「パートナーシップ」が主要な出資形態であった，19世紀初頭から半ばまでのイギリスや，合名会社や合資会社が商工業の主要な企業形態であった同時期のフランスやドイツとも重なり合うものであり，初期の工業化においては，自己資金と人的ネットワークによる発展は，必ずしも特異ではないとも捉えられる。しかし，これらのイギリス及びヨーロッパ大陸の企業も，設備の拡張期には，新設機器を抵当に入れる，あるいは，短期の信用を個人銀行や信託銀行から借換えるなど，何らかの方法で従来の資金調達の限界に対処していった[5]。この点で，中国では，銀行からの融資が重要な意味を持つことになる。

　伝統的な金融機関たる銭荘は，主に商業への融資を中心とし，また顧客に対しては担保を要求してこなかった。こうした銭荘の経営方針は，19世紀末から20世紀初頭にかけて，金融センターたる上海金融市場の取引規模が拡大し，参加者が増加するのに伴って変化を遂げる。特に，19世紀半ばから中国市場に参入した外国銀行の動向は，その資金力によって大きな影響を及ぼした。外国銀行は，中国人と直接取引をすることはなかったが，1890年代から，自社の買弁を通じて，銭荘に無担保短期融資（チョップローン）を供与してきた。しかし，1910年のゴム株恐慌及び1911年の辛亥革命の影響で金融市場が混乱し，債務不履行が相次ぐと，上海の外国銀行はそれまでの銭荘に対する無担保短期融資を改めて，担保を要求するようになった。長期融資には，工場用地，建物，設備が，短期融資には，繭や綿花といった原材料や，生糸や綿糸といった製品が，主要な担保物件となった。外国銀行の方針転換に伴い，資金の供与を受けていた銭荘もその顧客に対する融資の条件を変更することとなった。こ

うした，対人信用から対物信用へという変化と，資産・物品の流動化は，機械制製造業の発展の制度的背景として重要である[6]。土地建物や設備を抵当に入れることは，債務不履行の場合に，停業・破産に追い込まれるリスクを伴っていたが，親族・知人といった枠を越えて，設備投資に必要な多額の資金を調達することを可能にした。そして，事業が軌道に乗ると，企業は短期信用を繰り返し利用して操業を続けた。銀行からの融資は，繊維企業の発展に不可欠であった。

銀行融資の信用の基礎は，担保物件の価値にある。19世紀末から，第一次世界大戦期を除いて，国際銀価が継続的に下落し，また中国の物価が徐々に上昇したことを背景として，金融機関は，担保を取り，債務不履行時にそれらを売却するようにしておくことで，融資のリスクを軽減できると考えていた。第3章で見たように，当時，綿花，綿糸，繭，生糸の価格は安定しており，上昇も見られた。上海金融市場で最も重要な担保物件であった，上海租界の不動産の価格は，上昇し続けた。こうした条件のもとでは，担保付融資は，安全かつ有効であった。

しかし，銀行の担保物件に基づく信用は，過去の経験に照らして導き出されたとしても，理論的に確実な根拠があったわけではなかった。価格の動向は国際銀価の変動と深く関係していたが，中国以外では，銀は一商品に過ぎず，国際市場で自由に売買される価格を，中国はコントロールすることはできなかった。また，中国政府も銀建ての中国通貨と外国為替との取引を管理することはなかった。したがって，上海における銀の価値が，世界の他の地点よりも高かったならば，業者は中国に銀を輸入して利益を上げ，逆に，低かったならば，中国から銀を輸出した。こうした，商取引に基づく銀の流出入は，中国経済に深刻な影響を及ぼした。大量の銀が国外流出し，物価が下落するならば，担保付融資の安全性は揺らぐことになる。繊維工業の資金調達は，潜在的に不安定なものであった。

2. 通貨制度の政治経済

　大恐慌期の中国の経験は，「信認」をめぐる問題を提起している。ここでは，信認を信じられる，信頼される，という最も一般的な意味で用いている。信認は，2つの相互に関係した問題に関連して問うことができるであろう。ひとつは，上に見た銀行と債務者との関係における，担保の安全性への信頼であり，もうひとつは，以下に見る中国の政治と経済との関係の中心をなす，通貨制度の信頼性である。

　中国では，銀に通貨制度の基礎を置くことで，政府が通貨発行権を恣意的に濫用することは制限されてきた。伝統的な通貨制度では，政府は銅銭の管理は行うものの，銀に関しては民間の業者に任せていた。こうした中華帝国の通貨システムは，辛亥革命後も中華民国に引き継がれた。1910年代，20年代の政治混乱期にあって，銀本位制は，通貨制度への信認を担保する主柱であった。軍閥や地方政府は，財政赤字を補填するために紙幣の増発を図ったが，一般市民はそうした紙幣を大幅に割り引いて受け取る，あるいは受取を拒否することによって，政治権力による通貨制度の乱用を防いでいた。

　しかし，大恐慌の下での国際銀価の騰落は，中国経済に大きな圧力をかけた。既に，1929年から31年にかけて，中国経済が世界経済の中で殆ど唯一，いまだインフレ基調であったときから，その予兆は現れていた。銀価の下落に伴う対外為替レートの切り下げは，外国からの投資や華僑送金を促し，また，商工業も活況を呈した。しかし，国際的な農産物価格の下落は，中国農村にも影響を及ぼしつつあった。

　長年に亘ったインフレーションは，銀価の下落の終わりとともに終焉を迎えた。1931年9月，イギリスは金本位制を離脱し，自国の通貨を切り下げた。続いて，1931年12月には日本が，1933年3月にはアメリカが金本位制を停止した。各国の通貨建てでの銀価格は高騰し，中国元の対外為替レートも上昇した。中国の製造業は，海外市場に廉価に製品を供給し，また国内市場では輸入品が割高になる，という低為替レートの有利な条件を失うこととなった。貿易

が停滞し，資金流入も減少すると，貿易収支の赤字に伴って銀が流出することとなった。

1934年6月のアメリカ銀買い上げ法は，国際銀価を更に上昇させ，中国からは大量の銀が流出した。従来は，外国銀行の銀売りが流出に繋がったという見方がなされてきたが，本書は，中国人及び外国企業の資本逃避の重要性を指摘した[7]。すなわち，国際銀価が急激に上昇すると，国民政府が元を切り下げるか銀輸出を禁止するのではないか，という懸念が高まった。外国企業は本国へ資本を引き揚げ，中国の富裕層は国外に資産を移した。これらの外国為替に対する需要が大きかったことから，上海では，銀の外国通貨建てでの価格が，世界の他の地点よりも低くなり，この内外の価格差が，中国から海外への銀輸出を促していた。

銀が国外へ流出すると，物価や資産価値は下落し，同時に，担保付融資の安全性に対する信頼も揺らぐこととなる。まず，農産物価格が下がり，農地の価値も下落すると，既存の農村金融システムは機能しなくなった。やがて，原材料及び製品の価格低落によって，繊維企業は銀行から融資を受けることが徐々に困難となった。国内外の市場からの需要が落ち込む中で，企業は借款の利子を負担することも難しくなっていた。金融機関は，信用を引き締めることによって損失を抑えようとしたが，不況の影響から逃れることはできなかった。特に，不動産抵当に深くかかわってきた金融機関にとって，不動産市場の暴落は致命的であった。こうして，国際銀価上昇に端を発した衝撃は，大恐慌以前に形成された貸借関係を通じて，増幅された作用を及ぼし，中国経済は深刻な不況に陥っていった。

問題は，中国経済が，銀の輸出を停止させる，あるいはデフレーション対策を講じる組織や制度を欠いていたことである。中国の銀本位制通貨制度は，国内外の銀の自由な取引を基礎としていた。中国元，すなわち銀と外国為替との取引は管理されておらず，市場で中国元を売るのは，合法であった。更に，通貨準備は分散しており，紙幣の発行や信用の拡大にも，取締りはなかった。民間の金融機関が相互に競争する中で，資金が潤沢なときは，紙幣の増発と貸付の増加が促され，一方，資金が逼迫すると，先を争って現金を確保することに

なる。恐慌が深化するのに伴って，通貨制度改革の必要性は明らかになっていった。

1935年11月4日，国民政府は幣制改革を施行した。一般市民が，新たに発行される，銀の裏付けのない法幣を受容するかが，施行前には懸念された。しかし，改革は成功を収めた。政府系3銀行は，銀の回収を進めるとともに，紙幣の発行量を増やしていった。卸売物価，特に，農産物価格が上昇すると，農村の購買力が回復し始め，綿紡績を含む，国内市場向け製品を主力とする産業は復興の兆しを見せた。同時に，為替レートの切り下げによって，製糸業を含む輸出産業も復興していった。

通貨制度の基礎が銀から法幣に移行しても，市場は，政府の通貨政策に影響力を行使し続けた。政府は，責任ある通貨政策の運営を求められた。法幣は，準備金に裏付けられ，安定した為替レートで外貨への兌換がなされなければならなかった。もし，政府の政策運営能力に疑念が持たれ，法幣の価値が不安定となるならば，中国元は市場で売却された。

国民政府は，新たに発行した法幣に対する民衆の信頼を失くすことのリスクを，十分に認識していた。政府の通貨政策への不安から生じた，1934年から35年にかけての大規模な資本逃避は，政府官僚たちにとって，重要な教訓となっていた。通貨の兌換性と為替レートの安定性を保持することは，国民政府にとって，最も重要な政策目標のひとつとなったのである。

本書では，国際経済と国内政治との連関を指摘してきた。通貨に関する政策目標を追求しようとするならば，財政の均衡が求められ，また，無制限に紙幣を発行したり，公債を募集したりすることはできない[8]。無制限な財政拡張を防ぐことで，政府は幣制改革に成功することができたが，一方，その他の経済政策を施行する能力は限定されることとなった。中国の民衆が，一方では政府の過剰な紙幣発行による法幣の価値下落を注意深く監視しながら，また一方では政府の主導によって不況から脱することを期待していたことが，複雑な状況を作り出していた。大恐慌下で，ドイツやソビエト連邦といった国々が得た教訓は，強力な国家に主導された計画経済の必要性であったと指摘されている[9]。中国の官僚や民衆にも，そうした考え方は伝わっていた[10]。大恐慌期，

極めて頻繁に「救済」が要求された。「救済農村」，「救済小工商業」，「救済銭荘」などである。特に，日本製品との激しい競争にさらされていた製造業者たちは，国民政府の支援が日本政府に比べて弱いことに，強い不満を表明していた。そこでは，通貨政策と財政政策との対立関係は意識されてはいなかったであろう。産業政策における政府の主導的役割を求める声と，金融市場の動向が示す政府の通貨金融政策に対する懐疑は，国民政府を政策形成上のジレンマに追い込むことになる。限られた財源の中で，いくつもの「救済」にあたることを期待されたとしても，国民政府の対応には限界があった。揚子江下流域繊維産業の復興プロセスに見たように，そこでは，政府の管理・統制は強力なものとはならず，また，企業の側も全面的に政府の支援を仰ぐことはなかった。

　こうした政策目標間の対立は，国民政府の経済運営の強さと弱さを同時に説明している。政府は，財政拡張の限界を認識する中で，どの政策を優先し，いかに施行するかを注意深く検討しなければならなかった。ここで，大恐慌期，都市に集中した資金を農村に還流させる組織が存在しない状況下で，政府が農業復興と農村金融の再興のために資金を投じて計画を履行したことは，注目に値する。企業は政府から直接援助を受けられなかったことに不満を表明したが，農業部門の改善は，製造業にとっても重要であった。しかし，政府は，農村を統制する意思を持っていたわけではなかった。江蘇省農民銀行の事例で見たように，農民を合作社の下に組織してその信用力を高め，都市の民間銀行からの融資を促す，あるいは，典当や会などの伝統的な金融組織を再興するなど，政府の目標はあくまでも，現状を踏まえた穏健なものであった。

　国内の通貨制度への信認が，通貨の兌換性や為替レートの安定性を通じて，国際通貨システムに関係している限り，政府が独自に経済政策を立案・施行することは難しかったのである。

3. 中国の国家と世界経済

　本書では，中国経済と世界経済との関係，そしてその国内政治への影響につ

いて検討してきた。世界的な不況の影響からの復興の過程で，中国の政治経済は大きく変化したが，これまでの中国史研究では，大恐慌の画期性は看過されてきた。ひとつには，1930 年代後半以降の，相次ぐ政治外交的困難が，大きな関心を集めてきたことが，研究動向に影響を与えていたとも考えられる。1937 年 7 月に始まった日中戦争が，太平洋戦争を経て 1945 年に終結すると，国共内戦という新たな戦乱が始まった。1949 年 10 月に，中国共産党の下で，中華人民共和国が建国されると，新政権は貿易やサービスの取引，人の移動をそれまでの政権に比べてはるかに厳しく管理した。国内における統制と海外からの孤立は 1960 年代から 70 年代初にかけて，毛沢東が主導した文化大革命で頂点に達した。現代中国経済を考えるときのキーワードである，「改革開放」の重要性は，この「閉じた」中国との関係で理解することができる。1978 年以降，鄧小平の下で，中国はそれまでの政策を大きく転換し，徐々に，対外経済開放を進めていった。しかし，より長期的に見るならば，ある一時期の「閉じた」時期を除いて，中国は以前から国外に向かって開かれていたことを指摘できる。日中戦争以前の中国経済の対外開放性が，現代の人々の記憶からは消えつつあるとしても，1930 年代の中国人，特に，国民政府の政策担当者たちは，中国と世界経済が密接に結びついていることを認識し，政策形成を行っていた。

　対ポンド・スターリング及び対アメリカ・ドルとの為替レートを安定させ，中国元の兌換性を維持するためには，国民政府の官僚は，経済政策における自律性を犠牲にすることも厭わなかった。国民政府の選択は，各国経済が閉鎖的になっていく当時の世界的な潮流の中で，注目されるべきものである。大恐慌からの復興を模索する過程では，世界経済に対する強い反発が各地で見られた[11]。国境を越えて移動する財，資本，人間は，何らかの手段で止められるか，管理されるべきだとする見方が広がった。特に，資本の国際移動こそが，世界的な金融危機の元凶であったとして，多くの批判が集まった。こうした論調を受けて，多くの国の中央銀行は，外国為替管理を強化した。しかし，中国政府の政策は，そうした他国の方針とは異なっていた。仮に，中国の国民政府が，他国のような強硬な方針を採用したとするならば，直ちに新幣制の乱用が

疑われたであろう。政府は，何としても，幣制の混乱を避けなければならなかった。第1章で見たように，中国経済は華僑送金と外国からの投資に大きく依存していた。為替レートの不安定化と国内幣制の混乱は，中国が必要としていた外国からの資金流入を妨げることが強く懸念された。経済復興を図るにあたって，中国政府は，対外開放的な立場を取り，金融，貿易，労働力の移動で，強い規制や統制が採られることはなかった。確かに，ナショナリズムに応えることは国民党政府の正統性を証明する重要な要件であり，それとも関係して政府が経済発展に主導力を発揮することが望まれた[12]。しかし，中国経済の従前の発展の径路が，世界経済と深く結びついているとき，経済復興のヴィジョンも自国の経済を対外経済関係から切り離す閉鎖的な方向では考えられ得なかった。ナショナリズムを背景とした要求と，市場経済の実態の間にはずれがあり，政府は両者の間での政策上の選択を迫られたとも捉えられよう。

日中戦争から中華人民共和国・中華民国の成立へ

　1930年代半ば以降も，中国の国際通貨システムとの関係は，国内の政府と市場との関係に影響を与え続けた。1937年7月の日中戦争の勃発は，中国政治のみならず，東アジア国際秩序にとっても，大きな画期であったと考えられている。しかし，通貨・金融システムに関しては，1938年の後半まで，通貨の兌換性を保つことは重要な命題とされ続けていた[13]。戦争の初期には，為替レートの下落が市場をパニックに陥れるのを恐れて，政府は外国為替を上海市場で売却して元のレートを買い支えていた。こうした政府の施策は，外貨の流出には繋がったものの，戦時インフレーションを抑制するとともに，通貨に対する一般市民の信認を確保することに繋がった。

　1938年10月，国民政府が内陸部の四川省へ政権を移すと，為替レートの安定化と財政の均衡という2つの命題を堅持するのは困難となった。十分な外貨準備を欠く中で，為替レートの維持は難しく，また，軍事費の増加は，紙幣の増発によって対処されていった。以後，中国経済は深刻な戦時インフレーションを経験することとなる[14]。1945年末までには，物価は戦前の1,632倍にも高騰していた。国民政府は，激しインフレーションを止めることはできず，むし

ろ，悪化させた。政府の急激な財政拡張によって，通貨の供給量も急増した。資本逃避は市場の対外為替レートを押し上げただけではなく，輸入のための外国為替の入手を困難にし，間接的にインフレーションを助長した。政府による外国為替の割り当てがより限定的になるほど，輸入業者たちは，更なる値上がりを予想して商品を退蔵した。こうして生じたハイパー・インフレーションは，明らかに，国民政府の政治的正統性を損なうものであった。

　中国共産党政権は，厳しい通貨管理によって，前政権が残したインフレーションの解決を試みた。金，銀，そして外国為替の流通は禁止され，すべての外国貿易は，1950年3月からは国営企業を通じておこなうこと，更に，中国通貨（人民元）ではなく外国通貨で決済することとされた[15]。こうして国際市場の影響を離れることで，政府は国内の人民元流通への統制を強めることができたのである。

　他方，台湾の国民政府は，大陸でのハイパー・インフレーションの経験から，慎重な通貨財政運営を学び，その教訓は忘れられることはなかった[16]。同時に，国民政府は，台湾の近代工業化を国家主導の下で進めるべく，外国為替の管理に努めた。

　インフレーションの終焉と戦災からの復興を経て，国民政府は第一次4カ年開発計画（1953-56年）を開始し，工業化に着手した。特に繊維製品を中心とした輸入代替を進めるために，政府は投資や生産計画を民間企業に提示し，低利の融資を提供して，計画の執行にあたらせた。外国為替は管理され，公共部門の輸入や，重要な原料や中間財の輸入には，有利な公定レートが適用された。

　1950年代の終わりには，政府は輸入代替から輸出振興へと政策転換を図った。1958年の外国為替改革では，新台幣は，1アメリカ・ドル当たり24.7元から36.1元に切り下げられた。同時に，複数レートも解消されて，単一レートに統一された。輸入税の払い戻しや，輸出振興地区の開設といった諸政策と並んで，為替レートの改編は，1960年代以降，台湾が追求していくこととなる，輸出振興の柱となった。1980年代初，台湾は，多額の外貨準備を持つようになり，新台幣切り上げへの国際的圧力が高まった[17]。実際に1980年代後

半に通貨を切り上げると,労働集約的な産品を輸出するそれまでの発展戦略は終わりを告げた。外貨準備の増加に伴って,政府は,資金の外国投資を許可し始める。こうした,貿易,投資政策の変化は,1990年代の台湾の自由化とも軌を一にするものであった。

　中国大陸でも,1970年代末から,経済政策が大きく転換された。1950年代の半ば以降,中国共産党政権は,経済の統制を強めた。外貨についても輸出業者や華僑の家族などに,唯一の外国為替取扱機関である中国銀行にすべて預けることを要求し,こうして,管理下に置いた外貨を,政府は,経済計画のなかでの優先順位に沿って分配した。しかし,計画経済は,必ずしも当初見込まれた成果を上げることはなく,また文化大革命とその後の社会経済的混乱への対応を迫られる中で,政府は経済政策の枠組み自体を大きく変更することとなった。

改革開放と対外為替レート

　1978年12月,中国共産党は4つの近代化政策を承認したが,そのひとつが中国経済の対外開放であった。4年後の1982年に,胡燿邦主席は,この政策のもとで,「他国との経済関係を発展させるために,我々は,(1)外資を導入し,(2)先進的な技術を学び,(3)労働力の移動を奨励し,(4)輸出を振興する」と説明した[18]。数十年に亘る,外国為替市場からの乖離を経て,中国は再び海外に門戸を開いた[19]。

　以後,中国政府は徐々に外国為替への管理を緩めていった[20]。1979年,国務院は,輸出業者とその地方の政府は,一定の割合の外貨(外国為替割当)を手元に取り置くことを許可した。同様の措置は,送金や,外国船籍の船による港湾使用料,観光収入などの,貿易以外からの外貨収入に対しても講じられた。その結果1980年代半ばまでには,外国為替の40パーセントは各省と輸出入業者が持ち,残りの60パーセントを政府が管理するまでに,政府の統制は緩和された。

　為替管理の緩和に伴って,外国為替を取引する市場も形成されていった。1980年10月には,輸出業者が,国家外匯管理局を通じて,割当額を上回った

外貨を売却することが許可された。1980年代半ばからは，十数ヶ所の都市に外国為替交換所が設立され，そこでの取引額は1990年には130億ドルに達した。ここで問題となったのは，外国為替交換所での取引レートは，公定レートに対して常に割高であったことである。外国為替市場の出現とともに，中国元の公定レートと市場の実勢レートが乖離していることが明らかにされた。こうした状況を受けて，政府は，1981年1月から中国元の切り下げに踏み切った。公定レートが1ドル1.5元であったのに対し，新たに設定された「内部決済レート」は2.8元と，ほぼ100パーセントに近い切り下げ率であった。しかし，「内部決済レート」が適用されたのは，貿易のみで，貿易以外の取引には引き続き公定レートが用いられていた。こうした貿易と非貿易取引間の二重レートは，公定レートを1ドル2.8元まで引き下げた後に，1985年初に解消されたが，その後も，外国為替交換所は機能し続け，そこでの実勢レートと公定レートとの間には差異が存在していた。政府は徐々に公定レートを切り下げ，1986年半ばの1ドル3.2元から，1989年12月の4.7元，1993年末には，5.8元とした。そして，1994年1月1日，公定レートを当時の外国為替交換所のレートの近似値である1ドル8.7元にまで切り下げた上で，政府は公定レートと交換所レートとを統合した。以後，数回の調整を経て，1997年10月までに為替レートは1ドル8.28元とされ，2005年7月21日に人民元改革が施行されるまで，ごく狭い幅での変動はあるものの，このレートで固定された。

　新たに切り下げられたレートでの固定相場制への移行が，1997年のアジア金融危機の最中に実施されたことは注目される。世界銀行が指摘しているように，アジア域内外の短期資本の動きが，各国の通貨システムと政府の政策に大きな衝撃を与えた[21]。1997年初めに，タイの株式相場が急落すると，タイ・バーツ相場も急激に不安定化した。タイ中央銀行は，当初は，アメリカ・ドルへのペッグを維持しようとしたものの，最終的には変動相場制を容認した。直後から，バーツの対アメリカ・ドルの為替レートは18パーセント余り下落した。1997年6月，タイ・バーツの崩落に伴って，近隣諸国でも資本逃避の連鎖が広がっていった。その後の数ヶ月，フィリピン，シンガポール，マレーシア，香港，韓国の通貨が，相次いで圧力にさらされた。既に1980年代のバブ

ル崩壊後の不況に苦しんでいた日本経済は，更に悪化することとなった。アジア域内の政権は，危機の連鎖に対峙する必要に迫られた。国際資本移動の負の作用を批判して，マレーシア首相マハティールは，資本移動の厳格な管理を行うべきだと主張した。

　国際資本移動の急激な変化が，域内の通貨・金融システムに大きな衝撃を与えた，という点では，1997年の東南アジア及び東アジア諸国の状況は，1930年代の中国の経験と共通する側面があるだろう。1997年金融危機への対応は，中華人民共和国政府と，台湾の国民政府では，大きく異なった。台湾では，多額の外貨準備にも拘わらず，通貨切り下げによって，貿易振興策を推し進めた[22]。中華人民共和国は，資本市場への外資の参入を管理統制していたことから，東アジアの他国に比べて，金融危機の影響は軽微ではあった。しかし，アジア諸国の経済危機とそれに伴う政治的・社会的混乱は，中国政府高官に，重要な教訓として認識された。周辺諸国の通貨切り下げは，中国にも圧力をかけたが，中華人民共和国政府は，中国元のレートを維持し続けた[23]。同時に，国内では，四大銀行（中国農業銀行，中国銀行，中国工商銀行，中国建設銀行）の支店の管轄権を地方政府から中央金融工作委員会に移したのを始めとして，金融システムの中央政府によるコントロールが強化された[24]。

　1997年アジア金融危機を乗り越えて，中華人民共和国は，対外経済開放をより大きく進めていった。人民元の為替レートは，一貫してアメリカ・ドルに連動しており，ドルの価値の上昇に伴って，1995年半ばから2002年初までの間に24パーセント切り上げられた。モリス・ゴールドステインとニコラス・ラーディーは，中国の経常収支の動向からは，同時期，中国の実効為替レートは，市場での均衡レートにほぼ等しかったと推計している。1997年から1998年にかけて，輸入の落ち込みから一時経常収支の黒字が拡大したのを除いて，中国の経常収支はGDPのほぼ1パーセント前後で安定していた。この現象は，1994年から2001年まで，年間3パーセント以上，実効為替レートが切り上げられたが，当時，中国の輸出産業部門での生産性の向上が続いており，輸出が殆ど影響を受けなかったことと整合的に説明される。

　一方，2001年以降，為替レートのドル・ペッグ政策は，ドルの価値の下落

に伴って，まったく異なった影響を及ぼすようになった。2002年2月を転換点として，ドルの価値は下落へと反転し，中国元の価値も引き下げられ，2005年半ばまでに，10パーセントの下落を記録した。中国の輸出部門の生産性の向上が2001年以降も続いているとするならば，為替レートの下落と相まって，人民元は20パーセント余りも過少評価されていると推計される。結果として，2002年から国際市場における中国産品の競争力は著しく高められ，中国の貿易と経常収支は多額の黒字を計上するに至った。このことは，中国からの輸入が大きな割合を占めるアメリカの経常収支の赤字とも関係付けられて注目され，中国が不当に為替レートを過少に操作しているとの批判が他国政府から寄せられた[25]。

　2005年7月21日，中国政府は，中国人民元の為替レートが，従来のドル・ペッグ制を離れて，以後，複数の通貨からなるバスケットのレートを参照して決定されるようになることを宣言し，同時に，人民元の為替レートを，1ドル8.28元から8.11元へと2.1パーセント切り上げた[26]。以後，2008年末までに，政府は人民元の為替レートを17-20パーセント引き上げた。しかし，2005年の引き上げの後，2007年末から2008年にかけて，再び実効為替レートの引き上げのペースが加速されるまで，2006年，2007年は緩慢な調整に留まり，2007年11月の為替レートの過少評価の割合は26パーセントと試算される。こうした状況下で，中国の経常収支の黒字は改善されず，多額の外貨準備が積み上げられることとなった。中国が世界貿易に占める割合は，1979年の1パーセント未満から，30年後の2009年には，世界第3位の貿易大国となった。既に，2001年12月に世界貿易機関（WTO）への加入を果たした中国が，どのような貿易政策を採るのか，協定を遵守するのか否かには，大きな注目が集まっている。そして貿易とも関係して，中国の為替レート政策を世界各国は注視しており，2005年の政策転換以降も，為替レートの動向から看取される中国政府による恣意的な操作に対しては，引き続き批判が寄せられ続けている。

　諸外国との通商外交上の摩擦を引き起こすのみならず，為替レートを現行のレベルに保ち，過少評価を続けることは，中国の経済政策全体に大きな影響を及ぼしている。2000年半ば以降，中国が世界的な輸出・生産基地として発展

するのに伴い，貿易黒字及び直接投資といった実需に加えて投機資金も加わり，巨額の資本が流入し始めた。これに対し，中国人民銀行は，為替レートの安定を維持するために，ドル買い・人民元売り介入を行い，外貨準備を積み上げる一方で，市場に流動性を放出した。2005年7月に，ドル・ペッグから管理フロート制度に移行し，為替レートの上昇を容認した後も，過度の変動を抑制するべく，介入額は増え続けた。流動性を吸収するために，人民銀行は，預金準備率の引き上げや，公開市場操作といった手段を取り始めた。一方，本来，もうひとつの主要な引き締め手段である金利操作については，為替相場の安定化，という立場を堅持する限り，米中金利差縮小あるいは逆転は，投機的短期資金の流入を招くことが懸念されることから，引き上げの余地は限られていた。このように，流動性調整の手段が限定されているために，2003年以降，マネーサプライが名目GDPの1.6パーセントと国際的に見ても高水準で横ばいに推移したことからも窺われるように，政策の効果も十分なものではなかった。

　流動性調整にかかわる，高い預金準備率や，低利の国債引き受けは，国内金融機関にとって大きな負担である。更に，中央銀行による金利引き上げの余地が限られているため，銀行の貸付金利も当然低利となる。しかし，銀行はまた，低利で預金を集められるという点で，ある程度，負担を相殺されていると捉えられる。それと表裏の関係にあって，預金者にとって，金利は極めて低いものである。2008年，人民銀行は，当座預金の上限を僅か0.72パーセント，1年物の定期預金金利の上限を3.33パーセントとした。同年前半のインフレ率7.9パーセントと，利子収入に対する5パーセントの税金を勘案すれば，当座預金の利子率は，－7.22パーセント，1年定期のそれは，－4.74パーセントとなる。これらの低金利，あるいはマイナス金利は，不動産や債券市場に過剰な資金が流れ込み，リスクを伴った"ブーム"が生じる主要な要因となっていることが指摘されている。

　こうした金融セクターの状況は，胡錦涛政権が標榜する，「調和のとれた社会（和諧社会）」に繋がるものとは考えにくい。更に，過小に評価された為替レートは，貿易財生産の利益率を向上させ，非貿易財の利益率は相対的に下落する。中国の場合，貿易財の大部分は，農作物や鉱産物ではなく，工業製品で

あり，95 パーセントを占めている（2007 年度）。実際に，都市部における製造業への投資は，1999-2000 年の 15 パーセントから 2008 年の 31 パーセントへと倍増したのに対し，非貿易財のサービス業への投資は，63 パーセントから 55 パーセントへと下落した。また，2002 年以降，サービス業の GDP に占める割合は 42 パーセントから 40 パーセントへと微減した後，2005 年から 2008 年にかけてはその水準のまま推移した。一方，同時期，製造業の占める割合は，39 パーセントから 43 パーセントへと増加した。サービス業のシェアの低下に対する製造業の上昇は，発展途上国の通常の経済発展のパターンとは異なっている。為替レートの変動の影響を受けやすい貿易財≒工業製品に偏って投資が行われることは，人民元が切り上げられた場合のリスクを大きくするものである。投資と輸出から個人消費へと経済成長の源を再調整していこうとするならば，何らかの通貨・金融政策の調整が必要であると考えられる。

しかし，2008 年のリーマン・ショック以降の世界的な金融・経済危機のもとで，政策の転換は，従前に比べて困難になった。世界的に需要が落ち込む中で，輸出にブレーキを掛ける通貨の切り上げを選択することは難しい。また，対外貿易と投資の落ち込みを補うべく，中国政府は貸出金利，預金金利ともに引き下げを決定し，また，積極的な財政政策を打ち出した。これらの政策は，2009 年以降，景気の下支えに貢献した。しかし，2010 年には，他国の低金利政策の影響を受けて海外から資金が流入したこともあり，中国政府は既に，過剰流動性への対応を迫られつつある。こうした状況下に，価値が低落しつつあるアメリカ・ドルに為替レートを追随させ続けることは，通貨・金融政策の転換を先送りし，それに付随した問題を処理するコストを，将来的にはより大きくする可能性が懸念される。奇しくも，1929 年大恐慌以来，といわれる金融センターたるアメリカに端を発した世界的な金融危機の下で，中国政府は対外為替レートのレジームと経済発展戦略との整合性を，再び問われることとなった。

通貨・金融システム，貿易，労働力移動，送金・投資というあらゆる面で，19 世紀末から 20 世紀初頭の中国経済は国際市場と密接に結びつき，またそれぞれの部門が緊密に連関していた。銀本位制という通貨制度の下で，国際的な

銀価下落に伴う通貨の切り下げが，企業家，金融機関，そして海外の華僑のそれぞれの選択や戦略に大きな影響を与えたことは，中国経済全体のダイナミズムを形成する重要な鍵であった。そして，当時の経済政策形成に携わった人々は，そうした中国と世界経済の密接な結びつきを，よく知っていた。1935年幣制改革時の議論に見られるように，政府官僚たちは，外国からの資金流入が途絶えた場合，中国経済が重篤な危機に陥ると認識していた。そのために，たとえ財政政策の自律性を犠牲にしても，為替レートの安定によって，市場の法幣に対する信認を獲得することを選択した。

このように，歴史上初めて，中央政府が統一的に紙幣を発行し，通貨をめぐる市場との緊張関係に入るに至った，という意味で，大恐慌とそれへの施策としての幣制改革は，重要な意味を持つ。金融市場を対外的に開放すること，為替レートを一定に保つこと，そして金融政策の自律性を保つこと，を同時に達成することは難しいとされる[27]。こうした経済の対外開放性と政策形成の自律性とのトレード・オフ関係を念頭に置くならば，1940年代以前と1980年代以降「開いた」時期と，それらに挟まれた1950年代から70年代までの「閉じた」時期とは，両者の間のどこに最適点を見出すか，というひとつのルール上での選択の問題とも捉えられよう[28]。政治体制やイデオロギーは，選択を規定する重要な要因である。しかし，1950年代以降，対外的に「閉じる」ことによって，経済政策の自律性を高め，社会経済全体を統制しようとする選択は，成果を上げることができずに，中華人民共和国は新たな選択肢の模索を迫られた[29]。中国経済の対外開放が進むに伴って，中国政府の官僚は，再び国内経済政策の立案に際しても世界経済の要因を考慮する必要に迫られるようになった。持続的な経済発展を目指す中で，どのような貿易・為替政策をとるのか，巨額な資本流入に伴う国内の流動性の増加をどのように調整するのか，それらは国内の金融政策とどのように整合性を保つのか[30]。再び，外に向かって開き，資金や技術を取り入れることは，その利益と引き換えに，経済政策運営上に一定の規制を受けることでもある。中国政府は，あるいは，中国社会は，どこを最適と看做すのだろうか。20世紀前半の中国経済は，こうした問題を考える上で，極めて示唆に富む。

注

序　章　近代中国の経済システムと世界経済
1) 1929 年のニューヨーク株式市場暴落に先立つ, 世界的な農業不況については, Charles P. Kindleberger, *The World in Depression, 1929-1939*, Rev. ed. (Berkeley : University of California Press, 1986), Chapter 4 を参照。
2) バリー・アイケングリーン『グローバル資本と国際通貨システム』(高屋定美訳, ミネルヴァ書房, 1999 年), 93-5 頁。
3) Barry Eichengreen, *Golden Fetters : The Gold Standard and the Great Depression, 1919-1939* (New York : Oxford University Press, 1992), pp. 12-21.
4) 1930 年の国際商品市場の動向と不況の深化については, Charles P. Kindleberger, *op. cit., The World in Depression 1929-1939*, Chapter 6 を参照。
5) ハロルド・ジェイムズは, 1929 年と 1931 年の危機を対比させて, 前者がアメリカ金融市場における流動性の危機であり, アメリカ政府によって対応可能であったという点で, 処方箋がはっきりしていたのに対し, 後者は, 国境を越えた金融危機のドミノ的連鎖であり, 各国政府の個別の政策では対処しきれないため, より深刻であると論じている。Harold James, *The Creation and Destruction of Value : The Globalization Cycle* (Cambridge, MA : Harvard University Press, 2009), Chapter 2.
6) Charles P. Kindleberger, *op. cit., The World in Depression, 1929-1939*, pp. 143-53.
7) Harold James, *The End of Globalization : Lessons from the Great Depression* (Cambridge, MA : Harvard University Press, 2001), p. 68.
8) *Ibid.*, pp. 69-74.
9) Barry Eichengreen, *op. cit., Golden Fetters*, p. 280.
10) バリー・アイケングリーン, 前掲『グローバル資本と国際通貨システム』113 頁。
11) 本書は, 大恐慌期の中国に関する, 最初の単著である。先行研究としては, 経済学理論的視角から書かれた博士論文, Sueh-Chang Yang, "China's Depression and Subsequent Recovery, 1931-1936 : An Inquiry into the Applicability of the Modern Income-Determination Theory," Ph. D. diss., Harvard University, 1950 や, 政府と企業との関係を比較史的視角から分析した Tim Wright, "Coping with the World Depression : The Nationalist Government's Relations with Chinese Industry and Commerce, 1932-1936," *Modern Asian Studies*, vol. 25, no. 4 (1991) がある。日本では, 岡崎清宜「恐慌期中国における信用構造の再編──1930 年代華北における棉花流通・金融を中心に」『社会経済史学』第 67 巻第 1 号 (2001 年) が, 恐慌下での信用の収縮とそこからの回復過程での銀行による棉花金融の再編に分析を加えた。また, Tim Wright, "Distant Thunder : The Regional Economies of Southwest China and the Impact of the Great Depression," *Modern Asian Studies*, vol. 34, no. 3 (2000) 及び, Thomas Rawski,

Economic Growth in Prewar China (Berkeley : University of California Press, 1989), p. 179 と Loren Brandt, and Thomas J. Sargent, "Interpreting New Evidence About China and U. S. Silver Purchases," *Working Papers in Economics*, E-87-3 (Stanford : Hoover Institution, Stanford University, 1987), p. 5 は，大恐慌の影響は軽微であったと述べている。しかし，本書が明らかにするように，大恐慌の影響は沿海部に限られ，世界貿易に直接関与していない内陸部までは及ばなかったとするライトの見解は，必ずしも当時の状況を正確に捉えてはいない。確かに，対外貿易向けの生産が域内の総生産に占める割合は小さい。中国西南部のような地域では，世界市場における需要減少の影響は小さかったと考えられる。しかし貿易は大恐慌の影響が伝播する回路のひとつに過ぎない。本書の第4・5・6章で詳述するように，国際銀価の変動は，銀本位制を採る中国の通貨システムに大きな影響を与え，都市部・農村部の両方の金融市場を揺るがした。ライトが大恐慌の影響が軽微であった地域の事例として挙げている四川省でも，1934年以降の現銀の国外流出が，域内の金融市場を混乱させたことが報告されている（"四川經濟學社轉陳計芳君開于中央統治下之四川金融整理意見函"，中國第二歷史檔案館 編《中華民國史檔案資料匯編 財政經濟 (4)》南京：江蘇古籍出版社，1994年，640-2頁）。また，ロウスキとブラント及びサージェントの，1930年代の都市部の資金増加をもって金融危機の影響は軽微であったとする議論は，再検討されなければならない。本書の第6章は，当時の資金増加が，企業の経営悪化によって投資が不活発になったことによるものであることを指摘する。

12) 19世紀半ばの開港前後の中国経済の連続と断絶は，かつて，アジア交易圏論との関係で議論された問題である（アジア交易圏論を概観したものとして，古田和子「補論「アジア交易圏」論とアジア研究」『上海ネットワークと近代東アジア』東京大学出版会，2000年，所収を参照）。濱下武志が「朝貢貿易」論と関連付けて連続性を強調したのに対し（濱下武志「近代アジア貿易圏における銀流通」『近代中国の国際的契機——朝貢貿易システムと近代アジア』東京大学出版会，1990年，所収），杉原薫は，アジアの伝統的な貿易関係の重要性を認めつつも，開港後，イギリスが主導する「自由貿易体制」に組み込まれたことは，アジア経済の再編に繋がったとし，その画期性を主張した（杉原薫「近代アジア経済史における連続と断絶」『社会経済史学』第62巻第3号，1996年）。杉原の議論に対し，岡本隆司は，条約締結以前の交易システムの内在的な論理とその組織・制度への適用の実態を理解しなければ，適切な評価は下しえないとの批判を寄せた（岡本隆司『近代中国と海関』名古屋大学出版会，1999年，475頁）。岡本の問題提起は，19世紀半ば以降のグローバル経済の展開を，新たに世界的な交易や決済のネットワークに組み込まれた地域の側から検討するという課題を示すものであったが，その後，十分に個別の実証研究が積み重ねられ，体系的に比較がなされているとは言えない。こうした研究状況を踏まえて，本書は，通貨システムに焦点を当てて，この問題を検討するものである。

13) ティム・ライトは，大恐慌の中国への影響を計量的に把握することの難しさを指摘している。例えばジョン・K. チャン（John K. Chang）による工業生産指数（John K. Chang, *Industrial Development in Pre-Communist China*, Edinburgh : Edinburgh University Press, 1969）は，大恐慌期を通じて増加しているが，ライトは，こうした現象は発展途上国に見られることがあるものであり，工業化のレベルが起点となる時点で低かったことや，関税自主権

の回復といった様々な要因により,成長率は下がるものの,工業化が進行したとも考えられる,としている。Tim Wright, op. cit., "Coping with the World Depression," p. 651.
14) Harold James, op. cit., The End of Globalization, "Introduction."
15) Dickson Leavens, Silver Money (Bloomington, IN : Principia Press, 1939), pp. 163-5.
16) 大恐慌期,金本位制にとどまることが経済政策に及ぼす制限については,Barry Eichengreen, op. cit., Golden Fetters を参照。金本位制の「ゲームの法則」と「金融政策における非対称性」(金流出国は金融引き締め政策を採用せざるを得ないが,金流入国には金融緩和政策を採用する誘因が存在しない)に注目するアイケングリーンの議論は,大恐慌の原因は国際金融システムにおける最後の貸し手としての役割をアメリカが放棄したことにあるとし,大国のヘゲモニーに着目するキンドルバーガー (Charles P. Kindleberger, op. cit., The World in Depression, 1929-1939) への批判となっている。論争の整理として, Barry Eichengreen, "The Origins and Nature of the Great Slump Revisited," Economic History Review, vol. 45, no. 2 (1992) 及び野口旭・若田部昌澄「国際金本位制の足かせ」(岩田規久男編『昭和恐慌の研究』東洋経済新報社, 2004 年, 所収, 第一章) を参照。
17) Charles P. Kindleberger, Manias, Panics, and Crashes : A History of Financial Crises, 4th ed. (New York : John Wiley & Sons, 2000), pp. 15-7, 105-7.
18) Lloyd E. Eastman, The Abortive Revolution : China under Nationalist Rule, 1927-1937 (Cambridge, MA : Harvard University Press, 1974).
19) Parks M. Coble, The Shanghai Capitalists and the Nationalist Government, 1927-1937, 2nd ed. (Cambridge, MA : Harvard University Press, 1986), pp. 160, 250.
20) Joseph Fewsmith, Party, State, and Local Elitism Republican China : Merchant Organizations and Politics in Shanghai, 1890-1930 (Honolulu : University of Hawai'i Press, 1985).
21) 久保亨『戦間期中国「自立への模索」——関税通貨政策と経済発展』(東京大学出版会, 1999 年),川井悟「全国経済委員会の成立とその改組をめぐる一考察」『東洋史研究』第 40 巻第 4 号 (1982 年)。
22) Tim Wright, op. cit., "Coping with the World Depression."
23) Richard Bush, "Industry and Politics in Kuomintang China : The Nationalist Regime and Lower Yangtze Chinese Cotton Mill Owners, 1927-1937" (Ph. D. diss., Columbia University, 1978).
24) 金丸裕一「工業史」(野澤豊編『日本の中華民国史研究』汲古書院, 1995 年), 弁納才一「農業史」(野澤豊編,同上)。
25) 金丸裕一,前掲「工業史」。
26) Tim Wright, op. cit., "Coping with the World Depression" ; Presenjit Duara, Culture, Power, and the State : Rural North China, 1900-1942 (Stanford : Stanford University Press, 1988) は,基盤の脆弱性のために,政府の徴税機構が末端の農村部において,非効率な請負徴税に依存することになり,結果として更に財政危機を深化させることになる,という負の連鎖(インヴォリューション)を指摘している。
27) William Kirby, "Engineering China : The Origins of Chinese Development State," in Wen-hsin Yeh ed., Becoming Chinese (Berkeley : University of California Press, 2000), pp. 137-60 ; Margherita Zanasi, Saving the Nation : Economic Morderntiy in Republican China (Chicago :

University of Chicago Press, 2006) も, 経済政策の変遷を, 汪精衛, 陳公博, 宋子文といった政府高官の党派間闘争との関係から分析している。

28) Julia Strauss, *Strong Institutions in Weak Polities : State Building in Republican China, 1927-1940* (Oxford : Clarendon Press, 1998).

29) 11世紀から18世紀までの貨幣制度の変遷については, Richard von Glahn, *Fountain of Fortune : Money and Monetary Policy in China, 1000-1700* (Berkeley : University of California Press, 1996) を参照。フォン・グランは, 16世紀以降, 中華帝国政府が通貨発行権を独占し続けていては, 市場経済の拡大に対応することができなくなり, 以後, 中国経済は実質的に自由鋳造の時代に入ったとする。黒田明伸『中華帝国の構造と世界経済』(名古屋大学出版会, 1994年) は地域内で用いられる銅銭と長距離・多額の交易で用いられる銀貨との二重構造を維持することで, 中華帝国は銀流出入の地域経済に対する衝撃を緩和し, 安定化を図ったと論ずる。本書の第1章でも指摘する, 通貨システムの銀部門への不介入が, 政府の政策であったのか, あるいは, 統治能力の限界であったのかについては, 更なる分析が求められる。銀遣いと銅遣いとの乖離のあり方も, 例えば, Man-houng Lin, *China Upside Down : Currency, Society, and Ideologies, 1808-1856* (Cambridge, MA : Harvard University Asia Center, 2006) で詳述されている19世紀初の銀流出の衝撃などを勘案するならば, より詳細に検討する必要があろう。Frank H. H. King, *Money and Monetary Policy in China, 1845-1895* (Cambridge, MA : Harvard University Press, 1965) は, 19世紀半ば以降の列強に対する相次ぐ敗戦と, 太平天国の乱の影響の下で, 清朝政府が通貨システムの改革を行う能力を失っていくことを論ずる。

30) Benjamin Cohen, *The Geography of Money* (Ithaca, NY : Cornell University Press, 1998), p. 6.

31) 清末以降の幣制改革の経緯については, 濱下武志「中国幣制改革と外国銀行」『現代中国』第58号 (1984年) 及び Srinivas R. Wagel, *Chinese Currency and Banking* (Shanghai : North-China Daily News & Herald, 1915), pp. 76-144 を参照。

32) 大恐慌期の欧米に関する研究に比して, アジア地域に関する研究はいまだ検討の余地が大きく残されている。A. J. H. Latham, *The Depression and the Developing World, 1914-1939* (London : Croom Helm, 1981) や, Ian Brown ed., *The Economies of Africa and Asia in the Inter-War Depression* (London : Routledge, 1989), Dietmar Rothermund, *The Global Impact of the Great Depression, 1929-1939* (London : Routledge, 1996) 等が先駆的な試みである。1997年アジア経済危機は, 大恐慌期との比較を促した。Hal Hill, and J. Thomas Lindblad eds., "Special Issue——East Asia in Crisis : Perspectives on the 1930s and 1990s," *Australian Economic History Review*, vol. 43, no. 2 (2003) 及び, 日本の1990年代との比較を行った岩田規久男編, 前掲『昭和恐慌の研究』等がある。しかし, アジア域内での比較研究は, いまだ緒についたばかりである。Peter Boomgaard, and Ian Brown eds., *Weathering the Storm : The Economies of Southeast Asia in the 1930s Depression* (Leiden : KITLV, 2000) はそうした試みのひとつである。例えば, 本書で扱う問題と関係しても, Sugata Bose, *Agrarian Bengal : Economy, Social Structure, and Politics, 1919-1947* (Cambridge, Eng.: Cambridge University Press, 1986) で分析されたインド・ベンガル地方の農村金融の危機や, Kerry Smith, *A Time of Crisis : Japan, the Great Depression, and Rural Revitalization* (Cambridge, MA :

Harvard University Asia Center, 2001）で検討される日本の農村復興運動などは，同時代の比較の可能性を示していると考えられる．
33）関連文献のサーベイは，Anne Booth, "The Causes of South East Asia's Economic Crisis: A Sceptical Review of the Debate," *Asian Pacific Business Review*, no. 8 (2001).
34）Richard N. Cooper, "Living with Global Imbalances: A Contrarian View," *Policy Briefs in International Economics*, no. PB05-3 (Institute of International Economics, Nov. 2005).

第 1 章　銀本位制
1) 以下，伝統中国の通貨制度の概略については，Richard von Glahn, *Fountain of Fortune: Money and Monetary Policy in China, 1000-1700* (Berkeley: University of California Press, 1996), を参照．
2) 岸本美緒『東アジアの近世』(山川出版社，1998 年)，9-10 頁．
3) 村井隆『金・銀・銅の日本史』(岩波書店，1997 年)，114-21 頁．
4) 上田信『海と帝国——明清時代』(講談社，2005 年)，195-218 頁．
5) Richard von Glahn, *op. cit., Fountain of Fortune*, p. 135.
6) Man-houng Lin, *China Upside Down: Currency, Society, and Ideologies, 1808-1856* (Cambridge, MA: Harvard University Asia Center, 2006), pp. 59-63.
7) Dennis O. Flynn, and Arturo Giráldez, "Born with a 'Silver Spoon': The Origin of World Trade in 1571," *Journal of World History*, vol. VI, no. 2 (1995), p. 209.
8) Ibid., pp. 204-5.
9) Jan de Vries, "Connecting Europe and Asia: A Quantitative Analysis of the Cape Route Trade, 1497-1795," in Dennis Flynn, Arturo Giráldez, and Richard von Glahn eds., *Global Commodities and Monetary History, 1470-1800* (Aldershot: Ashgate Press, 2003).
10) 岸本美緒『清代中国の物価と経済変動』(研文出版，1997 年)，173-214 頁は，当時の中国の貿易構造を示した上で，銀の流出入量を推算している．
11) アンドレ・グンダー・フランク『リオリエント——アジア時代のグローバル・エコノミー』(山下範久訳，藤原書店，2000 年)，207-21 頁．
12) 岸本美緒，前掲『清代中国の物価と経済変動』206-7 頁．
13) William Atwell, "Notes on Silver, Foreign Trade, and Late Ming Economy," *Ch'ing-shi Wen-t'i*, vol. 3, no. 8 (1977), p. 8.
14) Dennis O. Flynn, and Arturo Giráldez, "Arbitrage, China, and World Trade in the Early Modern Period," *Journal of Economic and Social History of the Orient*, vol. 38, no. 4 (1995), pp. 429-48.
15) デニス・フリンは，このように通貨の材料を海外から調達したことで，その他の物資と交換し得た貴重な資源を流出させ，長期的には中国経済に負担となったと論じている．デニス・フリン「貨幣と発展なき成長——明朝中国の場合」(『グローバル化と銀』秋田茂・西村雄志編訳，山川出版社，2010 年，所収)．
16) フリン／ジラルデスの裁定取引のモデルは，交換価値に内外で輸送量等の経費を超えて差異が生じるときに銀が流出入する，と見る点で，以下に論じる 19 世紀半ば以降の中国をめぐる銀の流出入の状況と重なるものである．

17) 互市については，岩井茂樹「帝国と互市――16-18世紀東アジアの通交」(籠谷直人・脇村孝平編『帝国とネットワーク――長期の19世紀』世界思想社，2009年)，39-50頁。
18) Man-houng Lin, op. cit., China Upside Down, pp. 68-70.
19) 楊蔭溥：《中國金融論》(上海：黎明書局，1936年)，30-5頁.
20) 宮下忠雄『中国幣制の特殊研究――近代中国銀両制度の研究』(日本学術振興会，1952年)，247-8, 270頁。
21) 上田裕之は，清朝が，銅銭需要に応えるという観点のみならず，市場の安定，造幣権の掌握，兵丁の生計保護，制銭鋳造からの利益護持といった複数の目的をもって，銅銭政策を展開していたと論ずる。上田裕之『清朝支配と貨幣政策――清代前期における制銭供給政策の展開』(汲古書院，2009年)を参照。
22) Eduard Kann, *The Currencies of China : An Investigation of Silver and Gold Transactions Affecting China*, 2nd ed. (Shanghai : Kelly and Walsh, 1927), p. 442.
23) Man-houng Lin, op. cit., China Upside Down, p. 8.
24) 黒田明伸は，清朝政府が，地域内通貨たる銅銭と地域間決済通貨たる銀とを分けることによって，銀流通量の変動が地域経済に与える影響を弱めようとしたと論ずる。黒田明伸『中華帝国の構造と世界経済』(名古屋大学出版会，1994年)，「序」。
25) Man-houng Lin, op. cit., China Upside Down, Chapts. 1-3. リンは，アヘン戦争前後の時期を取り上げて，銀の流出が中国の政治経済に与える衝撃について論じている。リンの研究は，本書で取り上げる1930年代初頭の銀流出に先立つ危機とその影響を明らかにしている。
26) Richard von Glahn, "Cycles of Silver in Chinese Monetary History," 明清史夏合宿・にんぷろ共催シンポジウム発表論文(出雲，2008年)，18-9頁。
27) 1935年以前の幣制改革の試みについては，Eduard Kann, op. cit., The Currencies of China, pp. 358-99参照。主要な改革案としては，マッケイ条約(1902年)に盛り込まれた通貨制度改革の可能性を，アメリカの助言を受けて探った，ジェレニア・W．ジェンクス(Jereniah W. Jenks) 案(1903年)，米英仏独銀行団からの借款に際して助言を受けた，G．ヴィッセリング(G. Vissering)案(1912-14年)などがある。
28) National Government of the Republic of China, Commission of Financial Experts, *Project of Law for the Gradual Introduction of a Gold-Standard Currency System in China Together with a Report in Support Thereof* (Shanghai : The Commission, 1929), p. 47.
29) 以下の通貨に関する概観は，次の資料に依る。Ibid., pp. 47-56, Eduard Kann, op. cit., The Currencies of China, Chapts. 2, 5, 6, and 17, 王業鍵：《中國近代貨幣與銀行的演進》(台北：中央研究院，1981年)，43-5頁。
30) 姜抮亜『1930年代広東省の財政政策――中央・地方・商人の三者関係を中心に』(東京大学大学院人文社会系研究科，博士論文，2000年)，187-94頁。
31) Niv Horesh, *Shanghai's Bund and Beyond : British Banks, Banknote Issuance, and Monetary Policy in China, 1842-1937* (New Haven : Yale University Press, 2009), Chapter 2.
32) Brett Sheehan, *Trust in Troubled Times : Money, Banks and State-Society Relations in Republican Tianjin* (Cambridge, MA : Harvard University Press, 2003), Chapter 3.
33) National Government of the Republic of China, Commission of Financial Experts, op. cit.,

Project of Law for the Gradual Introduction of a Gold-Standard Currency System in China Together with a Report in Support Thereof, p. 47.
34) Wei-ying Lin, *The New Monetary System of China : A Personal Interpretation*（Chicago : University of Chicago Press, 1936), p. 5. 当時の中国通貨をめぐる議論については，宮下忠雄『支那貨幣制度論』（宝文館，1943年），第3編「支那銀本位制職能論」第3章「支那銀本位制の機能」，146-75頁参照。
35) Herbert Bratter, *The Silver Market*（Washington, DC : Government Printing Office, 1932), pp. 1-19.
36) Herbert Bratter, *Silver Market Dictionary*（New York : Commodity Exchange, inc., 1933), pp. 47-8.
37) Dickson H. Leavens, "A Chart of Silver and Exchange Parities," *Chinese Economic Journal*, no. 3（1928), pp. 394-6.
38) Frank H. H. King, *The History of the Hong Kong and Shanghai Banking Corporation*（vol. 2, Cambridge, Eng.: Cambridge University Press, 1988), p. 212.
39) Dickson H. Leavens, *Silver Money*（Bloomington, IN : Principia Press, 1939), pp. 34-63.
40) Herbert Bratter, *op. cit., The Silver Market*, p. 42.
41) C. F. Remer, *Foreign Investments in China*（New York : Macmillan, 1933), pp. 149-50.
42) H. B. Morse, *An Inquiry into the Commercial Liabilities and Assets of China*（China, Imparial Maritime Customs, II, Special Series, no. 27, 1904). モースの他にも，中国内外の実務家や研究者が中国の国際収支に関して同様の疑問を呈しており，1936年までに，Srinivas R. Wagel, *Finance in China*（Shanghai : North-China Daily News & Herald, 1914) や土屋計左右『中華民国の国際貸借』（出版社不明，1932年) など，少なくとも10篇の関連する著書や論文が発表された。当時の，中国の国際収支をめぐる議論については，陳爭平：《1895-1936年中國國際收支研究》（北京：中國社會科學出版社，1996年），8-20頁および濱下武志『中国近代経済史研究——清末海関財政と開港場市場圏』（汲古書院，1989年），139-53頁を参照。
43) Liang-lin Hsiao, *China's Foreign Trade Statistics, 1864-1949*（Cambridge, MA : Harvard University Press, 1974), pp. 128-9.
44) Tsung Fei Koh, "Silver at Work," *Finance and Commerce*（以下FCと略称), vol. 25, no. 11（Mar. 13, 1935), pp. 296-7.
45) C. F. Remer, *op. cit., Foreign Investments in China*, p. 185.
46) Eduard Kann, *op. cit., The Currencies of China*, p. 87.
47) 王玉茹「近代中国の都市に於ける卸売り物価変動と経済成長」『鹿児島国際大学地域総合研究』第31巻第2号（2004年），17-29頁。
48) 久重福三郎「物価より見た支那経済の一面」『支那研究』第36号（1935年），105-38頁。
49) National Tariff Commission, *An Annual Report of Shanghai Commodity Prices, 1936*（Shanghai : National Tariff Commission, n. d.), p. 114, Appendix II "Index Numbers of Wholesale Prices in Shanghai, North China (Tientsin), Canton, Hankow, Nanking, Tsingtao and Changsha, 1926＝100."

50) *Ibid.*, p. 112, Appendix I "Index Numbers of Wholesale, Export and Import Prices and the Cost of Living in Shanghai, 1926=100." ウェイイン・リンは，1927年1月から1931年12月までの，月毎の対外為替レートの変動と輸出入価格指数の変動との相関係数（*r*）を推計し，輸入（+.72）が輸出（+.49）に比べて，強い相関を示したことを明らかにしている。Wei-ying Lin, *China Under Depreciated Silver 1926-31* (Shanghai: The Commercial Press, 1935), pp. 114-6.

第2章　工業化へ

1) Thomas G. Rawski, *Economic Growth in Prewar China* (Berkeley: University of California Press, 1989), pp. xx, 65, 69-74.
2) Debin Ma, "Economic Growth in the Lower Yangzi Region of China in 1911-1937: A Quantitative and Historical Analysis," *Journal of Economic History*, vol. 68, no. 2 (2008), pp. 361-4.
3) 林剛・唐文起："1927-1937年江蘇機器工業的特徵及其運行概況"，南京圖書館特藏部・江蘇省社會科學院經濟史課題組 編《1927-1937江蘇省工業調查統計資料》（南京：南京工業出版社，1987年），602-3頁．
4) Debin Ma, op. cit., "Economic Growth in the Lower Yangzi Region of China in 1911-1937," p. 368.
5) 関税自主権回復の経緯とその効果については，久保亨『戦間期中国「自立への模索」――関税通貨政策と経済発展』（東京大学出版会，1999年），第1-6章を参照。
6) ダグラス・ノースとロバート・P. トーマスによる古典的研究，Douglas North, and Robert P. Thomas, *The Rise of the Western World: A New Economic History* (Cambridge, Eng.: Cambridge University Press, 1973) 以来の制度変化の経済学・経済史研究の主要な論点は，所有権の保護と取引費用の低減の問題にあると考えられる。
7) 林剛・唐文起：前掲 "1927-1937年江蘇機器工業的特徵及其運行概況"，595-6頁．
8) 杉原薫『アジア間貿易の形成と構造』（ミネルヴァ書房，1996年），13-4頁。
9) 江蘇省實業廳第三科：《江蘇紡織業狀況》（南京：出版社不明，1919年），11頁．
10) 實業部國際貿易局：《中國實業誌：江蘇省》（上海：實業部國際貿易局，1933年）VIII，1章，17-20頁；上海商業儲蓄銀行：《上海之棉花與棉業》（上海：上海商業儲蓄銀行，1931年），19頁．
11) 曽田三郎『中国近代製糸業の研究』（汲古書院，1994年），394頁；高景嶽・嚴學熙 編：《近代無錫蠶絲業資料選輯》（南京：江蘇人民出版社，1987年），108頁．
12) 西嶋定生『中国経済史研究』（東京大学出版会，1966年）「第3部 商品生産の展開とその構造――中国初期棉業史の展開」；田中正俊『中国近代経済史研究序説』（東京大学出版会，1973年）「16・17世紀の江南における農村手工業」77-100頁。
13) Kenneth Pomeranz, "Beyond the East-West Binary: Resituating Development Path in the Eighteenth-Century World," *Journal of Asian Studies*, vol. 61, no. 2 (2002), pp. 539-90.
14) R. Bin Wong, *China Transformed: Historical Change and the Limits of European Experience* (Ithaca, NY: Cornell University Press, 1997), pp. 38-42.
15) Li Bozhong, *Agricultural Development in Jiangnan, 1620-1850* (New York: St. Martin's Press,

1998）；李伯重：《江南的早期工業化, 1550-1850》（北京：科學文獻出版社, 2000 年）．
16) 西嶋定生, 前掲『中国経済史研究』732 頁．
17) 小山正明「清末中国に於ける外国綿製品の流入」『近代中国研究』第 4 号（1960 年), 439-59 頁（同『明清社会経済史研究』東京大学出版会, 1992 年に再録).
18) 杉原薫, 前掲『アジア間貿易の形成と構造』65-6 頁．
19) 小山正明, 前掲「清末中国に於ける外国綿製品の流入」459-507 頁．
20) 杉原薫, 前掲『アジア間貿易の形成と構造』23 頁．
21) 徐新吾 編：《江南土布史》（上海：上海社會科學院出版社, 1992 年), 115 頁；小山正明, 前掲「清末中国に於ける外国綿製品の流入」507-14 頁．
22) 小山正明, 前掲「清末中国に於ける外国綿製品の流入」507-10 頁．
23) 嚴中平：《中國棉紡織史稿》（北京：科學出版社, 1963 年), 184 頁．
24) 上海商業儲蓄銀行：前掲《上海之棉花與棉業》7 頁；實業部國際貿易局：前掲《中國實業誌：江蘇省》VIII, 第 1 章, 125 頁．
25) 森時彦『中国近代綿業史の研究』（京都大学学術出版会, 2001 年), 36 頁。
26) 徐滌新・吳承明 編：《中國資本主義發展史 第 2 卷》（北京：人民出版社, 1990 年), 331 頁．
27) 徐新吾 編：前掲《江南土布史》330 頁．
28) 森時彦, 前掲『中国近代綿業史の研究』36 頁．
29) 上海商業儲蓄銀行：前掲《上海之棉花與棉業》2 頁．
30) 森時彦, 前掲『中国近代綿業史の研究』197 頁．
31) 同上, 205-22 頁。
32) 嚴中平：前掲《中國棉紡織史稿》174-5 頁．
33) 農村の機械織布工業のモデルケースとして, 河北省の高陽が挙げられる．19 世紀末から現代に至るまでの, 高陽における工業化については, Linda Grove, *A Chinese Economic Revolution : Rural Entrepreneurship in the Twentieth Century* (Lanham, MD : Rowman & Littlefield, 2006).
34) 徐新吾 編：前掲《江南土布史》481 頁．
35) 高村直助『近代日本綿業と中国』（東京大学出版会, 1982 年), 116 頁。代表的な在華紡である内外綿に関する企業文書を用いた経営史研究として, 桑原哲也「対外関係──在華紡・内外綿会社の経営」（佐々木聡・中林真幸編『講座・日本経営史 3 組織と戦略の時代 1914〜1937』ミネルヴァ書房, 2010 年, 第 8 章).
36) 中国紡績業の地域分業については, 久保亨「中国綿業の地帯構造と経営類型」『戦間期中国の綿業と企業経営』（汲古書院, 2005 年), 105-44 頁．
37) Li Bozhong, *op. cit., Agricultural Development in Jiangnan,* p. 3.
38) Lillian Li, *China's Silk Trade : Traditional Industry in the Modern World, 1842-1937* (Cambridge, MA : Harvard University Press, 1981), p. 109.
39) 曽田三郎, 前掲『中国近代製糸業の研究』48 頁．
40) 徐新吾 編：《中國近代繅絲工業史》（上海：上海人民出版社, 1990 年), 127 頁．
41) 同上, 135 頁．
42) 鈴木智夫『洋務運動の研究』（汲古書院, 1992 年), 330-1 頁．

43）清川雪彦「戦前中国の蚕糸業に関する若干の考察（1）――製糸技術の停滞性」『〈一橋大学〉経済研究』第26巻第3号（1975年）。
44）農商務省『清国蠶糸業調査復命書』（農商務省農商務局，1899年），172頁。
45）徐新吾 編：前掲《中國近代繅絲工業史》196頁。
46）同上，184頁；陳慈玉：《近代中國的機械繅絲工業，1860-1945》（台北：中央研究院近代史研究所，1989年），31-3頁。
47）高景嶽・嚴學熙 編：前掲《近代無錫蠶絲業資料選輯》46頁。
48）徐新吾 編：前掲《中國近代繅絲工業史》197頁。
49) Robert Y. Eng, *Economic Imperialism in China : Silk Production and Exports, 1861-1932* (Berkeley : University of California, Institute of East Asian Studies, 1986), p. 187.
50) D. K. Lieu, *The Silk Reeling Industry in Shanghai* (n. p., 1931), pp. 113-4.
51）曾田三郎，前掲『中国近代製糸業の研究』67頁。
52) Lillian Li, *op. cit., China's Silk Trade*, pp. 81-4.
53）東亜研究所『支那生糸の世界的地位』（東亜研究所，1942年），17頁。

第3章 企業借款

1）東亜研究所『商事に関する慣行調査報告書――合股の研究』（東亜研究所，1943年），8，170-1頁。幼方直吉「中支の合股に関する諸問題――主として無錫染色業調査を通じて(1)」『満鉄調査月報』第23巻第4号（1943年），91頁。
2）村松祐次『中国経済の社会態制』（東洋経済新報社，1949年），339-50頁。
3) Naomi R. Lamoreaux, Daniel M. G. Raff, and Peter Temin, "Beyond Markets and Hierarchies : Toward a New Synthesis of American Business History," *The American Historical Review*, vol. 108, no. 2 (2003), pp. 404-33 ; Walter W. Powell, "Neither Market Nor Hierarchy : Network Forms of Organization," *Research in Organizational Behavior*, vol. 12 (1990), pp. 295-336.
4) David Faure, *China and Capitalism : A History of Business Enterprise in Modern China* (Hong Kong : Hong Kong University Press, 2006), p. 97.
5) Madeline Zelin, *The Merchants of Zigong : Industrial Entrepreneurship in Early Modern China* (New York : Columbia University Press, 2005), Chapter 2.
6）東亜研究所，前掲『商事に関する慣行調査報告書』506-29頁。
7）洪葭管・張繼風：《近代上海金融市場》（上海：上海人民出版社，1989年），136-54頁。
8）東亜研究所，前掲『商事に関する慣行調査報告書』619頁。
9）張忠民：《艱難的變遷：近代中國公司制度的研究》（上海：上海科學出版社，2002年），266頁。
10) William Kirby, "China Unincorporated : Company Law and Business Enterprise in Twentieth-Century China," *Journal of Asian Studies*, vol. 54, no. 1 (1995).
11）清末以降の中国人企業家が，欧米を起源とする有限責任制や財産権の保護という概念をどのように理解し，また積極的に利用しようとしたかについては，Eiichi Motono, *Conflict and Cooperation in Sino-British Business, 1860-1911 : The Impact of the Pro-British Commercial Network in Shanghai*（New York : St. Martin's Press in association with St. Antony's College,

Oxford, 2000) を参照。
12) 19世紀末から日中戦争前夜までの，中国における会社組織の発展についての概観は，富澤芳亜「近代的企業の発展」(飯島渉・久保亨・村田雄二郎編『シリーズ 20 世紀中国 3』東京大学出版会, 2009 年) を参照。また，中国企業史研究会編『中国企業史研究の成果と課題』(汲古書院, 2007 年) は，日本，中国，香港，台湾，欧米における企業史研究の動向を概観した上で，既刊の単著・論文及び資料を紹介している。
13) 嚴中平:《中國棉紡織史稿》(北京:科學出版社, 1963 年), 85-6 頁.
14) 朱蔭貴「近代中国に於ける株式制企業の資金調達」『中国研究月報』第 59 巻第 11 号 (2005 年), 2-3 頁；朱蔭貴:《中國近代股份制企業研究》(上海:上海財經大学出版社, 2008 年), 96-115 頁.
15) 大生紡績公司については，大生系統企業史編寫組 編:《大生系統企業史》(南京:江蘇古籍出版社, 1990 年), 10-6 頁. 張謇の企業経営については，中井英基『張謇と中国近代企業』(北海道大学図書刊行会, 1996 年), Elisabeth Köll, *From Cotton Mill to Business Empire : The Emergernce of Regional Enterprises in Modern China* (Cambridge, MA : Harvard University Asia Center, 2003).
16) 上海社會科學院經濟研究所 編:《恆豐紗廠的發生發展與改造》(上海:上海人民出版社, 1958 年), 41-2 頁.
17) 陳真 編:《中國近代工業史資料 第四輯:中國工業的特點, 資本, 結構和工業中各行業概況》(北京:三聯書店, 1961 年), 68-71 頁.
18) 徐新吾 編:《中國近代繰絲工業史》(上海:上海人民出版社, 1990 年), 184 頁；張迪懇:"絲廠租賃制原因初探"《中國社會科學院經濟研究所季刊》第 10 号 (1988 年), 234 頁.
19) Lillian Li, *China's Silk Trade : Traditional Industry in the Modern World, 1842-1937* (Cambridge, MA : Harvard University Press, 1981), p. 172.
20) 徐新吾 編:前掲《中國近代繰絲工業史》184 頁；張迪懇:前掲 "絲廠租賃制原因初探", 236 頁.
21) 東亜研究所『経済に関する支那調査報告書——支那蚕糸業に於ける取引慣行』(東亜研究所, 1941 年) 108 頁。
22) 高景嶽・嚴學熙 編:《近代無錫蠶絲業資料選輯》(南京:江蘇人民出版社, 1987 年), 75 頁.
23) 陳真 編:前掲《中國近代工業史資料 第四輯》68-9 頁.
24) 嚴中平:前掲《中國棉紡織史稿》189 頁.
25) Kang Chao, *The Development of Cotton Textile Production in China* (Cambridge, MA : Harvard University Press, 1977), p. 142.
26) 劉大鈞:《上海工業化研究》(上海:商務印書館, 1937 年), 68-9, 77 頁.
27) Lillian Li, *op. cit., China's Silk Trade*, pp. 169-73；Robert Y. Eng, *Economic Imperialism in China : Silk Production and Exports, 1861-1932* (Berkeley : University of California, Institute of East Asian Studies, 1986), pp. 70-5.
28) 新興企業が外部から融資を受けようとするのは，中国に固有の現象ではない。欧米の中小企業の事例に関して，Andrew Godley, and Duncan Ross, "Introduction," in Andrew Godley,

and Duncan Ross, eds., *Banks, Networks, and Small Firm Finance* (London : Frank Cass, 1996).
29) 申新紡織總管理處檔案, Q 193-1-526.
30) 上海の慣行として, 債務者は, 契約締結前に, 債権者に地券を渡さなければならなかった. 嚴諤聲：《上海商事慣例》（上海：新生通訊社出版部, 1933 年）, 49-50 頁.
31) 劉大鈞：前掲《上海工業化研究》70-1 頁.
32) 以下, 上海租界の地券制度については, 佐々波（城山）智子「戰前期, 上海租界地区に於ける不動産取引と都市発展」『社会経済史学』第 62 巻第 6 号（1997 年）, 1, 3-6 頁.
33) Richard Feetham, *Report of the Hon. Mr. Justice Feetham to the Shanghai Municipal Council* (Shanghai : North China Daily News, 1931), No. 1, p. 317.
34) 楊蔭溥「上海の地産」（南満洲鉄道株式会社調査部『上海に於ける不動産慣行調査資料其一』大連：南満洲鉄道株式会社調査部, 1943 年）, 10-1 頁. 楊蔭溥は, 光華大学及び国立中央大学商学院教授などを歴任した, 中国金融の専門家であり, 『上海金融市場』, 『中国金融市場』などの著作がある. 「上海の地産」と題された本論文は, 楊が, 代表的な経済新聞のひとつである『新聞報』紙上に 1936 年 8 月 19 日から 9 月 3 日まで連載した論評を, 南満洲鉄道会社調査部支那都市不動産慣行調査委員会が翻訳し, 『上海に於ける不動産慣行資料其一』の一部として発表したものである（南満洲鉄道株式会社調査部, 前掲『上海に於ける不動産慣行調査資料其一』4 頁）.
35) 佐々波（城山）智子, 前掲「戰前期, 上海租界地区に於ける不動産取引と都市発展」1-30 頁.
36) 資産の流動化, 特に不動産抵当が資金調達に果たす役割の重要性については, Hernando De Soto, *The Mystery of Capital : Why Capitalism Triumphs in the West and Fails Everywhere Else* (New York : Basic Books, 2000), Chapter 3 参照. デ・ソトは, 資産の流動化が行われないことが, 西欧以外の諸国経済の停滞の原因だと論じている. 本書で取り上げた戦前期揚子江下流デルタの事例は, 外国銀行と地元の銀行が形成した資産流動化のシステムとして注目される.
37) 上海社會科學院經濟研究所 編：《榮家企業史料》（上海：上海人民出版社, 1980 年）, 97 頁；大生系統企業史編寫組 編：前掲《大生系統企業史》111 頁.
38) 上海商業儲蓄銀行：《上海之棉花與棉業》（上海：上海商業儲蓄銀行, 1931 年）, 48 頁.
39) 大生系統企業史編寫組 編：前掲《大生系統企業史》113 頁.
40) 西藤雅夫「華人紡績の経営に於ける問題」『東亜経済論叢』第 1 巻第 4 号（1941 年）, 154-77 頁.
41) 申新紡織總管理處檔案, Q 193-1-542.
42) 申新紡織總管理處檔案, Q 193-1-526, Q 193-1-860, Q 193-1-543；大生紡織公司檔案, B 401-111-221.
43) 大生紡織公司檔案, B 401-111-217.
44) 曾田三郎『中国近代製糸業の研究』（汲古書院, 1994 年）, 213 頁.
45) K. P. Chen (Chen Guangfu 陳光甫), "Reminiscences of Ch'en Kuang-fu" (Rare Book and Manuscript Library, Columbia University, New York), p. 29.
46) D. K. Lieu, *The Silk Reeling Industry in Shanghai* (n. p., 1931), pp. 48-9；徐新吾 編：前掲

《中國近代繅絲工業史》345頁；東亜研究所，前掲『経済に関する支那調査報告書』38-9頁。
47) 井村薫雄『支那の金融と通貨』(上海：上海出版協会, 1924年), 195頁。19世紀以降の，外国銀行とアジア・アフリカ地域のローカルな金融機関との資金移動の関係は，重要でありながら未開拓の研究分野である。先駆的な共同研究は，Gareth Austin, and Kaoru Sugihara eds., *The Local Suppliers of Credit in the Third World, 1750-1960* (New York : St. Martin's Press, 1993).
48) Hong Kong Shanghai Banking Corporation Archives, Shanghai Ledgers 203.
49) 栄兄弟の経営を，家族とビジネス・ネットワークとの関係という視角から分析した研究は，Sherman Cochran, *Encountering Chinese Networks : Western, Japanese, and Chinese Corporations in China, 1880-1937* (Berkeley : University of California Press, 2000), pp. 117-46.
50) 上海社會科學院經濟研究所 編：前掲《榮家企業史料》95頁.
51) 同上, 114頁.
52) 同上, 84頁.
53) 同上, 188, 204頁.
54) 同上, 253頁.
55) 王鎮中・王子健：《七省華商紗廠調查報告》(上海：商務印書館, 1935年), 表3.
56) 湯可可："大生紗廠的資產和利潤分配：中國近代企業史計量分析若干問題的探討"(第二屆張謇研究國際研討會, 南京大學, 1995年).
57) 曽田三郎, 前掲『中国近代製糸業の研究』256-7頁。
58) 徐新吾 編：前掲《中國近代繅絲工業史》192-6頁.
59) 交通銀行檔案, 398-6055.
60) 高景嶽・嚴學熙 編：前掲《近代無錫蠶絲業資料選輯》64頁.
61) 交通銀行檔案, 398-6275.
62) 交通銀行檔案, 398-8934.
63) Frank Tamagna, *Banking and Finance in China* (New York : Institute of Pacific Relations, 1942), pp. 70-1. 中国での取引における人間関係と法律とに関する議論の概論として，"Introduction," in Tahirih V. Lee, *Chinese Law : Social, Political, Historical, and Economic Perspectives, vol. 3, Contract, Guanxi, and Dispute Resolution in China* (New York : Garland Publishing, 1997), pp. xiii-xix.
64) Linsun Cheng, *Banking in Modern China : Entrepreneurs, Professional Managers, and the Development of Chinese Banks, 1897-1937* (Cambridge, Eng.: Cambridge University Press, 2003), pp. 146-53.

第4章　農村恐慌

1) R. H. Tawney, *Land and Labour in China* (London : Allen & Unwin, 1932), p. 77.
2) 当時，農村経済の崩壊に関して多数の論文が発表された。馮子明："農村問題之嚴重"《銀行周報》第16卷第44号 (1932年), 9-11頁；陳春生："我國農村經濟崩潰之危機及救濟之方案"《商業月報》第12卷第10号 (1932年), 1-3頁；蔡斌咸："現階段中國農村金

融恐慌的檢討"《新中華》第3巻第13号 (1935年), 83-9頁等.
3) Philip Huang, *The Peasant Family and Rural Development in the Yangzi Delta, 1350-1988* (Stanford : Stanford University Press, 1990), pp. 12-15.
4) Lynda Bell, *One Industry, Two Chinas : Silk Filatures and Peasant-Family Production in Wuxi County, 1865-1937* (Stanford : Stanford University Press, 1999), pp. 117-20.
5) Kenneth Pomeranz, *The Great Divergence : China, Europe, and the Making of the Modern World Economy* (Princeton : Princeton University Press, 2000), "Introduction."
6) R. Bin Wong, *China Transformed : Historical Change and the Limits of European Experience* (Ithaca, NY : Cornell University Press, 1997), "Introduction," Chapts. 1-3.
7) David Faure, *The Rural Economy of Pre-Liberation China : Trade Expansion and Peasant Livelihood in Jiangsu and Guangdong, 1870-1937* (Oxford : Oxford University Press, 1989), Chapter 6.
8) Loren Brandt, *Commercialization and Agricultural Development : Central and Eastern China, 1870-1937* (Cambridge, Eng. : Cambridge University Press, 1989), Chapts. 4 and 5.
9) James Kai-sing Kung, Daniel Yiu-fai Lee, and Nansheng Bai, "Chinese Farmer Rationality and the Agrarian Economy of Lower Yangzi in the 1930s," in Billy So, and Ramon Mayers eds., *Treaty-port Economy in Modern China : Empirical Studies of Institutional Change and Economic Performance* (Berkeley : Institute of East Asian Studies, University of California at Berkeley, Forthcoming), Chapter 6.
10) 三谷孝「中国農村経済研究会とその調査」(小林弘二編『旧中国農村再考──変革の起点を問う』アジア経済研究所, 1986年), 73頁.
11) 満鉄調査の概要に関しては, 原覚天『現代アジア研究成立史論──満鉄調査部, 東亜研究所, IPRの研究』(勁草書房, 1984年)を参照. 新居芳郎「満鉄調査関係者に聞く 第6回:「中支」農村調査余話──華中の農村調査」『アジア経済』第26巻第12号 (1985年), 46-65頁と「満鉄調査関係者に聞く 第23回」『アジア経済』第29巻第3号 (1988年)(後, 井村哲郎編『満鉄調査部──関係者の証言』アジア経済研究所, 1996年, 193-207頁に再録)は調査地の選択方法や, 当時の治安の問題などに関するインタビューを収めている.
12) 南満洲鉄道株式会社上海事務所調査室『江蘇省無錫県農村実態調査報告書』(南満洲鉄道株式会社調査部, 1941年), 表15.
13) 南満洲鉄道株式会社上海事務所調査室『江蘇省南通県農村実態調査報告書』(南満洲鉄道株式会社調査部, 1941年), 表15.
14) 南満洲鉄道株式会社上海事務所調査室『上海特別市嘉定区農村実態調査報告書』(南満洲鉄道株式会社調査部, 1939年), 表14, 15.
15) 南満洲鉄道株式会社上海事務所調査室, 前掲『江蘇省南通県農村実態調査報告書』表12.
16) 南満洲鉄道株式会社上海事務所調査室, 前掲『江蘇省無錫県農村実態調査報告書』21, 68頁.
17) 同上, 109頁.

18) 江蘇省における負債農家の割合を示す表は以下の通りである。

江蘇省における負債農家の割合

	J. L. バック	土地委員会	中央農業実験所
報告県数	10	12	50
負債農家の割合	51.5%	51.82%	62%

出典) Buck, *Land Utilization in China : Statistics*, p. 405；土地委員会：《全国土地調査報告綱要》(1937 年)；中央農業実験所：《農情報告》第 2 年第 4 期 (1934 年 4 月)；天野元之助『中国農業経済論』(改訂復刻版，第 2 巻)，208 頁より引用。

19) J. L. Buck, *Land Utilization in China* (Chicago : University of Chicago Press, 1937), p. 463.
20) 南満洲鉄道株式会社上海事務所調査室，前掲『江蘇省無錫県農村実態調査報告書』128 頁。
21) 中央銀行経済研究処 編：《中國農業金融概要》(上海：商務印書館，1936 年)，9 頁.
22) 中央農業実験所："全国 22 省現款借貸与糧食借貸状況表"《農報》(1933 年 4 月)。
23) Hsiao-t'ung Fei (Fei Xiaotong 費孝通), *Peasant Life in China : A Field Study of Country Life in the Yangtze Valley* (London : Routledge and Kegan Paul, 1939), pp. 267-8, 276-7.
24) 南満洲鉄道株式会社上海事務所調査室，前掲『江蘇省無錫県農村実態調査報告書』115-6 頁，同前掲『江蘇省南通県農村実態調査報告書』177 頁。
25) 天野元之助『中国農業経済論』(技報堂，1948 年，改訂復刻版，龍渓書舎，1978 年)，第 2 巻，293-308 頁。会はアジア，アフリカやラテンアメリカの発展途上国で数多く見られる Rotating Savings and Credit Associations (ROSCAs) の一類型として捉えられる。ROSCAs については，Joanna Ledgerwood, *Microfinance Handbook : An Institutional and Financial Perspective* (Washington, DC : World Bank, 1999), pp. 69-70. そして民間の草の根レベルで組織された ROSCAs が，マイクロ・ファイナンス・プログラムの下で，貧困者に融資を行う手段として利用されていることは注目される。それぞれ，ボリビアとケニアの事例について，Paul Mosley, "Metamorphosis from NGO to Commercial Bank," in David Hulme, and Paul Mosley eds., *Finance Against Poverty*, vol. 2 (London : Routledge, 1996), pp. 1-29 と Graeme Buckley, "Financing the Jua Kali Sector in Kenya," in *Ibid.*, pp. 245-301 を参照。マイクロ・ファイナンスについてのミクロ経済学からの基本的アプローチについては，黒崎卓・山形辰史『開発経済学──貧困削減へのアプローチ』(日本評論社，2003 年)，第 9 章「マイクロ・クレジットの経済学」135-50 頁。本書の第 8 章では，国民政府による会を利用した農村金融市場の復興計画に触れる。
26) 陸國香："江蘇典業之衰落及問題"《農行月刊》第 3 巻第 6 号 (1936 年)，43 頁.
27) 趙宗煦："江蘇省農業金融與地權異動之關係"《蕭錚 編《民國二十年代中國大陸土地問題資料》中國地政研究所叢刊 87，台北：成文出版社，1977 年)，46074 頁.
28) 天野元之助，前掲『中国農業経済論』(改訂復刻版，第 2 巻)，238 頁。
29) Charles P. Kindleberger, *The World in Depression, 1929-1939*, Rev. ed., (Berkeley : University of California Press, 1986), pp. 73-4.

30) アジア，アフリカ諸国の大恐慌期に関する概観は，Dietmar Rothermund, *The Global Impact of the Great Depression, 1929-1939* (London : Routledge, 1996), Chapts. 4, 7, 9, 12, and 13. 中国の国際商品作物市場との連鎖については，Loren Brandt, *op. cit., Commercialization and Agricultural Development*, Chapter 1.
31) Yu-Kwei Cheng, *Foreign Trade and Industrial Development of China* (Washington, DC : University Press of Washington, DC, 1956), pp. 28-37.
32) Wei-ying Lin, *The New Monetary System of China : A Personal Interpretation* (Chicago : University of Chicago Press, 1936), p. 23.
33) A. J. H. Latham, *The Depression and the Developing World, 1914-1939* (London : Croom Helm, 1981), pp. 104-6.
34) National Tariff Commission, *An Annual Report of Shanghai Commodity Prices, 1936* (Shanghai : National Tariff Commission, n. d.) Appendix 7, p. 122.
35) Dickson H. Leavens, *Silver Money* (Bloomington, IN : Principia Press, 1939), p. 211.
36) Tsung Fei Koh, "Silver at Work," *FC*, vol. 25, no. 8 (Feb. 20, 1935), p. 206.
37) Committee for the Study of Silver Values and Commodity Prices, *Silver and Prices in China* (Shanghai : Commercial Press, 1935), pp. 31-3.
38) *Ibid.*, p. 42.
39) 南満洲鉄道株式会社上海事務所調査室『江蘇省太倉県農村実態調査報告書』(南満洲鉄道株式会社調査部，1941 年)，107-8 頁．
40) Hsiao-t'ung Fei (Fei Xiaotong 費孝通), *op. cit., Peasant Life in China*, pp. 265-6 ; 南満洲鉄道株式会社上海事務所調査室，前掲『江蘇省無錫県農村実態調査報告書』114 頁，同前掲，『江蘇省南通県農村実態調査報告書』125 頁．
41) 張履鸞：《江蘇武進物價之研究》(南京：金陵大學，1933 年)，9, 17 頁．
42) 徐洪奎："宜興縣鄉村信用之概況"(蕭錚 編《民國二十年代中國大陸土地問題資料》中國地政研究所叢刊 88, 台北：成文出版社，1977 年)，46525-6 頁；張履鸞：前掲《江蘇武進物價之研究》20 頁．農村の交易条件の悪化は，広範な地域で見られたと考えられる。例えば，南京(江蘇省)，宿県(安徽省)でも，農民の受取価格と支払価格は，1931 年以降，農民に不利になっていることが分かる。

農村の交易条件

年	南 京		宿 県	
	受 取	支 払	受 取	支 払
1930	110.3	81.4	83.7	90.7
1931	100.0	100.0	100.0	100.0
1932	86.3	94.5	88.8	98.8
1933	59.9	85.0	57.3	77.3
1934	64.8	77.3	47.2	63.0
1935	76.6	77.3	56.6	59.6

出典) Yang, "Index Numbers of Farm Prices in Chung Hwa Men, Nanking" and "Index Numbers of Farm Prices in Suhsien, Anhwei, " pp. 262-73, 283-91.

43）徐新吾 編：《中國近代繅絲工業史》（上海：上海人民出版社，1990 年），334-5 頁．
44）Committee for the Study of Silver Values and Commodity Prices, *op. cit., Silver and Prices in China*, p. 57 ; Tsung-fei Koh, "Silver at Work," *FC*, vol. 25, no. 14 (Apr. 3, 1935), p. 389.
45）Chinese Maritime Customs, *Foreign Trade of China, 1929* (Shanghai : Inspector General of Customs, 1929), pt. 1, p. 53.
46）楊蔭溥："中國都市金融與農村金融"《新中華》第 1 卷第 8 号（1933 年），1-31 頁．
47）陳光甫："怎樣打開中國經濟的出路：由上海的金融現狀講到中國的經濟出路"《新中華》第 1 卷第 1 号（1933 年），27-30 頁．
48）楊蔭溥：前揭 "中國都市金融與農村金融"．
49）顧振中："無錫農村經濟衰落之現狀"《農行月刊》第 1 卷第 4 号（1934 年），19-20 頁，褚挺如："東台農村經濟概況"《農行月刊》第 2 卷第 10 号（1935 年），28 頁，陳一："無錫農村之現況"《農行月刊》第 2 卷第 4 号（1935 年），32-3 頁，嚴格："中國農村金融流通方式的研討"《農行月刊》第 2 卷第 10 号（1935 年），11 頁．
50）陸國香：前揭 "江蘇典業之衰落及問題"．
51）天野元之助，前揭『中国農業経済論』（改訂復刻版，第 2 卷），292 頁。
52）顧振中：前揭 "無錫農村經濟衰落之現狀"，19-20 頁．
53）陸國香：前揭 "江蘇典業之衰落及問題"，43-56 頁．
54）Committee for the Study of Silver Values and Commodity Prices, *op. cit., Silver and Prices in China*, pp. 63-4.
55）Kenneth Pomeranz, *The Making of a Hinterland : State Society and Economy in Inland North China, 1853-1937* (Berkeley : University of California Press, 1993), pp. 64-5.
56）李範："武進縣鄉村信用之狀況及其與地權異動之關係"（蕭錚 編《民國二十年代中國大陸土地問題資料》中國地政研究所叢刊 88，台北：成文出版社，1977 年），46940-1 頁．武進の地価は，1930 年を境に急激に下落した。

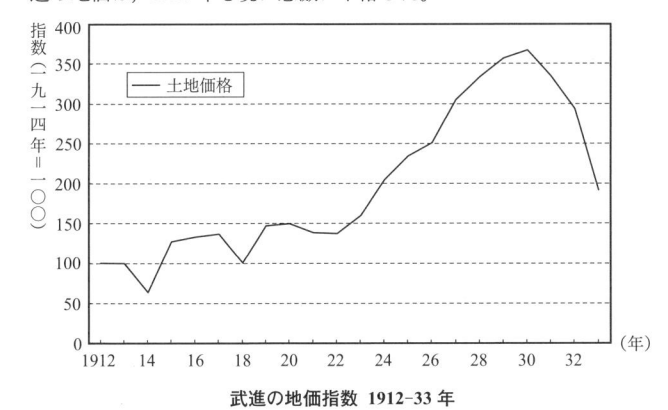

武進の地価指数 1912-33 年

出典）Lewis and Wang, "Farm Prices in Wuchin, Kiangsu," p. 91.

57）徐洪奎：前揭 "宜興縣鄉村信用之概況"，46514-5 頁．

58）王樹槐："江蘇省的田價，1912-1937"（中央研究院近代史研究所 編《近代中國農村經濟論文集》台北：中央研究院近代史研究所，1989年），168頁；王天予"無錫北夏的農村經濟"《農行月刊》第2巻第11号（1935年），27-8頁．
59）「アジア的生産様式」論争に関しては，小竹一彰「封建性規定の成立と「アジア的生産様式論争」」（小林弘二編『旧中国農村再考——変革の起点を問う』アジア経済研究所，1986年）を参照．
60）以下，中国農村研究会については，三谷孝「中国農村経済研究会とその調査」（小林弘二編，前掲『旧中国農村再考』）第2章を参照．
61）中国農村社会性質論争について，吉田浤一「1930年代中国農村経済研究の一整理」『東洋史研究』第33巻第2号（1974年）．
62）千家駒："救濟農村偏枯與都市膨脹問題"《新中華》第1巻第8号（1993年），11頁．
63）この他，例えば，当時の代表的な総合雑誌である『東方雑誌』でも，特集「農村救濟問題」（1935年）が組まれた．《東方雑誌》第32巻第1号（1935年）．
64）K. P. Chen (Chen Guangfu 陳光甫), "Reminiscences of Ch'en Kuang-fu" (Rare Book and Manuscript Library, Columbia University, New York), p. 28；陳光甫：前掲 "怎樣打開中國經濟的出路"，48頁．
65）張公權："中國經濟目前之病態及今後之治療"《中行月刊》第5巻第3号（1932年），3-4頁；陳光甫：前掲 "怎樣打開中國經濟的出路"，29頁；千家駒：前掲 "救濟農村偏枯與都市膨脹問題"，11頁．その他，主要な金融雑誌《銀行周報》には，馬寅初："如何使上海游資及外國余資流入內地以為復興農村之準備"《銀行周報》第18巻第29号（1934年），王維駰："救濟農村應調劑農村金融之商榷"《銀行周報》第18巻第22号（1934年）などの，農村への資金還流をめぐる分析と建議が寄せられている．
66）以下，農村復興委員会については，井上久士「農村復興委員会の組織とその農村調査」（小林弘二編，前掲『旧中国農村再考』）第3章を参照．
67）原文は，『農村復興委員会会報』第1巻第1号（1933年），15頁に掲載．引用した訳文は，井上久士，前掲「農村復興委員会の組織とその農村調査」86頁．
68）第9章で見るように，予算の不足は，1930年代の国民政府の農業政策を執行する上での大きな制約要因となっていた．農村復興政策については，第9章で詳述する．
69）この調査の結果は，中央研究院の圧力がかかって発表されず，無錫の農村の22村の中で，単位としての畝が示す広さの差異が，大小123種類にも上ることを詳細に明らかにした，"畝的差異"（《社会科学研究所集刊》第1号，1930年）が公刊されたに留まった．中華人民共和国建国後も，調査資料の存在は知られながらも，対外的に公開されることは殆どなかった．こうした中で，陳翰笙らによる無錫農村経済調査のデータを，初めて本格的に用いたのが，本章で取り上げた，ジェイムズ・クンの研究である．
70）三谷孝，前掲「中国農村経済研究会とその調査」74-5頁．

第5章　製造業の経営破綻

1）徐新吾 編：《中國近代繅絲工業史》（上海：上海人民出版社，1990年），674-5頁．
2）D. K. Lieu, *The Silk Reeling Industry in Shanghai* (n. p., 1931), p. 8.

3）浙江興業銀行調查處："1931年之海外絲市回顧"《商業月報》第12卷第3号（1931年），29-30頁。
4）《中行月刊》第3卷第5号（1931年），118頁。
5）上野裕也『戦間期の蚕糸業と紡績業』（日本経済新聞社，1994年），83-7頁。
6）壽百："經濟江浙絲業問題"《商業月報》第12卷第4号（1932年），1-3頁。
7）高橋孝助・古厩忠夫編『上海史——巨大都市の形成と人々の営み』（東方書店，1995年），130-1頁。
8）《中行月刊》第4卷第5号（1932年），80頁。
9）*American Silk and Rayon Journal*, Nov. 1933, p. 45.
10）李述初："二十三年絲業之回顧"《社會經濟月報》第2卷第1号（1935年），57-72頁。
11）徐新吾 編：前揭《中國近代繅絲工業史》301-2, 322-3頁。
12）上海市繅絲工業同業會檔案，S37-1-145。
13）實業部檔案，422(4)-923。
14）《工商半月刊》第3卷第10号（1931年5月15日），8-9頁；徐新吾 編：前揭《中國近代繅絲工業史》345-6頁。
15）上海市繅絲工業同業會檔案，S 37-1-145。
16）徐新吾 編：前揭《中國近代繅糸工業史》328頁。
17）D. K. Lieu, *op. cit., The Silk Reeling Industry in Shanghai*, p. 20.
18）中國第二歷史檔案館 編：《中華民國史檔案資料 財政經濟 (6)》（南京：江蘇古籍出版社，1994年），220-5頁（以下，同シリーズを《民國史檔案資料》と略記）。
19）徐新吾 編：前揭《中國近代繅絲工業史》347頁。
20）交通銀行檔案，398-8903。
21）同上。
22）高景嶽・嚴學熙 編：《近代無錫蠶絲業資料選輯》（南京：江蘇人民出版社，1987年），196-7頁。
23）《商業月報》第12卷第7号（1932年），4-5頁。
24）《工商半月刊》第4卷第11号（1932年），5-7頁。
25）《晨報》（1932年6月2日）。
26）《晨報》（1932年7月24日）。
27）"絲業恐慌中各專家救濟問題之論見"《國際貿易導報》第4卷第1号（1932年），1-41頁。"絲業問題專号"の中で，本稿には，26の製糸業及び養蚕関係者が意見を寄せている。
28）《工商半月刊》第2卷第3号（1930年），8-20頁。
29）李文海：《中國近代大災荒》（上海：上海人民出版社，1994年），202-36頁。
30）《商業月報》第12卷第1号（1932年），2-3頁。
31）上海社會科學院經濟研究所 編：《榮家企業史料》（上海：上海人民出版社，1980年），350頁。
32）實業部國際貿易局：《中國實業誌：江蘇省》（上海：實業部國際貿易局，1933年），第8編第1章，199-200頁。

33)《工商半月刊》第 5 巻第 4 号（1933 年），2 頁．
34)《中行月刊》第 5 巻第 6 号（1932 年），176 頁．
35) 上海市棉紡織工業同業會檔案，S 30-1-42．
36)《工商半月刊》第 5 巻第 12 号（1933 年），126 頁．
37) 綿麦借款については，本書第 9 章第 2 節を参照。
38) 中國銀行經濟研究室："二十年份我國重要商品之回顧"《中行月刊》第 10 巻第 1-2 号（1935 年），65 頁．
39) 久保亨『戦間期中国「自立への模索」――関税通貨政策と經濟発展』(東京大学出版会，1999 年) 第 4 章。
40) 中國第二歷史檔案館 編：前掲《民國史檔案資料 財政經濟 (6)》118-20 頁．
41)《中行月刊》第 6 巻第 5 号（1933 年），150 頁．
42) 上海社會科學院經濟研究所 編：前掲《榮家企業史料》378 頁．
43) 陸輝："去年中國棉織業之回顧"《工商半月刊》第 6 巻第 8 号（1934 年），8-9 頁；Richard Bush, "Industry and Politics in Kuomintang China: The Nationalist Regime and Lower Yangtze Chinese Cotton Mill Owners, 1927-1937" (Ph. D. diss., Columbia University, 1978), p. 207.
44) 上海市棉紡織工業同業會檔案，S 30-1-41．
45) 中國第二歷史檔案館 編：前掲《民國史檔案資料 財政經濟 (6)》14-6 頁．
46)《時事新報》(1933 年 4 月 26 日)．
47) Richard Bush, op. cit., "Industry and Politics in Kuomintang China," pp. 210-1.
48) 嚴中平：《中國棉紡織史稿》(北京：科學出版社，1963 年)，230-1 頁．
49) 久保亨『戦間期中国の綿業と企業經營』(汲古書院，2005 年)，29-41 頁．
50) 富沢芳亜「銀行団接管期の大生第一公司――近代中国における金融資本の紡織企業代理管理をめぐって」『史学研究』第 204 号（1994 年）。
51) 以下の申新紡績公司の事例は，上海社會科學院經濟研究所 編：前掲《榮家企業史料》408-68 頁に基づく。汪精衛，陳公博，宋子文，孔祥熙そして蔣介石の間でのこの事例の政治的背景については，Richard Bush, op. cit., "Industry and Politics in Kuomintang China," pp. 233-47; Margherita Zanasi, *Saving the Nation: Economic Modernity in Republican China* (Chicago: University of Chicago Press, 2006) pp. 183-8 を参照。
52) 嚴中平：前掲《中國棉紡織史稿》232 頁．

第 6 章　上海金融恐慌 1934-35 年
1)《經濟統計月誌》第 4 巻第 1 号（1937 年），16 頁．
2) Eduard Kann, "Economic China: A Review of the Decade 1926-1935," *FC*, vol. 27, no. 20 (May 13, 1936), p. 540.
3) Tsung Fei Koh, "Silver at Work," *FC*, vol. 25, no. 12 (Mar. 20, 1935), pp. 327-8.
4) National Tariff Commission, *An Annual Report of Shanghai Commodity Prices, 1934*, (Shanghai: National Tariff Commission, n. d.), p. 21.
5) C. F. Remer, *Foreign Investments in China* (New York: Macmillan, 1933), p. 185.

6) Tsung Fei Koh, "Silver at Work," *FC*, vol. 25, no. 11 (Mar. 13, 1935), pp. 296-7.
7) 以下, 上海不動産ブームに関しては, 佐々波 (城山) 智子「戦前期, 上海租界地区に於ける不動産取引と都市発展」『社会経済史学』第62巻第6号 (1997年), 21-2頁を参照。
8)《銀行週報》第15巻第4号 (1931年).
9)《沙遜資料》371 (7-1).
10) *FC*, vol. 23, no. 9 (Feb. 28, 1934).
11) Wei-ying Lin, *The New Monetary System of China : A Personal Interpretation* (Chicago : University of Chicago Press, 1936), p. 41.
12) *Ibid.*, pp. 22-4.
13) Chinese Maritime Customs, *Trade of China 1932* (Shanghai : Inspector General of Customs, 1933), vol. 1, p. 72.
14) Dickson H. Leavens, *Silver Money* (Bloomington, IN : Principia Press, 1939), p. 217.
15) Liang-lin Hsiao, *China's Foreign Trade Statistics, 1864-1949* (Cambridge, MA : Harvard University Press, 1974), p. 129.
16) *FC*, vol. 21, no. 10 (March 15, 1933), pp. 284-5.
17) 中國銀行總行・中國第二歷史檔案館 編:《中國銀行行史資料匯編 上編 (1912-1949)》(南京:檔案出版社, 1990年) 第3巻, 2056頁 (以下, 同書を《中國銀行行史資料》と略記)。
18) National Tariff Commission, *op. cit., An Annual Report of Shanghai Commodity Prices, 1934*, p. 117.
19) Wei-ying Lin, *op. cit., The New Monetary System of China*, pp. 51-2.
20) *Ibid.*, p. 50.
21) *FC*, vol. 19, no. 136 (Jan. 6, 1932), p. 5 ; vol. 19, no. 150 (April 13, 1932), p. 6.
22) 中國人民銀行上海市分行金融研究所 編:《上海商業儲蓄銀行史料》(上海:上海人民出版社, 1990年), 412, 417頁.
23) 中國銀行總行・中國第二歷史檔案館 編:前掲《中國銀行行史資料》2094頁.
24) Wei-ying Lin, op. cit., *The New Monetary System of China*, p. 65.
25) "Questionnaire for Native Banks," Arthur Young Papers, Box 42.
26) 中國人民銀行上海市分行 編:《上海錢莊史料》(上海:上海人民出版社, 1960年), 783-9, 801-5頁.
27) *FC*, vol. 21, no. 2 (Jan. 18, 1933), p. 38.
28) Leavens, *op. cit., Silver Money*, pp. 244-5.
29) *Ibid.*, p. 221.
30) *Ibid.*, pp. 248-51.
31) "Ratification of the London Silver Agreement," *FC*, vol. 23, no. 11 (Mar. 14, 1934), pp. 306-7.
32) Leavens, *op. cit., Silver Money*, p. 273.
33) *Ibid.*, Table 15, p. 273.
34) National Tariff Commission, *op. cit., An Annual Report of Shanghai Commodity Prices, 1934*,

Table 11, p. 21.
35) *Ibid.*
36) Dickson H. Leavens, "American Silver Policy and China," *Harvard Business Review*, no. 14 (1935), p. 52 ; Wei-ying Lin, *op. cit., The New Monetary System of China*, p. 27.
37) 中國銀行總行・中國第二歷史檔案館 編：《中國銀行行史資料》第 3 卷，2135 頁．
38) *FC*, vol. 24, no. 8 (Aug. 22, 1934), p. 304.
39) *FC*, vol. 24, no. 1 (July 4, 1934), p. 10 ; vol. 24, no. 6 (Aug. 8, 1934), p. 147 ; vol. 24, no. 7 (Aug. 15, 1934), p. 176.
40) *FC*, vol. 24, no. 8 (August 20, 1934), p. 204.
41) *FC*, vol. 24, no. 12 (Sept. 19, 1934), p. 316.
42) 中國第二歷史檔案館 編：《民國史檔案資料 財政經濟（4）》（南京：江蘇古籍出版社，1994 年），173-4 頁．
43) Dickson H. Leavens, *op. cit., Silver Money*, pp. 299-301.
44) 中國銀行總行・中國第二歷史檔案館 編：前揭《中國銀行行史資料》第 3 卷，2178-9 頁．*FC*, vol. 24, no. 17 (Oct. 24, 1934), p. 458.
45)《中行月刊》第 9 卷第 5 号，116 頁．
46) 直物と先物とのレートの開きは、上海と海外との間の金利差の近似値である。Wei-ying Lin, *op. cit., The New Monetary System of China*, pp. 58-9.
47) 張公權："內地與上海"《銀行周報》第 18 卷第 14 号（1934 年），13-5 頁．
48) 魏友斐："上海的地價問題"《錢業月報》第 15 卷第 12 号（1936 年），29-30 頁．陳言危："地產事業前途之悲觀"《錢業月報》第 14 卷第 11 号（1934 年），21-4 頁．
49) Eduard Kann, "Financial Notes," *FC*, vol. 24, no. 12 (Sept. 19, 1934), p. 311.
50) 中國人民銀行上海市分行金融研究所 編：前揭《上海商業儲蓄銀行史料》360 頁．
51) Wei-ying Lin, *op. cit., The New Monetary System of China*, p. 57.
52) 許維雍・黃漢民：《榮家企業發展史》（北京：人民出版社，1985 年），pp. 101-3.
53) *North China Herald* (May 23, 1935). 以下，*NCH* として引用。
54) 中國第二歷史檔案館 編：前揭《民國史檔案資料 財政經濟（4）》582-8 頁．
55) *NCH* (August 7, 1935).
56) *NCH* (July 24, 1935).
57) *NCH* (September 4, 1935).
58) *NCH* (July 3, 1935).
59) 中國銀行總行・中國第二歷史檔案館 編：前揭《中國銀行行史資料》第 3 卷，2055 頁．
60) 中國人民銀行上海市分行 編：前揭《上海錢莊史料》789, 805, 823 頁．
61) Arthur Young, *China's Nation-Building Effort, 1927-1937 : The Financial and Economic Record* (Stanford : Hoover Institution Press, 1971), p. 222 ; 中國人民銀行上海市分行 編：前揭《上海錢莊史料》233 頁．
62) 中國第二歷史檔案館 編：前揭《民國史檔案資料 財政經濟（4）》607-9 頁．
63) Wei-ying Lin, *op. cit., The New Monetary System of China*, p. 85.
64) 中國銀行總行・中國第二歷史檔案館 編：前揭《中國銀行行史資料》第 1 卷，215-21

注（第 7 章） | 299

頁.
65) 中國第二歷史檔案館 編：前掲《民國史檔案資料 財政經濟 (4)》622-3 頁.
66) 中國人民銀行上海市分行金融研究所 編：前掲《上海商業儲蓄銀行史料》413-5 頁.
67) 同上，413-6 頁.
68) Frank Tamagna, *Banking and Finance in China* (New York : Institute of Pacific Relations, 1942), p. 161.
69) *FC*, vol. 25, no. 23 (June 5, 1935), p. 641.

第 7 章　危機への対応

1) 日本の中国幣制改革に対する対応については，松浦正孝「再考・日中戦争前夜——中国幣制改革と児玉訪中団をめぐって」『国際政治』第 122 号（1999 年）。アメリカの対中・極東政策については，Dorothy Borg, *The United States and the Far Eastern Crisis of 1933-1938 : From the Manchurian Incident through the Initial Stage of the Undeclared Sino-Japanese War* (Cambridge, MA : Harvard University Press, 1964)；斎藤叫「アメリカ銀政策の展開と中国」（野澤豊編『中国の幣制改革と国際関係』東京大学出版会，1981 年）；滝田賢治「ルーズヴェルト政権と米中銀協定」（野澤豊編，前掲）。イギリスについては，Stephen Endicott, *Diplomacy and Enterprise : British China Policy, 1933-1937* (Manchester : Manchester University Press, 1975)；木畑洋一「リース＝ロス使節団と英中関係」（野澤豊編，前掲）。
2) 「1935 年 9 月 27 日付有吉大使発広田外相電報」（外務省記録，E.1.4.0.2-3「中国ニ於ケル貨幣及び幣制関係雑件 幣制改革問題一巻」）。9 月 26 日，アレキサンダー・カドガン (Alexander Cadogan) 大使，リース＝ロスとの面会時の有吉大使の見解。
3) 財務長官ヘンリー・モーゲンソー（Henry Morgenthau）の見解については，John Blum, *From the Morgenthau Diaries, Years of Crisis, 1928-1938* (Boston : Houghton Mifflin, 1959), pp. 204-11.
4) "中國駐美公使施肇基致美國政府的照会 1934 年 9 月 23 日"（中國人民銀行總行參事室 編：《中華民國貨幣史資料第二輯，1924-1949》上海：上海人民出版社，1991 年），120-1 頁（以下，《貨幣史資料》と略記）。国務省からの返答は，"The Secretary of State to the Chinese Minister (Sze), October 12, 1934" (U. S. Department of State, *Foreign Relations of the United States 1934*, Vol. III, Washington DC : Government Printing Office, 1953), pp. 449-50. 日本への借款の打診は，1935 年 3 月 6 日付須磨総領事発広田外相宛 238 号電報，外務省記録，（外務省記録 A.2.1.0.C 6，松本記録一巻，「列国ノ対支財政援助計画問題一件」）。イギリスとの交渉の経緯は，"孔祥熙致施肇基電 1935 年 2 月 9 日"（中國人民銀行總行參事室 編：前掲《貨幣史資料》），135 頁，"孔祥熙致駐英公使郭泰祺 1935 年 3 月 25 日"（中國人民銀行總行參事室 編：前掲《貨幣史資料》），137-8 頁.
5) "孔祥熙致施肇基電 1935 年 3 月 5 日"（中國人民銀行總行參事室 編：前掲《貨幣史資料》），137 頁.
6) "The Chinese Minister (Sze) to the Secretary of State February 5, 1935" (U. S. Department of State, *Foreign Relations of the United States 1935*, Vol. III), pp. 533-4（以下，*FR 1935* と略

7) "財政部長孔祥熙致駐美大使施肇基電, 1935年2月17日"（中國人民銀行總行參事室編: 前揭《貨幣史資料》）, 160-1頁. 日本, イギリス, アメリカ, フランスの4ヶ国の銀行は, 1920年, 中国への資金融資を合同で行うことを目的として, 対中四国借款団協定を結んだ. 1930年代の状況については, 三谷太一郎「国際金融資本とアジアの戦争――終末期における対中四国借款団」近代日本研究会編『年報・近代日本研究』第2号（1980年）（後, 同『ウォール・ストリートと極東――政治における国際金融資本』東京大学出版会, 2009年に再録）を参照.
8) *FR 1935*, p. 539.
9) "英國駐華公使德干致中國外交部備忘録, 1935年3月8日", "國民政府致英國駐華公使的復照"（中國人民銀行總行參事室 編: 前揭《貨幣史資料》）, 162-3頁.
10) 木畑洋一, 前揭「リース=ロス使節団と英中関係」207頁.
11) "孔祥熙致施肇基電 1935年4月29日"（中國人民銀行總行參事室 編: 前揭《貨幣史資料》）, 163頁.
12) "Sinolegate Washington, March 3, 1935" Box 44, Arthur N. Young Papers, Hoover Institution, Stanford（以下, Young Papers, HIと略記）.
13) "施肇基致孔祥熙 1935年8月15日"（中國人民銀行總行參事室 編: 前揭《貨幣史資料》）, 166-7頁.
14) "孔祥熙致施肇基電 1935年4月27日"（中國人民銀行總行參事室 編: 前揭《貨幣史資料》）, 139頁. "孔祥熙致施肇基電 1935年5月3日"（中國人民銀行總行參事室 編: 前揭《貨幣史資料》）, 164頁.
15) 例えば, 幣制改革前夜にも, 改革の要諦について理解を欠くことは,「一九三五年一一月二日付有吉大使発広田外相電報」（外務省記録, E.1.4.0.2-3「中国ニ於ケル貨幣及び幣制関係雑件 幣制改革問題一巻」）. 中国政府との関係から, リース=ロスも, 日本の外交官, 銀行家等へ, 情報を与えてはいない. "Note of Interview with Mr. T. V. Soong on 22nd October, 1935," T 188/118, National Archives, London（以下, NAと略称）.
16) フレデリック・リース=ロスは, 首相の経済補佐官や財務府長官を歴任した, イギリス政府の高官である. リース=ロス使節団については, Stephen Endicott, *op. cit., Diplomacy and Enterprise*, pp. 102-49と木畑洋一, 前揭「リース=ロス使節団と英中関係」. 幣制改革の前史, 施行の概略とその効果については, 久保亨『戦間期中国「自立への模索」――関税通貨政策と経済発展』（東京大学出版会, 1999年）「第8章 幣制改革とその後の中国経済」.
17) アメリカ財務省は, 同省の権限内での措置として, 1934年11月中旬, 中国政府から1,900万オンスの銀を買い入れる契約を結んでいた. 1935年3月14日になって国務省に行った説明では, このように大量の銀を市場で売却することは困難であることに鑑みて, 中国政府の外貨獲得に協力する目的であったとされている（*FR 1935*, pp. 558-60）. 本来1935年1月末とされていた銀の引き渡しは, 中国側の要請によって, 度々, 延期されたが, 1935年5月20日の時点で, 1,410万オンスが引き渡された（*FR 1935*, p. 585）. 残りの分については, モーゲンソー財務長官が, チェース銀行上海支店に暫時保管するという

注（第 7 章） 301

提案をしたが（"施肇基致財政部長電 1935 年 8 月 8 日"（中國人民銀行總行參事室 編：前掲《貨幣史資料》140 頁），孔は，銀の輸出が，人心の不安を喚起し得ることを指摘して，銀の積出しに際しては，中国政府の許可を求めるように要請した（"孔祥熙致施肇基電 1935 年 8 月 15 日"（中國人民銀行總行參事室 編：前掲《貨幣史資料》140-1 頁）。孔のリース＝ロスへの供述は，こうした一連の交渉過程に基づくものと考えられる。

18) "Interview with Dr. Kung and Mr. T. V. Soong on 30th September 1935," T 188/ 118, NA.
19) "Memorandum," September 30, 1935, T 188/ 118, NA. 同じ内容の文書は，Box 44, Young Papers, HI にも収められている。
20) "Interview with Dr. Kung and Mr. T. V. Soong on 30th September 1935," T 188/ 118, NA.
21) 9 月 30 日付覚書に先立ち，孔に提出された覚書の中での見解。"Memorandum," September 29, 1935, Box 44, Young papers, HI.
22) "Memorandum on currency reform," October 2, 1935, T 188/ 118, NA. 同じ内容の文書は，Box 44, Young Papers, HI にも収められている。"Memorandum on the budgetary situation," October 4, 1935, T 188/ 118, NA.
23) "Interview with Dr. Kung and Mr. T. V. Soong on 2nd October, 1935," T 188/ 118, NA. "Comments on Memorandum of October 2nd," T 188/ 118, NA.
24) "Note of a talk with Dr. Kung and Mr. T. V. Soong on October 7th, 1935," T 188/ 118, NA.
25) "Memorandum supplementing the Plan for Monetary and Financial Reforms in China," October 11, 1935, T 188/ 118, NA.
26) 財政均衡については，"財政部長孔祥熙実施法幣政策宣言 民國 24 年 11 月 3 日"（卓遵宏 編：《抗戰前十年貨幣史資料（一）幣制改革》台北：國史館，1985 年，以下《抗戰前十年（一）》と略記）。中央銀行の資本と組織については，"國民政府公布之修正中央銀行法 1936 年 1 月 23 日"（中國第二歴史檔案館・中國人民銀行江蘇省分行・江蘇省金融誌編委会 編：《中華民國金融法規選編》南京：檔案出版社，1989 年），616-22 頁。イギリス銀行のシリル・ロジャース，中国政府経済顧問の F. B. リンチ（F. B. Lynch）とアーサー・ヤング，及び陳行（中央銀行常務理事兼副総裁），宋子良（中央銀行理事），席徳懋（中央銀行業務局総経理）からなる中央銀行改組委員会がまとめた中央銀行の改組と中央準備銀行の設立案は，"Confidential Memo to H. E. the Minister of Finance, Central Reserve Bank Project," June 8, 1935, T 188/ 129, NA. 中国語での同文書は，"中央銀行改組委員会解釈中央準備銀行法草案密呈 1936 年 6 月 8 日"（中國第二歴史檔案館 編：《民國史檔案資料 財政經濟（4）》南京：江蘇古籍出版社，1994 年），492-4 頁。統一公債の発行による旧国債の借換えについては，"財政部頒発統一公債掉換旧有債券弁法 1936 年 2 月 16 日"《民國史檔案資料 財政經濟（3）》199-203 頁。
27) "Memorandum on currency reform," October 2, 1935, T 188/ 118, NA.
28) リース＝ロスの要求は，"Comments on Memorandum of October 2nd," "Note of Interview with Dr. Kung and Mr. T. V. Soong on October 4th, 1935," "Draft Currency and Banking Programme," October 29th, 1935, T 188/ 118, NA. 宋子文の返答は，"Note of Interview with Mr. T. V. Soong on October 29th, 1935," T 188/ 118, NA.
29) "Note of Interview with Mr. T. V. Soong on October 29th, 1935," T 188/ 118, NA.

30)"財政部実施法幣政策布告 1935 年 11 月 3 日"(卓遵宏 編：前掲《抗戰前十年 (一)》)，176-9 頁.
31)"財政部新貨幣制度説明書 1935 年 11 月 18 日"(卓遵宏 編：前掲《抗戰前十年 (一)》)，213-7 頁.
32) 中央政府の幣制改革の布告に従わなかったのは，広東省である．広東は，歴史的に小洋と呼ばれる小額補助貨幣が主に流通しており，また，政治的にも当時，陳済棠の下で独自の地方政権を立てていた．広東省政府は，中央政府系銀行 3 行が発行する紙幣ではなく，広東省政府が発行する省券を法幣とすると発表し，独自に現銀の回収を進めた．広東省で，中央政府による幣制改革が進められるのは，両広事件によって，陳済棠が下野し政治的統一が達成される 1936 年以降のこととなる．広東省の幣制と通貨政策については，姜抮亜「1930 年代広東省の財政政策——中央・地方・商人の三者関係を中心に」(東京大学大学院人文社会系研究科博士論文) 第 3 章「広東の金融改革」参照.
33)《工商半月刊》第 7 巻第 23 号，27-9 頁.
34) 同上，38-40 頁.
35) Arthur Young, *China's Nation-Building Effort, 1927-1937 : The Financial and Economic Record* (Stanford : Hoover Institution Press, 1971), p. 240. 中國人民銀行總行參事室 編：前掲《貨幣史資料》207 頁.
36) Frank H. H. King, *The History of the Hong Kong and Shanghai Banking Corporation*, vol. 3 (Cambridge, Eng. : Cambridge University Press), pp. 413-4 ; "Letter to Warren on November 16th 1935," TA188/ 118, NA, p. 330.
37) K. P. Chen (Chen Guangfu 陳光甫), "Reminiscences of Ch'en Kuang-fu," (Rare Book and Manuscript Library, Columbia University, New York), pp. 77-8 ; Chang Kia-ngau, *The Inflationay Spiral : The Experience in China 1939-1950* (New York : John Wiley & Sons, 1958), pp. 285-6.
38) Arthur Young, op. cit., *China's Nation-building Effort 1927-1937*, pp. 249-50.
39) *FR 1935*, pp. 641-2. John Blum, op. cit., *From the Morgenthau Diaries, Years of Crisis, 1928-1938*, pp. 211-5.
40)"孔祥熙致施肇基電 1935 年 11 月 8 日"(中國人民銀行總行參事室 編：前掲《貨幣史資料》)，246 頁.
41) John Blum, op. cit., *From the Morgenthau Diaries, Years of Crisis, 1928-1938*, pp. 212-6. 1936 年 2 月にドル・ポンド間のクロスレートの変動に対処するため，中国元の対ドル・レートは，0.5 セント切り上げられた．同年 9 月に再びクロスレートが変化したときには，対ドル・レートを動かすと，元がポンドにリンクしているという印象を与えることを恐れて，対ドル・対ポンドの売買レートの開きを大きく設定することによって，レートを変えることなく，元を介したドルとポンドの裁定取引が行われることを防いだ．Arthur Young, op. cit., *China's Nation-building Effort 1927-1937*, pp. 249-50. こうした中国政府の措置に関して，英米両政府は，それぞれ，銀は自国の通貨にリンクしていると認識していたとされる．秋田茂『イギリス帝国とアジア国際秩序——ヘゲモニー国家から帝国的な構造的権力へ』(名古屋大学出版会，2003 年)，283 頁，注 48 頁．滝田賢治，前掲「ルーズヴェルト政権

と米中銀協定」191頁。
42) "Note of Interview with Mr. T. V. Soong on October 29th, 1935," T 188/ 118, NA.
43) "Memorandum to his Excellency Dr. H. H. Kung on the Study of Mr. T. Chen's Memorandum Regarding the Restriction of Foreign Exchange, July 8th, 1936," Box 42, Young Papers, HI.
44) 例えば，1928年の華僑送金推定額2億3万元は，貿易外収入総額5億9,750万元の43.5パーセントを占めていた。Hsiao Liang-lin, *China's Foreign Trade Statistics 1864-1949* (Cambridge, MA : Harvard University Press, 1974), pp. 278-9.
45) 為替レートの変動は元建てでの送金額を動かすだけではなく，繰り返し述べてきたように華僑が，送金する額や時期を決定する重要な要因となっていた。C. F. Remer, *Foreign Investments in China* (New York : Macmillan, 1933), p. 185.
46) Arthur Young, *op. cit., China's Nation-building Effort 1927-1937*, pp. 247-9, John Blum, *op. cit., From the Morgenthau Diaries, Years of Crisis, 1928-1938*, pp. 215-6.
47) John Blum, *op. cit., From the Morgenthau Diaries, Years of Crisis, 1928-1938*, p. 211.
48) *Ibid.*, pp. 217-8.
49) *Ibid.*, pp. 197-8.
50) Dickson Leavens, *Silver Money* (Bloomington, IN : Principia Press, 1939), p. 317.
51) "From Chen Guangfu to Kong Xiangxi" (May 29, 1936), in K. P. Chen's Papers, Silver Mission 1936, AI Diaries (Rare Book and Manuscript Library, Columbia University, New York).
52) "Report of the Mission," in K. P. Chen's Papers, Silver Mission 1936, AI Diaries (Rare Book and Manuscript Library, Columbia University, New York).
53) Arthur Young, *op. cit., China's Nation-building Effort 1927-1937*, pp. 242-5.
54) Frank Tamagna, *Banking and Finance in China* (New York : Institute of Pacific Relations, 1942), p. 148.

第8章　景気回復と財政規律

1) "Joint Reserve Board of the Shanghai Bankers' Association : Fifth Annual Report," *FC*, vol. 29, no. 11 (Mar. 17, 1937), p. 287.
2) "Conditions in China as Seen by the Hong Kong and Shanghai Bank," *FC*, vol. 29, no. 11 (Mar. 10, 1937), p. 249.
3) K. P. Chen (Chen Guangfu 陳光甫), "Reminiscences of Ch'en Kuang-fu," (Rare Book and Manuscript Library, Columbia University, New York), p. 87.
4) Frank Tamagna, *Banking and Finance in China* (New York : Institute of Pacific Relations, 1942), p. 145.
5) A. B. Lewis, and Lien Wang, "Farm Prices in Wuchin Kiangsu," *Economic Facts*, vol. 2, no. 2 (1936), pp. 82-3.
6) "Bank of China Annual Report," *FC*, vol. 29, no. 14 (Apr. 7, 1937), p. 361.
7) Yu-Kwei Cheng, *Foreign Trade and Industrial Development of China* (Washington, DC : University Press of Washington, DC, 1956), pp. 27-37.
8) Harold James, *The End of Globalization : Lessons from the Great Depression* (Cambridge,

MA : Harvard University Press, 2001), Chapter 3.
9) 秋田茂・籠谷直人編『1930年代のアジア国際秩序』(溪水社, 2001年), 特に, 「総論」に議論の概要が要約されている。
10) 久保亨『戦間期中国「自立への模索」——関税通貨政策と経済発展』(東京大学出版会, 1999年), 219-20頁。
11) William Kirby, *Germany and Republican China* (Stanford : Stanford University Press, 1984), Chapter 7.
12) Harold James, *op. cit., The End of Globalization*, Chapter 3.
13) 華僑人口や1人当たりの送金額の推算によって, 推定される送金額も異なってくる。東亜研究所以外の主要な推計は, 以下のようであった。

華僑送金推定額比較表

(単位：百万元)

年	中国銀行	エドワード・カン	呉承禧
1934	250.0	250.0	232.8
1935	260.0	260.0または280.0	316.0
1936	310.0	310.0	n.a.
1937	n.a.	450.0	n.a.

出典) 東亜研究所『支那の貿易外収支』334頁。

14) "Interview with Dr. Kung and Mr. T. V. Soong on 30th September, 1935," Leith-Ross Paper, pp. 27-31.
15) "國防設計委員會抄送鞏固對外信用利用外資等決議密函"(1934年9月18日)(中國第二歷史檔案館 編:《民國史檔案資料 財政經濟(3)》南京：江蘇古籍出版社, 1994年), 10-1頁。
16) "Note of Interview with Dr. Kung and Mr. T. V. Soong on November 11th 1935," Leith-Ross Paper, pp. 307-11.
17) Arthur Young, *China's Nation-Building Effort, 1927-1937 : The Financial and Economic Record* (Stanford : Hoover Institution Press, 1971), pp. 128-32.
18) *Ibid.,* pp. 132-5.
19) *Ibid.,* pp. 135-8.
20) "Two Sides of a Picture : China's Credit Abroad and the Mortgage Situation in Shanghai," (May 19, 1937), *FC*, vol. 29, no. 20, p. 513.
21) William Kirby, *op. cit., Germany and Republican China*, pp. 226-7.
22) 東亜研究所『支那の貿易外収支』(東亜研究所, 1942年) 114-5頁。
23) 松本俊郎「幣制改革期の日中経済関係」(野澤豊編『中国の幣制改革と国際関係』東京大学出版会, 1981年), 319-24頁。貿易と投資とのバランスの問題が, 上述の冀東密貿易の処理とも関係して, 日中経済関係の焦点であったことは, 1937年3月に派遣された児玉訪中経済使節団が提示した, 「日支経済提携論」からも窺われる。児玉訪中経済使節団については, 松浦正孝「再考・日中戦争前夜——中国幣制改革と児玉訪中団をめぐって」

『国際政治』第 122 号（1999 年），141-6 頁。
24）疋田康行「1930 年代前半の日本の対中経済政策の一側面――債権整理問題を中心に」（野澤豊編，前掲『中国の幣制改革と国際関係』），361 頁。
25）"Interview with Dr. Kung and Mr. T. V. Soong on 30th September 1935," Leith-Ross Paper, pp. 27-31.
26）Ibid.
27）"關於改訂 1934 年度預算及軍費開支孔祥熙與蔣介石來往密函電選"，（中國第二歷史檔案館 編：前掲《民國史檔案資料 財政經濟 (1)》），392 頁。
28）同上，397 頁。
29）同上，397-8 頁。
30）同上，399 頁。
31）Arthur Young, op. cit., China's Nation-Building Effort, 1927-1937, pp. 108-9.
32）銀行家や経済学者が，幣制改革をめぐる政府の財政規律に疑念を抱いていたことについては，侯樹桐："評財部幣制新令"《大公報》（天津，1935 年 11 月 16-20 日，第 4 版）（卓遵宏 編：《抗戰前十年貨幣史資料（三）法幣政策》台北：國史館，1985 年，246-65 頁に再録）；黃元彬："新貨幣政策成功之關鍵"《銀行週報》第 20 卷第 15 号（1936 年）（卓遵宏 編：前掲《抗戰前十年貨幣史資料（三）法幣政策》336-58 頁に再録）；顧季高："中國新貨幣政策與國際經濟均衡"《經濟學季刊》第 7 卷第 1 期（1936 年）（卓遵宏 編：前掲《抗戰前十年貨幣史資料（三）法幣政策》367-416 頁に再録），參照。
33）"国民政府准中政会核定 1936 年度国家普通予算訓令"（中國第二歷史檔案館 編：前掲《民國史檔案資料 財政經濟 (1)》），458-9 頁。

第 9 章　経済復興の模索
1）"Review of the Shanghai Raw Silk Market," FC, vol. 26, no. 7 (Aug. 14, 1935), p. 167.
2）"The Shanghai Raw Silk Market," FC, vol. 27, no. 7 (Feb. 12, 1936), p. 168.
3）東亜研究所『支那生糸の世界的地位』（東亜研究所，1942 年），16-7 頁。
4）第 5 章参照。
5）奥村哲「恐慌下江南蚕糸業の再編再論」『東洋史研究』第 47 卷第 4 号（1989 年）（『中国の資本主義と社会主義――近現代史像の再構成』桜井書店，2004 年に再録），145-6 頁。
6）奥村哲「恐慌下江南蚕糸業の再編」『東洋史研究』第 37 卷第 2 号（1978 年）（『中国の資本主義と社会主義――近現代史像の再構成』桜井書店，2004 年に再録），86 頁。陳慈玉：《近代中國的機械繰絲工業，1860-1945》（台北：中央研究院近代史研究所，1989 年），106-7 頁。
7）高景嶽・嚴學熙 編：《近代無錫蠶絲業資料選輯》（南京：江蘇人民出版社，1987 年），271-6 頁。
8）同上，325-9 頁。
9）Chen Yixin, "The Guomindang's Approach to Rural Socioeconomic Problems : China's Rural Cooperative Movement, 1918-1949" (Ph. D. diss., Washington University, 1995), pp. 143-9.
10）江蘇省農民銀行：《二十四年業務報告》（出版地，出版社，出版年不明），28，46-8 頁。

11) 高景嶽・嚴學熙 編：前掲《近代無錫繅絲業資料選輯》325-7 頁.
12) 奥村哲, 前掲「恐慌下江南蚕糸業の再編再論」145-50 頁.
13) 高景嶽・嚴學熙 編：前掲《近代無錫繅絲業資料選輯》354-9 頁；徐新吾 編：《中國近代繅絲工業史》(上海：上海人民出版社, 1990 年), 351-3 頁；奥村哲, 前掲「恐慌下江南蚕糸業の再編再論」159-61 頁.
14) 中國第二歷史檔案館 編：《民國史檔案資料 財政經濟 (6)》(南京：江蘇古籍出版社, 1994 年), 77 頁.
15) 同上, 87-93, 97-101 頁.
16) 中國第二歷史檔案館 編：前掲《民國史檔案資料 財政經濟 (4)》, 369-71 頁.
17) 同上, 665-6 頁.
18) "Recent Land Sales in the Settlement," *FC*, vol. 27, no. 3 (Jan. 15, 1936), p. 56；莫湮："上海金融的回顧與前瞻"《東方雜誌》第 32 卷第 22 号（1936 年）.
19) Frank Tamagna, *Banking and Finance in China* (New York : Institute of Pacific Relations, 1942), pp. 177-9.
20) Leonard Ting, *Recent Developments in China's Cotton Industry* (n. p. : China Institute of Pacific Relations, 1936), p. 34.
21) 戸田義郎「支那紡績会社の経営について」『支那研究』第 36 号（1935 年）, 212-3 頁。
22) "China's Industries in 1935," *FC*, vol. 27, no. 15 (Apr. 8, 1936), p. 400.
23) 上海社會科學院經濟研究所 編：《榮家企業史料》(上海：上海人民出版社, 1980 年), 517-8 頁.
24) 侯哲葊："中美棉麥借款與復興農村"《東方雜誌》第 30 卷第 18 号（1933 年）, 22-6 頁.
25) Arthur Young, *China's Nation-Building Effort, 1927-1937 : The Financial and Economic Record* (Stanford : Hoover Institution Press, 1971), p. 382.
26) Richard Bush, "Industry and Politics in Kuomintang China : The Nationalist Regime and Lower Yangtze Chinese Cotton Mill Owners, 1927-1937" (Ph. D. diss., Columbia University, 1978), p. 213.
27) 中國第二歷史檔案館 編：前掲《民國史檔案資料 財政經濟 (3)》, 251 頁.
28) 財政部檔案, 3(2)-2550.
29) Leonard Ting, *op. cit., Recent Developments in China's Cotton Industry*, p. 18；弁納才一『華中農村經濟の近代化――近代中國農村經濟史像の再構築への試み』（汲古書院, 2004 年）, 第 5 章。
30) 興亜院華中連絡部『中支綿花の改良並びに増産』(興亜院華中連絡部, 1940 年), 3 頁。
31) 全國經濟委員會棉業統制委員會：《棉產改進事業總報告第二期》(南京：出版社不明, 1935 年), 122 頁.
32) 弁納才一「中国に於ける商業銀行の対農業投資 1931-1936 年」『アジア経済』第 35 卷第 3 号（1994 年）, 51-2 頁。
33) 吳經硯："上海商業儲蓄銀行歷史概述"（近代中國工商經濟叢書編委會 編,《陳光甫與上海銀行》北京：中國文史資料出版社, 1991 年）, 24 頁；中國人民銀行上海市分行金融研究所 編：《金城銀行史料》(上海：上海人民出版社, 1983 年), 460-71 頁.

34）中央銀行經濟研究處 編：《中國農業金融概要》（上海：商務印書館，1936年），300頁．
35）江蘇省農民銀行：《江蘇省農民銀行第二次業務會議彙編》（出版地，出版社不明，1930年），5頁．
36）江蘇省農民銀行：《第三年之江蘇農民銀行》（出版地不明，江蘇省農民銀行總行，1931年），120-1頁．
37）Fei Hsiao-t'ung (Fei Xiaotong 費孝通), *Peasant Life in China : A Field Study of Country Life in the Yangtze Valley* (London : Routledge and Kegan Paul, 1939), pp. 280-1.
38）江蘇省農民銀行：前掲《第三年之江蘇農民銀行》193頁．
39）中央銀行經濟研究處 編：前掲《中國農業金融概要》221-4頁．
40）趙國鴻："銀行貸款農村應有之注意及其責任問題"《農行月刊》第1卷第8号（1934年），1-2頁．
41）江蘇省農民銀行：《江蘇省農民銀行第八次業務會議彙編》（出版地，出版社不明，1933年），45-6頁．
42）蘇農非："江蘇農村與都市間之新金融"《中國經濟》第4卷第7号（1936年），56-7頁．
43）Chen Yixin, op. cit., "The Guomindang's Approach to Rural Socioeconomic Problems," pp. 129-30.
44）飯塚靖『中国国民政府と農村社会――農業金融・合作社政策の展開』（汲古書院，2005年），第5章。
45）王文鈞："商業銀行在農村中動態"《銀行周報》第19卷第48号（1935年）．
46）盛慈民："一般儲蓄銀行有組織農村放款聯合團之必要"《銀行周報》第18卷第36号（1934年）．
47）C. F. Strickland, *The Co-operative Movement in China : Report on Observations Made During a Trip to China, 1934-1935* (Nanjing : Sino-British Cultural Association, 1936), pp. 16-7.

終　章　大恐慌は何をもたらしたのか

1) Marie-Claire Bergère, *The Golden Age of the Chinese Bourgeoisie, 1911-1937* (Cambridge, Eng.: Cambridge University Press, 1986), pp. 1-10, 279-80.
2) 経済発展と領域国家による所有権の保護との関係を論じた古典的研究として，Douglass C. North, and Robert Paul Thomas, *The Rise of the Western World : A New Economic History* (Cambridge Eng. : Cambridge University Press, 1973)．ノースらが，分析の対象を制度の外部からの執行，特に国家による所有権の保護に限定してきたのに対し，アブナー・グライフ（Avner Greif, *Institutions and the Path to the Modern Economy*, Oxford : Oxford University Press, 2005）は，地中海における中世の遠隔地貿易を取り上げ，民間の商人集団による，自律的な取引秩序形成に分析を加えている。
3) Peter Botticelli, "British Capitalism and the Three Industrial Revolutions," in Thomas McCraw ed., *Creating Modern Capitalism* (Cambridge, MA : Harvard University Press, 1997), pp. 62-4 ; Jeffrey Fear, "German Capitalism," in *ibid.*, pp. 142-4 ; Thomas McCraw, "American Capitalism," in *ibid.*, pp. 331-6.
4) 鈴木良隆・大東英祐・武田晴人『ビジネスの歴史』（有斐閣，2004年），106-7頁，129

頁。
5）同上，34-6頁。
6）Hernando De Soto, *The Mystery of Capital : Why Capitalism Triumphs in the West and Fails Everywhere Else*（New York : Basic Books, 2000）は，資本主義の発展における資産の流動化の重要性を指摘している。
7）一例として，汪熙：《求索集》（上海：上海人民出版社，1999年），397-8頁．
8）本書は，金融市場の対外開放性，為替レート，財政政策の相互関係に関するモデルを検証することを目的としてはいない。1930年代の政策担当者と金融市場の参加者が，3者の相互関係をどのように認識し，行動したか，という点に主眼がある。しかし，国際経済学での基本的なモデルとしては，以下を参照。Robert Mundell, *International Economics*（New York : Macmillan, 1968）, Chapts. 16-18.
9）Harold James, *The End of Globalization : Lessons from the Great Depression*（Cambridge, MA : Harvard University Press, 2001）, p. 198.
10）ベンジャミン・シュウォルツ（Benjamin Schwartz）の古典, *In Search of Wealth and Power : Yan Fu and the West*（Cambridge MA: Harvard University Press, 1964）は，既に，19世紀末から，強力な国家主導による経済発展という概念が，中国の知識人の間で流布していたことを明らかにしている。ウィリアム・カービー（William Kirby）の *Germany and Republican China*（Stanford : Stanford University Press, 1984）は，国民政府とドイツとの，イデオロギー，軍事，経済における関係について検討する。マルガリータ・ザナシ（Margherita Zanasi）は，国民党内の汪精衛と陳光博に率いられた派閥は，経済の自給自足が国家統一の基礎であると考えていたと指摘する（Margherita Zanasi, *Saving the Nation : Economic Modernity in Republican China*, Chicago : University of Chicago Press, 2006, Chapter 1）。
11）Harold James, *op. cit.*, *The End of Globalization,* pp. 187-9.
12）例えば久保亨『戦間期中国「自立への模索」——関税通貨政策と経済発展』（東京大学出版会，1999年）は，こうしたナショナリズムへの政策対応に焦点を当てて分析している。
13）Kia-Ngau Chang, *The Inflationary Spiral : The Experience in China, 1939-1950*（New York : John Wiley & Sons, 1958）, pp. 95-6；中國人民銀行總行參事室 編：《中華民國貨幣史資料第二輯，1927-1937》（上海：上海人民出版社，1991年）：284-5頁．
14）Kia-Ngau Chang, *op. cit.*, *The Inflationary Spiral,* pp. 98-100.
15）Dwight Perkins, *Market Control and Planning in Communist China*（Cambridge, MA : Harvard University Press, 1966）, p. 11.
16）Li-min Hsueh, Chen-kuo Hsu, and Dwight Perkins, *Industrialization and the State : The Changing Role of the Taiwan Government in the Economy, 1945-1998*（Cambridge, MA : Harvard Institute for International Development, 2001）, p. 184.
17）*Ibid,* p. 4.
18）中國共產黨中央文獻研究室 編：《三中全會以來：重要文選編》（北京：人民出版社，1982年），1111-31頁．
19）Barry Naughton, *Growing out of the Plan : Chinese Economic Reform, 1979-1993*（Cambridge,

注（終　章） 309

MA : Cambridge University Press, 1995), pp. 302-4.
20) 以下，本節で取り上げる，中国政府の対外為替レート政策とその影響については，Morris Goldstein, and Nicholas R. Lardy, *The Future of China's Exchange Rate Policy* (Washington D. C.: Peterson Institute for International Economics, 2009).
21) World Bank, *East Asia : The Road to Recovery* (Washington, DC : World Bank, 1998), Chapter 1.
22) Li-min Hsueh, Chen-kuo Hsu, and Dwight Perkins, *op. cit.*, *Industrialization and the State*, p. 183.
23) 関志雄『円と元から見るアジア通貨危機』（岩波書店，1998 年），18-27 頁。
24) 1997 年アジア金融危機が中国の通貨・金融改革に与えた影響については，Victor C. Shih, *Factions and Finance in China : Elite Conflict and Inflation* (Cambridge, Eng. : Cambridge University Press, 2008), pp. 164-70 を参照。シによれば，1997 年 9 月の中国共産党中央政治局常務委員会で党総書記の江沢民は，「金融リスクの防止と解決は，重要で緊急の課題である」と述べた。以後，朱鎔基首相の下で，「危機への対応」という名目の下に，金融システムの中央集権化が進められていくことになる。シは，同時に，こうした中央集権化が，必ずしも金融システム全体の効率化には繋がらず，政府による不良債権処理が先送りされることとなったと指摘している。
25) Richard N. Cooper, "Living with Global Imbalances : A Contrarian View," *Policy Briefs in International Economics,* no. PB05-3 (Institute of International Economics, Nov. 2005), p. 6.
26) 伊藤隆敏「中国人民元改革と東アジア」『日本経済新聞』（2005 年 7 月 29 日），33 頁。
27)「国際金融のトリレンマ」と呼ばれる命題については，例えば，Benjamin J. Cohen, "The Triad and the Unholy Trinity : Lessons for the Pacific Region," in Richard A. Higgott, Richard Leaver, and John Ravenhill eds., *Pacific Economic Relations in the 1990s : Conflict or Cooperation ?* (Sydney : Allen and Unwin and Boulder, CO : Lynne Rienner, 1993) 等を参照。
28) 従来の近現代中国研究では，1949 年の中華人民共和国建国こそが，中国社会経済を分かつ大きな画期であるとする認識が共有されてきた。しかし，近年，1950 年代以降の政府・企業文書が中国の文書館で公開されつつあることとも関係して，人民共和国建国に伴う変化だけではなく，連続性を明らかにしようとする研究が進められている。久保亨編『1949 年前後の中国』（汲古書院，2006 年）は，この時期の様々な分野や地域の事例を取り上げて，体制移行の実態と社会経済の態様を明らかにしている。また，中兼和津次編『歴史的視野からみた現代中国経済』（ミネルヴァ書房，2010 年）は，現代中国経済の発展のメカニズムの源流を 20 世紀前半に見出している。本書はこうした，政治体制の変化を，社会経済の側にも焦点を当てて再検討するという問題関心を共有しているが，特定の組織の存否や政策変化の有無を問うのではなく，中国経済をめぐる通時的な問題（例えば外国為替レジーム）に関する，選択可能な政策の組み合わせ，というメタなルールに注目するというアプローチをとっている。
29) ビクター・シは，改革開放政策初期の 1979 年から，陳雲と鄧小平との間に見られるような経済発展政策をめぐる対立は，イデオロギー上のものではなく，中央政府機関を勢力基盤とする財政引き締め派と，地方政府に多くの支持を持つ財政拡張論者との主導権をめ

ぐる争いであると分析している。Victor C. Shih, *op. cit.*, *Factions and Finance in China*, p. 122.
30) Thomas Rumbaugh, and Nicholas Blancher, "International Trade and the Challenges of WTO Accession," in Eswar Prasad ed., *China's Growth and Integration into the World Economy : Prospects and Challenges* (IMF Occasional Paper 232, Washington, DC : International Monetary Fund, 2004), p. 5 ; Eswar Prasad, and Thomas Rumbaugh, "Overview," in *ibid.*, p. 3 ; Annalisa Fedelino and Raju Jan Singh, "Medium-Term Fiscal Challenges," in *ibid.*, pp. 29-35.

参考文献

I. 一次資料

中　国

「大生紡織公司檔案」南通市檔案館, 南通.
「交通銀行檔案」中國第二歷史檔案館, 南京.
「沙遜資料」上海社會科學院經濟研究所, 上海.
「上海市棉紡織工業同業會檔案」上海市檔案館, 上海.
「上海市繅絲工業同業會檔案」上海市檔案館, 上海.
「申新紡織總管理處檔案」上海市檔案館, 上海.
「實業部檔案」中國第二歷史檔案館, 南京.

日　本

「外務省記録」A. 2. 1. 0. C6.
「外務省記録」E. 1. 4. 0. 2-3.

欧　米

Chen, K. P. (Chen Guangfu 陳光甫), "Reminiscences of Ch'en Kuang-fu," Rare Book and Manuscript Library, Columbia University, New York.
——, "Papers," Rare Book and Manuscript Library, Columbia University, New York.
"Hong Kong Shanghai Banking Corporation Archives," HSBC Group Archives, London.
Leith-Ross, Frederick, "Papers," National Archives, London.
Young, Arthur, "Papers," Hoover Institution on War, Revolution, and Peace, Stanford University, Stanford, California.

II. 二次資料

中国語文献

蔡斌咸:"現階段中國農村金融恐慌的檢討"《新中華》第3卷第13号（1935年）.
陳慈玉:《近代中國的機械繅絲工業, 1860-1945》台北：中央研究院近代史研究所, 1989年.
陳春生:"我國農村經濟崩潰之危機及救濟之方案"《商業月報》第12卷第10号（1932年）.
陳光甫:"怎樣打開中國經濟的出路：由上海的金融現狀講到中國的經濟出路"《新中華》第1卷第1号（1933年）.

陳言危："地產事業前途之悲觀"《錢業月報》第 14 卷第 11 号（1934 年）.
陳一："無錫農村之現況"《農行月刊》第 2 卷第 4 号（1935 年）.
陳真 編：《中國近代工業史資料 第四輯：中國工業的特點, 資本, 結構和工業中各行業概況》北京：三聯書店, 1961 年.
陳爭平：《1895-1936 年中國國際收支研究》北京：中國社會科學出版社, 1996 年.
褚挺如："東台農村經濟概況"《農行月刊》第 2 卷第 10 号（1935 年）.
大生系統企業史編寫組 編：《大生系統企業史》南京：江蘇古籍出版社, 1990 年.
丁昶賢："中國近代機器棉紡工業設備, 資本, 產量, 產值的統計和估量"《中國近代經濟史研究資料》第 6 号（1987 年）.
馮子明："農村問題之嚴重"《銀行周報》第 16 卷第 44 号（1932 年）.
高景嶽・嚴學熙 編：《近代無錫蠶絲業資料選輯》南京：江蘇人民出版社, 1987 年.
顧季高："中國新貨幣政策與國際經濟均衡"《經濟學季刊》第 7 卷第 1 期（1936 年）,（卓遵宏 編：《抗戰前十年貨幣史資料（三）法幣政策》台北：國史館, 1985 年に再録）.
顧振中："無錫農村經濟衰落之現狀"《農行月刊》第 1 卷第 4 号（1934 年）.
國民政府主計處統計局 編：《中華民國統計提要》上海：商務印書館, 1935 年（復刻, 台北：學海出版社, 1972 年）.
洪葭管・張繼風：《近代上海金融市場》上海：上海人民出版社, 1989 年.
侯樹桐："評財部幣制新令"《大公報》（天津, 1935 年 11 月 16-20 日, 第 4 版）,（卓遵宏 編：《抗戰前十年貨幣史資料（三）法幣政策》台北：國史館, 1985 年に再録）.
侯哲莘："中美棉麥借款與復興農村"《東方雜誌》第 30 卷第 18 号（1933 年）.
黃元彬："新貨幣政策成功之關鍵"《銀行周報》第 20 卷第 15 号（1936 年）,（卓遵宏 編：《抗戰前十年貨幣史資料（三）法幣政策》台北：國史館, 1985 年に再録）.
江蘇省農民銀行：《第二年之江蘇省農民銀行》出版地不明, 江蘇省農民銀行總行, 1930 年.
——：《江蘇省農民銀行第二次業務會議彙編》出版地, 出版社不明, 1930 年.
——：《第三年之江蘇農民銀行》出版地不明, 江蘇省農民銀行總行, 1931 年.
——：《江蘇省農民銀行第八次業務會議彙編》出版地, 出版社不明, 1933 年.
——：《二十四年業務報告》出版地, 出版社, 出版年不明.
江蘇省實業廳第三科：《江蘇紡織業狀況》南京：出版社不明, 1919 年.
李伯重：《江南的早期工業化, 1550-1850》北京：科學文獻出版社, 2000 年.
李範："武進縣鄉村信用之狀況及其與地權異動之關係"（蕭錚 編《民國二十年代中國大陸土地問題資料》中國地政研究所叢刊 88, 台北：成文出版社, 1977 年）.
李述初："二十三年絲業之回顧"《社會經濟月報》第 2 卷第 1 号（1935 年）.
李文海：《中國近代大災荒》上海：上海人民出版社, 1994 年.
林剛・唐文起："1927-1937 年江蘇機器工業的特徵及其運行概況"（南京圖書館特藏部・江蘇省社會科學院經濟史課題組 編《1927-1937 江蘇省工業調查統計資料》南京：南京工業出版社, 1987 年）.
劉大鈞：《上海工業化研究》上海：商務印書館, 1937 年.
陸國香："江蘇典業之衰落及問題"《農行月刊》第 3 卷第 6 号（1936 年）.
陸輝："去年中國棉織業之回顧"《工商半月刊》第 6 卷第 8 号（1934 年）.

羅志如：《統計表中的上海》南京：國立中央研究院社會科學研究所, 1932 年.
馬寅初："如何使上海游資及外國余資流入內地以為復興農村之準備"《銀行周報》第 18 卷第 29 号（1934 年）.
莫淔："上海金融的回顧與前瞻"《東方雜誌》第 32 卷第 22 号（1936 年）.
千家駒："救濟農村偏枯與都市膨脹問題"《新中華》第 1 卷第 8 号（1933 年）.
全國經濟委員會棉業統制委員會：《棉產改進事業總報告第二期》南京：出版社不明, 1935 年.
上海商業儲蓄銀行：《上海之棉花與棉業》上海：上海商業儲蓄銀行, 1931 年.
上海社會科學院經濟研究所 編：《恆豐紗廠的發生發展與改造》上海：上海人民出版社, 1958 年.
——：《榮家企業史料》上海：上海人民出版社, 1980 年.
——：《中國棉紡統計史料》上海：上海市棉紡織工業同業公會籌備會, 1951 年.
盛憲民："一般儲蓄銀行有組織農村放款聯合團之必要"《銀行周報》第 18 卷第 36 号（1934 年）.
實業部國際貿易局：《中國實業誌：江蘇省》上海：實業部國際貿易局, 1933 年.
壽百："經濟江浙絲業問題"《商業月報》第 12 卷第 4 号（1932 年）.
蘇農非："江蘇農村與都市間之新金融"《中國經濟》第 4 卷第 7 号（1936 年）.
湯可可："大生紗廠的資產和利潤分配：中國近代企業史計量分析若干問題的探討"第二屆張謇研究國際研討會, 南京大學, 1995 年.
王樹槐："江蘇省的田價, 1912-1937"（中央研究院近代史研究所 編《近代中國農村經濟論文集》台北：中央研究院近代史研究所, 1989 年）.
王天予："無錫北夏的農村經濟"《農行月刊》第 2 卷第 11 号（1935 年）.
王維駉："救濟農村應調劑農村金融之商權"《銀行周報》第 18 卷第 22 号（1934 年）.
王文鈞："商業銀行在農村中動態"《銀行周報》第 19 卷第 48 号（1935 年）.
汪熙：《求索集》上海：上海人民出版社, 1999 年.
王業鍵：《中國近代貨幣與銀行的演進》台北：中央研究院, 1981 年.
王鎮中·王子健：《七省華商紗廠調查報告》上海：商務印書館, 1935 年.
魏友斐："上海的地價問題"《錢業月報》第 15 卷第 12 号（1936 年）.
吳經硯："上海商業儲蓄銀行歷史概述"（近代中國工商經濟叢書編委會 編《陳光甫與上海銀行》北京：中國文史資料出版社, 1991 年）.
徐洪奎："宜興縣鄉村信用之概況"（蕭錚 編《民國二十年代中國大陸土地問題資料》中國地政研究所叢刊 88, 台北：成文出版社, 1977 年）.
徐滌新·吳承明 編：《中國資本主義發展史 第 2 卷》北京：人民出版社, 1990 年.
許維雍·黃漢民：《榮家企業發展史》北京：人民出版社, 1985 年.
徐新吾 編：《中國近代繅絲工業史》上海：上海人民出版社, 1990 年.
—— 編：《江南土布史》上海：上海社會科學院出版社, 1992 年.
嚴諤聲：《上海商事慣例》上海：新生通訊社出版部, 1933 年.
嚴格："中國農村金融流通方式的研討"《農行月刊》第 2 卷第 10 号（1935 年）.
嚴中平：《中國棉紡織史稿》北京：科學出版社, 1963 年.
楊蔭溥："中國都市金融與農村金融"《新中華》第 1 卷第 8 号（1933 年）.

――：《中國金融論》上海：黎明書局, 1936 年.
張迪恩: "絲廠租賃制原因初探"《中國社會科學院經濟研究所季刊》第 10 号（1988 年）.
張公權: "中國經濟目前之病態及今後之治療"《中行月刊》第 5 卷第 3 号（1932 年）.
――: "內地與上海"《銀行週報》第 18 卷第 1 号（1934 年）.
張履鸞:《江蘇武進物價之研究》南京：金陵大學, 1933 年.
章乃器: "發展農業金融以鞏固經濟基礎議"《銀行週報》第 16 卷第 21 号（1932 年）.
張忠民:《艱難的變遷：近代中國公司制度的研究》上海：上海科學出版社, 2002 年.
趙國鴻: "銀行貸款農村應有之注意及其責任問題"《農行月刊》第 1 卷第 8 号（1934 年）.
趙文林・謝淑君:《中國人口史》北京：人民出版社, 1988 年.
趙宗煦: "江蘇省農業金融與地權異動之關係"（蕭錚 編《民國二十年代中國大陸土地問題資料》中國地政研究所叢刊 87, 台北：成文出版社, 1977 年）.
浙江興業銀行調查處: "1931 年之海外絲市回顧"《商業月報》第 12 卷第 3 号（1931 年）.
――: "去年上海重要商品市況之回顧 [3]：絲市"《商業月報》第 12 卷第 1 号（1932 年）.
中國第二歷史檔案館 編:《民國檔案資料 第 5 輯, 第 1 編》南京：江蘇古籍出版社, 1994 年.
中國第二歷史檔案館・中國人民銀行江蘇省分行・江蘇省金融誌編委會 編:《中華民國金融法規選編》南京：檔案出版社, 1989 年.
中國共產黨中央文獻研究室 編:《三中全會以來：重要文選編》北京：人民出版社, 1982 年.
中國科學院上海經濟研究所・上海社會科學院經濟研究所 編:《上海解放前後物價資料彙編》上海：上海人民出版社, 1958 年.
中國人民銀行上海市分行 編:《上海錢莊史料》上海：上海人民出版社, 1960 年.
中國人民銀行上海市分行金融研究所 編:《金城銀行史料》上海：上海人民出版社, 1983 年.
――:《上海商業儲蓄銀行史料》上海：上海人民出版社, 1990 年.
中國人民銀行總行參事室 編:《中華民國貨幣史資料第二輯, 1924-1949》上海：上海人民出版社, 1991 年.
――: "二十年份我國重要商品之回顧"《中行月刊》第 10 卷第 1-2 号（1935 年）.
中國銀行總行・中國第二歷史檔案館 編:《中國銀行行史資料匯編 上編（1912-1949）》南京：檔案出版社, 1990 年.
中央農業實驗所: "全国 22 省現款借貸与糧食借貸狀況表"《農報》4 月号（1933 年）.
中央銀行經濟研究處 編:《中國農業金融概要》上海：商務印書館, 1936 年.
朱蔭貴:《中國近代股份制企業研究》上海：上海財經大學出版社, 2008 年.
卓遵宏 編:《抗戰前十年貨幣史資料 全 3 卷》台北：國史館, 1985 年.

日本語文獻

アイケングリーン, バリー『グローバル資本と国際通貨システム』高屋定美訳, ミネルヴァ書房, 1999 年。
秋田茂『イギリス帝国とアジア国際秩序――ヘゲモニー国家から帝国的な構造的権力へ』名古屋大学出版会, 2003 年。
秋田茂・籠谷直人編『1930 年代アジアの国際秩序』溪水社, 2001 年。
天野元之助『中国農業経済論（第 1-3 巻）』技報堂, 1948 年（改訂復刻版, 龍渓書舍, 1978

年)。
新居芳郎「満鉄調査関係者に聞く　第6回：「中支」農村調査余話——華中の農村調査」『アジア経済』第26巻第12号 (1985年)。
——「「中支」農村調査余話——華中の農村調査」『アジア経済』第29巻第3号 (1988年)。
——「満鉄調査関係者に聞く　第23回」井村哲郎編『満鉄調査部——関係者の証言』アジア経済研究所, 1996年。
飯塚靖『中国国民政府と農村社会——農業金融・合作社政策の展開』汲古書院, 2005年。
伊藤隆敏「中国人民元改革と東アジア」『日本経済新聞』(2005年7月29日)。
井上久士「農村復興委員会の組織とその農村調査」小林弘二編『旧中国農村再考——変革の起点を問う』アジア経済研究所, 1986年。
井村薫雄『支那の金融と通貨』上海出版協会, 1924年。
岩井茂樹「帝国と互市——16-18世紀東アジアの通交」籠谷直人・脇村孝平編『帝国とネットワーク——長期の19世紀』世界思想社, 2009年。
岩田規久男編『昭和恐慌の研究』東洋経済新報社, 2004年。
石見銀山資料館編『資料で見る石見銀山の歴史』石見銀山資料館, 2007年。
上田裕之『清朝支配と貨幣政策——清代前期における制銭供給政策の展開』汲古書院, 2009年。
上田信『海と帝国——明清時代』講談社, 2005年。
上野裕也『戦間期の蚕糸業と紡績業』日本経済新聞社, 1994年。
幼方直吉「中支の合股に関する諸問題——主として無錫染色業調査を通じて(1)」『満鉄調査月報』第23巻第4号 (1943年)。
王玉茹「近代中国の都市に於ける卸売り物価変動と経済成長」『鹿児島国際大学地域総合研究』第31巻第2号 (2004年)。
岡崎清宜「恐慌期中国における信用構造の再編——1930年代華北における棉花流通・金融を中心に」『社会経済史学』第67巻第1号 (2001年)。
岡本隆司『近代中国と海関』名古屋大学出版会, 1999年。
奥村哲「恐慌下江南蚕糸業の再編」『東洋史研究』第37巻第2号 (1978年) (同『中国の資本主義と社会主義——近現代史像の再構成』桜井書店, 2004年, に再録)。
——「恐慌下江南蚕糸業の再編再論」『東洋史研究』第47巻第4号 (1989年) (同『中国の資本主義と社会主義——近現代史像の再構成』桜井書店, 2004年, に再録)。
小山正明「清末中国に於ける外国綿製品の流入」『近代中国研究』第4号 (1960年) (同『明清社会経済史研究』東京大学出版会, 1992年, に再録)。
籠谷直人『アジア国際通商秩序と近代日本』名古屋大学出版会, 2000年。
金丸裕一「工業史」野澤豊編『日本の中華民国史研究』汲古書院, 1995年。
川井悟「全国経済委員会の成立とその改組をめぐる一考察」『東洋史研究』第40巻第4号 (1982年)。
カン『カン支那通貨論——金及び銀取引の研究〔増訂再版〕』宮下忠雄訳, 東亜同文書院支那研究部, 1935年。
関志雄『円と元から見るアジア通貨危機』岩波書店, 1998年。

姜抮亜『1930年代広東省の財政政策——中央・地方・商人の三者関係を中心に』東京大学大学院人文社会系研究科博士論文, 2000年。
菊池一隆「江蘇合作事業推進の構造と合作社——南京国民政府, 江蘇省, 江蘇農民銀行と関連させて」野口鐵郎編『中国史における教と国家』雄山閣, 1994年。
岸本美緒『清代中国の物価と経済変動』研文出版, 1997年。
——『東アジアの近世』山川出版社, 1998年。
木畑洋一「リース・ロス使節団と英中関係」野澤豊編『中国の幣制改革と国際関係』東京大学出版会, 1981年。
清川雪彦「戦前中国の蚕糸業に関する若干の考察(1)——製糸技術の停滞性」『〈一橋大学〉経済研究』第26巻第3号 (1975年)。
久保亨『戦間期中国「自立への模索」——関税通貨政策と経済発展』東京大学出版会, 1999年。
——『戦間期中国の綿業と企業経営』汲古書院, 2005年。
——編『1949年前後の中国』汲古書院, 2006年。
黒崎卓・山形辰史『開発経済学——貧困削減へのアプローチ』(日本評論社, 2003年)。
黒田明伸『中華帝国の構造と世界経済』名古屋大学出版会, 1994年。
桑原哲也「対外関係——在華紡・内外綿会社の経営」佐々木聡・中林真幸編『講座・日本経営史3 組織と戦略の時代 1914～1937』ミネルヴァ書房, 2010年。
興亜院華中連絡部『中支綿花の改良並びに増産』興亜院華中連絡部, 1940年。
小竹一彰「封建性規定の成立と「アジア的生産様式論争」」小林弘二編『旧中国農村再考——変革の起点を問う』アジア経済研究所, 1986年。
小林弘二編『旧中国農村再考——変革の起点を問う』アジア経済研究所, 1986年。
小林英夫「幣制改革をめぐる日本と中国」野澤豊編『中国の幣制改革と国際関係』東京大学出版会, 1981年。
斎藤叫「アメリカ銀政策の展開と中国」野澤豊編『中国の幣制改革と国際関係』東京大学出版会, 1981年。
西藤雅夫「華人紡績の経営に於ける問題」『東亜経済論叢』第1巻第4号 (1941年)。
佐々波(城山)智子「戦前期, 上海租界地区に於ける不動産取引と都市発展」『社会経済史学』第62巻第6号 (1997年)。
朱蔭貴「近代中国に於ける株式制企業の資金調達」『中国研究月報』第59巻第11号 (2005年)。
杉原薫「近代アジア経済史における連続と断絶」『社会経済史学』第62巻第3号 (1996年)。
——『アジア間貿易の形成と構造』ミネルヴァ書房, 1996年。
鈴木智夫『洋務運動の研究』汲古書院, 1992年。
鈴木義隆・大東英祐・武田晴人『ビジネスの歴史』有斐閣, 2004年。
曽田三郎『中国近代製糸業の研究』汲古書院, 1994年。
高橋孝助・古厩忠夫編『上海史——巨大都市の形成と人々の営み』東方書店, 1995年。
高村直助『近代日本綿業と中国』東京大学出版会, 1982年。

滝田賢二「ルーズヴェルト政権と米中銀協定」野澤豊編『中国の幣制改革と国際関係』東京大学出版会，1981年。
田中正俊『中国近代経済史研究序説』東京大学出版会，1973年。
中国企業史研究会編『中国企業史研究の成果と課題』汲古書院，2007年。
土屋計左右『中華民国の国際貸借』出版社不明，1932年。
東亜研究所『経済に関する支那調査報告書——支那蚕糸業に於ける取引慣行』東亜研究所，1941年。
——『支那生糸の世界的地位』東亜研究所，1942年。
——『支那の貿易外収支』東亜研究所，1942年。
——『支那蚕糸業研究』東亜研究所，1943年。
——『商事に関する慣行調査報告書——合股の研究』東亜研究所，1943年。
戸田義郎「支那紡績会社の経営について」『支那研究』第36号（1935年）。
富沢芳亜「銀行団接管期の大生第一公司——近代中国における金融資本の紡織企業代理管理をめぐって」『史学研究』第204号（1994年）。
——「近代的企業の発展」飯島渉・久保亨・村田雄二郎編『シリーズ20世紀中国3』東京大学出版会，2009年。
中井英基『張謇と中国近代企業』北海道大学図書刊行会，1996年。
中兼和津次編『歴史的視野からみた現代中国経済』ミネルヴァ書房，2010年。
西嶋定生『中国経済史研究』東京大学出版会，1966年。
農商務省『清国蠶糸業調査復命書』農商務省農商務局，1899年。
野口旭・若田部昌澄「国際金本位制の足かせ」岩田規久男編『昭和恐慌の研究』東洋経済新報社，2004年。
野澤豊編『中国の幣制改革と国際関係』東京大学出版会，1981年。
——『日本の中華民国史研究』汲古書院，1995年。
波多野澄雄「幣制改革への動きと日本の対中政策」野澤豊編『中国の幣制改革と国際関係』東京大学出版会，1981年。
濱下武志「中国幣制改革と外国銀行」『現代中国』第58号（1984年）。
——『中国近代経済史研究——清末海関財政と開港場市場圏』汲古書院，1989年。
——『近代中国の国際的契機——朝貢貿易システムと近代アジア』東京大学出版会，1990年。
原覚天『現代アジア研究成立史論——満鉄調査部，東亜研究所，IPRの研究』勁草書房，1984年。
疋田康行「1930年代前半の日本の対中経済政策の一側面——債権整理問題を中心に」野澤豊編『中国の幣制改革と国際関係』東京大学出版会，1981年。
久重福三郎「物価より見た支那経済の一面」『支那研究』第36号（1935年）。
フランク，アンドレ・グンダー『リオリエント——アジア時代のグローバル・エコノミー』山下範久訳，藤原書店，2000年。
フリン，デニス『グローバル化と銀』秋田茂・西村雄志編訳，山川出版社，2010年。
古田和子『上海ネットワークと近代東アジア』東京大学出版会，2000年。

弁納才一「中国に於ける商業銀行の対農業投資 1931-1936 年」『アジア経済』第 35 巻第 3 号（1994 年）。
――「農業史」野澤豊編『日本の中華民国史研究』汲古書院, 1995 年。
――『華中農村経済の近代化――近代中国農村経済史像の再構築への試み』汲古書院, 2004 年。
松浦正孝「再考・日中戦争前夜――中国幣制改革と児玉訪中団をめぐって」『国際政治』第 122 号（1999 年）。
松本俊郎「幣制改革期の日中経済関係」野澤豊編『中国の幣制改革と国際関係』東京大学出版会, 1981 年。
三谷太一郎「国際金融資本とアジアの戦争――終末期に於ける対中四国借款団」『年報近代日本研究』2（1980 年）（同『ウォール・ストリートと極東――政治における国際金融資本』東京大学出版会, 2009 年に再録）。
三谷孝「中国農村経済研究会とその調査」小林弘二編『旧中国農村再考――変革の起点を問う』アジア経済研究所, 1986 年。
南満洲鉄道株式会社上海事務所調査室『上海特別市嘉定区農村実態調査報告書』南満洲鉄道株式会社調査部, 1939 年。
――『江蘇省無錫県農村実態調査報告書』南満洲鉄道株式会社調査部, 1941 年。
――『江蘇省南通県農村実態調査報告書』南満洲鉄道株式会社調査部, 1941 年。
――『江蘇省太倉県農村実態調査報告書』南満洲鉄道株式会社調査部, 1941 年。
南満洲鉄道株式会社調査部『無錫に於ける製糸業』南満洲鉄道株式会社, 1941 年。
――『上海に於ける不動産慣行調査資料其一』南満洲鉄道株式会社調査部, 1943 年。
宮下忠雄『中国銀行制度論』厳松堂, 1941 年。
――『支那貨幣制度論』宝文館, 1943 年。
――『中国幣制の特殊研究――近代中国銀両制度の研究』日本学術振興会, 1952 年。
村井隆『金・銀・銅の日本史』岩波書店, 1997 年。
村松祐次『中国経済の社会態制』復刊, 東洋経済新報社, 1975 年（初版, 1949 年）。
森時彦『中国近代綿業史の研究』京都大学学術出版会, 2001 年。
楊蔭溥「上海の地産」南満洲鉄道株式会社調査部『上海に於ける不動産慣行調査其一』南満洲鉄道株式会社調査部, 1943 年。
吉田浤一「1930 年代中国農村経済研究の一整理」『東洋史研究』第 33 巻第 2 号（1974 年）。

英語文献

Akita Shigeru, and Nicholas White eds., *The International Order of Asia in the 1930s and 1950s*, London : Ashgate, 2010.

Atwell, William, "Notes on Silver, Foreign Trade, and Late Ming Economy," *Ch'ing-shi Wen-t'i*, vol. 3, no. 8 (1977).

Austin, Gareth, and Kaoru Sugihara eds., *The Local Suppliers of Credit in the Third World, 1750-1960*, New York : St. Martin's Press, 1993.

Bell, Lynda, *One Industry, Two Chinas : Silk Filatures and Peasant-Family Production in Wuxi*

County, 1865-1937, Stanford : Stanford University Press, 1999.

Bergère, Marie-Claire, *The Golden Age of the Chinese Bourgeoisie, 1911-1937*, Cambridge, Eng.: Cambridge University Press, 1986.

Blum, John, *From the Morgenthau Diaries : Years of Crisis, 1928-1938*, Boston : Houghton Mifflin, 1959.

Boomgaard, Peter, and Ian Brown eds., *Weathering the Storm : The Economies of Southeast Asia in the 1930s Depression*, Leiden : KITLV, 2000.

Booth, Anne, "The Causes of South East Asia's Economic Crisis : A Sceptical Review of the Debate," *Asian Pacific Business Review*, no. 8 (2001).

Borg, Dorothy, *The United States and the Far Eastern Crisis of 1933-1938 : From the Manchurian Incident through the Initial Stage of the Undeclared Sino-Japanese War*, Cambridge, MA : Harvard University Press, 1964.

Bose, Sugata, *Agrarian Bengal : Economy, Social Structure, and Politics, 1919-1947*, Cambridge, Eng.: Cambridge University Press, 1986.

Botticelli, Peter, "British Capitalism and the Three Industrial Revolutions," in Thomas McCraw ed., *Creating Modern Capitalism*, Cambridge, MA : Harvard University Press, 1997.

Brandt, Loren, *Commercialization and Agricultural Development : Central and Eastern China, 1870-1937*, Cambridge, Eng.: Cambridge University Press, 1989.

Brandt, Loren, and Thomas J. Sargent, "Interpreting New Evidence About China and U. S. Silver Purchases," *Working Papers in Economics*, E-87-3, Stanford : Hoover Institution, Stanford University, 1987.

Bratter, Herbert, *The Silver Market*, Washington, DC : Government Printing Office, 1932.

——, *Silver Market Dictionary*, New York : Commodity Exchange, inc., 1933.

Brown, Ian ed., *The Economies of Africa and Asia in the Inter-War Depression*, London : Routledge, 1989.

Buck, John Lossing, *Land Utilization in China*, Chicago : University of Chicago Press, 1937.

——, *Land Utilization in China : Statistics*, Chicago : University of Chicago Press, 1937.

Buckley, Graeme, "Financing the Jua Kali Sector in Kenya," in David Hulme, and Paul Mosley eds., *Finance Against Poverty*, vol. 2, London : Routledge, 1996.

Bush, Richard, "Industry and Politics in Kuomintang China : The Nationalist Regime and Lower Yangtze Chinese Cotton Mill Owners, 1927-1937," Ph. D. diss., Columbia University, 1978.

Chang, John K., *Industrial Development in Pre-Communist China*, Edinburgh : Edinburgh University Press, 1969.

Chang, Kia-ngau (Zhang Gongquan 張公權), *The Inflationary Spiral : The Experience in China, 1939-1950*, New York : John Wiley & Sons, 1958.

Chao, Kang, *The Development of Cotton Textile Production in China*, Cambridge, MA : Harvard University Press, 1977.

Chen Yixin, "The Guomindang's Approach to Rural Socioeconomic Problems : China's Rural Cooperative Movement, 1918-1949," Ph. D. diss., Washington University, 1995.

Cheng Linsun, *Banking in Modern China : Entrepreneurs, Professional Managers, and the Development of Chinese Banks, 1897–1937*, Cambridge, Eng.: Cambridge University Press, 2003.

Cheng, Yu-Kwei, *Foreign Trade and Industrial Development of China*, Washington, DC : University Press of Washington, DC, 1956.

Chinese Maritime Customs, *Foreign Trade of China, 1929*, Shanghai : Inspector General of Customs, 1929.

———, *The Trade of China, 1932, 1933*, Shanghai : Inspector General of Customs, 1933, 1934.

Coble, Parks M., *The Shanghai Capitalists and the Nationalist Government, 1927–1937*, 2nd ed., Cambridge, MA : Harvard University, Council on East Asian Studies, 1986.

Cochran, Sherman, *Encountering Chinese Networks : Western, Japanese, and Chinese Corporations in China, 1880–1937*, Berkeley : University of California Press, 2000.

Cohen, Benjamin J., "The Triad and the Unholy Trinity : Lessons for the Pacific Region," in Richard A. Higgott, Richard Leaver, and John Ravenhill eds., *Pacific Economic Relations in the 1990s : Conflict or Cooperation?*, Sydney : Allen and Unwin, and Boulder, CO : Lynne Rienner, 1993.

———, *The Geography of Money*, Ithaca, NY : Cornell University Press, 1998.

Committee for the Study of Silver Values and Commodity Prices, *Silver and Prices in China*, Shanghai : Commercial Press, 1935.

Cooper, Richard N., "Living with Global Imbalances : A Contrarian View," *Policy Briefs in International Economics*, no. PB05-3 (Institute of International Economics, Nov. 2005).

De Soto, Hernando, *The Mystery of Capital : Why Capitalism Triumphs in the West and Fails Everywhere Else*, New York : Basic Books, 2000.

de Vries, Jan, "Connecting Europe and Asia : A Quantitative Analysis of the Cape Route Trade, 1497–1795," in Dennis Flynn, Arturo Giráldez, and Richard von Glahn eds., *Global Commodities and Monetary History, 1470–1800*, Aldershot : Ashgate Press, 2003.

Duara, Prasenjit, *Culture, Power, and the State : Rural North China, 1900–1942*, Stanford : Stanford University Press, 1988.

Eastman, Lloyd, *The Abortive Revolution : China under Nationalist Rule, 1927–1937*, Cambridge, MA : Harvard University Press, 1974.

Eichengreen, Barry, *Golden Fetters : The Gold Standard and the Great Depression, 1919–1939*, New York : Oxford University Press, 1992.

———, "The Origins and Nature of the Great Slump Revisited," *Economic History Review*, vol. 45, no. 2 (1992).

Endicott, Stephen, *Diplomacy and Enterprise : British China Policy, 1933–1937*, Manchester, Eng.: Manchester University Press, 1975.

Eng, Robert Y., *Economic Imperialism in China : Silk Production and Exports, 1861–1932*, Berkeley : University of California, Institute of East Asian Studies, 1986.

Faure, David, *China and Capitalism : A History of Business Enterprise in Modern China*, Hong Kong : Hong Kong University Press, 2006.

——, *The Rural Economy of Pre-Liberation China : Trade Expansion and Peasant Livelihood in Jiangsu and Guangdong, 1870-1937*, Oxford : Oxford University Press, 1989.

Fear, Jeffrey, "German Capitalism," in Thomas McCraw ed., *Creating Modern Capitalism*, Cambridge, MA : Harvard University Press, 1997.

Fedelino, Annalisa, and Raju Jan Singh, "Medium-Term Fiscal Challenges," in Eswar Prasad ed., *China's Growth and Integration into the World Economy : Prospects and Challenges*, IMF Occasional Paper 232, Washington, DC : International Monetary Fund, 2004.

Feetham, Richard, *Report of the Hon. Mr. Justice Feetham to the Shanghai Municipal Council*, Shanghai : North China Daily News, 1931.

Fei Hsiao-t'ung (Fei Xiaotong 費孝通), *Peasant Life in China : A Field Study of Country Life in the Yangtze Valley*, London : Routledge and Kegan Paul, 1939.

Feuerwerker, Albert, *China's Early Industrialization : Sheng Hsuan-huai (1844-1916) and Mandarin Enterprise*, Cambridge, Eng.: Harvard University Press, 1958.

Fewsmith, Joseph, *Party, State, and Local Elites in Republican China : Marchant Organizations and Politics in Shanghai, 1890-1930*, Honolulu : University of Hawai'i Press, 1985.

Flynn, Dennis O., and Arturo Giráldez, "Arbitrage, China, and World Trade in the Early Modern Period," *Journal of Economic and Social History of the Orient*, vol. 38, no. 4. (1995).

——, "Born with a 'Silver Spoon' : The Origin of World Trade in 1571," *Journal of World History*, vol. VI, no. 2 (1995).

Godley, Andrew, and Duncan Ross eds., *Banks, Networks, and Small Firm Finance*, London : Frank Cass, 1996.

Goldstein, Morris, and Nicholas R. Lardy, *The Future of China's Exchange Rate Policy*, Washington D. C. : Peterson Institute for International Economics, 2009.

Greif, Avner, *Institutions and the Path to the Modern Economy*, Oxford : Oxford University Press, 2005.

Grove, Linda, *A Chinese Economic Revolution : Rural Entrepreneurship in the Twentieth Century*, Lanham, MD : Rowman & Littlefield, 2006.

Hill, Hal, and J. Thomas Lindblad eds., "Special Issue——East Asia in Crisis : Perspectives on the 1930s and 1990s," *Australian Economic History Review*, vol. 43, no. 2 (2003).

Horesh, Niv, *Shanghai's Bund and Beyond : British Banks, Banknote Issuance, and Monetary Policy in China, 1842-1937*, New Haven : Yale University Press, 2009.

Hsiao, Liang-lin, *China's Foreign Trade Statistics, 1864-1949*, Cambridge, MA : Harvard University Press, 1974.

Hsueh, Li-min, Chen-kuo Hsu, and Dwight Perkins, *Industrialization and the State : The Changing Role of the Taiwan Government in the Economy, 1945-1998*, Cambridge, MA : Harvard Institute for International Development, 2001.

Huang, Philip, *The Peasant Family and Rural Development in the Yangzi Delta, 1350-1988*, Stanford : Stanford University Press, 1990.

James, Harold, *The End of Globalization : Lessons from the Great Depression*, Cambridge, MA :

Harvard University Press, 2001.

———, *The Creation and Destruction of Value : The Globalization Cycle*, Cambridge, MA : Harvard University Press, 2009.

Kann, Eduard, *The Currencies of China : An Investigation of Silver and Gold Transactions Affecting China*, 2nd ed., Shanghai : Kelly and Walsh, 1927.

———, "Financial Notes," *FC*, vol. 24, no. 12 (Sept. 19, 1934).

———, "Economic China : A Review of the Decade 1926–1935," 2 pts., *FC*, vol. 27, no. 20 (May 13, 1936) ; no. 21 (May 20, 1936).

Kindleberger, Charles P., *The World in Depression, 1929–1939*, Rev. ed., Berkeley : University of California Press, 1986.

———, *Manias, Panics, and Crashes : A History of Financial Crises*, 4th ed., New York : John Wiley & Sons, 2000.

King, Frank H. H., *Money and Monetary Policy in China, 1845–1895*, Cambridge, MA : Harvard University Press, 1965.

———, *The History of the Hong Kong and Shanghai Banking Corporation*, vols. 2 and 3, Cambridge, Eng.: Cambridge University Press, 1988.

Kirby, William C., *Germany and Republican China*, Stanford : Stanford University Press, 1984.

———, "China Unincorporated : Company Law and Business Enterprise in Twentieth-Century China," *Journal of Asian Studies*, vol. 54, no. 1 (1995).

———, "Engineering China : The Origins of Chinese Development State," in Wen-hsin Yeh ed., *Becoming Chinese*, Berkeley : University of California Press, 2000.

Koh, Tsung Fei, "Silver at Work," 10 pts, *FC*, vol. 25, nos. 7–16 (Feb. 13–Apr. 17, 1935).

Köll, Elisabeth, *From Cotton Mill to Business Empire : The Emergence of Regional Enterprises in Modern China*, Cambridge, MA : Harvard University Asia Center, 2003.

Kung, James Kai-sing, Daniel Yi Lee, and Nansheng Bai, "Chinese Farmer Rationality and the Agrarian Economy of Lower Yangzi in the 1930s," in Billy So, and Ramon Mayers eds., *Treaty-port Economy in Modern China : Empirical Studies of Institutional Change and Economic Performance* (Berkeley : Institute of East Asian Studies, University of California at Berkeley, Forthcoming).

Lamoreaux, Naomi R., Daniel M. G. Raff, and Peter Temin "Beyond Markets and Hierarchies : Toward a New Synthesis of American Business History," *The American Historical Review*, vol. 108, no. 2 (2003).

Latham, A. J. H., *The Depression and the Developing World, 1914–1939*, London : Croom Helm, 1981.

Leavens, Dickson H., "A Chart of Silver and Exchange Parities," *Chinese Economic Journal*, no. 3 (1928).

———, "American Silver Policy and China," *Harvard Business Review*, no. 14 (1935).

———, *Silver Money*, Bloomington, IN : Principia Press, 1939.

Ledgerwood, Joanna, *Microfinance Handbook : An Institutional and Financial Perspective*,

Washington, DC : World Bank, 1999.

Lee, Tahirih V., *Chinese Law : Social, Political, Historical, and Economic Perspectives*, vol. 3, *Contract, Guanxi, and Dispute Resolution in China*, New York : Garland Publishing, 1997.

Lewis, A. B., and Lien Wang, "Farm Prices in Wuchin, Kiangsu," *Economic Facts*, vol. 2, no. 2 (1936).

Li Bozhong, *Agricultural Development in Jiangnan, 1620-1850*, New York : St. Martin's Press, 1998.

Li, Lillian, *China's Silk Trade : Traditional Industry in the Modern World, 1842-1937*, Cambridge, MA : Harvard University Press, 1981.

Lieu, D. K. (Liu Dajun 劉大鈞), *The Silk Reeling Industry in Shanghai*, n. p., 1931.

Lin, Man-houng, *China Upside Down : Currency, Society, and Ideologies, 1808-1856*, Cambridge, MA : Harvard University Asia Center, 2006.

Lin, Wei-ying, *China Under Depreciated Silver 1926-31*, Shanghai : The Commercial Press, 1935.

——, *The New Monetary System of China : A Personal Interpretation*, Chicago : University of Chicago Press, 1936.

Ma, Debin, "Economic Growth in the Lower Yangzi Region of China in 1911-37 : A Quatitative and Historical Analysis," *Journal of Economic History*, vol. 68, no. 2 (2008).

McCraw, Thomas, "American Capitalism," in Thomas McCraw ed., *Creating Modern Capitalism*, Cambridge, MA : Harvard University Press, 1997.

Morse, H. B., *An Inquiry into the Commercial Liabilities and Assets of China*, China, Imparial Maritime Customs, II, Special Series, no. 27, 1904.

Mosley, Paul, "Metamorphosis from NGO to Commercial Bank," in David Hulme, and Paul Mosley eds., *Finance Against Poverty*, vol. 2, London : Routledge, 1996.

Motono Eiichi, *Conflict and Cooperation in Sino-British Business, 1860-1911 : The Impact of the Pro-British Commercial Network in Shanghai*, New York : St. Martin's Press in association with St. Antony's College, Oxford, 2000.

Mundell, Robert, *International Economics*, New York : Macmillan, 1968.

National Government of the Republic of China, Commission of Financial Experts, *Project of Law for the Gradual Introduction of a Gold-Standard Currency System in China Together with a Report in Support Thereof*, Shanghai : The Commission, 1929.

National Tariff Commission, *An Annual Report of Shanghai Commodity Prices, 1934-1936*, Shanghai : National Tariff Commission, n. d.

——, *A Monthly Report of Shanghai Commodity Prices*, Shanghai : National Tariff Commission, n. d.

Naughton, Barry, *Growing out of the Plan : Chinese Economic Reform, 1979-1993*, Cambridge, MA : Cambridge University Press, 1995.

North, Douglass C., and Robert Paul Thomas, *The Rise of the Western World : A New Economic History*, Cambridge Eng.: Cambridge University Press, 1973.

Pearse, Arno S., *The Cotton Industry of Japan and China*, Manchester, Eng.: Taylor Garnett Evens,

1929.

Perkins, Dwight, *Market Control and Planning in Communist China*, Cambridge, MA : Harvard University Press, 1966.

———, *Agricultural Development in China, 1368-1968*, Chicago : Aldine, 1969.

Pomeranz, Kenneth, *The Making of a Hinterland : State, Society, and Economy in Inland North China, 1853-1937*, Berkeley : University of California Press, 1993.

———, "Beyond the East-West Binary : Resituating Development Path in the Eighteenth-Century World," *Journal of Asian Studies*, vol. 61, no. 2 (2002).

———, *The Great Divergence : China, Europe, and the Making of the Modern World Economy*, Princeton : Princeton University Press, 2000.

Powell, Walter R., "Neither Market Nor Hierarchy : Network Forms of Organization," *Research in Organizational Behavior*, vol. 12 (1990).

Prasad, Eswar, and Thomas Rumbaugh, "Overview," in Eswar Prasad ed., *China's Growth and Integration into the World Economy : Prospects and Challenges*, IMF Occasional Paper 232, Washington, DC : International Monetary Fund, 2004.

Raeburn, John R., and Fung-ting Ko, "Prices Paid and Received by Farmers in Wuchin, Kiangsu," *Economic Facts*, vol. 6, no. 6 (1937).

Rawski, Thomas G., *Economic Growth in Prewar China*, Berkeley : University of California Press, 1989.

Remer, C. F., *Foreign Investments in China*, New York : Macmillan, 1933.

Rothermund, Dietmar, *The Global Impact of the Great Depression, 1929-1939*, London : Routledge, 1996.

Rumbaugh, Thomas, and Nicolas Blancher, "International Trade and the Challenges of WTO Accession," in Eswar Prasad ed., *China's Growth and Integration into the World Economy : Prospects and Challenges*, IMF Occasional Paper 232, Washington, DC : International Monetary Fund, 2004.

Schwartz, Banjamin, *In Search of Wealth and Power : Yan Fu and the West*, Cambridge MA : Harvard University Press, 1964.

Sheehan, Brett, *Trust in Troubled Times : Money, Banks, and State-Society Relations in Republican Tianjin*, Cambridge, MA : Harvard University Press, 2003.

Shih, Victor C., *Factions and Finance in China : Elite Conflict and Inflation*, Cambridge, Eng.: Cambridge University Press, 2008.

Smith, Kerry, *A Time of Crisis : Japan, the Great Depression, and Rural Revitalization*, Cambridge, MA : Harvard University Asia Center, 2001.

Strauss, Julia, *Strong Institutions in Weak Polities : State Building in Republican China, 1927-1940*, Oxford : Clarendon Press, 1998.

Strickland, C. F., *The Co-operative Movement in China : Report on Observations Made During a Trip to China, 1934-1935*, Nanjing : Sino-British Cultural Association, 1936.

Tamagna, Frank, *Banking and Finance in China*, New York : Institute of Pacific Relations, 1942.

Tawney, R. H., *Land and Labour in China*, London : Allen & Unwin, 1932.
Ting, Leonard, *Recent Developments in China's Cotton Industry*, n. p.: China Institute of Pacific Relations, 1936.
U. S. Department of State, *Foreign Relations of the United States : Diplomatic Papers, 1933-1934*, vol. III, Washington, DC : Government Printing Office, 1949.
——, *Foreign Relations of the United States : Diplomatic Papers, 1935*, vol. 3, Washington, DC : Government Printing Office, 1953.
von Glahn, Richard, *Fountain of Fortune : Money and Monetary Policy in China, 1000-1700*, Berkeley : University of California Press, 1996.
——, "Cycles of Silver in Chinese Monetary History," 明清史夏合宿・にんぷろ共催シンポジウム発表論文, 出雲, 2008 年。
Wagel, Srinivas R., *Finance in China*, Shanghai : North-China Daily News & Herald, 1914.
——, *Chinese Currency and Banking*, Shanghai : North-China Daily News & Herald, 1915.
Wong, R. Bin, *China Transformed : Historical Change and the Limits of European Experience*, Ithaca, NY : Cornell University Press, 1997.
World Bank, *East Asia : The Road to Recovery*, Washington, DC : World Bank, 1998.
Wright, Tim, "Coping with the World Depression : The Nationalist Government's Relations with Chinese Industry and Commerce, 1932-1936," *Modern Asian Studies*, vol. 25, no. 4 (1991).
——, "Distant Thunder : The Regional Economies of Southwest China and the Impact of the Great Depression," *Modern Asian Studies*, vol. 34, no. 3 (2000).
Yang, Sueh-Chang, "China's Depression and Subsequent Recovery, 1931-1936 : An Inquiry into the Applicability of the Modern Income-Determination Theory," Ph. D. diss., Harvard University, 1950.
Yang, W. Y., "Index Numbers of Farm Prices in Chung Hwa Men, Nanking" and "Index Numbers of Farm Prices in Suhsien, Anhwei," *University of Nanking Indexes Bulletin*, n. s. 54 (Jan. 1941).
Young, Arthur, *China's Nation-Building Effort, 1927-1937 : The Financial and Economic Record*, Stanford : Hoover Institution Press, 1971.
Zanasi, Margherita, *Saving the Nation : Economic Modernity in Republican China*, Chicago : University of Chicago Press, 2006.
Zelin, Madeleine, *The Merchants of Zigong : Industrial Entrepreneurship in Early Modern China*, New York : Columbia University Press, 2005.

III. 新聞・雑誌

《晨報》
《地產月刊》
《工商半月刊》
《國際貿易導報》

《經濟統計月誌》
《農行月刊》
《錢業月報》
《商業月報》
《社會經濟月報》
《申報》
《時事新報》
《統計月報》
《新中華》
《銀行周報》
《中行月刊》
《中外商業金融彙報》
American Silk and Rayon Journal
Finance and Commerce (FC)
North China Herald (NCH)

付　表

付表 1　中国に流通した主要な両 1910-20 年代

地名・機関名	両の名称	両の含有銀（単位：グレイン）	庫平100両に対する比価	漕平（上海両）100両に対する比価
政　府	庫　平	—	—	—
税　関	関　平	583.3	—	—
山　東	済　平	—	101.600	—
	芝罘（曹估銀）	548.2	104.681	—
	東昌（東銭平）	—	—	99.80
	Haw'ping	—	—	92.70
陝　西	涇布平	—	101.456	—
	興安平	—	—	99.40
甘　粛	蘭布平	—	102.470	—
	蘭　平	—	104.500	—
河　南	市　平	—	101.317	—
	開封（銭平）	—	—	99.85
	周家口（口南平）	—	—	99.55
	周家口（口北平）	—	—	99.35
	道口（銭平）	—	—	98.63
湖　北	漢口（洋例平）	536.4	—	101.70
	老河口（九八足紋）	—	—	102.33
	沙市（沙平）	—	—	101.55
	樊城平	—	—	102.30
江　西	行平（?）	548.8	104.573	—
	南　昌	—	—	100.25
	湖　口	560.0	—	103.50

地名・機関名	両の名称	両の含有銀（単位：グレイン）	庫平100両に対する比価	漕平（上海両）100両に対する比価
安 徽	蕪 湖	—	102.484	—
江 蘇	蘇 州	—	—	98.00
	鎮 江	560.0	102.484	—
	上海豆規	—	—	107.55
浙 江	寧 波	523.6	109.600	—
	温 州	561.7	102.200	—
	杭州司庫平	—	—	98.14
	杭州市平	—	—	99.72
福 建	福州司馬平	523.5	108.498	—
	厦 門	516.0	109.945	—
広 東	汕頭会館平	517.5	—	—
	汕頭市平	517.5	—	—
広 西	桂林公砝	—	—	99.90
	龍 州	519.4	102.612	—
湖 南	長沙銭平	—	—	101.75
	湘潭市平	—	—	102.10
	常徳（常平）	—	—	99.85
	湘江街市平	—	—	100.74
貴 州	貴陽銭平	—	—	100.80
	貴陽市平	—	—	100.56
	貴陽庫平	—	—	98.69
四 川	成都川庫平	—	—	103.00
	重慶渝平	—	—	102.25
	重 慶 Sha-tsientao（?）	—	—	101.50
山 西	太原庫平	—	—	99.36
	帰化城銭平	—	—	98.15
	Hu-hao（?）	—	—	100.75
	呂城銭平	—	—	100.80
	平遥市平	—	—	101.30
雲 南	滇平（?）	—	—	100.75

地名・機関名	両の名称	両の含有銀 (単位：グレイン)	庫平100両に対する比価	漕平（上海両）100両に対する比価
満　洲	錦　州	—	—	99.90
	牛荘（営平）	—	—	101.22
	山海関	—	—	98.82
	鳳凰城	—	—	99.82
	寛城子（寛平）	—	—	101.38
	遼陽（瀋平）	—	—	99.52
	吉林（吉市平）	—	—	101.82
	吉林（西公砝平）	—	—	101.66
直　隷	天津公砝平	—	—	101.10
	天津行平	—	—	101.60
	天津道台平	—	—	98.20
	天津議砝平	—	—	101.80
	行平（?）	554.4	103.515	—
	Hsiang-p'ing（?）	554.5	103.500	—
	Ho-si-wu（?）	—	—	99.44
	通州市平	—	—	98.10
	滄　州	—	—	98.20
	保定（保市平）	—	—	99.22
	太　沽	—	—	98.30
	公　砝	—	—	101.32

出典）カン『カン支那通貨論』宮下忠雄訳，191-6頁。原典でカンが挙げている出典は，Wagel, *Finance in China* (Shanghai : North-China Daily News & Herald, 1914)，『ファイナンス・アンド・コマース』(*Finance and Commerce*)誌，*China year book* に掲載の関連図表である。アルファベット表記の両の名称を，宮下が訳した。その際，不明，あるいは，不確実なものには，？が付された。

付表2　中国の国際収支推計　1903, 1909, 1912, 1913, 1920-23, 1928年

(単位：百万元)

受　取	1903	1909	1912	1913	1920-23	1928
1. 商品輸出						
A. 海関通過分	368.0	528.2	577.2	628.3	993.4	1544.4
B. 調　整						
a. 過小評価						77.3
b. 国境貿易	6.2	4.1	6.2	6.2	10.4	
2. 送　金	113.7	120.0	62.3	120.0	155.8	260.3
3. 外国人支出						
A. 在外公館	7.8	8.3	10.9	10.9	15.6	31.2
B. 軍　隊	35.1	27.4	45.2	45.2	55.0	145.1
C. 商　人	18.7	24.1	31.1	31.1	46.7	
D. その他	18.7	25.7	29.6	31.9	49.4	57.1
4. 貴金属（金及び銀）	51.4	34.0	43.2	37.7	112.6	
5. 投　資	42.1	24.9	155.8	155.8	228.6	104.0
6. 誤差逸脱		40.4		57.6	51.9	97.3
計	661.7	837.0	961.6	1,124.9	1,719.4	2,316.7
支　払	1903	1909	1912	1913	1920-23	1928
1. 商品輸入						
A. 海関通過分	483.8	651.6	737.1	888.4	1,377.3	1,863.3
B. 調　整						
a. 密　輸						
b. 武　器	7.8	3.1	5.5		4.7	
2. 借款元利	68.9	83.7	79.5	90.4	93.6	65.4
3. 在外支出	6.7	7.8	7.0	7.8	7.9	10.8
4. 貴金属（金及び銀）	57.6	49.7	84.8	91.6	189.1	175.2
5. 利子・配当	35.5	41.1	46.7	46.7	46.7	201.9
6. 誤差逸脱	1.4		1.1			
計	661.7	837.0	961.6	1,124.9	1,719.4	2,316.7

出典）Hsiao, *China's Foreign Trade Statistics, 1864-1949*, pp. 278-9.
注）原典で海関両建で記載されていた数値を，1海関両=1.558元，のレートで元に換算した。

付表3　貸付内訳（1）福康銭荘 1896-1907, 1925-37 年

（単位：元）

年	対人信用	担保付							総計
		繭と生糸	綿花と綿糸	米	金	不動産	その他	小計	
1896	189,211							0	189,211
1898	256,679							0	256,679
1899	521,756							0	521,756
1900	302,893	236,880						236,880	539,773
1901	554,600							0	554,600
1902	571,675	150,593						150,593	722,268
1903	478,685	681,712						681,712	1,160,398
1904	499,858	788,767						788,767	1,288,625
1905	622,784	476,269	122,865			51,246	8,424	658,805	1,281,588
1906	862,049	126,360	259,740				114,426	500,526	1,362,575
1907	757,351	437,968	151,632				0	589,600	1,346,951
1925	1,295,467	269,221	283,303		141,383	498,528	1,173,771	2,366,206	3,661,673
1926	1,615,948	693,389	144,831		1,502,280	356,616	1,720,709	4,417,825	6,033,773
1927	1,015,390	42,269	695,556			409,870	1,623,983	2,771,677	3,787,067
1928	2,088,026	235,011	926,797			664,991	1,712,612	3,539,411	5,627,437
1929	2,046,027	250,138	343,980		1,012,452	618,225	2,019,936	4,244,731	6,290,758
1930	1,904,984	493,477	648,933		113,317	1,100,273	2,944,868	5,300,867	7,205,850
1932	714,265	207,090	481,937			1,496,449	3,062,826	5,248,302	5,962,568
1933	805,111	8,039	403,296	212,334		1,922,206	915,789	3,461,664	4,266,775
1934	862,493		125,637	219,023	975,045	2,274,757	1,562,113	5,156,575	6,019,068
1935	409,502		400,459	241,705	472,402	1,906,197	913,382	3,934,145	4,343,647
1936	1,125,849		165,973			1,664,160	616,230	2,446,363	3,572,212
1937	282,942		41,156			813,898	641,492	1,496,546	1,779,488

出典）中国人民銀行上海市分行 編：《上海銭荘史料》780-3 頁．

付表 4　貸付内訳 (2) 順康銭荘 1905-11, 1925-30, 1935 年

(単位：元)

年	対人信用	担保付					総　計
		生　糸	その他商品	債　券	不動産	小　計	
1905	406,002	202,679	27,948			230,627	636,628
1906	977,564		52,201			52,201	1,029,765
1907	658,782			28,371		28,371	687,153
1908	592,189		204,035			204,035	796,224
1909	874,250		386,398	127,184		513,582	1,387,832
1910	246,611		318,888	402,222		721,110	967,721
1911	157,876		228,758	259,740		488,498	646,374
1925	1,097,000		1,202,683			1,202,683	2,299,683
1926	956,429		1,424,588		28,080	1,452,668	2,409,097
1927	935,248		1,632,463		369,652	2,002,115	2,937,363
1928	1,279,886		1,894,303		1,037,445	2,931,749	4,211,635
1929	885,939		1,448,946		881,174	2,330,121	3,216,060
1930	692,989		2,409,343		1,845,543	4,254,885	4,947,874
1935	92,607		1,145,118		1,003,011	2,148,129	2,240,736

出典）同上書, 818-9 頁.

付表 5　貸付内訳 (3) 福源銭荘 1925-37 年

(単位：元)

年	対人信用	担保付					総　計
		商　品	債　券	不動産	その他	小　計	
1925	1,132,885			730,080	1,996,759	2,726,839	3,859,724
1926	966,370			647,408	2,355,875	3,003,284	3,969,654
1927	692,054			28,114	3,962,892	3,991,006	4,683,060
1928	955,334			875,415	2,875,448	3,750,863	4,706,197
1929	926,387			1,028,634	3,296,409	4,325,043	5,251,430
1930	1,154,043			1,235,443	3,068,988	4,304,431	5,458,474
1932	652,840			2,140,659	2,902,863	5,043,522	5,696,362
1933	734,000			2,259,094	4,384,030	6,643,124	7,377,124
1935	394,500			2,568,495	2,209,984	4,778,479	5,172,979
1936	1,243,583	803,799	824,225	3,187,815	118,459	4,934,298	6,177,881
1937	588,109	773,615	38,998	3,229,242	216,947	4,258,802	4,846,911

出典）同上書, 800-1 頁.

付表 6　貸付内訳 (4) 恒隆銭荘 1919-27 年

(単位：元)

年	対人信用	担保付			総計
		商　品	不動産	小　計	
1919	886	1,244		1,244	2,130
1920	484,887	680,781	145,300	826,081	1,310,968
1921	1,086,382	1,525,280		1,525,280	2,611,661
1922	1,184,288	1,662,740		1,662,740	2,847,028
1923	2,178,576	3,058,720		3,058,720	5,237,296
1924	2,858,180			0	2,858,180
1925	3,354,441	4,709,635		4,709,635	8,064,076
1926	3,830,053	5,377,394	280,800	5,658,194	9,488,247
1927	1,376,630	1,932,789	1,088,100	3,020,889	4,397,520

出典) 同上書, 841 頁.

あとがき

　本書の下敷きとなる，ハーバード大学歴史学部に 1999 年に提出した博士論文 "China under the Depression : The Regional Economy of the Lower Yangzi Delta, 1929-1937" の構想を得たのは，1991 年から 1993 年に同大学院に留学していたときに遡る。チャールズ・メイヤー教授の「ヨーロッパ社会経済史」のセミナーで読むことになった，バリー・アイケングリーンの『金の足かせ』（*Golden Fetters*）を始めとする，当時出版されたばかりの大恐慌関係の論著からは，優れた学術研究が定説を覆していく爽快さを味わうことができた。それらの研究にも啓発されて，そのセミナーへ学期末に提出したレポートで，日本を含むアジアにおける 20 世紀初頭の不況に関して簡単なサーベイを行ったのが，本研究の端緒である。

　本書の中でも強調したように，世界的な不況の重要な特徴のひとつは危機の連鎖である。博士論文を準備する過程で，そうした連鎖を追って，中国第二歴史檔案館，江蘇省檔案館，上海市檔案館，南通市檔案館（中国），東京大学東洋文化研究所図書室，東洋文庫，外交史料館（日本），ハーバード大学ビジネス・スクール附属ベーカー図書館，コロンビア大学附属稀書・稿本図書館，フーバー研究所附属文書館（アメリカ），国立文書館（イギリス）と，各地で一次資料に関する文献調査を行うことができたのは幸運であった。資料調査を行うについては，日本学術振興会（特別研究員），松下国際財団から研究助成を頂いた。記して深く感謝する。

　また，本書の出版に先立って，その一部分は以下の論文として発表したが，今回全体をまとめるに当たり，大幅な加筆・修整を行っている。

　佐々波智子「戦前期，上海租界地区に於ける不動産取引と都市発展」『社会経済史

学』第 62 巻第 6 号（1997 年），1-30 頁．

「上海金融恐慌（1934 年 -1935 年）に関する一考察――国際・国内市場連関と市場政府関係の視角から」『東洋史研究』第 58 巻第 2 号（1999 年），1-42 頁．

「1930 年代中国と国際通貨システム――1935 年幣制改革の対外的・国内的意義に関する一考察」『国際政治』第 146 号（2006 年），88-102 頁．

「銀の世界――貨幣と 16 世紀以降のグローバル経済」遠藤乾編『グローバル・ガバナンスの最前線――過去と現在の間』（シリーズ　未来を拓く人文社会科学 7，東信堂，2008 年），162-80 頁．

「中国と世界経済」村田雄二郎・飯島渉・久保亨編『シリーズ 20 世紀中国　2　近代性の構造』（東京大学出版会，2009 年）第 8 章．

　本書の刊行をもって，China during the Great Depression : Market, State, and the World Economy（Cambridge, MA : Harvard University Asia Center, 2008），《大蕭條時期的中國：市場，國家與世界經濟（1929-1937）》（海外中国研究叢書，江蘇人民出版社，2010 年）と併せて，アメリカ，中国，日本で，博士論文の成果を発表することができた．研究を進める間に，それぞれの国で受けた学恩に，このような形で応えられたのは，望外の喜びである．特に，英語版と中国語版に続いて，本書を出版できることになり，それまでに頂いた書評等を踏まえて，新たに議論を整理し，また論証をつけ加える機会を得た．今回行った加筆・修整によって，口頭や書面でご感想をお寄せ下さった方々に，少しでも応えることができていればと願う次第である．また，本書を準備するに際しては，籠谷直人先生，杉原薫先生，田辺明生先生，脇村孝平先生が，2010 年 2 月，京都大学人文科学研究所で出版準備研究会を開いて下さり，既刊の China during the Great Depression を踏まえて日本の学界で単著を出版するにあたり，どのような議論を強調し，また発展させるべきかについて，貴重なご意見を賜った．先生方には，改めて心から御礼を申し上げたい．

　1997 年アジア金融危機の原因が議論されていた頃に書いていた，大恐慌期の中国に関する博士論文を，新たにアメリカを起点とする危機に世界経済が陥った 2008 年になってようやく英語版として刊行することになったのは，ひ

とえに筆者の遅筆によるものであり，したがって偶然である。しかし，英語版や中国語版の出版に際しては，現在の世界経済危機の下で大恐慌への関心が高まる中で，近代中国経済史研究以外の国際政治や地域研究といった研究分野の方や政府，金融機関の実務家の方からも，感想や書評を頂くことができた。そうしたフィードバックを通じて，金融市場のグローバル化に伴う問題が顕在化し，それへの対処方法が探られる中で，国際資金移動と国家による規制とのミスマッチや，通貨への信認と財政の規律，信用の拡大とリスク管理といった問題が，どのように議論されているのかに関する理解を深められたのは，本書の執筆を進める上でも大きく役立っている。なかでも，序章と終章は，英語版・中国語版と比べても，大幅に改訂することとなった。時機を得て，自己の研究をより大きな枠組みの中で捉えることができたのは，予想外の大きな収穫であった。

　そして，この間，中国経済も大きな変化を遂げたように見受けられる。新聞や雑誌には，中国のGNPの成長や個別の経済部門の発展に関する多数の記事が掲載されているし，また，例えば上海に旅行するならば，林立する高層ビルや，2010年上海万国博覧会の前に急速に整備された地下鉄網から，経済発展のスケールとスピードを感じることができるだろう。しかし，現代のこの発展は，過去の歴史と断絶して起こっているものではない。近現代中国経済史の研究成果や，近年になって中国国内の文書館で公開されるようになった政府や企業の文書などの史資料を読んだ上で，改めて注意深く現代中国に目を向けるならば，現在までの歴史的展開と，その中で形成されてきた組織や制度，考え方を離れて，今後の中国経済を展望することはできないことを強く感じさせられる。そうした考えを抱いたまま，上海市檔案館での資料調査を終えてから，筆者はしばしば，同じく外灘にある旧・香港上海銀行（現・上海浦東発展銀行）内のカフェに寄ることがあった。大理石をふんだんに使った1923年竣工の壮麗なネオ・クラシカル様式の建物は，外装のみならず内装も当時のままで，内外の金融機関が集中していた20世紀前半の上海の雰囲気を伝えている。そうして，バルコニーの外に出て，屋根を見上げるならば，中国共産党政権の象徴である赤い星を目にすることになる。それは，単なるメタファーではなく，中

国経済の長期に亙る展開の中での，中国共産党政権のプレゼンスを再確認させるものである。例えば，本書でも言及した上海経済における不動産市場の重要性という点では，過去と現在とに類似性を見ることができるかもしれない。しかし，1949 年の中華人民共和国建国以降，土地は国有化されており，現在，市場で取引されているのは，政府の許可を受けた土地の利用権である。中国共産党政権の下で，不動産市場の基礎にある土地制度自体が，大きく変えられているのを見逃すことはできない。このように，旧・香港上海銀行内のカフェは，中国経済の歴史と現在に思索をめぐらすのには格好の場所であったが，現在は閉店してしまっている。今回の出版に際して，バルコニーから撮った写真を背表紙に使うことができたのは，本書にかかわる調査旅行の記録としても，思い出深い。

　本書は，日本学術振興会の平成 22 年度科学研究費補助金（研究成果公開促進費）の助成を受けて刊行される。昨今の日本の出版事情も大変厳しいと聞く。そうした中で，このような助成を頂き，研究成果を世に問うことができることに対し，名古屋大学出版会の三木信吾氏を始めとして，公私に亙り本書にかかわったすべての方々に，この場を借りて深く感謝させて頂きたい。

　2011 年 2 月

　　　　　　　　　　　　　　　　　　　　　　　　　　城 山 智 子

図表一覧

図 1-1 　16 世紀後半スペイン・ポルトガルの交易 ……………………………… 25
図 1-2 　中国における銀元の流通　1929 年 …………………………………… 32
図 1-3 　『申報』金融欄　1911 年 12 月 31 日と 1925 年 5 月 30 日 …………… 39
図 1-4 　銀の生産・消費・流通の概念図　1930 年 …………………………… 41
図 1-5 　平価・市場為替レート・輸出入点の概念図 ………………………… 44
図 1-6 　ニューヨーク市場銀価とアメリカ・ドル／元為替レート　1880-1930 年 … 45
図 1-7 　中国の銀輸出入　1888-1935 年 ……………………………………… 46
図 1-8 　中国の卸売物価指数　1913-31 年 …………………………………… 49
図 2-1 　揚子江下流デルタ ……………………………………………………… 55
図 2-2 　中国市場における国産綿糸・外国産綿糸のシェア　1880-1930 年 … 62
図 3-1 　公共租界各区の地価　1903-30 年 …………………………………… 101
図 4-1 　会の分配表 ……………………………………………………………… 122
図 4-2 　農民の受取価格（穀物及び繭）と支払価格（消費財）指数（武進, 1910-35 年） ……………………………………………………………………………… 126
図 4-3 　上海の現銀移出入　1929-35 年 ……………………………………… 128
図 5-1 　ニューヨーク市場（アメリカ・ドル）と上海市場（中国元）の中国製生糸価格指数　1928-35 年 ………………………………………………… 141
図 5-2 　中国系紡績工場及び在華紡の利益率　1927-35 年 ………………… 152
図 6-1 　ロンドンとニューヨークの銀価　1928 年 1 月-35 年 11 月 ………… 166
図 6-2 　為替レートと銀価格の比率　1928 年 1 月-35 年 11 月 …………… 167
図 6-3 　対外為替レート指数　1931 年-35 年 10 月 ………………………… 171
図 8-1 　対イギリス・ポンド, 対アメリカ・ドル為替レート　1935 年 10 月-37 年 6 月 … 215
図 8-2 　輸入相手国構成　1931 年 ……………………………………………… 216
図 8-3 　輸入相手国構成　1936 年 ……………………………………………… 216
図 8-4 　輸出相手国構成　1931 年 ……………………………………………… 216
図 8-5 　輸出相手国構成　1936 年 ……………………………………………… 216

表 2-1 　綿紡績工場数　1890-1931 年 ………………………………………… 60
表 2-2 　製糸工場と糸車数（1 年平均数）, 上海と無錫　1890-1930 年 …… 70
表 2-3 　中国製生糸の輸出仕向け地　1905-25 年 …………………………… 72
表 2-4 　フランス輸入生糸市場における各国シェア　1910-25 年 ………… 72
表 2-5 　ニューヨーク輸入生糸市場における国別シェア …………………… 74

表 3-1	100 社の資金源に関する調査 1939 年	85
表 3-2	申新紡績公司貸借対照表 1920-29 年	101
表 3-3	綿花・綿糸の価格指数 1921-29 年	102
表 3-4	繭と生糸の価格指数 1921-30 年	103
表 4-1	農家の平均現金収入 1939-40 年	115
表 4-2	農家の平均現金支出 1939-40 年	115
表 4-3	農家の負債の原因とその戸数（江蘇省，1935 年）	118
表 5-1	申新紡績公司の抵当借款 1934 年 6 月 30 日	159
表 6-1	上海の庫存 1926-35 年	165
表 6-2	中国各地の物価下落率 1932 年-35 年 9 月	173
表 6-3	当座預金と定期預金 1931-34 年	174
表 6-4	短期と長期融資 1930-33 年	175
表 6-5	上海不動産市場の交易額 1930 年-35 年 10 月	185
表 7-1	政府系銀行法幣発行量 1935 年 11 月-37 年 6 月	203
表 8-1	主要都市における卸売物価指数 1935-36 年	213
表 8-2	農民の受取価格と支払い価格指数 1929-37 年	213
表 8-3	貿易収支と華僑送金 1934-37 年	221
表 8-4	諸通貨一単位当たり元価値の推移 1934-37 年	221
表 8-5	内外債借入状況 1928 年, 1937 年	223
表 9-1	江蘇省における蚕種の掃立 1935-37 年	236
表 9-2	江蘇省の産繭量 1935-37 年	236
表 9-3	中国系綿紡績企業生産綿糸の支数別割合 1931-33 年	244
表 9-4	江蘇省合作社 1928-36 年	252
表 9-5	江蘇省農民銀行貸付 1933-36 年	253
表 9-6	借款利用目的，江陰県 1929 年	254
付表 1	中国に流通した主要な両 1910-20 年代	327-9
付表 2	中国の国際収支推計 1903, 1909, 1912, 1913, 1920-23, 1928 年	330
付表 3	貸付内訳（1）福康銭荘 1896-1907, 1925-37 年	331
付表 4	貸付内訳（2）順康銭荘 1905-11, 1925-30, 1935 年	332
付表 5	貸付内訳（3）福源銭荘 1925-37 年	332
付表 6	貸付内訳（4）恒隆銭荘 1919-27 年	333

索　引

ア　行

アカプルコ　24
アジア的生産様式　132
アトウェル，ウィリアム（William Atwell）
　　25-6
アフリカ　24
アヘン　28-9, 33, 58
アヘン戦争　5, 29-30, 58, 61
アメリカ　1-2, 7, 18, 28, 30-1, 33, 40, 48, 62,
　　64, 66, 74, 102, 140, 142, 153, 163-5, 176-7,
　　182, 189, 195-8, 204, 206-8, 217-8, 225-6,
　　234, 263
　　――銀買い上げ法　7, 164, 177, 182, 189,
　　　197, 264
　　――国務省　195
　　――財務省　178, 195
　　――・ドル　10, 43, 143, 164, 176, 179, 196,
　　　204, 214, 217, 221, 267, 271, 275
　　――領事法院　183-4
アルゼンチン　3
暗黒の木曜日　1
イーストマン，ロイド（Lloyd Eastman）　11
イギリス　4, 7, 18, 24, 28, 31, 33, 35-6, 45, 53,
　　58-9, 141, 163, 170, 172, 188, 195-6, 200,
　　203, 206, 217-8, 225-6, 237, 260-1, 263
　　――大蔵省　36, 195-7
　　――外務省　195
　　――商人　58
　　――東インド会社　24, 28, 33, 40
　　――（香港）・ドル　33
イタリア　67, 102, 237
怡和（Ewo）　68
石見銀山　22-3
インヴォリューション論　110, 113
イングランド銀行　2-4, 40, 197
インド　7, 24, 28, 42, 56, 58, 61-2, 64, 123,
　　170, 176, 217, 221
インフレーション　104, 193-4, 212, 263, 268,
　　274
ウォン，ビン（Roy Bin Wong）　57, 111,
　　114
永安紡績公司　77, 83
栄偉仁　160
営業主　70
永聚　158
栄宗敬　99, 135, 155, 158-60, 182, 241
栄徳生　98, 158, 160
英米煙草　30
永豊銭荘　86, 158
永裕紡績工場　160
エジプト　3, 62, 123
袁世凱　36, 194
袁世凱元（硬幣）　34, 37
王禹卿　158
王暁籟　135
王玉茹　49
王志莘　135, 250
汪精衛　134, 136, 187, 230
オーストラリア　35, 176, 221
オーストリア　2-3
オタワ体制　217
オットー・ヴォルフ社　218-9
オランダ　24, 35
　　――・ギルダー　221
　　――商人　23
　　――東インド会社　24
　　――領東インド　124, 221

カ　行

会　120, 130, 254, 266
改革開放　17, 267
外貨準備　17, 180, 268-9
海関　47, 128, 195
　　――税　222, 224, 228
海峡植民地　7, 170-1, 217, 221
海禁政策　23
開弦弓村　251
蚕　74, 147, 235
外国為替交換所　270
外国借款　47, 194, 199, 222
外債　222, 224-7, 231

海門　56, 60, 150, 152
華僑　47-8, 124, 152, 168, 222, 270, 276
――送金　7, 47, 165, 171, 179, 188, 205, 220, 263, 268
華商紗廠連合会　151, 155
合作社　120, 134, 248-51, 254-5, 257, 266
合作社法　237
嘉定　56, 60, 114, 116, 152
家内手工業　110
カナダ　35, 176
金丸裕一　12
株（股）　250
株式　79, 82, 261
株式会社　80-1, 98, 261
株式市場　79-80
神屋寿禎　23
華洋義賑会　133
カルロス（スペイン）・ドル（本洋）　29, 33, 40
川井悟　11
為替管理　4, 105, 205, 267, 269
為替準備金　222
為替政策　17
為替レート　6-7, 10, 15-7, 30, 43-5, 47-8, 56, 63-4, 76, 124, 139, 141, 149, 161, 164-5, 168, 170, 172, 176, 179-80, 184, 188, 204, 206, 208, 211, 214, 228, 233-4, 242, 244, 256, 263, 265, 267-8, 272-6
勧工銀行　160
韓国　271
官商合弁　82
乾繭製糸工場　104, 146
間接金融　97
官督商弁　59
広東―漢口鉄道　226
広東省鉄路建設公債　227
関平両　27
官利　80-1, 83, 158
管理通貨制　5, 10, 180, 198, 208
生糸　23-4, 28, 56, 66-7, 75, 77, 84, 96-7, 102, 104, 124, 139-41, 143-8, 154, 161, 234, 239, 261-2
宜興　75, 126, 132
岸本美緒　25
旗昌（Kee Chong）　68
絹織物　24, 57, 66, 161
喜望峰　24

キャセイ・ランド・カンパニー　169
久成製糸工場　86, 97, 100, 103
九八規元　27
京漢鉄道　173
行政院農村復興委員会　133-4
義和団の乱　47
義和団賠償金　226
銀　5, 9, 13-5, 22, 24, 26-7, 34, 40, 42, 44, 49-50, 105, 193, 200, 208
――流出　28-9, 128, 174, 179-80, 189, 220
――流入　24-6, 28-9, 49, 128, 165, 168, 173
銀価　9, 45, 47, 54, 105, 124, 161, 163-4, 172, 176-7
　国際――　5, 7-10, 15, 18, 21, 29-30, 48, 56, 63, 105, 124, 139, 148, 164-5, 170, 176, 178-80, 188-9, 194-5, 207, 212, 262-4
銀貨　5, 13, 22, 28, 31, 34, 37-8, 105, 164
銀塊　13, 105
銀価物価調査委員会　38
錦記製糸工場　71
銀行公会　30, 203, 241
金山　56, 60
『銀山旧記』　22
銀錠（銀両）　5, 27, 31, 37, 176
金城銀行　158, 201, 248, 255
キンドルバーガー，チャールズ（Charles Kindleberger）　8
金の足かせ（golden fetters）　7
銀の値付け（silver fixing）　41
金本位（制）　4, 7, 14, 21, 30, 42-3, 45, 50, 141, 143, 149, 163-5, 172, 176, 188, 221, 263
銀本位（制）　5-7, 10, 14, 17, 21-2, 29, 38, 42-3, 48, 50, 141, 172, 180, 188-9, 194, 198, 204, 207-8, 264, 275
金融危機　5, 181, 188-9, 194, 196, 275
金融支援　159, 161
金融システム　4-5, 7, 134, 147, 186-7, 194, 199, 205, 268, 272
金融政策　6, 15, 17, 195, 257, 275-6
銀両　27, 31, 164
金陵大学　133
銀鑢　27
久保亨　11
クレディット・アンシュタルト　2
クレディット・エスパニョール・デ・メヒコ　3
桑　66, 74, 116, 118, 147

索　引 | 343

クン，ジェイムズ（James Kung）　111, 113
経済統制　11
経済ブロック　215, 217
経常収支　272-3
啓東　56, 60, 152
恵豊銭荘　93
ケメラー，エドウィン・W.（Edwin W. Kemmerer）　30-1, 37-8
繭行　70, 96, 236, 238
嚴中平　85
權柄単　90
ゴア　24
交易条件　116, 125, 127, 137, 212-3
交易所法　79
興業製糸工場　238-9
合股　78, 80-1, 105, 260
公估局　27
公債　15, 79, 83, 145, 147, 169, 174, 188, 193, 202, 241, 265
黄佐卿　68
合資会社　261
孔祥熙　135, 169-70, 180, 183, 187, 195, 198, 202, 206, 229-30
恒昌源紡績工場　98
厚生製糸工場　146
江蘇銀行　95, 119
江蘇省合作社暫行条例　250
江蘇省典当改善委員会　131
江蘇省農民銀行　237-9, 257, 266
交通銀行　34-6, 104, 119, 135, 146, 158, 186, 189, 194, 200-1, 203, 226, 255
交通大学　133
公董局　89
江南銀行　187
抗日ボイコット　98-9
江寧県　254
工部局　89
恒豊　155
閘北地区　151
合名会社　98, 261
興裕　157
紅利　80-1, 83
コーエン，ベンジャミン（Benjamin Cohen）　14
コーブル，パークス（Parks Coble）　11
ゴールドステイン，モリス（Morris Goldstein）　272

呉寄尖　94
国際決済銀行　2
国際収支　46-7, 168, 220
国際通貨システム　4, 6, 14, 21-2, 50, 163, 268
国幣条例　35
国民政府　5, 10-1, 13, 15-6, 18, 35, 134, 155, 193, 227, 237, 250, 266-7
国民党　249
湖黔線　219
虞洽卿　135, 241
湖広線借款　224-5
5・30事件　36, 98
五四運動　63
互市貿易　26
呉申伯　235
庫存　164, 182, 185
国家外匯管理局　270
国共内戦　4, 267
呉鼎昌　135
股東　81
胡筆江　135, 235
股票公会　79
庫平両　27
滬甬鉄道　173
胡燿邦　270
コンセッション形式　89

　　　　　サ　行

在華紡　64-5, 76, 153-4, 218, 241
最後の貸し手　15, 243
サイゴン　163, 171
サイゴン・ドル　33
財政　14
　——拡張　15, 18, 193, 228, 233, 256, 265, 268
　——規律　228
　——均衡　15, 18, 199, 208, 228, 230, 265, 268
　——支援　161
　——政策　6, 16, 22, 209, 257, 266, 275-6
財政部　156, 180, 195, 197, 199, 201-2, 206, 229-30, 240-1
裁定　26, 42, 44
債務　86, 93, 104, 117-9, 145-6, 162, 186, 195
　——不履行　97, 100, 103, 121, 129-30, 147,

222, 251, 254-5, 261-2
薩摩　23
サミュエル・モンタギュー　41
産業主　70
蚕糸　118
三民主義　249
ジェームズ，ハロルド（Harold James）　6
シカゴ銀行借款　225
資金調達　18, 77, 80-1, 83, 94, 99, 104-5, 239-41, 260-2
資源委員会　219
四行儲備会　157
施肇基　196
『実業計画』　12
実業部　156, 235, 240-1, 256
実業部国立農業研究所　131
実業部農業実験所　133
シティ　226
紙幣　35-7
資本逃避　5, 151, 179-80, 185, 189, 194-5, 203, 205, 264-5, 268, 271
下関条約　59, 82
ジャーディン・マセソン商会　67-9
シャープス・アンド・ウィルキンス　41
借款　86, 100, 195, 264
上海外国為替市場　44, 48
上海華商証券取引所　79
上海機器織布局　59, 81
上海銀行同業公会連合準備委員会　211, 242
上海銀行票据承兌所　242-3
上海金融市場　18, 94, 129, 163-4, 168, 174, 179, 181-2, 185-9, 211, 261-2
上海・杭州・寧波鉄路公債　226
上海市営業公会　130
上海事変　174
上海商業儲蓄銀行　86, 94, 134-5, 147, 156, 158-60, 182, 201, 204, 207, 212, 248, 253, 255
上海証券組合　79
上海証券取引所　79
上海証券物品取引所　79
上海総商会　186, 203
上海地方法院　160
上海手形交換所　243
上海不動産市場　181
上海法院　87
上海綿糸綿布交易所　150
上海綿紡績業同業公会　239

上海両　27, 34, 40, 43
周作民　135
周舜卿　71
自由貿易　16, 56
手工業　57-8, 114-5
朱博泉　211
循環金融法　93, 96, 104
順康　177, 185
聶雲台　83
蒋介石　186, 218, 229
廠基押款　88
松江　56, 60
常州　152
常州紡績工場　98
招商局　81
小農経済　114, 123
章乃器　134
消費水準　113
商品作物生産　57, 110, 114-5
小洋　31, 34
聶路生　155, 241
色　27
織布　57-9, 110, 114, 150-1, 243-4
徐新六　135
所有権保護　77, 90-1
ジラルデス，アルトロ（Arturo Giráldez）　26
自律政権モデル（Autonomy Model）　11
辛亥革命　47, 50, 91, 97, 105, 222, 261, 263
新貨幣制度説明書　201
シンガポール　271
慎昌　147
申新　65, 88, 92-3, 97-8, 155, 158, 160, 182
新台幣　269
清朝　4, 26-7
信認　3, 14-5, 37, 208, 228, 230, 263, 266
人民元　269, 271-3, 275
信用　8-9, 18, 25, 49, 86, 90, 96, 104-6, 117, 129-30, 158, 161, 170, 173, 181-3, 185-6, 188-9, 194, 224, 231, 239, 242-3, 252, 255, 257, 261-2, 264
新四国借款　196, 218, 226
水銀アマルガム法　23
瑞綸製糸工場　235
スウェーデン　24
崇明　56, 60, 150
杉原薫　56

索引 | 345

スタンダード石油　30
ストラウス，ジュリア（Julia Strauss）　11
スペイン　24, 26, 33, 176
スミス型成長　111
西安事変　208
清華大学　133
製糸業　9, 17, 55-6, 66-7, 69-70, 72-3, 75-7, 83, 95, 102, 110, 139-40, 142-4, 147, 154, 161, 233-4, 238-9, 248, 256
製糸業同業公会　144
製糸業復興公債　144, 146
製糸工場　67-71, 84, 95-6, 103-4, 110, 140, 143-5, 147, 154, 235, 238-9
盛宣懐　82
済南事件　99
青浦　56, 60
席徳懋　205-6
浙江興業銀行　160, 201, 255
薛寿萱　235-9
浙贛線　218
薛南溟　71
絶売　123
セツルメント形成　89
ゼリン，マデリン（Madeline Zelin）　79
銭永銘　135
千家駒　133
全漢昇　26
1997年金融危機　8, 271-2
銭業公会準備庫　201
銭業同業公会　30, 93-4, 187, 201, 203
全国経済委員会　240
全国土地委員会　133
川沙　56, 60, 152
銭荘　70, 84, 86, 92-3, 95-7, 103-4, 119, 128, 130, 156, 158, 163, 175, 186-7, 193, 201, 261
銭荘管理委員会　187
セントラル・リアリティ・カンパニー　169
繰業改進管理委員会　235-6
繰糸改良委員会　235-6, 238
宋子文　198, 200, 206-7, 211-2, 228-9, 246-7
租界　88-91, 100, 242, 259
租廠制　70, 73, 75, 83-4, 100, 103
ソビエト連邦　53, 218, 265
曾養甫　235
孫逸仙元　34
孫伝芳　249
孫文　12

タ 行

兌　27
タイ　35, 124, 221, 271
第一次世界大戦　34, 71, 73, 84, 98, 102, 123, 158, 163-4, 176, 222
第一次4カ年開発計画（1953-56年）　269
大華綿紡績信託公司　240
太湖　56, 66, 69, 110, 139
大生　92, 94, 99-100, 157-8, 160
太倉　56, 60, 92, 114, 116, 125
大中華紡績公司　83, 158
対日ボイコット　150
太平天国の乱　66-7, 89, 110
太平洋戦争　4, 267
太平洋問題研究所　109
大洋　34
台湾　23, 269-70, 272
ダナート銀行　4
譚熙鴻　235
担保　94, 99-100, 104-6, 130, 145, 147, 154, 168, 181-2, 184, 224, 253, 260-2, 264
──物件　2, 9-10, 86-7, 91, 96-7, 100, 104, 132, 146, 161-2, 182, 242, 251, 261-2
茶　24, 28, 33
チャイナ・エアー・マテリアルス・コンストラクション・カンパニー　219
チャイナ・オートモバイル・マニュファクチャリング・カンパニー　219
チャオ，カン（Kang Chao）　85
チャンドラー，アルフレッド（Alfred Chandler）　78
中英公司　226
中央銀行　31, 34-6, 119, 135, 156, 180, 193, 199-201, 203, 205, 208, 226, 241, 246
中央金融工作委員会　272
中央研究院社会科学研究所　111-2, 133
中央大学　133
中央綿花生産所　247
中華帝国　4, 13-4, 21, 26, 28-9, 105, 263
中華平民教育促進委員会　133
中国銀行　34-6, 86, 96, 119, 134-5, 147, 158-60, 164, 168, 177, 181-2, 184, 186, 189, 194, 198, 200-1, 203-4, 211, 219, 226, 235, 253, 255, 272
中国元　5, 10, 15, 17, 176, 180, 204, 264, 267, 271-3

中国建設銀行　272
中国建設銀公司　226
中国工商銀行　272
中国社会科学院　112
中国商業銀行　187
中国人民銀行　274
中国農業合作社銀行団　255-6
中国農業銀行　272
『中国農村』　132
中国農村経済研究会　132, 135
中国綿紡績経営者連合会　240
中山文化教育館　133
中南銀行　160, 201, 235
中南米　22, 24, 28
張謇　81, 157
張公権　134-5, 181, 204, 219, 224, 235
張之洞　33, 82
朝鮮　23
直隷全省紳商金融臨時委員会　37
陳果夫　249
陳翰笙　136
鎮江　27, 82, 129, 144
陳光甫　94-5, 134-5, 204, 207-8, 212
通貨管理　193, 208
通貨危機　5, 181, 189, 194, 196, 203
通貨供給　14, 22, 37, 185
通貨システム　5-8, 15, 28, 38, 50, 105, 189, 194, 196, 198-9, 204-8, 212, 263, 268, 272
通貨政策　17, 22, 37, 195, 257, 265-6, 275
通貨の兌換性　15-6, 36, 208, 266-8
通貨発行　193, 231, 263
通州　60, 82, 129, 152
通州綿　60
対馬　23
抵押　114, 122
定期預金　173
抵制日貨　63
抵当　88, 92-3, 119, 121-2, 160, 182, 241, 252
手織布　58-9, 61, 65, 97
鉄道借款　222, 225-6
鉄道部　156, 224, 226
デフレーション　5, 130, 161, 183, 189, 194, 254, 264
典　122
天津銀行公会　201
天津―保口線借款　224-5
典当　119, 121, 130, 254-5, 266

デンマーク　24
ドイツ　1-3, 217-8, 220, 225-6, 261, 265
ドイツ・オリエント銀行　3
道契（出租道契）　89
当座預金　173, 178
動産　93, 121, 253
東三省　31, 150, 152
唐寿民　135
鄧小平　267
銅銭　13, 22, 27, 29, 34, 37-8, 61, 263
東南アジア　110, 152, 214
東方紡績工場　99
トーニー, R. H.（R. H. Tawney）　109
徳大紡績工場　98
土糸　59
土布　58, 64, 150
　　改良――　64
　　新――　59
トルコ　3, 12
ドル・ペッグ　272-4

ナ 行

内債　222, 230
長崎　23
南開大学　133
南通　54, 56, 60, 81-2, 92, 94, 114, 116, 120, 150, 152, 157
南匯　56, 60
二角畝捐　249, 251
日清戦争　47, 53, 59, 68, 70
日中戦争　4, 114, 212, 227, 230, 267-8
日本　7, 18, 22, 24, 26, 33, 35, 53, 56, 62, 64, 67, 73, 92, 98, 140, 142, 147, 150, 170, 195, 197, 200, 217, 220, 226-7, 234, 245, 263, 266, 271
　　――円　200
　　――生糸　142
　　――銀　23
　　――綿糸　61, 76
ニューヨーク　3, 40, 42, 48, 74, 140, 163-5, 172, 179-80, 224, 237, 242
ニューヨーク銀市場　40, 43
ニューヨーク証券取引所　1-2, 260
寧波実業銀行　187
寧波商業貯蓄銀行　187
根岸佶　80
農業合作社　255

索　引 | 347

農業金融　117, 134
農業倉庫　253-4
農村救済委員会　134
農村金融　132-3, 137, 233, 248-9, 251, 254-5, 264
農村経済　245, 254-6
農村復興委員会　135-6
農村崩壊　18, 109, 132-3, 135-6, 170, 248-9, 254, 257

ハ　行

貝祖胎　177
灰吹法　23
買弁　70-1, 89, 102
パターソン, J. J.（J. J. Paterson）　211
バック, ジョン・ロッシング（John Lossing Buck）　117
馬蹄銀　31, 34, 164
払込資本　83, 98, 100
パリ　3, 224
ハル, コーデル（Cordell Hull）　207
ハル・パッチ, エドモンド（Edmund Hall-Patch）　197
HAPRO（Handelsgesellschaft für industrielle Produkte：HAPRO）　219
パン・アメリカ航空　227
ハンガリー　3
バンク・トルコ・ポラ・コマース・エ・インダストリ　3
バンコク　163, 171
美鷹洋行　102
ピクスレー・アンド・アベル　41
ピクスレー・アンド・ハガード　41
費孝通（Fei Xiaotong）　120, 251
美東信託公司　183
美豊銀行（Oriental Bank）　183-4
ビルマ　123-4, 221
『ファイナンス・アンド・コマース』（Finance and Commerce）　188, 226, 234
フィータム, リチャード（Richard Feetham）　90
フィリピン　23-4, 30, 124, 271
フーバー, ハーバート（Harbert Hoover）　3, 176
普益信託公司　183
普益地産公司（Asia Real Estate Company）　169, 183

溥益紡績工場　157, 160
フォール, デヴィッド（David Faure）　111, 114
福源銭荘　147, 175, 185
福康銭荘　175, 185
武進　54, 56, 66, 69, 75, 118, 126, 131, 147, 152, 213, 235, 237
復興金融公社　246
復興公債　230
ブッシュ, リチャード（Richard Bush）　12
太糸　60-1, 63-5, 75, 139, 151, 243
不動産　90-1, 93, 100, 168-70, 174-5, 181-3, 188, 262
　　──金融　185
　　──市場　10, 169, 181, 185, 242
　　──抵当　10, 92, 185, 264
フュースミス, ジョセフ（Joseph Fewsmith）　11
フランク, アンドレ・グンダー（Andre Gunder Frank）　25
フランス　24, 31, 33, 35, 66-8, 72-3, 140, 218, 221, 225, 237, 261
フランス領インドシナ　124, 221
ブラント, ロレン（Loren Brandt）　111, 114
フリン, デニス（Denis Flynn）　26
ブルネイ　23
プロイセン　24
文化大革命　267, 270
平　27
平価　42-3, 47, 179
平衡税　180, 185
幣制改革　5, 10, 14-5, 18, 30, 189, 194-5, 197, 199-201, 204, 206, 208-9, 211-2, 214, 220, 222, 224-5, 228, 230, 233, 242, 244, 256, 265, 276
北京政府　222
ベトナム　23
ペルー　23, 33, 176
ベルリン　224
ベル, リンダ（Lynda Bell）　110
弁納才一　12
ホアン, フィリップ（Philip Huang）　110, 113
貿易　273
貿易赤字　171-2, 245
貿易外収支　7, 47, 171, 205
貿易黒字　25, 273

貿易収支　　7, 17, 171, 188, 205, 220, 222
奉賢　60
宝康潤銭荘　147
宝山　56, 60
宝大裕銭荘　160
法幣　10, 15, 200, 203-4, 207-8, 212, 228, 231, 265
北伐　99
北平社会調査所　133
保護主義　2, 6
莫觴清　100
細糸　63-5, 151, 243, 245, 247
ポトシ銀山　23-4
ポメランツ, ケネス (Kenneth Pomeranz)　57, 111, 114
ポルトガル商人　23
香港　217, 229, 271
香港上海銀行　35, 44, 96, 99, 173, 178, 182, 195, 202, 211, 226
ポンド・スターリング　4, 7, 10, 43, 141, 164-5, 170, 179, 200, 204-5, 214, 217, 267
ボンベイ　33, 42

マ 行

マカオ　24, 229
マ, ドゥビン (Debin Ma)　53
マニラ　24, 171
マハティール・ビン・モハンマド (Mahathir bin Mohamad)　272
繭　56, 68-70, 73, 75, 84, 95-7, 102-4, 110, 114, 118, 126-7, 139, 142-8, 161, 234, 238, 261-2
マラッカ　23-4
マラヤ　124, 217
マルサスの罠　111
マレーシア　272
満洲　58, 110, 150
満洲国　150
満洲事変　152
三谷孝　133
三井物産　102
南満洲鉄道株式会社 (満鉄)　114, 120
　　──上海事務所　114
　　──調査部 (員)　116-7, 119
民生主義　249-50
無錫　54, 56, 66, 69-71, 73, 75, 84, 95, 98, 103-4, 110-2, 114-7, 132, 136, 143-7, 234-5, 237-9
無担保短期融資 (チョップローン)　97, 261
明華銀行　187
メーズ, フレデリック (Frederick Maze)　195
メキシコ　3, 24, 29, 33, 176
メキシコ・ドル (英洋)　33-4, 40
綿織物手工業　114
綿花　58, 60-1, 92, 96-7, 100, 110, 114, 125-7, 149, 161, 217, 239-40, 245, 247, 261-2
　アメリカ──　58, 62, 149, 153, 244-6
　インド──　149, 153, 244
　エジプト──　153
　短繊維──　64-5, 139, 247
　長繊維──　62, 64-5, 153, 245, 247
綿花生産合作社　248
綿業統制委員会　240-1, 247
綿糸　58, 98, 100, 127, 153-4, 161, 245, 261-2
　インド──　58-62, 76
綿麦借款　245
綿布　58, 126, 152, 217
綿紡績業　9-10, 17, 55-6, 62-4, 75, 77, 92, 110, 139, 149, 154, 156, 161, 227, 233, 239-40, 244, 248, 256
綿紡績業者　153, 158
綿紡績工場　61, 92, 104, 149, 151, 154, 157, 240, 243, 245, 247, 256
綿紡績連合会　240
毛沢東　267
モーゲンソー, ヘンリー (Henry Morgenthau)　177
モース, H. B. (H. B. Morse)　47
モカッタ・アンド・ゴールズミッド　40
モカッタ, モーゼス (Moses Mocatta)　40
森時彦　61
モルガン商会　227
紋銀　31

ヤ 行

ヤング, アーサー (Arthur Young)　199
有限責任　80, 261
融資　2, 9, 86, 94, 97, 99, 103, 154, 159, 161, 237
　銀行──　9, 18, 77, 83, 104, 170
　短期──　86, 95-6, 98, 100, 103, 161, 174, 260
　長期──　86, 92-3, 174, 256

索　引 | 349

裕昌　147
輸出点　4, 44, 179
輸入点　4, 44, 48
楊蔭溥　91
養蚕　66-7, 69, 75, 110, 113-4, 116-7, 126-7, 139, 148, 235, 237-8, 257
養蚕合作社　237
揚子江下流域　17-33, 57, 60, 69, 71, 75, 77, 95, 110-3, 116, 123, 125, 129, 131, 140, 150, 233, 243, 247, 256, 259
横浜　74
4つの近代化政策　270

ラ・ワ行

ラーディー，ニコラス（Nicholas Lardy）　272
ライト，ティム（Tim Wright）　11-2
ラモント，トーマス（Thomas Lamont）　227
リース＝ロス，フレデリック（Frederick Leith-Ross）　197-200, 222, 224, 228
リーマン・ショック　275
釐金　224
李昇伯　158
リ，ボチョン（李伯重，Li Bozhong）　57
李銘　135
琉球　23
劉鴻生　135, 241
劉大鈞　85

流動資金銀団　256
流動資本　95, 97, 103, 130
流動性　8, 22, 25, 28, 80, 91, 97, 105, 112, 156, 184, 189, 242-3, 256, 273, 275-6
隆茂紡績工場　160
龍洋　33-4
梁啓超　79
両江総督　33, 82
林康候　135
ルーズベルト，フランクリン D.（Frankrin D. Roosevelt）　176-7, 206, 246
レーマー，C. F.（C. F. Remer）　46-7
レーヨン　134, 143
連合準備委員会　243
連邦準備銀行　1, 3
ロウスキ，トーマス（Thomas Rawski）　53
六厘英金庚款公債　226
ロシア　53
ロジャース，シリル（Cyril Rogers）　197
ロックハート，オリバー（Oliver Lockhart）　199
ロンドン　3, 28, 40, 42, 163-5, 170, 172, 176, 179-80, 224, 226, 242
ロンドン銀協定　177
ロンドン銀市場　40-1, 43
和諧社会　274
和鼎　147

《著者紹介》

城山 智子
（しろやま ともこ）

1965年　東京に生まれる
1995年　東京大学大学院人文科学研究科博士課程単位取得退学
1996年　北海道大学文学部助教授
1999年　ハーバード大学歴史学部博士課程修了（Ph. D. History）
現　在　一橋大学大学院経済学研究科教授

大恐慌下の中国

2011 年 2 月 28 日　初版第 1 刷発行

定価はカバーに
表示しています

著　者　城　山　智　子
発行者　石　井　三　記

発行所　財団法人　名古屋大学出版会
〒 464-0814　名古屋市千種区不老町 1 名古屋大学構内
電話 (052)781-5027／FAX (052)781-0697

Ⓒ Tomoko SHIROYAMA, 2011　　　　Printed in Japan
印刷・製本 ㈱クイックス　　　　ISBN978-4-8158-0662-0
乱丁・落丁はお取替えいたします。

Ⓡ〈日本複写権センター委託出版物〉
本書の全部または一部を無断で複写複製（コピー）することは，著作権法
上の例外を除き，禁じられています。本書からの複写を希望される場合は，
必ず事前に日本複写権センター（03-3401-2382）の許諾を受けてください。

黒田明伸著
中華帝国の構造と世界経済　　　A5・360 頁
　　　　　　　　　　　　　　　本体6,000円

加藤弘之著
中国の経済発展と市場化　　　　A5・338 頁
―改革・開放時代の検証―　　　本体5,500円

中兼和津次著
体制移行の政治経済学　　　　　A5・354 頁
―なぜ社会主義国は資本主義に向かって脱走するのか―　本体3,200円

本野英一著
伝統中国商業秩序の崩壊　　　　A5・428 頁
―不平等条約体制と「英語を話す中国人」―　本体6,000円

岡本隆司著
近代中国と海関　　　　　　　　A5・700 頁
　　　　　　　　　　　　　　　本体9,500円

籠谷直人著
アジア国際通商秩序と近代日本　A5・520 頁
　　　　　　　　　　　　　　　本体6,500円

春日　豊著
帝国日本と財閥商社　　　　　　A5・796 頁
―恐慌・戦争下の三井物産―　　本体8,500円